딥러닝 파이토치를 만나다

Deep Learning with PyTorch

임동훈 지음

자유아카데미

머리말

요즘 인공지능(artificial Intelligence, AI), 딥러닝(deep learning)이 사방에서 난리다. 특히 딥러닝이라는 괴물은 빅데이터와 함께 이미 여러 분야에서 괴력을 발휘하고 있다. 그렇다면 딥러닝이란 무엇인가? 딥러닝은 오늘날의 인공지능을 이끄는 첨단 기술이라고 할 수 있다. 인공지능은 사람처럼 사고하고 행동하는 기술을 말한다. 최근 딥러닝과 함께 주목받는 머신러닝(machine learning)은 인공지능의 한 분야로서 컴퓨터가 스스로 학습할 수 있도록 하는 알고리즘과 기술을 개발하는 분야이고, 딥러닝은 사람의 뇌 구조와 같은 깊은 신경망(deep neural network)을 기반으로 하는 머신러닝의 한 방법이다. 따라서 이들 간에는 다음과 같은 집합관계를 갖고 있다.

딥러닝 ⊂ 머신러닝 ⊂ 인공지능

딥러닝은 영상 인식(image recognition), 음성 인식(speech recognition), 기계 번역(machine translation) 등에서 탁월한 성능을 보이고 있으며, 이런 분야들을 통합하여 챗봇(chatbot), 인공지능 비서, 자율 주행차(autonomous driving car, self–driving car) 등의 분야에서 그 잠재력이 점점 현실화되고 있다.

국내에는 지난 2016년 구글의 딥마인드(DeepMind)가 딥러닝 기술로 개발한 AI '알파고(AlphaGo)'와 이세돌 9단의 바둑 대결 이후, 인공지능과 딥러닝의 열풍이 더욱 강해졌다. 지금까지는 기술의 미성숙으로 인해 현실적으로 적용되지 못했던 분야에 딥러닝 기술이 놀라운 속도로 발전함에 따라 성공적으로 적용되기 시작하면서 일각에서는 무엇이든 딥러닝으로 해결하려는 '딥러닝 만능주의' 경향도 나타나고 있다. 저자는 여러 가지 딥러닝 모델, 즉 DNN, CNN, RNN, RBM, DBN, GAN 등에 대해 연구를 수행하고 있으며, 다양한 분야에서 우수한 성과를 나타내고 있다. 이에 저자는 독자들의 전공과 관계없이 관련 분야에 딥러닝 기술을 적용하려는 시도가 많이 있었으면 하는 바람으로 이 책을 집필하였다.

독자들은 딥러닝을 위해 어떤 프레임워크를 사용하는 것이 좋은가? 요즘 가장 인기 있는 딥러닝 프레임워크에는 파이토치(PyTorch)와 텐서플로(TensorFlow) 등이 있는데, 이 책에서는 파이토치를 사용하였다. 그 이유는 첫 번째, 파이토치는 배우기가 쉽다. 두 번째, 파이토치는 유연성을 갖고 있다. 세 번째, 파이토치는 여러 라이브러리와의 호환성을 갖고 있다. 네 번째, 파이토치는 연산 속도가 빠르다.

이 책은 총 10개의 장으로 구성되어 있다. 1장에서는 파이토치 설치하는 방법에 대해 소개하고, 2장에서는 파이토치에서 기본적인 데이터 구조인 텐서에 대해 다룬다. 3~4장에서는 머신러닝을 이용한 회귀모델과 분류모델에 대해 다루고, 5장에서는 딥러닝의 기반이 되는 인공신경망에 대해 다룬다. 6장에서는 전반적인 딥러닝의 개요에 대해 알아보고, 7장에서는 딥러닝의 모델 중 DNN 모델에 대해 다룬다. 8장에서는 영상 인식에 사용되는 CNN 모델, 9장에서는 순차 데이터에 적합한 RNN 모델, 그리고 10장에서는 딥러닝에서 '실제같이 보이는 허구'를 만들어내는 GAN 모델에 대해 다룬다.

이 책은 인공지능, 머신러닝과 딥러닝에 관심이 있는 독자들을 위해 집필하였다. 저자는 독자들이 이 책을 통해 딥러닝의 맛을 볼 수 있도록 누구나 따라하기만 하면 쉽게 배울 수 있도록 설명하였다.

좋은 책을 위해 최선을 다했지만 부족한 부분이 있을 수 있다. 독자들의 애정 어린 충고와 지속적인 지도편달을 바라며 미흡한 부분은 계속 보완해 나가고자 한다. 책의 소스 및 데이터 파일과 출간 후에라도 나올 수 있는 수정사항 등은 자유아카데미 홈페이지(www.freeca.com) 자료실에 제공할 예정이니 참고하기를 바란다.

끝으로 이 책을 출간하는 데 도움을 주신 자유아카데미 출판사 여러분께 깊은 감사의 말씀을 드리고, 이 책이 나오기까지 많은 관심과 도움을 준 가족들에게도 감사를 표하고자 한다.

2022년 8월

저자 임동훈 씀

이 저서는 정부(과학기술정보통신부)의 재원으로 한국연구재단의 지원을 받아 수행된 연구임 (No. NRF-2022R1A2C1011140).

차례

제1장
파이토치 설치하기

제2장
파이토치의 텐서

제3장
머신러닝을 이용한 회귀모델

제4장
머신러닝을 이용한 분류모델

제5장
인공 신경망

제6장
딥러닝의 개요

제7장
DNN 모델

제8장 CNN 모델

제9장 RNN 모델

제10장 GAN 모델

제 1 장

파이토치 설치하기

1.1
아나콘다 설치

파이토치(PyTorch)를 사용하기 위해서는 파이썬(Python)이 설치되어 있어야 한다. 파이토치는 파이썬 기반 딥러닝 프레임워크(framework)이기 때문이다. 여기서는 파이썬만을 설치하기보다는 아나콘다(Anaconda)라는 통합 패키지를 설치하는 것을 추천한다. 아나콘다는 파이썬을 비롯한 수많은 패키지를 포함하고 있다.

아나콘다를 설치하면 다음의 주요 패키지가 자동으로 설치된다.

- NumPy (**넘파이**) **패키지**

파이썬에서 수치 데이터를 다루는 패키지이다. NumPy의 핵심이라고 할 수 있는 n차원 배열구조인 ndarray를 통해 벡터 및 행렬을 사용하는 선형대수(Linear algebra) 계산에서 주로 사용된다.

- SciPy (**사이파이**) **패키지**

파이썬에서 과학 계산용 함수들을 모아놓은 패키지이다. 고급 수학 함수, 수치적 미적분, 미분 방정식 계산, 최적화, 신호 처리 등에 사용하는 다양한 과학 기술 계산 기능을 제공한다.

- Pandas (**판다스**) **패키지**

테이블 형태의 데이터프레임(DataFrame) 자료형을 제공한다. 자료의 탐색이나 정리에 아주 유용하여 데이터를 분석하는데 필수적인 패키지이다. NumPy 패키지와 함께 많이 사용한다.

- Jupyter (**주피터**) **패키지**

주피터노트북(Jupyter Notebook)을 사용할 수 있는 패키지이다. 주피터노트북은 웹브라우저에서 파이썬 코드를 작성하고 단계적으로 실행 가능하도록 하는 개발자 도구이다.

- Matplotlib (**맷플롯리브**) **패키지**

파이썬에서 자료를 차트(chart)나 플롯(plot)으로 시각화하는 패키지이다. Matplotlib 패키지에는 pyplot이라는 서브패키지가 존재한다. pyplot 서브패키지는 간단한 시각화 기능을 제공한다.

참고 아나콘다에서 자동으로 설치가 안 된 패키지들은 pip나 conda 패키지 관리자를 사용하여 사용자가 직접 설치할 수 있다.

지금부터 아나콘다를 설치하는 방법에 대해 알아보고자 한다.

(1) 아나콘다 홈페이지 접속

그림 1.1의 아나콘다 홈페이지에 접속하여 다운로드받는다. 여기서는 웹브라우저 크롬에서 아래의 아나콘다 사이트에 접속하였다.

https://www.anaconda.com/

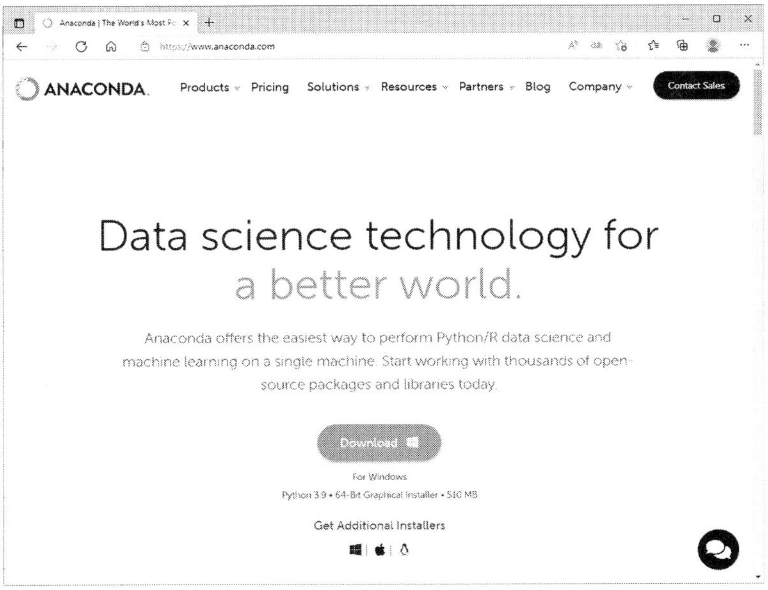

그림 1.1 아나콘다 홈페이지

(2) 사용자 시스템에 맞는 아나콘다 선택

ⓐ 그림 1.1의 아나콘다 홈페이지에서  버튼을 클릭하면 자동으로 사용자의

시스템에 맞는 Anaconda Installers 파일이 다운로드된다.

ⓑ 또 다른 방법으로 그림 1.1의 상단에 있는 Products 탭을 선택한 다음 나타나는 그림 1.2의 [Anaconda Distribution]을 클릭한 뒤, 페이지의 맨 아래로 내려가면, 그림 1.3의 시스템별 Anaconda Installers 화면이 나타난다.

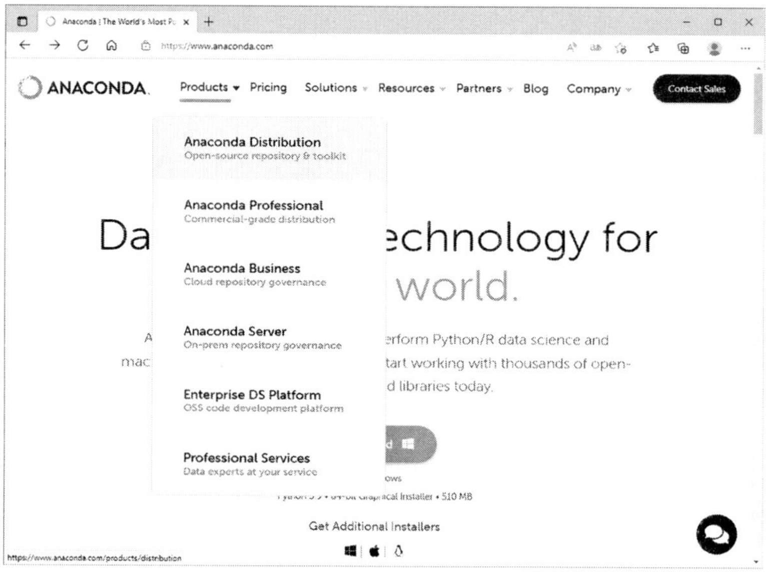

그림 1.2 Products 메뉴에서 [Anaconda Distribution]을 클릭

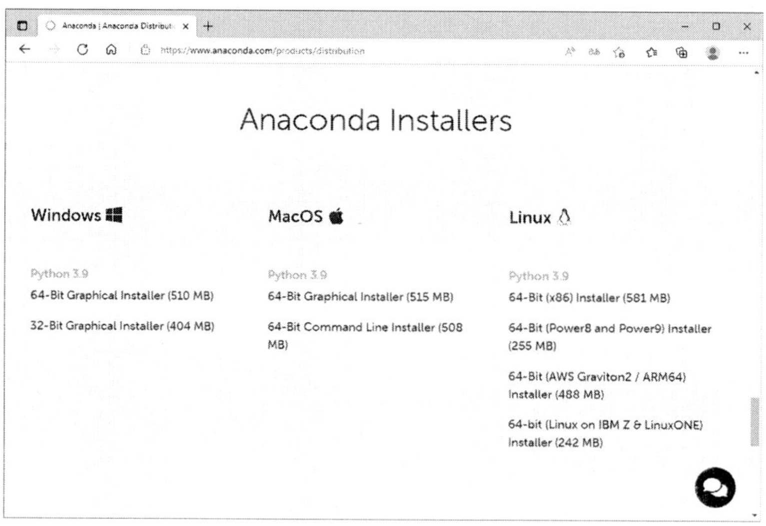

그림 1.3 시스템별 Anaconda Installers 화면

(3) 사용자 운영체제에 맞는 아나콘다 Installer 선택

사용자 컴퓨터 운영체제에 맞는 아나콘다 Installer를 선택한다. 그림 1.3의 Anaconda Installers 화면에서 사용자의 컴퓨터 운영체제(operating system; OS)에 맞는 Graphical Installer를 선택한다.

본서에서는 Windows, Mac, Linux 시스템 중에서 Windows의 [64-Bit Graphical Installer (510 MB)]를 선택하였다. 여기서 설치할 파이썬 버전은 3.9이다. 만약 자신의 컴퓨터가 32-Bit 운영체제라면, [32-Bit Graphical Installer]를 선택하면 된다.

아나콘다 Installer를 다운로드하면 그림 1.4처럼 페이지의 화면이 전환되고 아나콘다의 시작 가이드 및 회원가입에 대한 안내화면이 나타난다. 회원가입을 하면 아나콘다에 대한 정보를 공유할 수 있지만, 본서에서는 회원가입이 꼭 필요하지 않아 페이지를 닫고 진행한다.

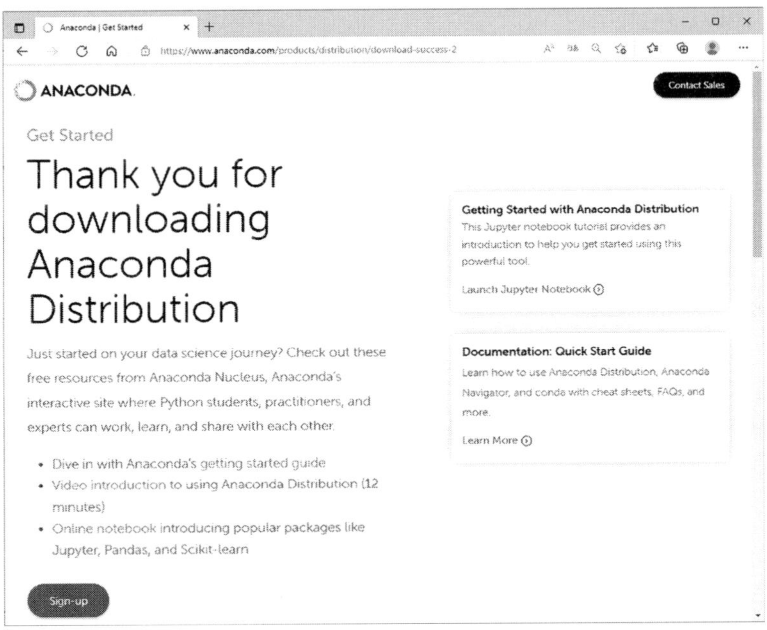

그림 1.4 아나콘다 다운로드 이후 화면

(4) 아나콘다 Installer 파일 설치

ⓐ 다운로드받은 아나콘다 Installer 파일을 실행하면 그림 1.5와 같은 창이 나타나고, [Next] 버튼을 클릭하여 설치를 진행한다.

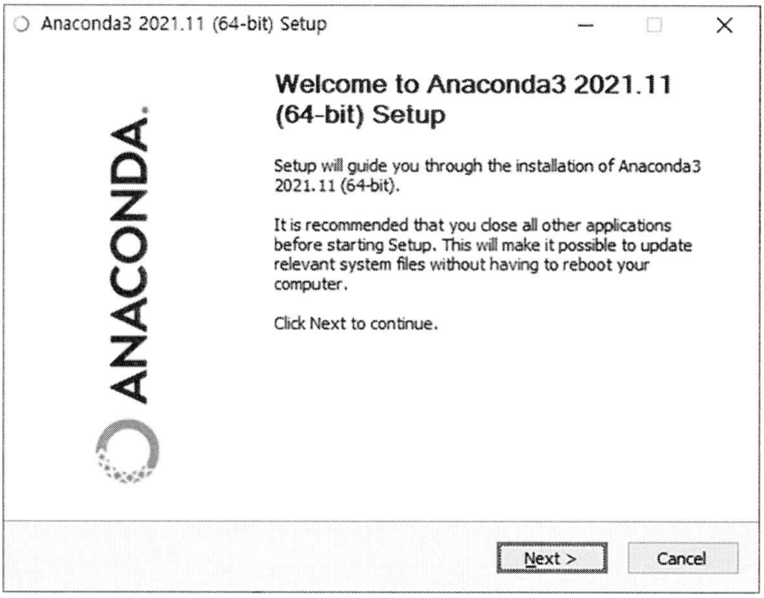

그림 1.5 아나콘다 Installer 파일 실행

ⓑ 그림 1.6의 라이센스 동의 화면에서 [I Agree] 버튼을 클릭하여 다음 단계로 진행한다.

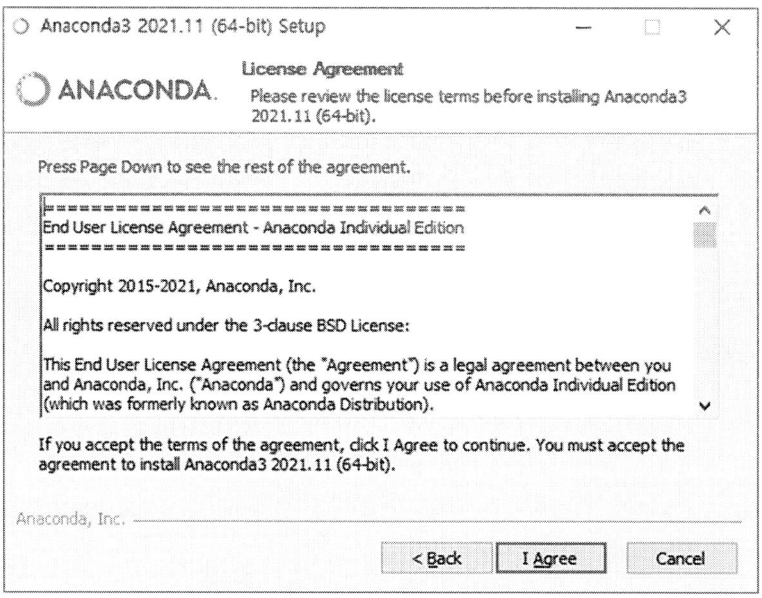

그림 1.6 아나콘다 라이센스 동의

ⓒ 그림 1.7은 아나콘다 사용자 설치 타입 선택 화면이다. 아나콘다 사용을 하는 데 있어서

본인만을 위해 설치할 것인지 혹은 모든 계정을 가진 사용자를 위해 설치할 것인지를 선택하는 화면이다. 본서에서는 본인만 사용하기 위해 [Just Me]를 선택한 상태에서 [Next] 버튼을 클릭하여 다음 단계를 진행한다.

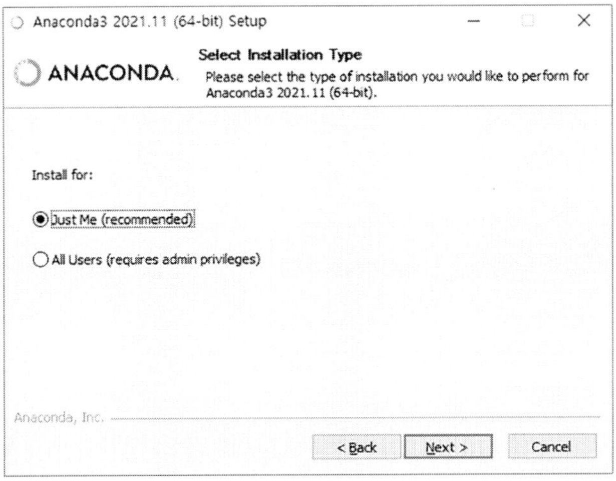

그림 1.7 아나콘다 사용자 설치 타입 선택

ⓓ 컴퓨터에 아나콘다가 설치될 위치를 지정한다. 현재 기본으로 지정된 위치는 그림 1.8에서 보는 것처럼 "C:₩User₩a₩anaconda3"이다. 참고로 설치경로에 한글이 포함되는 경우에는 간혹 오류가 발생할 수 있으므로 설치경로는 가능한 영어로 작성한다.

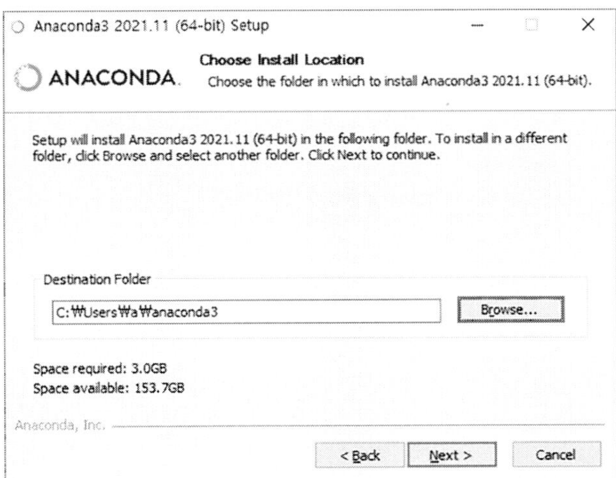

그림 1.8 아나콘다 설치 위치

ⓔ 그림 1.9는 PATH 환경변수 추가와 관련된 고급 설치 옵션이다. 첫 번째 옵션은 설치된 아나콘다 위치를 PATH 환경변수에 추가하는 옵션이고, 두 번째 옵션은 아나콘다에 포함된 파이썬을 기본 파이썬으로 설정하는 옵션이다. 본서에서는 두 번째 옵션을 선택하고 [Install] 버튼을 클릭한다. 여기서는 설치된 아나콘다 위치를 PATH 환경변수에 추가하지 않기 때문에 아나콘다를 실행하려면 Windows 시작메뉴에서 Anaconda3을 열고, Anaconda(64-bit)를 선택하여 아나콘다를 실행시킨다.

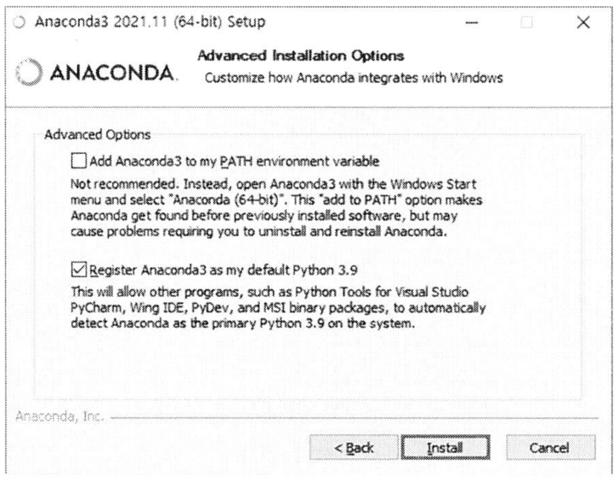

그림 1.9 PATH 환경변수 추가 여부

그림 1.10은 아나콘다 설치 중임을 보여주는 화면이다.

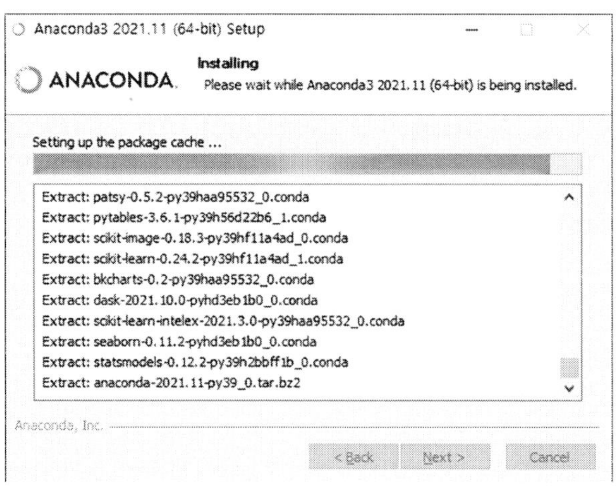

그림 1.10 아나콘다 설치 진행 화면

ⓕ 아나콘다의 설치를 마치고 [Next] 버튼을 클릭하면 그림 1.11과 같이 파이참 프로(PyCharm Pro)의 설치 여부 화면이 나타난다. 파이참(PyCharm)은 JetBrains에서 개발된 파이썬 통합 개발 환경(Integrated Development Environment, IDE)이다. 만약 파이참 프로가 필요한 경우에는 PyCham 사이트를 선택하여 설치를 진행하고 불필요한 경우에는 [Next] 버튼을 클릭하여 넘어가면 된다. 본서에서는 [Next] 버튼을 클릭하여 파이참 프로를 설치하지 않고 아나콘다의 설치를 완료하였다.

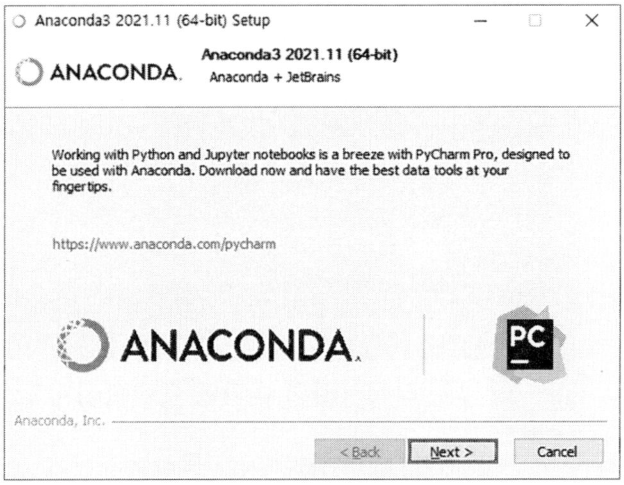

그림 1.11 PyCharm 프로그램을 설치하는 화면

ⓖ 그림 1.12에서 아나콘다 설치를 완료하기 위해 [Finish]버튼을 클릭한다.

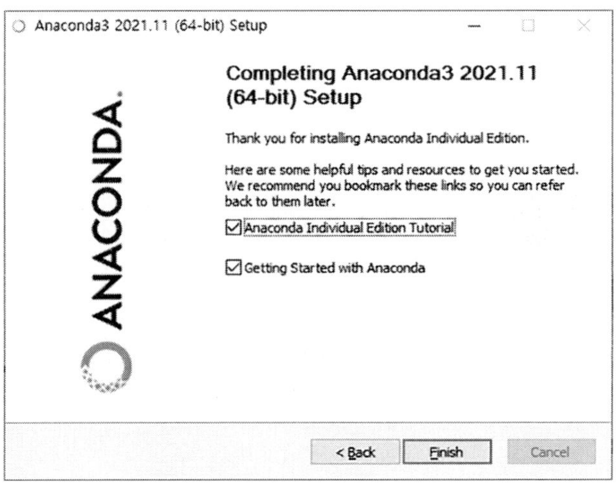

그림 1.12 아나콘다 설치 완료

(5) 아나콘다 실행

아나콘다 실행을 위해 그림 1.13의 Windows 시작메뉴에서 아나콘다 프롬프트, 본서에서는 "Anaconda Prompt (anaconda3)"를 클릭한다.

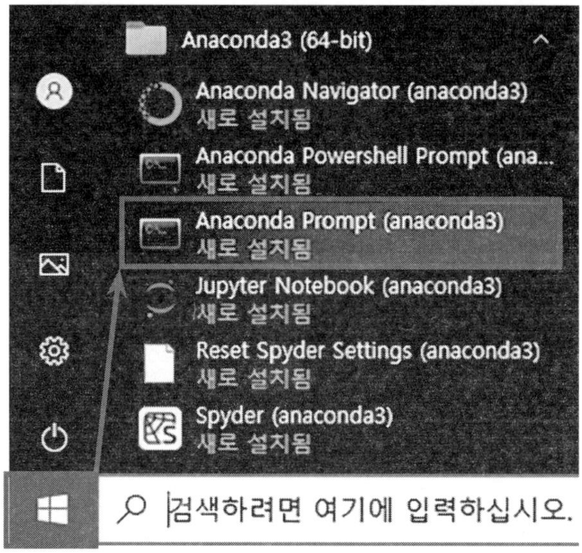

그림 1.13 아나콘다 프롬프트 실행

설치된 파이썬 버전을 확인하기 위해 명령 프롬프트 창에서 "python --version" 명령을 입력한다.

```
(base) C:\Users\user>python --version
Python 3.9.7
```

그림 1.14 파이썬 버전 확인

그림 1.14에서 보는 것처럼 설치된 파이썬 버전이 3.9.7임을 알 수 있다.

1.2 파이토치 설치

(1) 파이토치 홈페이지 접속

그림 1.15의 파이토치 홈페이지(https://pytorch.org/)에 접속한 뒤, 페이지 중간의 [Install] 버튼 또는 상단의 [Get Started] 메뉴를 클릭한다.

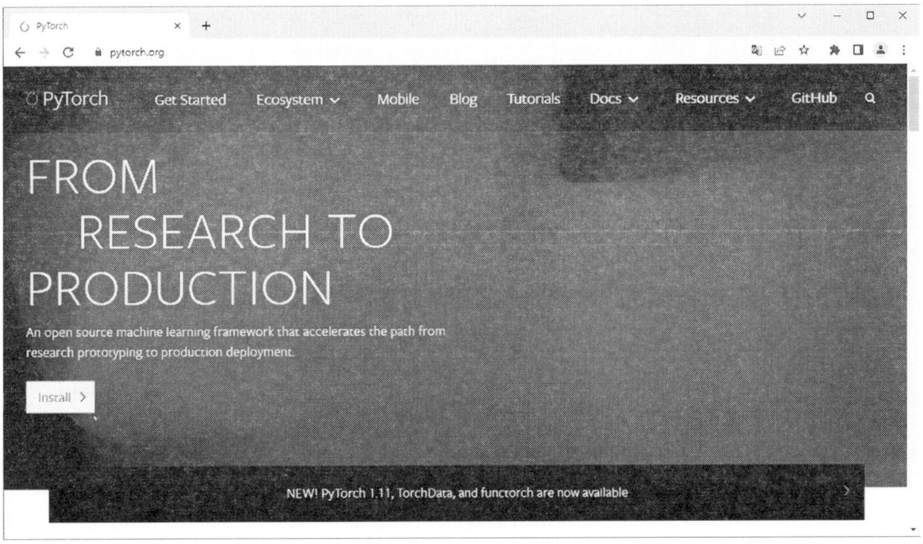

그림 1.15 파이토치 홈페이지

(2) 사용자 환경에 맞는 파이토치 선택

사용자의 환경에 맞는 파이토치를 설치한다. 이를 위해 파이토치의 "Start Locally"에서 원하는 파이토치 버전, 운영체제, 패키지 관리자, 언어, 그리고 CPU(central processing unit, 중앙처리장치) 또는 GPU(graphics processing unit, 그래픽처리장치) 사용을 선택한다. GPU를 사용하는 경우 CUDA를 선택하는데, CUDA는 NVIDIA에서 개발한 GPU 개발 도구이다. CUDA를 사용하는 이유는 GPU를 사용하여 연산속도의 향상을 얻기 위함이다. 사용자의 환경에 맞는 파이토치 선택을 위한 사이트는 다음과 같다.

https://pytorch.org/get-started/locally/

그림 1.16(a)와 (b)는 각각 CPU와 GPU를 사용하는 경우의 파이토치 선택 환경을 나타내고 있다.

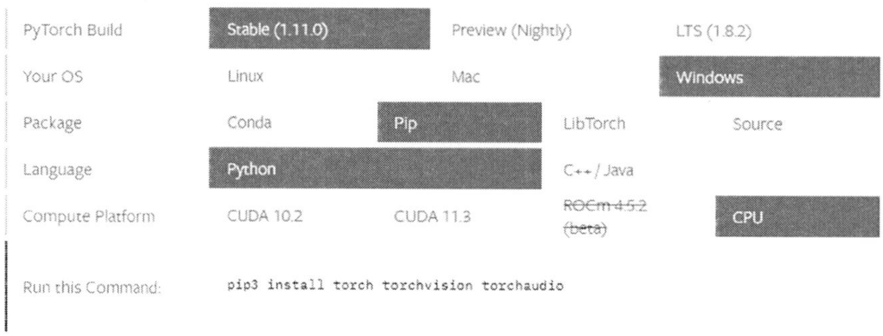

(a) CPU 사용

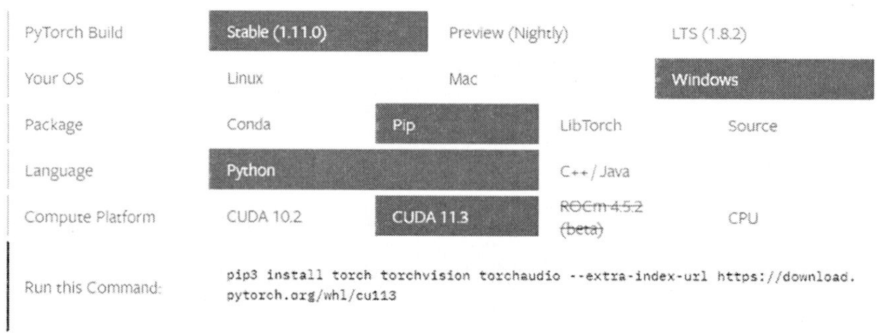

(b) GPU 사용

그림 1.16 파이토치 환경 선택: (a) CPU를 사용하는 경우, (b) GPU를 사용하는 경우

그림 1.16(a)의 CPU만을 사용하는 경우 선택할 수 있는 파이토치 환경을 요약하면 다음과 같다.

```
Pytorch Build: 1.11.0
Your OS: Windows
Package: Pip
Language: Python
Compute Platform: CPU
Run this Command: pip3 install torch torchvision torchaudio
```

그림 1.16(b)의 GPU를 사용하는 경우 선택할 수 있는 파이토치 환경을 요약하면 다음과 같다.

```
Pytorch Build: 1.11.0
Your OS: Windows
Package: Pip
Language: Python
Compute Platform: CUDA 11.3
Run this Command: pip3 install torch torchvision torchaudio --extra-index-url https://
download.pytorch.org/whl/cu113
```

여기서 CUDA는 사용자가 사용하는 GPU 종류에 맞게 설정하여야 한다. CUDA는 NVIDIA에서 개발한 GPU 개발 도구로서 GPU를 이용하여 프로그램의 계산을 병렬로 처리하도록 한다. 사용자의 GPU에 대한 정보는 DirectX 진단 도구를 통해 다음과 같이 확인할 수 있다.

ⓐ [Windows] + [R] 키를 누르면 그림 1.17과 같이 실행 창이 나타난다. 실행 창에서 "dxdiag"를 입력한 뒤 [확인]을 클릭한다.

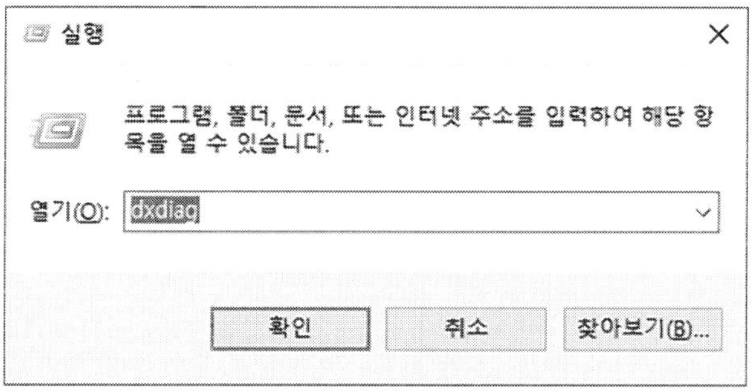

그림 1.17 실행 창

ⓑ 그림 1.18의 DirectX 진단 도구에서 [디스플레이 1] 탭을 클릭한다. 여기서 "이름"을 보면 PC에 장착된 사용자의 GPU 모델을 알 수 있다. 현재 사용하고 있는 GPU는 "NVIDIA GeForce GTX 1650"이다.

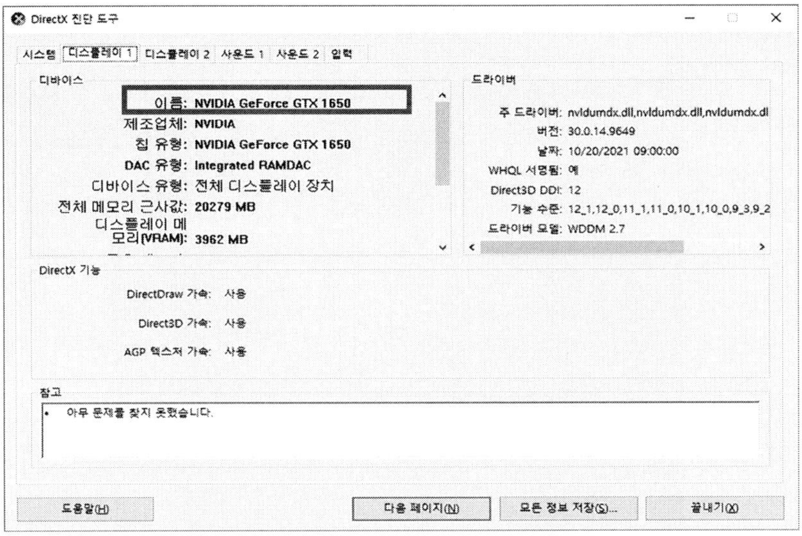

그림 1.18 DirectX 진단 도구

ⓒ GPU를 확인한 뒤, CUDA를 설치하기 이전에, 설치하고자 하는 CUDA 버전이 현재 GPU의 Compute Capability(계산 능력)를 지원하는지 확인하여야 한다. Compute capability 는 위키피디아 사이트(https://en.wikipedia.org/wiki/CUDA)에 접속하여 "GPUs supported" 탭에서 자신의 GPU에 대한 Compute capability를 확인한다.

그림 1.19를 보면 GeForce GTX 1650에 대한 Compute capability는 7.5임을 확인할 수 있다.

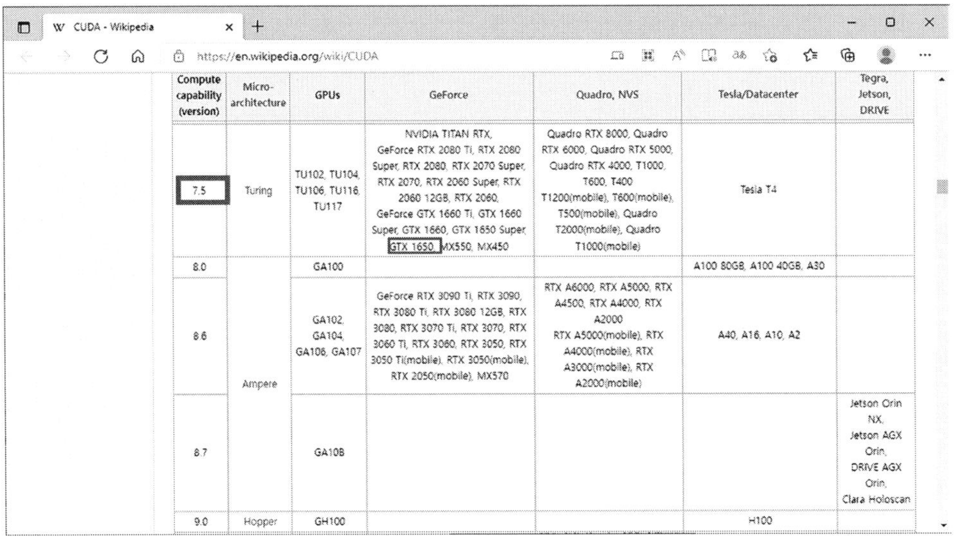

Compute capability (version)	Micro-architecture	GPUs	GeForce	Quadro, NVS	Tesla/Datacenter	Tegra, Jetson, DRIVE
7.5	Turing	TU102, TU104, TU106, TU116, TU117	NVIDIA TITAN RTX, GeForce RTX 2080 Ti, RTX 2080 Super, RTX 2080, RTX 2070 Super, RTX 2070, RTX 2060 Super, RTX 2060 12GB, RTX 2060, GeForce GTX 1660 Ti, GTX 1660 Super, GTX 1660, GTX 1650 Super, GTX 1650, MX550, MX450	Quadro RTX 8000, Quadro RTX 6000, Quadro RTX 5000, Quadro RTX 4000, T1000, T600, T400 T1200(mobile), T600(mobile), T500(mobile), Quadro T2000(mobile), Quadro T1000(mobile)	Tesla T4	
8.0	Ampere	GA100			A100 80GB, A100 40GB, A30	
8.6	Ampere	GA102, GA104, GA106, GA107	GeForce RTX 3090 Ti, RTX 3090, RTX 3080 Ti, RTX 3080 12GB, RTX 3080, RTX 3070 Ti, RTX 3070, RTX 3060 Ti, RTX 3060, RTX 3050, RTX 3050 Ti(mobile), RTX 3050(mobile), RTX 2050(mobile), MX570	RTX A6000, RTX A5000, RTX A4500, RTX A4000, RTX A2000 RTX A5000(mobile), RTX A4000(mobile), RTX A3000(mobile), RTX A2000(mobile)	A40, A16, A10, A2	
8.7	Ampere	GA10B				Jetson Orin NX, Jetson AGX Orin, DRIVE AGX Orin, Clara Holoscan
9.0	Hopper	GH100			H100	

그림 1.19 GPU에 대한 Compute capability 확인

ⓓ 그림 1.19 사이트의 "GPUs supported" 탭에서 Compute capability에 맞는 CUDA SDK 버전을 확인할 수 있다. Compute capability 7.5에 맞는 CUDA SDK 버전은 그림 1.20에 나타난 것과 같이 여러 개인 것을 확인할 수 있다. 본서에서는 그림 1.16(b)의 GPU 사용자를 위한 파이토치 환경 선택에서 보는 것처럼 CUDA SDK 11.3을 선택하였다.

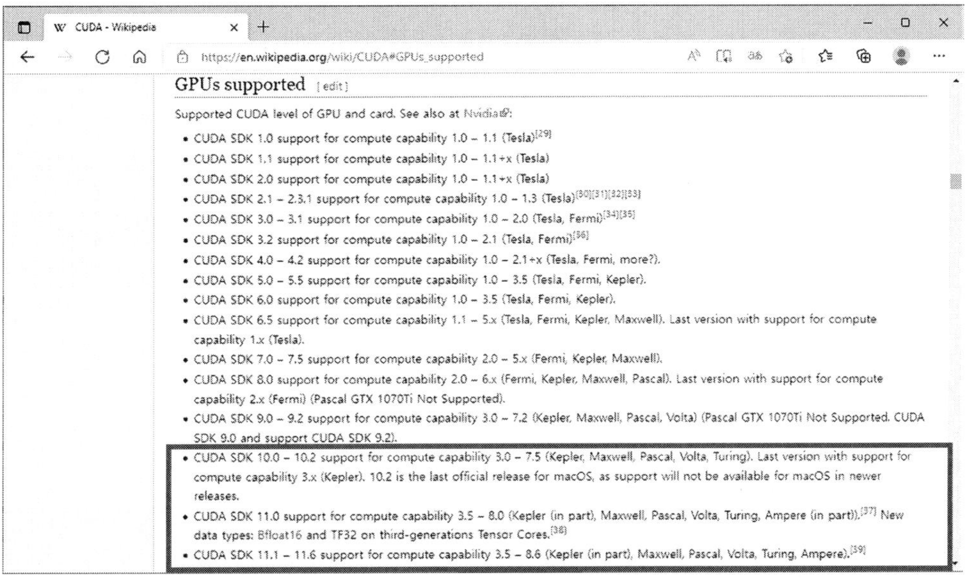

그림 1.20 CUDA SDK 버전 확인

(3) 파이토치 설치

파이토치의 설치는 CPU 사용자와 GPU 사용자에 따라 그림 1.16(a)와 1.16(b)에서 Run this Command의 명령어를 복사한 뒤, 아나콘다 프롬프트 창에서 복사한 내용을 붙여넣고 실행한다. 그림 1.21은 CPU 사용자를 위한 파이토치 설치화면이고, 그림 1.22는 GPU 사용자를 위한 파이토치 설치화면이다.

```
(base) C:\Users\user>pip3 install torch torchvision torchaudio
```

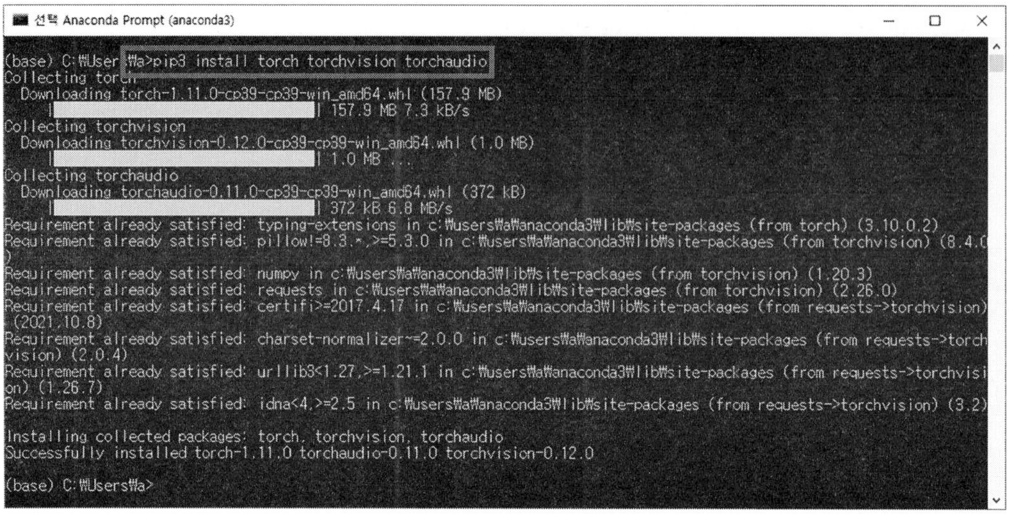

그림 1.21 파이토치 설치(CPU 사용자)

```
(base) C:\Users\user>pip3 install torch torchvision torchaudio --extra-index-url
https://download.pytorch.org/whl/cu113
```

그림 1.22 파이토치 설치(GPU 사용자)

만약 그림 1.22의 설치 중에 다음과 같은 액세스 거부 오류가 발생하면 위의 명령어를 다시 입력하여 실행하기 바란다.

```
ERROR: Could not install packages due to an OSError: [WinError 5] 액세스가
거부되었습니다:
'C:\\Users\\user\\anaconda3\\Lib\\site-packages\\~orch\\lib\\asmjit.dll'
Consider using the '--user' option or check the permissions.
```

(4) 파이토치 설치 확인

아나콘다 프롬프트 창에서 "python"을 입력하여 파이썬을 실행한 뒤, "import torch"를 입력하여 파이토치가 제대로 설치되어 있는지 확인한다.

```
(base) C:\Users\user>python
>>> import torch
```

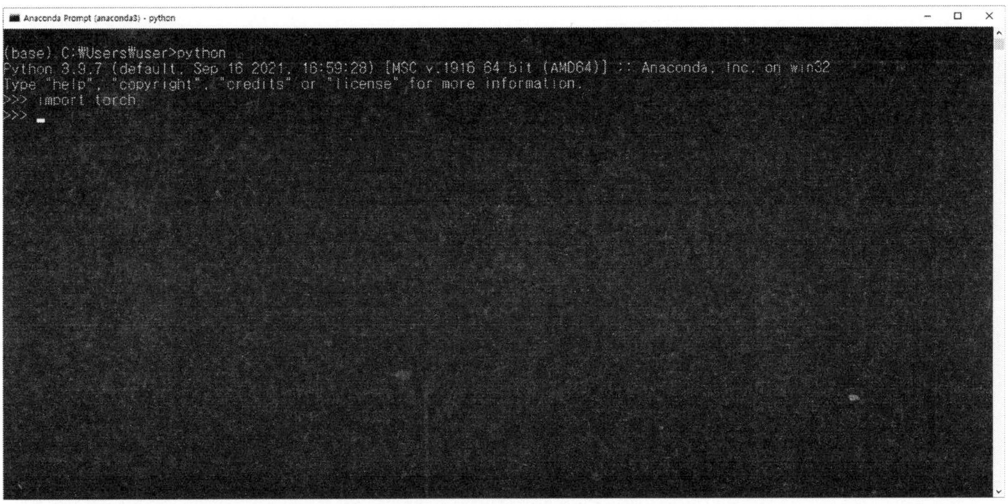

그림 1.23 파이토치 설치 확인

그림 1.23은 파이토치가 정상적으로 설치되었음을 나타내고 있다. 파이썬을 빠져나오려면 exit() 명령을 입력한다. 설치된 파이썬의 버전에 따라 파이토치 모듈(module)을 불러오는 과정에서 그림 1.24와 같이 오류, 즉 임포트 오류(import error)가 발생할 수 있다. 여기서 모듈이란 변수, 함수, 클래스 등을 모아 놓은 파일을 말한다.

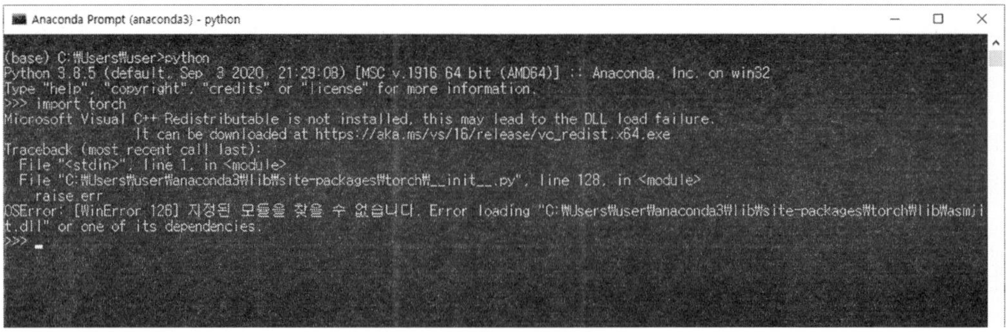

그림 1.24 import 에러 발생

파이토치 모듈에 대한 임포트 오류를 해결하기 위해서는 C++ 재배포(Microsoft Visual C++ Redistributable) 패키지를 설치하는 방법이 있다. 프로그램 실행할 때 DLL 파일이 없어서 오류가 발생하곤 하는데, C++ 재배포 패키지를 설치하면 이런 문제를 해결할 수 있다. C++ 재배포 패키지는 마이크로소프트 사이트에서 다운로드받아 설치한다. 여기서는 마이크로소프트 사이트에 접속하지 않고 구글의 검색어 창에서 "마이크로소프트 vc_redist.x64.exe"를 검색하여 나오는 아래 사이트로부터 다운로드한다.

https://docs.microsoft.com/ko-KR/cpp/windows/latest-supported-vc-redist?view=msvc-170

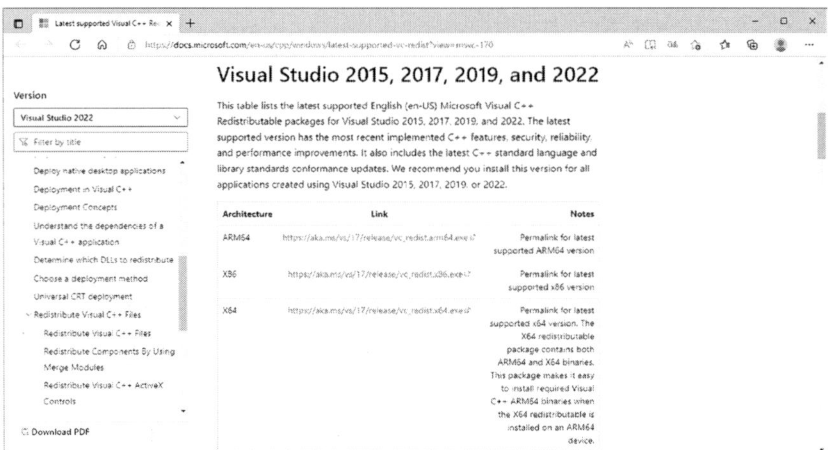

그림 1.25 "vc_redist.x64.exe" 파일 선택

그림 1.25에서 사용자가 아나콘다 64-Bit를 설치한 경우에는 "vcredist_x64.exe" 파일을 설치하고, 아나콘다 32-Bit를 설치한 경우에는 "vcredist_x86.exe" 파일을 설치한다. 본서에서는

그림 1.26과 같이 "vc_redist.x64.exe" 파일을 설치하였다.

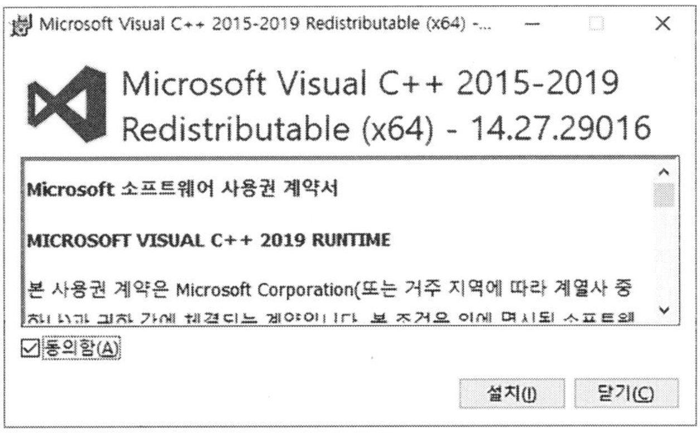

그림 1.26 "vc_redist.x64.exe" 파일 설치

1.3 Jupyter Notebook에서 파이토치 사용

(1) Jupyter Notebook 실행

Windows 시작메뉴에서 Jupyter Notebook을 실행한다. 여기서는 시작메뉴에서 그림 1.27과 같이 "Jupyter Notebook (anaconda3)"을 선택한다.

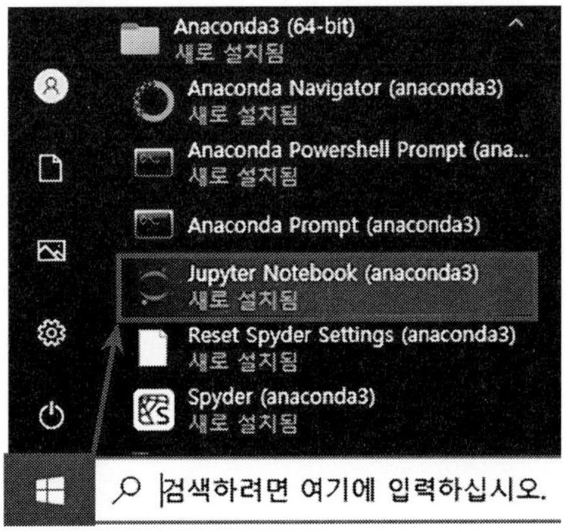

그림 1.27 Jupyter Notebook (anaconda3) 실행

(2) Jupyter Notebook으로 파이썬 실행

그림 1.28의 Jupyter Notebook 화면에서 파이썬 프로그램을 작성하기 위해 오른쪽 상단에 있는 [New] → [Python3]를 클릭한다.

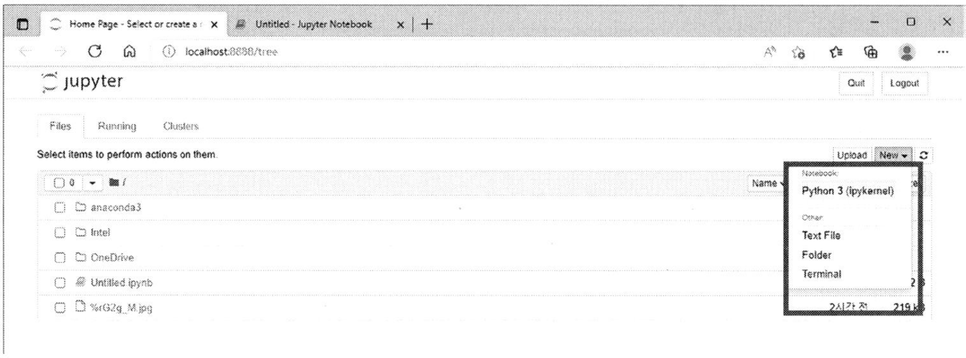

그림 1.28 Jupyter Notebook 화면

(3) 기본 작업 디렉토리 확인

주피터 노트북에서 시작 폴더 위치가 원하는 위치가 아닌 경우 불편함을 겪을 때가 있다. 따라서 초기 실행 시 시작 폴더 위치를 변경해주고자 한다. 셀에서 현재 시작 폴더 위치, 즉 현재 기본 작업 디렉토리를 확인하기 위해 다음의 명령어를 입력한다.

```
import os
os.getcwd()
```

입력한 명령어를 실행하기 위해서는 [Shift] + [Enter] 키 또는 [▶ Run] 버튼을 누른다. 그림 1.29는 현재 기본 작업 디렉토리를 나타내고 있다.

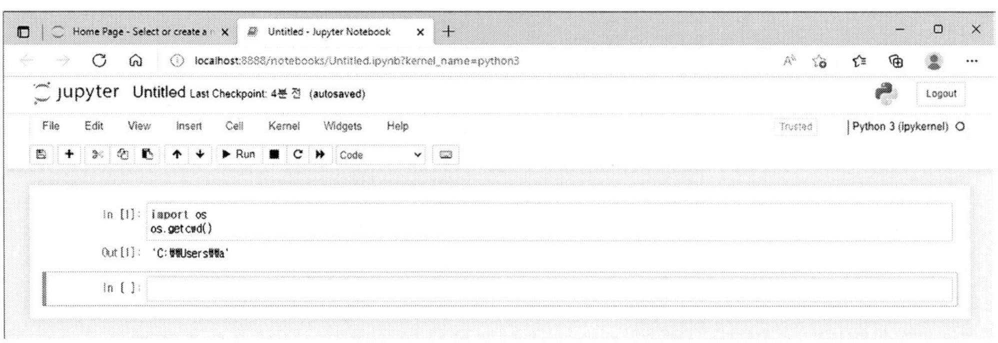

그림 1.29 기본 작업 디렉토리 확인

현재 기본 작업 디렉토리는 'C:₩₩users₩₩a'로 설정되어 있음을 확인할 수 있다.

(4) 기본 작업 디렉토리 변경

이제 현재의 기본 작업 디렉토리를 다음과 같이 원하는 디렉토리, 즉 작업 디렉토리로 변경하고자 한다.

D:/PyTorch

ⓐ 시작메뉴에서 "Jupyter Notebook (anaconda3)"을 오른쪽 클릭한 후 그림 1.30과 같이 팝업메뉴의 [자세히] → [파일 위치 열기]를 선택한다.

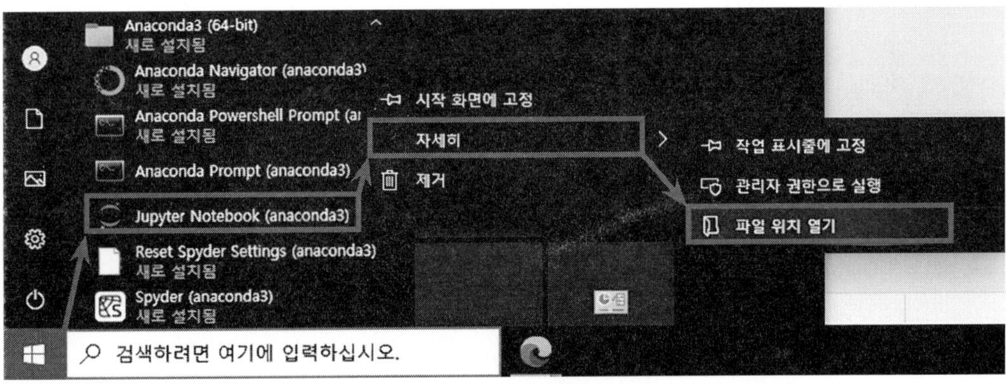

그림 1.30 [파일 위치 열기] 선택

ⓑ [파일 위치 열기]를 통해 나타난 폴더에서 "Jupyter Notebook (anaconda3)" 파일을 오른쪽 클릭하여 그림 1.31과 같이 Jupyter Notebook (anaconda3) 파일의 팝업메뉴의 속성을 선택한다.

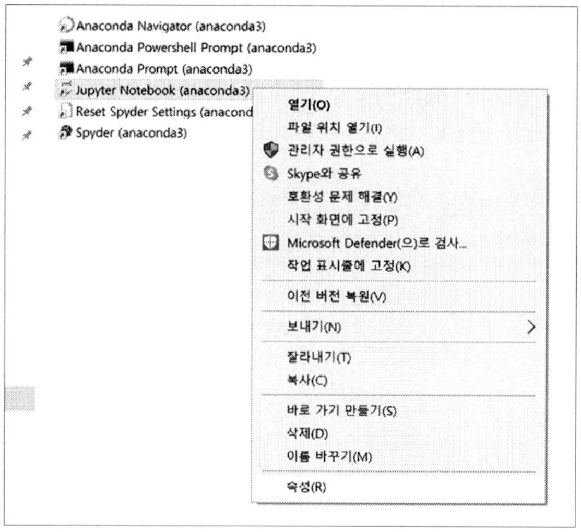

그림 1.31 Jupyter Notebook 파일의 팝업메뉴

ⓒ 그림 1.32는 Jupyter Notebook (anaconda3) 속성 창이다. 속성 창의 "대상(T):"을 보면 기본 작업 디렉토리가 "%USERPROFILE%/"로 설정되어 있음을 확인할 수 있다.

그림 1.32 Jupyter Notebook 속성 창

ⓓ 그림 1.33과 같이 대상 디렉토리에서 "%USERPROFILE%/"를 원하는 작업 디렉토리 "D:/PyTorch"로 수정한다.

그림 1.33 Jupyter Notebook 속성에서 작업 디렉토리 수정

ⓔ 다시 시작메뉴에서 Jupyter Notebook을 실행하여 그림 1.34에서 보는 것처럼 os.getcwd() 명령을 통해 작업 디렉토리가 "D:/PyTorch"로 변경된 것을 확인할 수 있다.

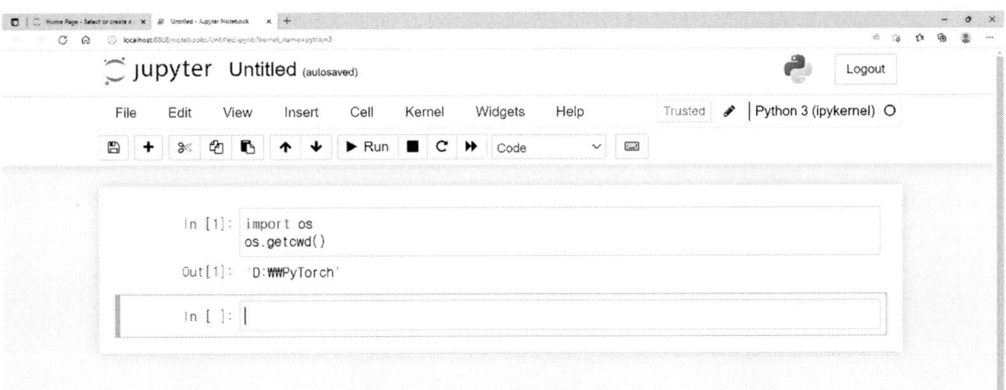

그림 1.34 작업 디렉토리 확인

제 2 장

파이토치의 텐서

2.1 텐서란 무엇인가?

텐서(tensor)는 파이토치에서 기본적인 데이터 구조이다. 텐서는 개념적으로 파이썬에서 NumPy(넘파이)의 n차원 배열(ndarray)과 유사하다. 여기서 NumPy는 파이썬에서 벡터(vector), 행렬(matrix) 등 수치 연산을 수행하는 선형대수(Linear algebra) 패키지이다. n차원 배열(ndarray)은 영어 n-dimensional array를 뜻하며, 1차원 배열(1D array), 2차원 배열(2D array), 3차원 배열(3D array) 등의 다차원 배열이 여기에 해당된다. 배열에서 차원(dimension)을 축(axis)이라 하는데, 예를 들어 그림 2.1의 2차원 배열(2D array)은 2개의 축, 즉 축 0(axis 0)과 축 1(axis 1)을 갖고 있다.

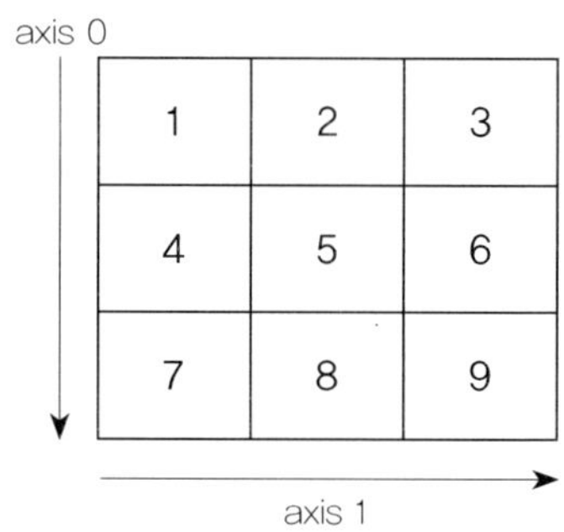

그림 2.1 2차원 배열과 축 0과 축 1

그림 2.1에서 축 0(axis 0)은 행(row) 방향 혹은 y축 방향이며, 축 1(axis 1)은 열(column) 방향 혹은 x축 방향이다.

우리가 아는 벡터(vector)는 n차원 배열에서 $n = 1$인 1차원 배열(1D array)이고, 행렬(matrix)은 $n = 2$인 2차원 배열(2D array)이다. $n \geq 3$인 다차원 배열에서 $n = 3$인 3차원 배열(3D array)은 2차원 배열의 2개의 축, x축과 y축에 제3의 축인 z축이 추가하여 입체적인 구조를 갖고 있다. 예를 들면, 컬러 영상(color image)은 3차원 배열을 사용하여 나타낸다. 그림 2.2는 NumPy의 1차원, 2차원, 3차원 배열을 나타낸다.

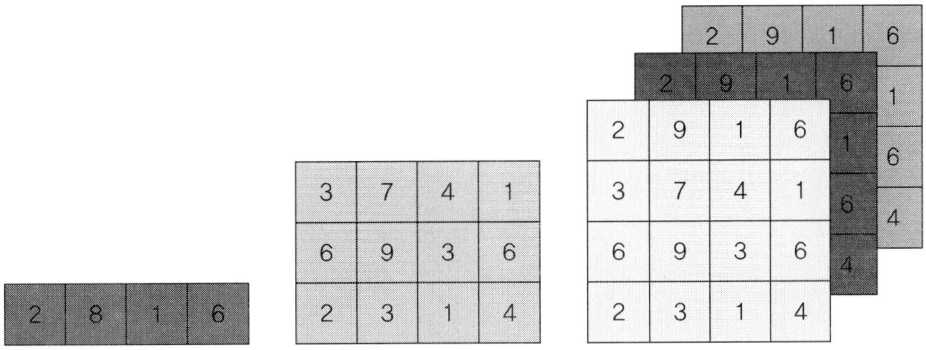

(a) 1D array (b) 2D array (c) 3D array

그림 2.2 NumPy의 1차원, 2차원, 3차원 배열

파이토치의 텐서는 CPU(central processing unit, 중앙처리장치) 또는 GPU(graphics processing unit, 그래픽처리장치)에서 연산할 수 있다. 파이토치의 텐서는 NumPy의 배열과는 다르게, GPU를 이용하여 수치 연산을 가속화할 수 있다. 파이토치는 기본적으로 한 개의 GPU를 사용하지만 여러 개의 GPU를 사용하여 데이터 병렬처리(data parallelism)를 할 수 있다.

NumPy의 배열

파이토치의 텐서에 대한 이해를 돕기 위해 NumPy의 배열 구조에 대해 살펴보고자 한다. 다음은 NumPy의 배열에서 사용 가능한 함수와 속성들이다.

- type( ) 함수: 파이썬에서 데이터 타입(data type, 자료형)을 알기 위해 사용하는 함수이다.
- ndim 속성: NumPy에서 배열의 차원(dimension)을 알기 위해 사용하는 속성이다.
- shape 속성: NumPy에서 배열의 형태(shape, 형상)를 알기 위해 사용하는 속성이다.

(1) 0차원 배열(0D array)

NumPy에서 0차원의 배열은 스칼라(scalar)이며 스칼라는 방향이 없는 단순한 값을 나타낸다. 여기서 NumPy의 array( ) 함수를 이용하여 데이터를 배열로 변환한다.

```
import numpy as np
a = 1
print("Data type :", type(a))
arr0=np.array(a)
print("Data type :", type(arr0))

print("Dimension of numpy array :", arr0.ndim)
print("Shape of numpy array :", arr0.shape)
```

```
Data type : <class 'int'>
Data type : <class 'numpy.ndarray'>
Dimension of numpy array : 0
Shape of numpy array : ()
```

▶ NumPy의 ndim 속성을 이용하여 스칼라의 차원은 0이고, shape 속성을 이용하여 0차원 배열의 형태는 ()(괄호)로 나타낸다. 즉, 빈 튜플(empty tuple)을 가지고 나타낸다. 여기서 빈 튜플이란 ()안에 원소가 없는 비어 있는 튜플을 의미한다.

(2) 1차원 배열(1D array)

NumPy에서 1차원 배열은 그림 2.2(a)처럼 데이터를 한 줄로 나타낼 수 있는 벡터이다. 벡터는 크기와 방향을 가지고 있다.

```
import numpy as np
list=[2,8,1,6]
print("Data type :", type(list))

arr1=np.array(list)
print("Data type :", type(arr1))

print("Dimension of numpy array :", arr1.ndim)
print("Shape of numpy array :", arr1.shape)
```

```
Data type : <class 'list'>
Data type : <class 'numpy.ndarray'>
Dimension of numpy array : 1
Shape of numpy array : (4,)
```

▶ NumPy의 shape 속성을 이용하여 1차원 배열의 형태는 (4,)로 나타낸다. 여기서 4는 배열의 길이이다. 이처럼 1차원 배열의 형태는 1개의 원소로 이루어진 튜플의 형태로 나타낸다.

참고로, 0차원 배열과 1차원 배열을 혼동하는 경우가 있다. 예를 들면, np.array(10)와

np.array([10])에서 전자는 단순히 값이 10인 0차원 배열이고, 후자는 값이 10이고 방향이 있는 1차원 배열이다.

다음 코드는 이에 대한 코드이다.

```
import numpy as np
arr0=np.array(10)
arr1=np.array([10])
print("Dimension of numpy array :", arr0.ndim)
print("Dimension of numpy array :", arr1.ndim)
```

```
Dimension of numpy array : 0
Dimension of numpy array : 1
```

(3) 2차원 배열(2D array)

NumPy에서 2차원 배열은 그림 2.2(b)처럼 행과 열로 이루어진 행렬과 같은 형태이다.

```
import numpy as np
list=[[3,7,4,1],[6,9,3,6], [2,3,1,4]]
print("Data type :", type(list))

arr2=np.array(list)
print("Data type :", type(arr2))

print("Dimension of numpy array :", arr2.ndim)
print("Shape of numpy array :", arr2.shape)
```

```
Data type : <class 'list'>
Data type : <class 'numpy.ndarray'>
Dimension of numpy array : 2
Shape of numpy array : (3, 4)
```

▶ NumPy의 shape 속성을 이용하여 2차원 배열의 형태는 행과 열의 수를 나타내는 (3, 4)로 나타낸다. 이처럼 2차원 배열의 형태는 2개의 원소로 이루어진 튜플의 형태로 나타낸다.

(4) 3차원 배열(3D array)

NumPy에서 3차원 배열은 그림 2.2(c)처럼 2차원 배열을 겹겹이 쌓아 놓은 형태이다.

```
import numpy as np
list=[[[2,8,1,6],[3,7,4,1],[6,9,3,6], [2,3,1,4]],
      [[2,8,1,6],[3,7,4,1],[6,9,3,6], [2,3,1,4]],
      [[2,8,1,6],[3,7,4,1],[6,9,3,6], [2,3,1,4]]]
print("Data type :", type(list))

arr3=np.array(list)
print("Data type :", type(arr3))

print("Dimension of numpy array :", arr3.ndim)
print("Shape of numpy array :", arr3.shape)
```

```
Data type : <class 'list'>
Data type : <class 'numpy.ndarray'>
Dimension of numpy array : 3
Shape of numpy array : (3, 4, 4)
```

▶ NumPy의 shape 속성을 이용하여 3차원 배열의 형태는 배열의 깊이, 행의 수, 열의 수를 (3, 4, 4)로 나타낸다. 이처럼 3차원 배열의 형태는 3개의 원소로 이루어진 튜플의 형태로 나타낸다.

2.2 텐서 생성

(1) torch.tensor() 함수

torch.tensor( ) 함수를 사용하여 텐서를 생성한다. 즉, torch.tensor( ) 함수를 사용하면 기존의 데이터로부터 텐서로 변환할 수 있다. 다음은 torch.tensor( ) 함수의 사용형식이다.

```
torch.tensor(data, dtype=None, device=None)
```

- data: 입력 데이터, 여기서는 스칼라(scalar), 리스트(list), 튜플(tuple), NumPy의 배열 형태이다.
- dtype: 텐서의 데이터 타입, 디폴트는 dtype=None이다. 만약, 지정하지 않으면 주어진 data로부터 데이터 타입을 유추한다.

– device: 텐서에 대한 디바이스(device) 설정, 디폴트는 device=None으로 현재 설정된 디바이스를 사용한다.

텐서에 CPU를 설정하고자 하는 경우	device = torch.device(' cpu ')
텐서에 GPU를 설정하고자 하는 경우	device = torch.device(' cuda ')

∷ 파이토치 - GPU 사용하기

• **파이토치에서 GPU가 사용 가능한지 확인하고자 하는 경우**

```
import torch
torch.cuda.is_available()
```

```
True
```

▶ 여기서 True는 GPU가 단지 사용 가능하다는 것을 의미하고, 현재 GPU가 해당 텐서에 설정되어 있다는 것을 의미하지는 않는다. 따라서 해당 텐서에 GPU 사용을 위해서는 별도로 설정해야 할 필요가 있다.

• **해당 텐서에 CPU 혹은 GPU를 설정하고자 하는 경우**

```
x=torch.tensor([1, 2, 3, 4])
print(x.device)
x=torch.tensor([1, 2, 3, 4], device=torch.device('cpu'))
print(x.device)
x=torch.tensor([1, 2, 3, 4], device=torch.device('cuda'))
print(x.device)
```

```
cpu
cpu
cuda:0
```

• **해당 텐서에 설정된 디바이스(device), 여기서는 CPU를 GPU로 변경하고자 하는 경우 3가지 방법이 있다.**

– torch.tensor( ) 함수에 인수 device 사용하여 설정하는 방법

– .to( ) 함수를 사용하여 설정하는 방법

– .cuda( ) 함수를 사용하여 설정하는 방법

다음 코드는 해당 텐서에 설정된 CPU를 GPU로 변경하는 3가지 방법에 대한 코드이다.

```
device=torch.device('cuda')
x=torch.tensor([1, 2, 3, 4])
print(f"Device : { x.device}")
# menthod 1
y1=torch.tensor([1, 2, 3, 4], device=device)
print(f"Device : { y1.device}")
# menthod 2
y2=x.to(device)
print(f"Device : { y2.device}")
# menthod 3
y3=x.cuda()
print(f"Device : { y3.device}")
```

```
Device : cpu
Device : cuda:0
Device : cuda:0
Device : cuda:0
```

- **모델 전체에 지정된 디바이스(device)를 변경하고자 하는 경우**

해당 모델에 .to() 함수 혹은 .cuda() 함수를 사용하여 모델의 모든 파라미터에 CPU를 GPU로 변경할 수 있다.

```
model = Net()
model1 = model.to(device)
model2 = model.cuda()
```

- **CPU 혹은 GPU 둘 다 사용하고자 하는 경우**

```
if torch.cuda.is_available():
    device = 'cuda'
else:
    device = 'cpu'
model = Net()
model.to(device)
```

혹은

```
device = torch.device("cuda" if torch.cuda.is_available() else " cpu ")
model = Net()
model.to(device)
```

ⓐ 스칼라로부터 텐서 생성

다음은 torch.tensor() 함수를 이용하여 스칼라로부터 텐서 생성에 대한 예이다.

```
import torch

pi=3.14159
pi_tensor =torch.tensor(pi)
print(pi_tensor)
print("Dimension of tensor :", pi_tensor.dim())
print("Shape of tensor :", pi_tensor.shape)
```

```
tensor(3.1416)
Dimension of tensor : 0
Shape of tensor : torch.Size([])
```

▶ 위에서 파이썬의 스칼라 pi=3.14159로부터 생성된 스칼라 텐서는 다음과 같다.

tensor(3.1416)

여기서 텐서의 부동 소수점 출력은 소수점 이하 4자리(반올림)로 제한한다. 그리고 dim() 함수를 이용하여 스칼라 텐서 pi_tensor의 차원은 0이고, shape 속성을 이용하여 스칼라 텐서 pi_tensor의 형태는 []로 나타낸다.

ⓑ 리스트로부터 텐서 생성

다음은 torch.tensor() 함수를 이용하여 파이썬의 리스트로부터 텐서 생성에 대한 예이다.

```
import torch

x_list =[[1, 2, 3],[4, 5, 6]]
print(x_list)
x_tensor=torch.tensor(x_list)
print(x_tensor)

print("Dimension of tensor :", x_tensor.dim())
print("Shape of tensor :", x_tensor.shape)
```

```
[[1, 2, 3], [4, 5, 6]]
tensor([[1, 2, 3],
        [4, 5, 6]])
Dimension of tensor : 2
Shape of tensor : torch.Size([2, 3])
```

▶ 위에서 리스트 x_list =[[1, 2, 3],[4, 5, 6]]으로부터 텐서 x_tensor의 생성은 다음과 같다.

```
tensor([[1, 2, 3],
        [4, 5, 6]])
```

dim() 함수를 이용하여 텐서 x_tensor의 차원이 2임을 알 수 있으며, shape 속성을 이용하여 텐서 x_tensor의 형태를 알 수 있다. 여기서는 2차원이므로 행의 수와 열의 수를 가지고 [2, 3]의 형태로 나타낸다.

ⓒ NumPy의 배열로부터 텐서 생성

다음은 torch.tensor( ) 함수를 이용하여 NumPy의 배열, 여기서는 2차원 배열로부터 텐서 생성에 대한 예이다.

```
import torch
import numpy as np

x_list =[[1, 2, 3],[4, 5, 6]]
x_array=np.array(x_list)
print(x_array)
x_tensor=torch.tensor(x_array)
print(x_tensor)

print("Dimension of tensor :", x_tensor.dim())
print("Shape of tensor :", x_tensor.shape)
```

```
[[1 2 3]
 [4 5 6]]
tensor([[1, 2, 3],
        [4, 5, 6]], dtype=torch.int32)
Dimension of tensor : 2
Shape of tensor : torch.Size([2, 3])
```

▶ 위에서 리스트 x_list =[[1, 2, 3],[4, 5, 6]]으로부터 변환된 배열 x_array은 다음과 같다.

```
[[1 2 3]
 [4 5 6]]
```

위 2차원 배열로부터 생성된 텐서 x_tensor는 다음과 같다.

```
tensor([[1, 2, 3],
        [4, 5, 6]], dtype=torch.int32)
```

생성된 텐서 x_tensor의 데이터 타입은 dtype=torch.int32, 즉 32bit 정수형이다.

(2) torch.Tensor 클래스

torch.tensor( ) 함수와 마찬가지로 torch.Tensor 클래스의 생성자 함수를 이용하여 텐서를 생성할 수 있다. 위의 두 함수 모두 입력 데이터에 대해서 텐서 객체로 만들어 주는 기능은 동일하다. 다만, torch.tensor( ) 함수는 정수형(integer type) 데이터 타입인 경우 생성된 텐서의 데이터 타입도 정수형인 반면, torch.Tensor 클래스는 정수형 데이터 타입이더라도 생성된 텐서의 데이터 타입은 실수형(float type)으로 변환한다.

ⓐ 리스트로부터 텐서 생성

다음은 torch.Tensor 클래스의 생성자 함수를 이용하여 파이썬의 리스트로부터 텐서 생성에 대한 예이다.

```
import numpy as np
import torch

#x_list = [1,2,3,4,5]
x_list = [[1,2],[3,4]]
print(x_list)
x_tensor =torch.Tensor(x_list)
print(x_tensor)
print(f"Dimension of Tensor : { x_tensor.dim()}")
print(f"Shape of Tensor : { x_tensor.shape}")
print(f"Datatype of Tensor : { x_tensor.type()}")
print(f"Datatype of Tensor : { x_tensor.dtype}")
```

```
[[1, 2], [3, 4]]
tensor([[1., 2.],
        [3., 4.]])
Dimension of Tensor : 2
Shape of Tensor : torch.Size([2, 2])
Datatype of Tensor : torch.FloatTensor
Datatype of Tensor : torch.float32
```

▶ 위에서 리스트 x_list =[[1, 2], [3, 4]]으로부터 텐서 x_tensor의 생성은 다음과 같다.

```
tensor([[1., 2.],
        [3., 4.]])
```

여기서 리스트의 데이터 타입은 정수형이지만 생성된 텐서의 데이터 타입은 torch.FloatTensor 혹은 orch.float32와 같이 실수형임을 알 수 있다. 그리고 torch.Tensor 클래스에서 dim() 함수와 shape 속성 사용은 torch.tensor() 함수와 같다.

ⓑ NumPy의 배열로부터 텐서 생성

다음은 torch.Tensor 클래스의 생성자 함수를 이용하여 NumPy의 배열, 여기서는 2차원 배열로부터 텐서 생성에 대한 예이다.

```
import numpy as np
import torch

#x_list = [1,2,3,4,5]
x_list = [[1,2],[3,4]]
x_array=np.array(x_list)
print(x_array)
x_tensor =torch.Tensor(x_array)
print(x_tensor)
print(f"Dimension of Tensor : { x_tensor.dim()}")
print(f"Shape of Tensor : { x_tensor.shape}")
print(f"Datatype of Tensor : { x_tensor.type()}")
print(f"Datatype of Tensor : { x_tensor.dtype}")
```

```
[[1, 2], [3, 4]]
tensor([[1., 2.],
        [3., 4.]])
Dimension of Tensor : 2
Shape of Tensor : torch.Size([2, 2])
Datatype of Tensor : torch.FloatTensor
Datatype of Tensor : torch.float32
```

▶ 위에서 리스트 x_list =[[1,2],[3,4]]으로부터 변환된 배열 x_array은 다음과 같다.

```
[[1 2]
 [3 4]]
```

위 2차원 배열로부터 생성된 텐서 x_tensor는 다음과 같다.

```
tensor([[1., 2.],
        [3., 4.]])
```

생성된 텐서 x_tensor의 데이터 타입은 torch.FloatTensor 혹은 torch.float32와 같이 실수형이다.

(3) 텐서의 데이터 타입

NumPy의 데이터 타입

먼저 NumPy에서 제공하는 데이터 타입(data type)에 대해서 살펴보고자 한다. 표 2.1은 숫자형 데이터 타입을 나타낸다.

표 2.1 NumPy의 숫자형 데이터 타입

Data 종류	Data 타입 종류	dtype	설명
실수형	16-비트 부동 소수점 (16-bit floating point)	float16	Half precision float
	32-비트 부동 소수점 (32-bit floating point)	float32	Single precision float
	64-비트 부동 소수점 (64-bit floating point)	float64	Double precision float
정수형	8-비트 부호 없는 정수 (8-bit unsigned integer)	uint8	Unsigned integer (0 to 255)
	8-비트 부호 있는 정수 (8-bit signed integer)	int8	Byte (−128 to 127)
	16-비트 부호 있는 정수 (16-bit signed integer)	int16	Integer (−32768 to 32767)
	32-비트 부호 있는 정수 (32-bit signed integer)	int32	Integer (−2147483648 to 2147483647)
	64-비트 부호 있는 정수 (64-bit signed integer)	int64	Integer (−9223372036854775808 to 9223372036854775807)

표 2.1의 실수형(float type) 데이터 타입에서 부동 소수점(floating point)은 소수점을 포함하는 숫자, 즉 실수를 의미한다. 그리고 정수형(integer type) 데이터 타입에서 부호 없는 정수형(unsinged integer type)은 0과 양수를 표현하는 정수형이고, 부호 있는 정수형

(signed integer type)은 음수, 0, 양수를 표현하는 정수형을 의미한다. 그리고 dtype에서 float, int 뒤에 붙는 숫자 8, 16, 32, 64는 해당 데이터를 표현할 때 메모리상에서 비트 수를 나타내는 숫자이다.

다음은 NumPy의 숫자형 데이터 타입에 대한 예이다. dtype 속성을 이용하여 데이터 타입을 알 수 있다.

```
#float type
x = np.array([1.4, 2.6, 3.0, 4.9, 5.3])
print(x.dtype)

#integer type
x= np.array([1, 2, 3, 4, 5])
print(x.dtype)
```

```
float64
int32
```

▶ 위에서 실수형 데이터의 기본적인 타입은 float64이고, 정수형 데이터의 기본적인 타입은 int32임을 알 수 있다.

다음은 NumPy의 배열을 정의할 때 데이터 타입을 직접 dtype 속성을 이용하여 지정할 수 있다.

```
import numpy as np
#float type
x = np.array([1.4, 2.6, 3.0, 4.9, 5.3], dtype=np.float64)
print(x.dtype)

#integer type
x= np.array([1, 2, 3, 4, 5],dtype=np.int32)
print(x.dtype)
```

```
float64
int32
```

▶ 위에서 float64인 실수형 데이터는 속성 dtype=np.float64를 이용하여 지정하고, int32인 정수형 데이터는 속성 dtype=np.int32를 이용하여 지정한다.

ⓐ 텐서의 데이터 타입 지정

파이토치에서 텐서는 NumPy의 배열과 똑같이 데이터 타입을 속성 dtype을 가지고 나타낸다. 표 2.2는 텐서의 데이터 타입을 나타낸다.

표 2.2 텐서의 데이터 타입

Data 종류	Data 타입 종류	dtype	CPU 텐서	GPU 텐서
실수형	16-비트 부동 소수점 (16-bit floating point)	torch.float16 또는 torch.half	torch.HalfTensor	torch.cuda.HalfTensor
	32-비트 부동 소수점 (32-bit floating point)	torch.float32 또는 torch.float	torch.FloatTensor	torch.cuda.FloatTensor
	64-비트 부동 소수점 (64-bit floating point)	torch.float64 또는 torch.double	torch.DoubleTensor	torch.cuda.DoubleTensor
정수형	8-비트 부호 없는 정수 (8-bit unsigned integer)	torch.uint8	torch.ByteTensor	torch.cuda.ByteTensor
	8-비트 부호 있는 정수 (8-bit signed integer)	torch.int8	torch.CharTensor	torch.cuda.CharTensor
	16-비트 부호 있는 정수 (16-bit signed integer)	torch.int16 또는 torch.short	torch.ShortTensor	torch.cuda.ShortTensor
	32-비트 부호 있는 정수 (32-bit signed integer)	torch.int32 또는 torch.int	torch.IntTensor	torch.cuda.IntTensor
	64-비트 부호 있는 정수 (64-bit signed integer)	torch.int64 또는 torch.long	torch.LongTensor	torch.cuda.LongTensor

예를 들어, 32-비트의 부동 소수점에 대한 데이터 타입은 dtype=torch.float32 또는 torch.float이고, 64-비트의 부호 있는 정수에 대한 데이터 타입은 dtype=torch.int64 또는 torch.long이다.

다음은 실수형 데이터와 정수형 데이터로부터 생성된 텐서의 데이터 타입을 보여주고 있다.

```
#float type
x = np.array([1.0, 2.0, 3.0, 4.0, 5.0])
print(x.dtype)
x_tensor=torch.tensor(x)
print(x_tensor.dtype)

#integer type
x= np.array([1, 2, 3, 4, 5])
print(x.dtype)
x_tensor=torch.tensor(x)
print(x_tensor.dtype)
```

```
float64
torch.float64
int32
torch.int32
```

▶ 위에서 실수형 데이터로부터 생성된 텐서의 데이터 타입은 torch.float64이고, 정수형 데이터로부터 생성된 텐서의 데이터 타입은 torch.int32임을 알 수 있다.

다음은 텐서 생성할 때 데이터 타입을 지정하고자 한다. 이를 위해 torch.tensor( ) 함수에서 dtype 속성을 이용한다.

```
#float type
x = np.array([1.0, 2.0, 3.0, 4.0, 5.0])
x_tensor=torch.tensor(x, dtype=torch.float32)
print(x_tensor)
print(x_tensor.dtype)

#integer type
x= np.array([1, 2, 3, 4, 5])
x_tensor=torch.tensor(x, dtype=torch.int64)
print(x_tensor)
print(x_tensor.dtype)
```

```
tensor([1., 2., 3., 4., 5.])
torch.float32
tensor([1, 2, 3, 4, 5])
torch.int64
```

▶ 위에서 torch.tensor() 함수의 속성 dtype=torch.float32에 의해 실수형 텐서를 생성하고 dtype=torch.int64에 의해 정수형 텐서를 생성하고 있다.

ⓑ 데이터 타입에 따른 텐서 생성

표 2.2의 텐서의 데이터 타입에서 보듯이 파이토치의 텐서는 사용된 디바이스가 CPU 혹은 GPU에 따라 생성하는 함수 이름이 다르다. 예를 들어, 32–비트의 부동 소수점에 대한 CPU 텐서인 경우 torch.DoubleTensor를 사용하고, GPU 텐서인 경우 torch.cuda.FloatTensor를 사용한다. 그리고 64–비트의 부호 있는 정수에 대한 CPU 텐서인 경우 torch.LongTensor를 사용하고, GPU 텐서인 경우 torch.cuda.LongTensor를 사용한다.

다음은 CPU 상에서 데이터 타입에 따른 텐서를 생성하고자 한다. 여기서는 torch.IntTensor( ) 함수와 torch.LongTensor( ) 함수를 사용하여 정수형 텐서를 생성하고자 한다.

```
import torch
x= torch.IntTensor([1, 2, 3, 4, 5])
print(x)
print(x.dtype)
x= torch.LongTensor([1, 2, 3, 4, 5])
print(x)
print(x.dtype)
```

```
tensor([1, 2, 3, 4, 5], dtype=torch.int32)
torch.int32
tensor([1, 2, 3, 4, 5])
torch.int64
```

▶ 보통, 정수형 텐서는 torch.LongTensor() 함수를 사용하여 생성한다.

다음은 torch.FloatTensor( ) 함수와 torch.DoubleTensor( ) 함수를 사용하여 실수형 텐서를 생성하고자 한다.

```
import torch
x= torch.FloatTensor([1.0, 2.0, 3.0, 4.0, 5.0])
print(x)
print(x.dtype)
x= torch.DoubleTensor([1.0, 2.0, 3.0, 4.0, 5.0])
print(x)
print(x.dtype)
```

```
tensor([1., 2., 3., 4., 5.])
torch.float32
tensor([1., 2., 3., 4., 5.], dtype=torch.float64)
torch.float64
```

▶ 보통, 실수형 텐서는 torch.FloatTensor() 함수를 사용하여 생성한다.

다음은 GPU 상에서 데이터 타입에 따른 텐서를 생성하고자 한다. 여기서는 torch.cuda.IntTensor( ) 함수와 torch.cuda.LongTensor( ) 함수를 사용하여 정수형 텐서를 생성하고자 한다.

```
import torch
x= torch.cuda.IntTensor([1, 2, 3, 4, 5])
print(x)
print(x.dtype)
x= torch.cuda.LongTensor([1, 2, 3, 4, 5])
print(x)
print(x.dtype)
```

```
tensor([1, 2, 3, 4, 5], device='cuda:0', dtype=torch.int32)
torch.int32
tensor([1, 2, 3, 4, 5], device='cuda:0')
torch.int64
```

▶ 보통, 정수형 텐서는 torch.cuda.LongTensor() 함수를 사용하여 생성한다.

다음은 torch.cuda.FloatTensor( ) 함수와 torch.cuda.DoubleTensor( ) 함수를 사용하여 실수형 텐서를 생성하고자 한다.

```
import torch
x= torch.cuda.FloatTensor([1.0, 2.0, 3.0, 4.0, 5.0])
print(x)
print(x.dtype)
x= torch.cuda.DoubleTensor([1.0, 2.0, 3.0, 4.0, 5.0])
print(x)
print(x.dtype)
```

```
tensor([1., 2., 3., 4., 5.], device=‘cuda:0’)
torch.float32
tensor([1., 2., 3., 4., 5.], device=‘cuda:0’, dtype=torch.float64)
torch.float64
```

▶ 보통, 실수형 텐서는 torch.cuda.FloatTensor() 함수를 사용하여 생성한다.

ⓒ 타입 캐스팅(type casting)

파이토치에서 텐서의 데이터 타입을 변환하는 것을 타입 캐스팅(type casting), 줄여서 캐스팅(casting)이라 한다. 표 2.3은 타입 캐스팅 함수와 이에 대한 설명을 나타내고 있다.

표 2.3 타입 캐스팅 함수

함수	설명
.float()	float 형으로 변환
.double()	double 형으로 변환
.int()	int 형으로 변환
.long()	long 형으로 변환

다음은 타입 캐스팅 함수 중에서 .float( ) 함수와 .long( ) 함수의 사용에 대한 코드이다

```
x=torch.IntTensor([1,2,3,4,5])
print('Tensor :',x)
print('Tensor type :', x.type())
print('Float형 tensor :', x.float())
print('Float형 tensor type :', x.float().type())
print('Long 형 tensor :', x.long())
print('Long 형 tensor type :', x.long().type())
```

```
Tensor : tensor([1, 2, 3, 4, 5], dtype=torch.int32)
Tensor type : torch.IntTensor
Float형 tensor : tensor([1., 2., 3., 4., 5.])
Float형 tensor type : torch.FloatTensor
Long 형 tensor : tensor([1, 2, 3, 4, 5])
Long 형 tensor type : torch.LongTensor
```

(4) 텐서의 차원

파이토치는 데이터를 텐서 형태로 표현하고, 텐서는 NumPy의 배열 형태와 유사하다고 하였다. 파이토치의 경우 GPU를 사용한 연산이 가능하기 때문에 NumPy로 작업시 연산 부분을 파이토치로 대체해서 처리 속도를 단축시킬 수 있다. 그림 2.3은 파이토치의 0차원 텐서(0D tensor)부터 5차원 텐서(5D tensor)까지 다양한 차원의 텐서를 나타내고 있다.

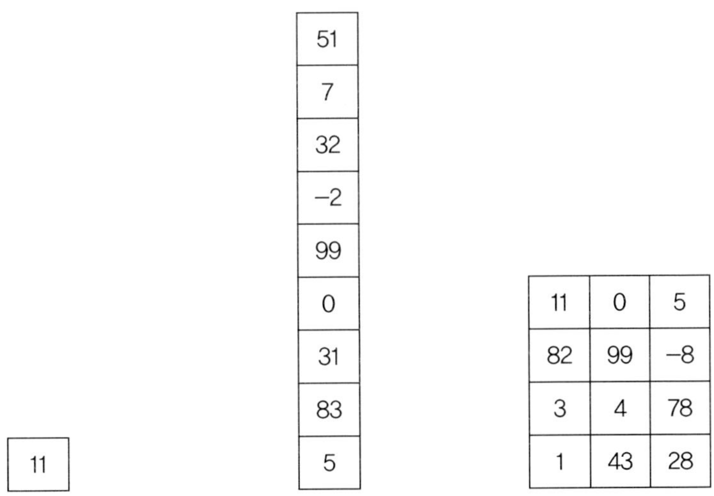

(a) 0D tensor (b) 1D tensor (c) 2D tensor

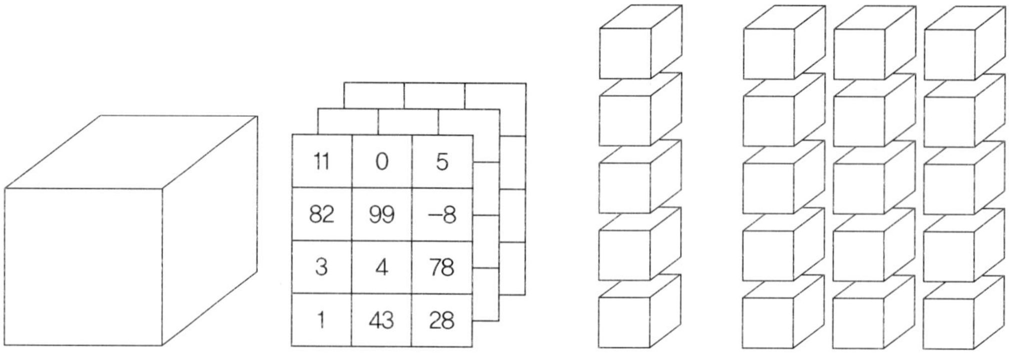

(d) 3D tensor (e) 4D tensor (f) 5D tensor

그림 2.3 다양한 차원의 텐서

그림 2.3(a)의 0차원 텐서(0D tensor)는 스칼라, 그림 2.3(b)의 1차원 텐서(1D tensor)는 벡터, 그림 2.3(c)의 2차원 텐서(2D tensor)는 행렬, 그림 2.3(d)의 3차원 텐서(3D tensor)는 큐브(cube), 그림 2.3(e)의 4차원 텐서(4D tensor)는 큐브의 벡터(vector of cubes), 그림 2.3(f)의 5차원 텐서(5D tensor)는 큐브의 행렬(matrix of cubes)을 나타낸다.

ⓐ 0차원 텐서(0D tensor)

파이토치의 0차원 텐서는 가장 간단한 텐서로서 예를 들면 0, 10, 20처럼 스칼라(scalar), 즉 한 개의 숫자(single number)에 의해 생성된다. 다음은 0차원 텐서를 생성하는 코드이다. 텐서의 차원과 형태는 ndim 속성(혹은 dim( ) 함수)과 shape 속성(혹은 size( ) 함수)을 이용한다.

```
x_tensor = torch.tensor(3)
print(x_tensor)
print(x_tensor.dtype)
print(x_tensor.ndim)
#print(x_tensor.dim())
print(x_tensor.shape)
#print(x_tensor.size())
```

```
tensor(3)
torch.int64
0
torch.Size([])
```

▶ ndim 속성에 의해 텐서의 차원은 0이고, shape 속성에 의해 텐서의 형태는 []로 나타낸다.

ⓑ 1차원 텐서(1D tensor)

파이토치의 1차원 텐서는 스칼라가 여러 개 모인 것, 즉 벡터에 의해 생성된다. 예를 들면, [1, 2, 3] 또는 [10, 20, 30] 등이 있다. 다음은 1차원 텐서를 생성하는 코드이다.

```
x_tensor = torch.tensor([1, 2, 3, 4])
print(x_tensor)
print(x_tensor.dtype)
print(x_tensor.ndim)
#print(x_tensor.dim())
print(x_tensor.shape)
#print(x_tensor.size())
```

```
tensor([1, 2, 3, 4])
torch.int64
1
torch.Size([4])
```

▶ ndim 속성에 의해 텐서의 차원은 1이고, shape 속성에 의해 텐서의 형태는 [4]로 나타낸다. 여기서 4는 텐서의 길이이다.

ⓒ 2차원 텐서(2D tensor)

파이토치의 2차원 텐서는 벡터가 여러 개 모인 것, 즉 행렬에 의해 생성된다. 예를 들면, [[1, 2, 3], [2, 3, 4]] 등이 있다. 다음은 2차원 텐서를 생성하는 코드이다.

```
x_tensor= torch.tensor([[1, 2, 3], [2, 3, 4]])
print(x_tensor)
print(x_tensor.dtype)
print(x_tensor.ndim)
#print(x_tensor.dim())
print(x_tensor.shape)
#print(x_tensor.size())
```

```
tensor([[1, 2, 3],
        [2, 3, 4]])
torch.int64
2
torch.Size([2, 3])
```

▶ ndim 속성에 의해 텐서의 차원은 2이고, shape 속성에 의해 텐서의 형태는 [2, 3]로 나타낸다. 여기서 2, 3은 행과 열의 길이이다.

ⓓ 3차원 텐서(3D tensor)

파이토치의 3차원 텐서는 행렬이 여러 개 모인 것에 의해 생성된다. 예를 들면, [[[1, 2, 3], [2, 3, 4]], [[3, 4, 5], [4, 5, 6]]] 등이 있다. 다음은 3차원 텐서를 생성하는 코드이다.

```
x_tensor= torch.tensor([[[1, 2, 3], [2, 3, 4]], [[3, 4, 5], [4, 5, 6]]])
print(x_tensor)
print(x_tensor.dtype)
print(x_tensor.ndim)
#print(x_tensor.dim())
print(x_tensor.shape)
```

```
tensor([[[1, 2, 3],
         [2, 3, 4]],
        [[3, 4, 5],
         [4, 5, 6]]])
torch.int64
3
torch.Size([2, 2, 3])
```

▶ ndim 속성에 의해 텐서의 차원은 3이고, shape 속성에 의해 텐서의 형태는 [2, 2, 3]으로 나타낸다. 여기서 맨 앞의 2는 2차원 데이터가 2개라는 의미이고, 다음 2와 3은 2차원 데이터의 행과 열의 길이이다.

그림 2.4는 3차원 데이터의 예로서 RGB 컬러 영상을 나타내고 있다. 그림 2.4에서 왼쪽의 컬러 영상을 3개의 채널, 즉 Red(빨간색) 채널, Green(초록색) 채널, Blue(파란색) 채널을 사용하여 표현하고 있다.

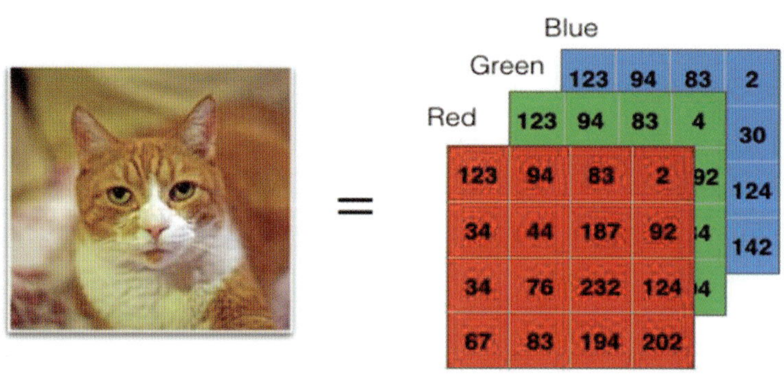

그림 2.4 RGB 컬러 영상

여기서 픽셀값은 명도(intensity), 즉 밝기를 나타내는 숫자로 0~255의 8-비트 부호 없는 정수로 나타낸다.

• RGB **컬러 모델**

빛의 3원색인 Red(빨간색), Green(초록색), Blue(파란색)를 이용하여 색을 표현하는 모델이다. 즉, Red, Green, Blue의 3가지 색의 가산 혼합(additive color mixing) 방식에 의해 모든 색상을 표현한다. 그림 2.5는 RGB 컬러 모델을 나타내고 있다.

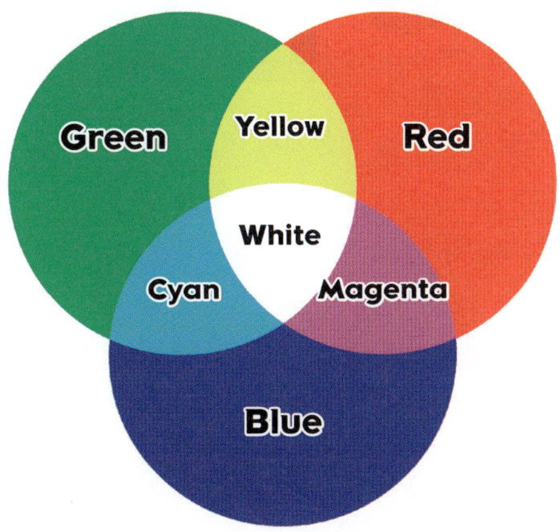

그림 2.5 RGB 컬러 모델

그림 2.5를 보면 Red와 Green을 같은 비율로 혼합하면 Yellow(노란색), Red와 Blue를 같은 비율로 혼합하면 Magenta(자홍색), Green과 Blue를 같은 비율로 혼합하면 Cyan(청록색)이 만들어진다. 그리고 Red, Green, Blue를 같은 비율로 혼합하면 가장 밝은색인 White(흰색)이 만들어진다. 8-비트 부호 없는 정수를 사용하는 경우 (255, 0, 0)은 Red, (0, 255, 0)은 Green, (0, 0, 255)는 Blue이다.

그림 2.6은 Lena 영상에서 특정 픽셀에 대한 RGB 컬러 색상 값을 보여주고 있다.

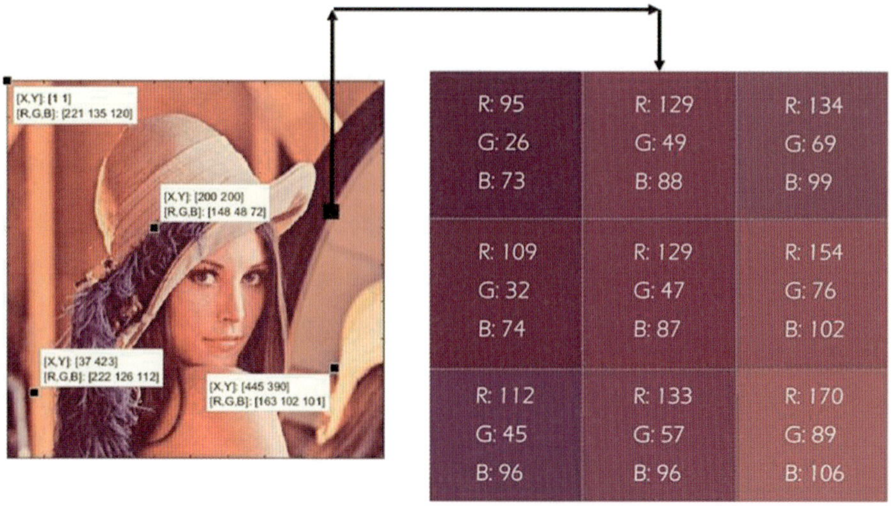

그림 2.6 Lena 영상에서 RGB 컬러 색상 값

파이토치를 이용하여 그림 2.7의 Lena 영상을 표현하는 방법에 대해 살펴보고자 한다.

그림 2.7 Lena 영상

파이썬의 PIL(Python Imaging Library) 라이브러리를 이용하면 영상처리 및 분석을 쉽게 할 수 있다. PIL의 Image 클래스의 Image.open() 함수를 이용하여 불러온 영상을 NumPy 패키지의 배열구조인 n차원 배열(ndarray)을 통해 배열 구조로 변환한 후 Matplotlib 패키지를 통해 영상을 출력한다. 여기서 NumPy의 영상 구조는 (H, W, C)의 3차원 구조를 가진다. 여기서 H는 높이(height), W는 너비(width), C는 채널(channel)을 나타낸다.

파이토치에서 딥러닝을 이용하여 학습하기 위해서는 (C, H, W)의 3차원 구조의 영상텐서로 변환되어야 한다. 여기서 NumPy의 (H, W, C) 구조처럼 채널을 마지막에 나타내는 방식을 channel–last 방식이라 하고, 파이토치의 (C, H, W) 구조처럼 채널을 먼저 나타내는 방식을 channel–first 방식이라 한다.

파이토치를 이용하여 그림 2.7의 Lena 영상을 3차원 텐서로 표현하기 전에 먼저 Lena 영상 읽고 NumPy의 배열구조로 변환한 후 그림 2.8과 같이 출력하고자 한다.

```
import matplotlib.pyplot as plt
import numpy as np
from PIL import Image

np_img=Image.open('Lena_color.jpg')
print('np_img size: ', np_img.size)
np_img = np.array(np_img)
print('np_img dims: ',np_img.ndim)    # dimension of an image
print('np_img shape: ',np_img.shape)    # shape of an image
plt.imshow(np_img)
plt.show()
```

```
np_img size:  (512, 512)
np_img dims:  3
np_img shape:  (512, 512, 3)
```

그림 2.8 Lena 영상 출력결과

▶ ndim 속성에 의해 배열의 차원은 3이고, shape 속성에 의해 NumPy의 형태는 (512, 512, 3)로 나타낸다. 여기서 512는 영상의 높이, 512는 영상의 넓이, 그리고 3은 채널 수를 나타낸다.

- Image **클래스**

PIL은 파이썬에서 영상처리 및 분석을 쉽게 할 수 있는 라이브러리이다. PIL의 Image 클래스를 이용하여 파일을 열고 저장할 수 있다.

Image.open( ) 함수는 기존 영상 파일을 열 때 사용하고, Image.open( ) 함수로부터 얻어진 영상 객체의 size 속성은 영상의 크기를 나타낸다. 여기서는 (512, 512)이다.

- matplotlib.pyplot **서브패키지**

맷플롯리브 패키지에는 pyplot라는 서브패키지가 존재한다. 간단한 시각화 프로그램을 만드는 경우에는 pyplot 서브패키지의 명령만으로도 충분하다. 여기서는 영상출력을 위해 matplotlib.pyplot.imshow(x, cmap) 함수를 사용한다. 기본적으로 컬러영상인 경우 cmap의 값은 None으로 설정한다. 만약, 흑백 영상(gray scale image)을 출력하고자 하는 경우 cmap='gray'로 지정한다.

다음은 NumPy의 영상 데이터를 파이토치의 영상 텐서로 변환한 후 다시 NumPy의 영상 데이터로 변환하여 그림 2.9와 같이 출력하고자 한다.

```
#from torchvision.transforms import ToTensor
import matplotlib.pyplot as plt
import torchvision.transforms as transforms
import numpy as np
from PIL import Image

np_img=Image.open('Lena_color.jpg')
np_img = np.array(np_img)
print('np_img shape: ',np_img.shape)  # shape of an image
# Tensor Transformation
tf_toTensor = transforms.ToTensor()
# NumPy to Tensor
tensor_img = tf_toTensor(np_img)
print('tensor_img shape: ',tensor_img.shape)  # shape of an image tensor
# Tensor to NumPy
np_img = tensor_img.numpy()
np_img = np.transpose(np_img, (1, 2, 0))
print('np_img shape: ',np_img.shape)  # shape of an image
plt.imshow(np_img)
plt.show()
```

```
np_img shape:  (512, 512, 3)
tensor_img shape:  torch.Size([3, 512, 512])
np_img shape:  (512, 512, 3)
```

그림 2.9 Lena 영상 출력결과

- ▶ PIL 영상 또는 NumPy의 배열을 텐서로 변환하기 위해 torchvision.transforms 모듈의 ToTensor() 함수를 이용한다. 그리고 변환된 텐서를 NumPy의 배열로 역 변환하기 위해 .numpy() 함수를 이용하고, 영상 출력을 위해 transpose() 함수를 이용하여 영상의 구조를 (H, W, C)의 구조에서 (C, H, W)의 구조로 변환한다.
- ▶ NumPy의 영상은 (512, 512, 3)의 구조를 갖고 파이토치의 영상 텐서는 torch.Size([3, 512, 512])의 구조를 갖고 있음을 알 수 있다.

주피터 노트북에서 커널이 죽는(Kernel Dead) 문제

주피터 노트북에서 영상을 출력할 때 커널이 죽는 경우 다음과 같은 오류 메시지가 나타난다.

```
" Kernel Restarting "
" The kernel appears to have died. it will restart automatically. "
```

이유는 주어진 메모리 할당량을 초과했기 때문이다. 이 경우 해결방법으로는 여러가지 방법이 있다. 여기서는 NumPy 라이브러리를 업그레이드하고자 한다. 이를 위해 시작메뉴에서 [Anaconda Prompt (anaconda3)]을 클릭하여 나타나는 프롬프트에서 다음의 명령을 입력하여 NumPy 패키지를 설치하였다.

```
pip install -U numpy
```

사실 주피터 노트북에서 손쉽게 바로 라이브러리를 설치하는 방법이 있다. 셀에 다음과 같은 코드를 입력하고 실행하면 주피터 노트북에서도 라이브러리를 설치할 수 있다.

```
!pip install -U numpy
```

2.3 텐서 변환

(1) NumPy에서 텐서로 변환

NumPy의 배열을 파이토치의 텐서로 변환을 위해 파이토치의 3가지 변환함수 torch.tensor( ) 함수, torch.from_numpy( ) 함수, torch.as_tensor( ) 함수가 있다.

- torch.tensor() 함수

우리는 앞에서 torch.tensor( ) 함수를 사용하여 NumPy의 배열을 텐서로 변환하였다. torch.tensor( ) 함수를 사용하여 텐서로 변환할 때 변환된 텐서는 새 메모리를 할당받는다. 즉, 기존의 배열과 메모리를 공유하지 않는다. 따라서 변환된 텐서는 텐서의 값을 변경하더라도 NumPy의 배열 자체의 값은 달라지지 않는다.

다음은 torch.tensor( ) 함수를 사용하여 배열로부터 텐서 생성과 텐서의 값 변경 시 배열 자체의 값이 변경되지 않음을 보여주고 있다.

```
import torch
import numpy as np

x=np.array([1,2,3,4])
x_tensor=torch.tensor(x)
print( ' Tensor values: ' ,x_tensor)

#텐서의 값 변경
x_tensor[0]=999
print('Original np array values:',x)
```

```
Tensor values: tensor([1, 2, 3, 4], dtype=torch.int32)
Original np array values: [1 2 3 4]
```

▶ 텐서의 값을 x_tensor[0]=999처럼 변경하더라도 NumPy의 배열 자체의 값은 변경되지 않음을 알 수 있다.

- torch.from_numpy() 함수

torch.from_numpy( ) 함수는 NumPy의 배열로부터 텐서로 변환하는 데 사용하는 함수이다. 이 경우 NumPy의 배열과 변환된 텐서는 메모리를 공유한다. 변환된 텐서는 텐서의 값이 변경되면 NumPy의 배열의 값도 변경된다.

다음은 torch.from_numpy( ) 함수를 사용하여 배열로부터 텐서 생성과 텐서의 값 변경 시 배열 자체의 값이 변경됨을 보여주고 있다.

```
import numpy as np
x=np.array([1,2,3,4])
x_tensor=torch.from_numpy(x)
print('Tensor values:',x_tensor)
#텐서의 값 변경
x_tensor[0]=999
print('Original np array values:',x)
print('Tensor values:',x_tensor)
```

```
Tensor values: tensor([1, 2, 3, 4], dtype=torch.int32)
Original np array values: [999   2   3   4]
Tensor values: tensor([999,   2,   3,   4], dtype=torch.int32)
```

▶ 텐서의 값을 x_tensor[0]=999로 변경하면 NumPy의 배열 자체의 값도 변경됨을 알 수 있다.

- torch.as_tensor() 함수

torch.as_tensor( ) 함수도 torch.from_numpy( ) 함수와 마찬가지로 메모리 공유를 통해 NumPy의 배열로부터 텐서로 변환하는데 사용하는 함수이다.

다음은 torch.as_tensor( ) 함수를 사용하여 배열로부터 텐서 생성과 텐서의 값 변경 시 배열 자체의 값이 변경됨을 보여주고 있다.

```
import numpy as np
x=np.array([1,2,3,4])
x_tensor=torch.as_tensor(x)
print('Tensor values:',x_tensor)
#텐서의 값 변경
x_tensor[0]=999
print('Original np array values:',x)
print('Tensor values:',x_tensor)
```

```
Tensor values: tensor([1, 2, 3, 4], dtype=torch.int32)
Original np array values: [999   2   3   4]
Tensor values: tensor([999,   2,   3,   4], dtype=torch.int32)
```

▶ 텐서의 값을 x_tensor[0]=999로 변경하면 NumPy의 배열 자체의 값도 변경됨을 알 수 있다.

(2) 텐서에서 NumPy로 변환

텐서의 numpy( ) 함수는 텐서를 NumPy의 배열로 변환하는 데 사용하는 함수이다. 다음은 파이토치의 1차원 텐서를 NumPy의 1차원 배열로 변환하는 코드이다.

```
import numpy as np
x_tensor = torch.ones(5)
print('Tensor values:', x_tensor)
x = x_tensor.numpy()
print( ‘ Original np array values: ’ , x)
```

```
Tensor values: tensor([1., 1., 1., 1., 1.])
Original np array values: [1. 1. 1. 1. 1.]
```

▶ torch.ones() 함수를 사용하여 생성된 텐서와 NumPy로 변환된 배열의 값 모두 1임을 알 수 있다.

torch.ones( ) 함수는 값 1을 갖는 텐서를 생성하는 함수이다. 이 함수의 사용형식은 다음과 같다.

```
torch.ones(x, y, dtype=type)
```

– x×y 크기의 원소들이 값 1로 초기화한다. 여기서 x는 행과 y는 열을 나타낸다.

– dtype은 데이터 타입으로 나타낸다.

참고로 텐서의 numpy( ) 함수를 사용하여 텐서로부터 NumPy의 배열로의 변환 시 텐서와 NumPy의 배열은 메모리를 공유한다. 따라서 텐서의 값 변경 시 NumPy의 배열도 변경된다. 다음은 이에 대한 코드이다.

```
import numpy as np
x_tensor = torch.ones(5)
print('Tensor values:',x_tensor)
x = x_tensor.numpy()
#텐서의 값 변경
```

```
x_tensor[0]=999
print('Original np array values:',x)
print('Tensor values:',x_tensor)
```

```
Tensor values: tensor([1., 1., 1., 1., 1.])
Original np array values: [999.   1.   1.   1.   1.]
Tensor values: tensor([999.,   1.,   1.,   1.,   1.])
```

인플레이스 연산(In-place operation, 덮어쓰기 연산)

파이썬에서 대입 연산자, 즉 +=, *= 등을 이용하여 인플레이스 연산을 할 수 있다. 예를 들면, x += 1, x *= 1 등이 있다. 인플레이스 연산은 메모리 위치는 같고, 값만 덮어쓴다는 뜻으로 메모리를 절약하기 위해 사용한다.

파이토치에서 기존의 함수 끝에 "_"를 붙이면 인플레이스 연산이 되는 것들이 있다. 예를 들면, y.add_(x), y.mul_(x), x.copy_(y) 등이다. 그러나 인플레이스 연산은 메모리를 일부 절약하지만, 값이 덮어쓰기로 인해 도함수(derivative) 계산에 문제가 발생할 수 있다. 따라서 사용을 권장하지는 않는다.

다음은 파이토치에서 인플레이스 연산, 여기서는 add_( ) 함수의 예를 보여주고 있다.

```
x_tensor = torch.ones(5)
print('x_tensor:',x_tensor)
x_tensor.add_(1)
print('x_tensor:',x_tensor)
#print(f"x_tensor: {x_tensor}")
x = x_tensor.numpy()
print('x:',x)
#print(f"x: {x}")
```

```
x_tensor: tensor([1., 1., 1., 1., 1.])
x_tensor: tensor([2., 2., 2., 2., 2.])
x: [2. 2. 2. 2. 2.]
```

▶ 원래 텐서에 add_() 함수를 이용하여 1을 더했더니 NumPy의 배열의 모든 원소가 2로 바뀐 것을 알 수 있다.

2.4 텐서 다루기

(1) 텐서의 차원, 크기 변경

- torch.view() 함수

torch.view( ) 함수는 텐서의 크기(size) (혹은 형태(shape))를 변경하고자 하는 경우 사용한다. torch.view( ) 함수는 NumPy의 reshape ( ) 함수와 같은 역할을 수행한다.

torch.view( ) 함수를 이용하여 텐서의 크기를 변경하는 경우 torch.view( ) 함수의 적용 전과 적용 후의 텐서 안의 원소의 개수는 같아야 한다. 다시 말하면, view( ) 함수로 텐서의 크기를 변경하는 경우 원소의 수는 유지되어야 한다. 그리고 torch.view( ) 함수의 여러 인수 중 하나를 −1로 설정되면 다른 인수로부터 해당 값을 유추한다.

다음은 torch.view( ) 함수를 이용하여 4×4 크기의 2차원 텐서를 크기 16인 1차원 텐서와 2×8 크기의 2차원 텐서로 각각 변경하고자 한다.

```
import torch

#4×4 크기의 2차원 텐서
torch.manual_seed(1234)
x = torch.randn(4, 4)
print(x)
print(x.ndim)
print(x.size())
#print(x.shape)

#16 크기의 1차원 텐서
y = x.view(16)
print(y)
print(y.ndim)
print(y.size())

#2×8 크기의 2차원 텐서
z = x.view(-1, 8)  # the size -1 is inferred from other dimensions
print(z)
print(z.ndim)
print(z.size())
```

```
tensor([[-0.1117, -0.4966,  0.1631, -0.8817],
        [ 0.0539,  0.6684, -0.0597, -0.4675],
        [-0.2153,  0.8840, -0.7584, -0.3689],
        [-0.3424, -1.4020,  0.3206, -1.0219]])
2
torch.Size([4, 4])
tensor([-0.1117, -0.4966,  0.1631, -0.8817, 0.0539, 0.6684, -0.0597, -0.4675,
        -0.2153,  0.8840, -0.7584, -0.3689, -0.3424, -1.4020, 0.3206, -1.0219])
1
torch.Size([16])
tensor([[-0.1117, -0.4966, 0.1631, -0.8817, 0.0539, 0.6684, -0.0597, -0.4675],
        [-0.2153, 0.8840, -0.7584, -0.3689, -0.3424, -1.4020, 0.3206, -1.0219]])
2
torch.Size([2, 8])
```

▶ 4×4 크기의 2차원 텐서를 1차원 텐서로 변경을 위해 y=x.view(16) 대신 y=x.view(−1)를 사용해도 결과는 같다. 또한, 2차원 텐서의 크기 변경을 위해 z=x.view(−1, 8) 대신 z=x.view(2, −1)를 사용해도 결과는 같다.

torch.randn( ) 함수는 표준 정규분포로부터 난수, 여기서는 평균 0, 분산 1인 정규분포로부터 난수를 발생하여 텐서를 생성한다. 여기서 randn는 "random normal"를 나타낸다. 이 함수의 사용형식은 다음과 같다.

```
torch.randn(size)
```

여기서 size는 텐서의 형태(shape)를 나타낸다. 다음은 torch.randn( ) 함수의 사용 예이다.

```
torch.manual_seed(1234)
x = torch.randn(4)
print(x)
x = torch.randn(2, 3)
print(x)
```

```
tensor([ 0.0461,  0.4024, -1.0115,  0.2167])
tensor([[-0.6123,  0.5036,  0.2310],
        [ 0.6931, -0.2669,  2.1785]])
```

- torch.transpose() 함수

torch.transpose( ) 함수는 입력 텐서에 대해 차원을 맞교환하는 것 외에도 차원의 순서를 변경하는 경우 사용하는 함수이다. 다음은 torch.transpose( ) 함수의 사용형식이다.

```
torch.transpose(input, dim0, dim1)
```

- input: 입력 텐서
- dim0: 첫 번째 차원
- dim1: 두 번째 차원

여기서 dim0과 dim1이 맞교환된다. 예를 들면, torch.transpose(input, 0, 1)와 torch.transpose(input, 1, 0)의 결과는 같다. 다음은 torch.transpose( ) 함수의 사용 예이다.

```
import torch

torch.manual_seed(1234)
x_tensor = torch.rand(2,3)
print(x_tensor)
print(x_tensor.shape)
x_tensor1 = x_tensor.transpose(0,1)
print('transpose(0,1)')
print( x_tensor1)
print(x_tensor1.shape)
print('transpose(1,0)')
x_tensor2 = x_tensor.transpose(1,0)
print(x_tensor2)
print(x_tensor2.shape)
```

```
torch.Size([2, 3])
tensor([[0.0290, 0.4019, 0.2598],
        [0.3666, 0.0583, 0.7006]])
transpose(0,1) :
torch.Size([3, 2])
tensor([[0.0290, 0.3666],
        [0.4019, 0.0583],
        [0.2598, 0.7006]])
transpose(1,0) :
torch.Size([3, 2])
tensor([[0.0290, 0.3666],
        [0.4019, 0.0583],
        [0.2598, 0.7006]])
```

▶ 주어진 2×3인 텐서에 대해 x_tensor.transpose(0, 1)과 x_tensor.transpose(1, 0)의 결과는 같음을 알 수 있다.

- torch.unsqueeze() 함수

torch.unsqueeze( ) 함수는 차원을 증가시키고자 하는 경우 사용한다. 이를 이용하여 특정 위치에 1인 차원을 추가한다. 따라서 어느 위치에 1인 차원을 추가할지 지정해주어야 한다. torch.unsqueeze( ) 함수의 사용형식은 다음과 같다.

```
torch.unsqueeze(input, dim)
```

– input: 입력 텐서

– dim: 1인 차원을 추가할 특정 위치를 나타내는 인덱스

만약 dim=0이면 인덱스가 0이므로 첫 번째 차원에 1인 차원이 추가된다.

다음은 torch.unsqueeze( ) 함수를 이용하여 1차원 텐서를 2차원 텐서로 증가하고자 한다.

```
x_tensor = torch.tensor([1, 2, 3, 4])
print(x_tensor)
print('ndim : ', x_tensor.ndim)
print(x_tensor.shape)
print('unsqueeze(0) ->')
x_tensor1=x_tensor.unsqueeze(0)# 0은 index 0으로 첫번째 차원을 의미
#x_tensor1=torch.unsqueeze(x_tensor, 0)
print(x_tensor1)
print('ndim :', x_tensor1.ndim)
print(x_tensor1.shape)
```

```
tensor([1, 2, 3, 4])
ndim :  1
torch.Size([4])
unsqueeze(0) ->
tensor([[1, 2, 3, 4]])
ndim : 2
torch.Size([1, 4])
```

▶ unsqueeze(0)처럼 index 0, 즉 첫 번째 차원에 1인 차원이 추가된다.

참고로 torch.unsqueeze( ) 함수 대신 torch.view( ) 함수를 이용하여 위의 똑같은 결과를 얻을 수 있다.

다음은 크기 4인 1차원 텐서를 torch.view( ) 함수를 이용하여 1×4 크기인 2차원 텐서와 4×1 크기인 2차원 텐서로 각각 변경하고자 한다.

```
x_tensor = torch.tensor([1, 2, 3, 4])
print(x_tensor)
print(x_tensor.ndim)
print(x_tensor.shape)
```

```
tensor([1, 2, 3, 4])
1
torch.Size([4])
```

torch.view(1, −1) 함수를 이용하여 1×4 크기의 2차원 텐서로 변경하고자 한다.

```
x_tensor1=x_tensor.view(1, -1)
print(x_tensor1)
print(x_tensor1.ndim)
print(x_tensor1.shape)
```

```
tensor([[1, 2, 3, 4]])
2
torch.Size([1, 4])
```

torch.view(−1, 1) 함수를 이용하여 4×1 크기의 2차원 텐서로 변경하고자 한다.

```
x_tensor1=x_tensor.view(-1, 1)
print(x_tensor1)
print(x_tensor1.ndim)
print(x_tensor1.shape)
```

```
tensor([[1],
        [2],
        [3],
        [4]])
2
torch.Size([4, 1])
```

- **torch.squeeze() 함수**

torch.squeeze( ) 함수는 텐서의 차원을 감소하고자 하는 경우 사용한다. 이를 이용하여 특정 위치에 1인 차원을 삭제한다. 따라서 어느 위치에 1인 차원을 삭제할지 지정해주어야 한다. torch.squeeze( ) 함수의 사용형식은 다음과 같다.

```
torch.squeeze(input, dim)
```

– input: 입력 텐서

– dim: 1인 차원을 삭제할 특정 위치를 나타내는 인덱스

만약 dim=0이면 인덱스가 0이므로 첫 번째 차원에 1인 차원이 삭제된다.

다음은 torch.squeeze( ) 함수를 이용하여 1×4 크기의 2차원 텐서를 1차원 텐서로 감소하고자 한다.

```
x_tensor = torch.FloatTensor([[1, 2, 3, 4]])
print(x_tensor)
print('ndim :', x_tensor.ndim)
print(x_tensor.shape)
print('squeeze(0) ->')
x_tensor1=x_tensor.squeeze(0)# 0은 index 0으로 첫 번째 차원을 의미
#x_tensor1=x_tensor.squeeze()
#x_tensor1=torch.squeeze(x_tensor, 0)

print(x_tensor1)
print('ndim :', x_tensor1.ndim)
print(x_tensor1.shape)
```

```
tensor([[1., 2., 3., 4.]])
ndim : 2
torch.Size([1, 4])
squeeze(0) ->
tensor([1., 2., 3., 4.])
ndim : 1
torch.Size([4])
```

▶ squeeze(0)처럼 index 0, 즉 첫 번째 차원에 1인 차원이 삭제된다.

다음은 torch.squeeze( ) 함수를 이용하여 4×1 크기의 2차원 텐서를 1차원 텐서로 감소하고자 한다.

```
x_tensor = torch.FloatTensor([[1], [2], [3], [4]])
print(x_tensor)
print('ndim :', x_tensor.ndim)
print(x_tensor.shape)
print('squeeze(1) ->')
x_tensor1=x_tensor.squeeze(1)# 1은 index 1으로 두 번째 차원을 의미
```

```
#x_tensor1=x_tensor.squeeze()
#x_tensor1=torch.squeeze(x_tensor, 1)

print(x_tensor1)
print('ndim :', x_tensor1.ndim)
print(x_tensor1.shape)
```

```
tensor([[1.],
        [2.],
        [3.],
        [4.]])
ndim : 2
torch.Size([4, 1])
squeeze(1) ->
tensor([1., 2., 3., 4.])
ndim : 1
torch.Size([4])
```

▶ squeeze(1)처럼 index 1, 즉 두 번째 차원에 1인 차원이 삭제된다.

(2) 텐서의 사칙연산

파이토치의 텐서는 파이썬의 리스트나 NumPy의 배열처럼 사칙연산, 수학 함수, 선형 대수 계산 등이 가능하다. 다음은 텐서의 사칙연산에 대해 살펴보고자 한다.

• 덧셈과 뺄셈

파이토치에서 덧셈과 뺄셈은 원칙적으로 두 텐서의 크기가 같아야 한다. 다음은 두 개의 텐서의 크기가 [2, 2]인 경우 덧셈과 뺄셈의 예이다.

```
#print(torch.add(x,y))
import torch
x = torch.tensor([[1, 2],[3, 4]])
y = torch.tensor([[1, 2],[3, 4]])
print(x)
print(y)
print(x.shape)
print(y.shape)
z1 = x+y
z2 = x-y
print('add =', z1)
print('subtract =', z2)
#print(x.add(y))
```

```
#print(x.subtract(y))
#print(torch.subtract(x,y))
```

```
tensor([[1, 2],
        [3, 4]])
tensor([[1, 2],
        [3, 4]])
torch.Size([2, 2])
torch.Size([2, 2])
add = tensor([[2, 4],
        [6, 8]])
subtract = tensor([[0, 0],
        [0, 0]])
```

▶ 두 개의 텐서의 크기는 [2, 2]이고 덧셈과 뺄셈의 결과도 [2, 2]로 같다.

파이토치에서 덧셈, 뺄셈은 두 텐서의 크기가 다른 경우, 자동으로 크기를 맞춰서 연산을 가능하게 만드는 기능이 있다. 이 기능을 브로드캐스팅(broadcasting)이라고 한다.

다음은 한 개의 텐서의 크기는 [2, 2]이고, 다른 한 개의 텐서의 크기는 [1, 2]인 경우 덧셈과 뺄셈의 예이다.

```
import torch
x = torch.tensor([[1, 2],[3, 4]])
y = torch.tensor([[1, 3]])
#y = torch.tensor([[1],[3]])
#y = torch.tensor([[1]])
print(x)
print(y)
print(x.shape)
print(y.shape)
z1 = x+y
z2 = x-y
print('add =', z1)
print('subtract =', z2)
#print(x.add(y))
#print(torch.add(x,y))
#print(x.subtract(y))
#print(torch.subtract(x,y))
```

```
tensor([[1, 2],
        [3, 4]])
tensor([[1, 3]])
torch.Size([2, 2])
torch.Size([1, 2])
add = tensor([[2, 5],
        [4, 7]])
subtract = tensor([[ 0, -1],
        [ 2,  1]])
```

▶ y=torch.tensor([[1, 3]])는 텐서의 크기가 [1, 2]이므로 x의 텐서의 크기 [2, 2]가 되기 위해서는 y=torch.tensor([[1, 3],[1, 3]])으로 변환되어 연산을 수행한다. 만약, y=torch.tensor([[1],[3]])이면 텐서의 크기가 [2, 1]이므로 x의 텐서의 크기 [2, 2]가 되기 위해서는 y=torch.tensor([[1, 1],[3, 3]])으로 변환되어 연산을 수행한다.

딥러닝에서 텐서의 크기가 다른 경우 혹은 불가피하게 연산을 수행해야 하는 경우, 브로드캐스팅은 편리하지만 자동으로 크기를 맞춰주어 연산을 수행하는 기능이므로 주의해서 사용해야 한다.

- **곱셈과 나눗셈**

ⓐ 곱셈

2차원 텐서 즉, 행렬 곱셈은 matmul( ) 함수(혹은 mm( ) 함수)를 이용하여 수행한다. 여기서 matmul(혹은 mm)은 matrix multiplication을 나타낸다. 이 경우 2차원 텐서 x, y에서 텐서 x의 마지막 크기와 텐서 y의 첫 크기는 같아야 한다.

```
x = torch.FloatTensor([[1, 2], [3, 4]])
y = torch.FloatTensor([[1], [2]])
print(x)
print(y)
print('x 텐서의 크기:', x.shape) # 2×2
print('y 텐서의 크기:', y.shape) # 2×1
print('x와 y의 곱', x.matmul(y)) # 2×1
print('x와 y의 곱', x.mm(y)) # 2×1
#print('x와 y의 곱', torch.matmul(x,y)) # 2×1
#print('x와 y의 곱', torch.mm(x,y)) # 2×1
```

```
tensor([[1., 2.],
        [3., 4.]])
tensor([[1.],
        [2.]])
```

```
x 텐서의 크기:  torch.Size([2, 2])
y 텐서의 크기:  torch.Size([2, 1])
x와 y의 곱 tensor([[ 5.],
        [11.]])
x와 y의 곱 tensor([[ 5.],
        [11.]])
```

▶ 두 행렬의 곱셈은 다음과 같다.

$$\begin{bmatrix}1 & 2\\3 & 4\end{bmatrix}\begin{bmatrix}1\\2\end{bmatrix}=\begin{bmatrix}5\\11\end{bmatrix}$$

파이토치 텐서의 곱셈에는 행렬 곱셈 외에 원소끼리 곱셈(element-wise product)이 있다. 2차원 텐서 x, y에서 같은 위치에 있는 원소끼리 곱한 것을 의미한다. 이 경우에는 mul() 함수(혹은 *연산자)를 이용한다.

```
x = torch.FloatTensor([[1, 2], [3, 4]])
y = torch.FloatTensor([[1, 2], [1, 2]])
print(x)
print(y)
print('x 텐서의 크기:', x.shape) # 2×2
print('y 텐서의 크기:', y.shape) # 2×2
print('x와 y의 곱', x.mul(y)) # 2×2
#print('x와 y의 곱', torch.mul(x,y)) # 2×2
print('x와 y의 곱', x*y) # 2×2
```

```
tensor([[1., 2.],
        [3., 4.]])
tensor([[1., 2.],
        [1., 2.]])
x 텐서의 크기:  torch.Size([2, 2])
y 텐서의 크기:  torch.Size([2, 2])
x와 y의 곱 tensor([[1., 4.],
        [3., 8.]])
x와 y의 곱 tensor([[1., 4.],
        [3., 8.]])
```

▶ 두 원소끼리 곱셈은 다음과 같다.

$$\begin{bmatrix}1 & 2\\3 & 4\end{bmatrix}*\begin{bmatrix}1 & 2\\2 & 2\end{bmatrix}=\begin{bmatrix}1 & 4\\3 & 8\end{bmatrix}$$

텐서의 원소끼리 곱셈에서 행렬의 크기가 다른 경우 브로드캐스팅이 된 후에 원소끼리 곱셈이 수행된다.

```
x = torch.FloatTensor([[1, 2], [3, 4]])
y = torch.FloatTensor([2])
print(x)
print(y)
print('x 텐서의 크기:', x.shape) # 2×2
print('y 텐서의 크기:', y.shape) # 2×1
print('x와 y의 곱', x.mul(y)) # 2×2
#print('x와 y의 곱', torch.mul(x,y)) # 2×2
print('x와 y의 곱', x*y) # 2×2
```

```
tensor([[1., 2.],
        [3., 4.]])
tensor([2.])
x 텐서의 크기:  torch.Size([2, 2])
y 텐서의 크기:  torch.Size([1])
x와 y의 곱 tensor([[2., 4.],
        [6., 8.]])
x와 y의 곱 tensor([[2., 4.],
        [6., 8.]])
```

▶ x 텐서의 크기는 [2, 2]이고 y 텐서의 크기는 [1]이다. 따라서 원소끼리 곱셈을 위해 y 텐서의 크기를 [2, 2]로 브로드캐스팅한다. 따라서 x 텐서와 y 텐서의 원소끼리 곱셈은 다음과 같다.

$$\begin{bmatrix}1 & 2\\3 & 4\end{bmatrix}*\begin{bmatrix}2 & 2\\2 & 2\end{bmatrix}=\begin{bmatrix}2 & 4\\6 & 8\end{bmatrix}$$

ⓑ 나눗셈

파이토치 텐서의 나눗셈은 div( ) 함수(혹은 /연산자)를 이용하여 수행한다.

```
x = torch.tensor([ 1,  2, 3, 4,  5])
y = torch.div(x, 2)
print(y)
print(x/2)
```

```
tensor([0.5000, 1.0000, 1.5000, 2.0000, 2.5000])
tensor([0.5000, 1.0000, 1.5000, 2.0000, 2.5000])
```

▶ div() 함수와 연산자(/)를 사용한 결과는 같음을 알 수 있다.

(3) 텐서의 기타연산

• 텐서의 합

torch.sum( ) 함수 혹은 .sum( ) 함수를 사용하여 텐서에 있는 모든 원소들의 합을 구한다. 다음은 2차원 텐서에서 합을 계산하는 코드이다.

```
x = torch.tensor([[1, 2],[3 ,4]])
y1=torch.sum(x)
y2=x.sum()

print('sum =', y1)
print('sum =', y2)
print('sum =', y1.item())
print('sum =', y2.item())
```

```
sum = tensor(10)
sum = tensor(10)
sum = 10
sum = 10
```

- **텐서의 평균**

torch.mean( ) 함수 혹은 .mean( ) 함수를 사용하여 텐서의 평균을 구한다. 다음은 2차원 텐서에서 평균을 계산하는 코드이다.

```
x = torch.tensor([[1., 2.],[3. ,4.]])
y1=torch.mean(x)
y2=x.mean()

print('mean =', y1)
print('mean =', y2)
print('mean =', y1.item())
print('mean =', y2.item())
```

```
mean = tensor(2.5000)
mean = tensor(2.5000)
mean = 2.5
mean = 2.5
```

- **텐서의 최댓값**

torch.max( ) 함수를 사용하여 텐서에서 최댓값을 구한다. 그리고 torch.argmax( ) 함수를 이용하여 텐서에서 최댓값이 있는 인덱스를 찾는다. 또한, 이들 함수의 입력으로 차원에 대한 정보가 포함하는 경우 차원을 기준으로 텐서의 최댓값과 최댓값이 있는 인덱스를 반환한다.

다음은 1차원과 2차원 텐서에서 최댓값과 최댓값이 있는 인덱스를 구하는 코드이다

```
torch.manual_seed(1000)
#1D tensor
x = torch.randn(4)
print(x)
y=torch.max(x)
print(y)
y=torch.argmax(x)
print(y)


#2D tensor
x = torch.randn(4, 4)
print(x)
y=torch.max(x, 0)
print(y)
y=torch.argmax(x, dim=0)
print(y)
y=torch.max(x, 1)
print(y)
y=torch.argmax(x, dim=1)
print(y)
```

```
tensor([-1.1720, -0.3929,  0.5265,  1.1065])
tensor(1.1065)
tensor(3)
tensor([[-0.3879,  1.2894, -0.9362,  1.1295],
        [ 1.0430,  0.0348,  1.3602,  0.2743],
        [-0.8496,  0.3947,  0.0848,  0.1864],
        [ 0.0859, -0.5164,  0.6632,  0.2061]])
torch.return_types.max(
values=tensor([1.0430, 1.2894, 1.3602, 1.1295]),
indices=tensor([1, 0, 1, 0]))
tensor([1, 0, 1, 0])
torch.return_types.max(
values=tensor([1.2894, 1.3602, 0.3947, 0.6632]),
indices=tensor([1, 2, 1, 2]))
tensor([1, 2, 1, 2])
```

▶ 2차원 텐서에서 dim = 0으로 할 경우 열을 기준으로 최댓값과 최댓값이 있는 인덱스를 출력한다.

```
values=tensor([1.0430, 1.2894, 1.3602, 1.1295]),
indices=tensor([1, 0, 1, 0]))
```

▶ 2차원 텐서에서 dim = 1으로 할 경우 행을 기준으로 최댓값과 최댓값이 있는 인덱스를 출력한다.

```
values=tensor([1.2894, 1.3602, 0.3947, 0.6632]),
indices=tensor([1, 2, 1, 2]))
```

- **텐서의 최솟값**

torch.min() 함수를 이용하여 텐서에서 최솟값을 구한다. 그리고 torch.argmin() 함수를 이용하여 텐서에서 최솟값이 있는 인덱스를 찾는다. 또한, 이들 함수의 입력으로 차원에 대한 정보가 포함하는 경우 차원을 기준으로 텐서의 최솟값과 최솟값이 있는 인덱스를 반환한다.

다음은 1차원과 2차원 텐서에서 최솟값과 최솟값이 있는 인덱스를 구하는 코드이다.

```
torch.manual_seed(1000)
#1D tensor
x = torch.randn(4)
print(x)
y=torch.min(x)
print(y)
y=torch.argmin(x)
print(y)

#2D tensor
x = torch.randn(4, 4)
print(x)
y=torch.min(x, 0)
print(y)
y=torch.argmin(x, dim=0)
print(y)
y=torch.min(x, 1)
print(y)
y=torch.argmin(x, dim=1)
print(y)
```

```
tensor([-1.1720, -0.3929,  0.5265,  1.1065])
tensor(-1.1720)
tensor(0)
tensor([[-0.3879,  1.2894, -0.9362,  1.1295],
        [ 1.0430,  0.0348,  1.3602,  0.2743],
        [-0.8496,  0.3947,  0.0848,  0.1864],
        [ 0.0859, -0.5164,  0.6632,  0.2061]])
torch.return_types.min(
values=tensor([-0.8496, -0.5164, -0.9362,  0.1864]),
indices=tensor([2, 3, 0, 2]))
tensor([2, 3, 0, 2])
torch.return_types.min(
values=tensor([-0.9362,  0.0348, -0.8496, -0.5164]),
```

```
indices=tensor([2, 1, 0, 1]))
tensor([2, 1, 0, 1])
```

▶ 2차원 텐서에서 dim = 0으로 할 경우 열을 기준으로 최솟값과 최솟값이 있는 인덱스를 출력한다.

```
values=tensor([-0.8496, -0.5164, -0.9362, 0.1864]),
indices=tensor([2, 3, 0, 2]))
```

▶ 2차원 텐서에서 dim = 1으로 할 경우 행을 기준으로 최댓값과 최댓값이 있는 인덱스를 출력한다.

```
values=tensor([-0.9362, 0.0348, -0.8496, -0.5164]),
indices=tensor([2, 1, 0, 1]))
```

연습문제

1. 정규분포로부터 2차원 난수를 생성한 후 텐서의 사칙연산을 수행하고자 한다.

2. 다음 표는 인공적인 데이터이며, 파일 이름은 "artificial.csv"이다.

x	1	2	3	4	5
y	0	1.1	1.8	3.1	4.5

① 이 파일을 읽고 torch.from_numpy( ) 함수를 이용하여 텐서로 변환하고자 한다.

② 위 표에서 변수 x를 view( ) 함수 혹은 unsqueeze( ) 함수를 이용하여 2차원 텐서로 변환하고자 한다.

제 3 장

머신러닝을 이용한 회귀모델

3.1 머신러닝이란?

머신러닝(machine learning, 기계학습)은 인공지능(artificial intelligence, AI)의 한 분야로, 데이터를 이용하여 컴퓨터가 학습하는 분야이다. 즉, 사람이 학습하듯이 컴퓨터가 데이터로부터 학습(learning, 러닝)을 통해 일정한 규칙(rule)이나 패턴(pattern)을 찾아내서 미래에 대해 예측하는 분야이다. 학습을 통해 생성된 모델(model)은 새로운 데이터에 대해 미래의 값을 예측하는 데 사용된다.

머신러닝(machine learning, 기계학습)과 인공지능(artificial intelligence, AI), 딥러닝(deep learning)과의 관계에 대해 살펴보고자 한다. 그림 3.1은 이들의 관계를 그림으로 나타내고 있다.

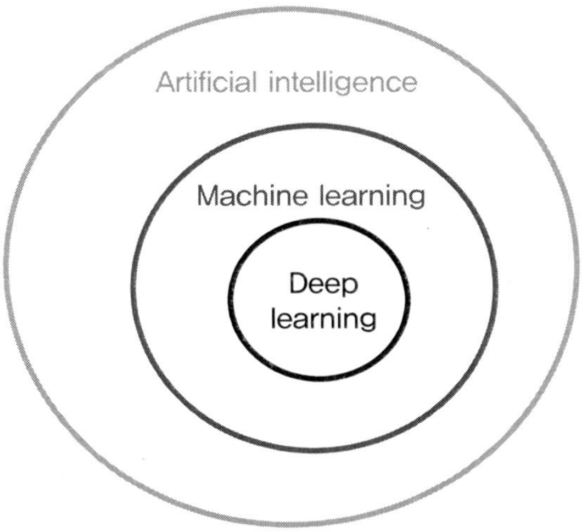

그림 3.1 머신러닝, 인공지능, 딥러닝의 관계

그림 3.1을 보면 인공지능이라는 전체집합 안에 머신러닝이라는 부분집합이 있고, 머신러닝 집합 안에 딥러닝이라는 부분집합이 있다. 즉, 머신러닝은 인공지능의 부분집합이고, 딥러닝은 머신러닝의 부분집합이다. 수학의 집합 기호 '⊂'을 통해 이들의 관계를 다음과 같이 나타낼 수 있다.

$$\text{딥러닝} \subset \text{머신러닝} \subset \text{인공지능}$$

다음은 머신러닝과 전통적인 프로그래밍(traditional programming)과의 관계를 알아보고자 한다. 전통적인 프로그래밍은 한마디로 표현하면 프로그래머(혹은 사람)가 규칙(혹은 알고리즘)을 직접 작성하는 수작업 프로세스(manual process)이다. 반면, 머신러닝은 데이터로부터 자동으로 규칙을 찾아내는 자동화된 프로세스(automated process)이다. 그림 3.2는 전통적인 프로그래밍과 머신러닝의 차이점을 보여주고 있다.

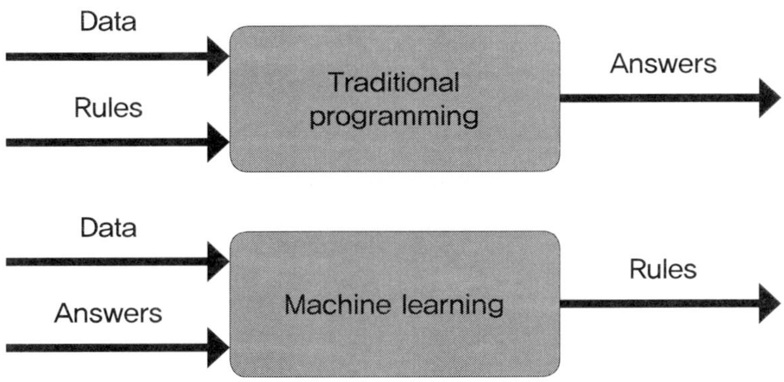

그림 3.2 전통적인 프로그래밍과 머신러닝의 차이점

그림 3.2의 전통적인 프로그래밍에서는 프로그래머가 명시적으로 입력값으로 데이터(data)와 규칙(rules)을 받고 데이터를 규칙에 적용하여 결과값으로 해답(answers)을 도출하는 반면, 머신러닝은 데이터(data)와 해답(answers) (혹은 레이블(label))을 입력으로 받고 데이터를 기반으로 스스로 학습을 통해 결과값으로 학습된 규칙(rules)을 도출한다. 예를 들면, 전통적인 프로그래밍에서는 x의 값 {1, 3, 4, 6}과 x와 y사이 함수식 $y=3x$가 주어진 경우 y의 값 {3, 9, 12, 18}을 구한다. 머신러닝에서는 입력으로 x의 값 {1, 3, 4, 6}과 y의 값 {3, 9, 12, 18}이 주어지는 경우 x와 y 사이 관계식, 즉 모델 $y=\alpha x$에서 $\alpha=3$을 찾아낸다. 여기서 주어진 데이터로부터 모델 $y=3x$을 얻는 과정이 머신러닝인 것이다.

그림 3.3은 전통적인 모델링(traditional modelling)과 머신러닝과의 미래의 값을 예측하는 과정의 차이를 보여주고 있다.

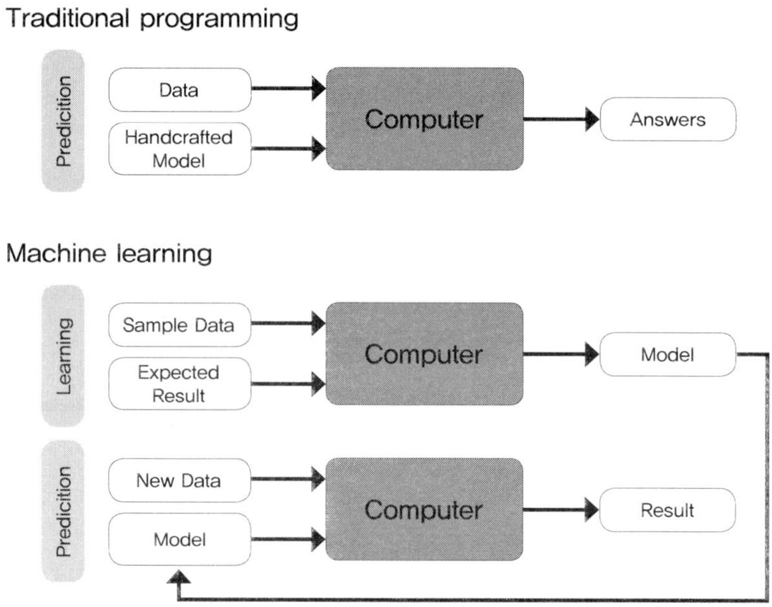

그림 3.3 전통적인 모델링과 머신러닝의 차이점

전통적인 모델링에서는 데이터(data)와 수작업으로부터 얻어진 모델(handcrafted model)로부터 해답(answers)을 도출하는 반면, 머신러닝에서는 샘플 데이터(sample data)와 예상된 결과(expected result)로부터 컴퓨터가 스스로 학습을 통해 모델(model)을 생성하고, 생성된 모델에 새로운 데이터(new data)를 적용하여 결과(result)를 예측한다. 예를 들면, 전통적인 모델링에서는 데이터 {(1, 3), (3, 9), (4, 12), (6, 18)}과 x와 y 사이 함수식 $y=3x$가 주어지는 경우 $(8, y_1)$, $(10, y_2)$에 대한 미지의 값 y_1과 y_2를 주어진 함수식 $y=3x$를 통해 $y_1=24$와 $y_2=30$으로 예측한다. 머신러닝에서는 {(1, 3), (3, 9), (4, 12), (6, 18)}로부터 규칙 $y=3x$를 찾고 새롭게 도출된 규칙을 통해 새로운 값 $x_1=8$과 $x_2=10$이 들어왔을 때 결과값으로 $y_1=24$와 $y_2=30$으로 예측한다.

3.2
전통적인 회귀분석

(1) 회귀모델

통계학에서 회귀분석(regression analysis)은 두 변수 간의 관계에서 한 변수가 다른 변수에 어느 정도 영향을 주는지 알아보고자 하는 경우 사용하는 분석 방법이다. 여기서 한 변수를 독립변수(independent variable)라고 하고, 다른 변수를 종속변수(dependent variable)라 한다. 보통 독립변수를 x로 표시하고 종속변수를 y로 표시한다.

회귀분석에서 두 개의 변수 x와 y 사이의 관계가 선형관계이면 식 (3.1)과 같이 선형 회귀모델(linear regression model)을 설정하여 분석한다.

$$y=\alpha x+\beta+\varepsilon \tag{3.1}$$

여기서 α와 β는 모델 파라미터(model parameter, 모수)이고 ε는 오차항을 나타낸다. 회귀모델에서 모델 파라미터를 회귀계수(regression coefficient)라고 부른다.

데이터가 주어진 경우, 식 (3.1)의 회귀모델로부터 파라미터 α, β의 값을 추정해야 한다. 주어진 데이터로부터 구한 α, β의 추정량을 각각 a, b라 하면 추정된 회귀직선(estimated regression line) 혹은 적합된 회귀직선(fitted regression line)은 식 (3.2)와 같이 표현할 수 있다.

$$\hat{y}=ax+b \tag{3.2}$$

여기서 a와 b는 각각 직선의 기울기(slope)와 절편(intercept)에 해당된다.

최소제곱법(least square method)에 의해 α, β의 추정량 a, b을 구한다. 최소제곱법은 말 그대로 제곱한 것을 최소화시켜서 구하는 방법이다. 여기서 제곱은 오차(error)(혹은 잔차(residual))의 제곱을 뜻하며 오차가 여러 개 있으므로 오차 제곱의 합을 최소화시킨다. 먼저 관찰값 y_i와 추정값 $\hat{y}_i$의 차이 오차 e_i를 다음과 같이 정의한다.

$$e_i=y_i-\hat{y}_i,\ i=1,\ \cdots,\ n$$

그러면 오차 e_i의 제곱합을 $L(a,\ b)$라 놓으면 아래와 같다.

$$L(a,b)=\sum_{i=1}^{n}e_i^2=\sum_{i=1}^{n}(y_i-\hat{y}_i)^2=\sum_{i=1}^{n}(y_i-ax_i-b)^2$$

$L(a, b)$를 최소로 하는 a, b를 구하기 위해 각각 a, b에 대해 편미분하여 0으로 놓으면 아래와 같다.

$$\frac{\partial L(a,b)}{\partial a} = 2\sum_{i=1}^{n}(y_i - ax_i - b)(-x_i) = 0$$
$$\frac{\partial L(a,b)}{\partial b} = 2\sum_{i=1}^{n}(y_i - ax_i - b)(-1) = 0$$

위 식으로부터 얻어진 정규 방정식(normal equation)은 식 (3.3)과 같다.

$$\begin{aligned} a\sum_{i=1}^{n}x_i^2 + b\sum_{i=1}^{n}x_i - \sum_{i=1}^{n}y_ix_i = 0 \\ a\sum_{i=1}^{n}x_i + bn - \sum_{i=1}^{n}y_i = 0 \end{aligned} \tag{3.3}$$

따라서 위 식으로부터 a, b는 식 (3.4)와 같다.

$$a = \frac{\sum_{i=1}^{n}(x_i - \bar{x})(y_i - \bar{y})}{\sum_{i=1}^{n}(x_i - \bar{x})^2} = \frac{S_{xy}}{S_{xx}}, \qquad b = \bar{y} - a\bar{x} \tag{3.4}$$

여기서 $\bar{x} = \frac{1}{n}\sum_{i=1}^{n}x_i$, $\bar{y} = \frac{1}{n}\sum_{i=1}^{n}y_i$이다.

예제 3.1

일반적으로 도서 지역의 생물 다양성은 육지에 가까울수록, 섬의 크기가 클수록 현존하는 종의 수가 많다고 알려져 있다. 표 3.1은 미국의 동북부 22개의 해안 섬에 대해 토종식물 종의 수를 나타내고 있다. 토종식물 종의 수는 섬의 면적에 따라 영향을 받는지 회귀분석을 하고자 한다. 여기서 변수 "ntv_rich"은 토종식물 종의 개수이고 "area"은 섬의 면적을 나타낸다.

표 3.1 native plant richness 데이터

ntv_rich(y)	area(x)	ntv_rich(y)	area(x)
1.897627	1.60206	1.380211	1
1.633468	0.477121	2.781755	4.133539
2.597695	3.432488	1.322219	0.90309
2.238046	1.78533	2.792392	4.42599
2.71265	3.075547	1.944483	2.146128

ntv_rich(y)	area(x)	ntv_rich(y)	area(x)
2.396199	3.130334	2.79588	4.037426
2.572872	4.133539	2.558709	3.361728
1.176091	0.60206	2.257679	1.531479
1.875061	0.60206	2.350248	2.544068
2.568202	3.278754	1.995635	1.672098
2.079181	2.10721	1.838849	1.662758

① 선형 회귀모델을 고려하여 추정된 회귀직선을 구하여라.

② 섬의 면적이 2인 경우 토종식물의 종의 수는 얼마나 되는지 구하여라.

풀이

① 표 3.1의 native plant richness 데이터로부터

$$\bar{x}=2.347,\ \bar{y}=2.171$$

이고

$$S_{xy}=\sum_{i=1}^{n}(x_i-\bar{x})(y_i-\bar{y})=12.047$$

$$S_{xx}=\sum_{i=1}^{n}(x_i-\bar{x})^2=33.865$$

이므로 최소제곱법에 의해 추정된 회귀계수 a, b는 다음과 같다.

$$a=\frac{S_{xy}}{S_{xx}}=0.356$$
$$b=\bar{y}-a\bar{x}=2.171-0.3556\times 2.347=1.336$$

따라서, 추정된 회귀직선은

$$\hat{y}=0.356x+1.336$$

이다.

② 섬 면적이 2이면, 즉 $x_0=2$이면 토종식물의 종의 수는 다음과 같다.

$$\hat{y}=0.356\times 2+1.336=2.0475$$

(2) 회귀모델 구현

• 파이썬을 이용한 회귀계수 직접 구현

여기서는 [예제 3.1]의 회귀분석 문제에서 최소제곱법에 의해 구한 추정된 회귀계수에 대한 식 (3.4)를 파이썬으로 직접 구현하고자 한다.

ⓐ import 명령을 이용하여 필요한 패키지를 불러온다.

코드 3.2.1

```
import pandas as pd
import matplotlib.pyplot as plt
```

ⓑ 데이터 파일을 읽어온다.

판다스(pandas)에서 제공하는 read_csv( ) 함수를 이용하여 "native_plant_richness.txt" 파일을 읽어온다. 여기서 읽어온 데이터 타입은 데이터프레임(DataFrame)이다. 참고로 read_csv( ) 함수의 인자로는 "파일경로"와 구분자를 sep="" 를 지정해준다. 여기서는 데이터가 탭(tab)으로 구분되어 있으므로 sep="\t"로 지정한다.

```
df = pd.read_csv('native_plant_richness.txt', sep='\t')
```

ⓒ 데이터의 간략한 정보를 출력한다.

.info( ) 함수를 이용하여 읽어온 데이터프레임 구조에 대한 대략적인 정보를 출력한다.

```
print(df.info())
```

```
<class 'pandas.core.frame.DataFrame'>
RangeIndex: 22 entries, 0 to 21
Data columns (total 2 columns):
 #   Column    Non-Null Count  Dtype
---  ------    --------------  -----
 0   ntv_rich  22 non-null     float64
 1   area      22 non-null     float64
```

```
dtypes: float64(2)
memory usage: 480.0 bytes
None
```

▶ df.info() 함수의 출력결과를 보면 df라는 변수에 저장된 자료구조는 판다스의 데이터프레임이라는 것을 알 수 있다. RangeIndex는 숫자 범위(0~21)이므로, 총 22개의 데이터로 구성되어 있고, 컬럼(column, 열)은 2개의 변수 ntv_rich, area이고, 각 컬럼별 데이터 개수와 타입을 알 수 있다.

ⓓ 읽어온 데이터의 일부를 출력한다.

.head( ) 함수를 이용하여 앞 몇 개의 데이터를 출력한다.

```
print(df.head())
```

```
  ntv_rich      area
0  1.897627  1.602060
1  1.633468  0.477121
2  2.597695  3.432488
3  2.238046  1.785330
4  2.712650  3.075547
```

▶ 2개의 변수 'ntv_rich', 'area'에 대해 0행부터 4행까지 첫 5개 행에 대해 데이터가 출력된다.

ⓔ 회귀분석을 위해 독립변수와 종속변수를 지정한다.

2개의 변수 이름 'area', 'ntv_rich'를 각각 x, y로 지정한다. 여기서 x는 독립변수이고 y는 종속변수이다. 데이터프레임에서 컬럼을 선택하는 방법에는 두 가지 방법이 있다.

```
df.[ ' column_name ' ]
```

또는

```
df.column_name
```

여기서는 전자의 방법을 이용하여 'area'를 x, 'ntv_rich'를 y로 컬럼을 변수로 지정한다.

```
x=df['area']
y=df['ntv_rich']
#x=df.area
#y=df.ntv_rich
```

```
print(df.ntv_rich.head())
print(df[ ' ntv_rich ' ].head())
```

```
0    1.897627
1    1.633468
2    2.597695
3    2.238046
4    2.712650
Name: ntv_rich, dtype: float64
0    1.897627
1    1.633468
2    2.597695
3    2.238046
4    2.712650
Name: ntv_rich, dtype: float64
```

ⓕ 식 (3.4)에 주어진 추정된 회귀계수 a, b를 직접 구현한다.

```
xbar=x.mean()
ybar=y.mean()
s_xy=((x-xbar)*(y-ybar)).sum()
s_xx=((x-xbar)**2).sum()
a=s_xy/s_xx
b=ybar-a*xbar
print('a =', round(a,4))
print('b =', round(b,4))
```

```
a = 0.3557
b = 1.336
```

▶ a= 0.3557, b=1.336이다. 따라서 추정된 회귀직선은 다음과 같다.

$$\hat{y} = 0.3557x + 1.336$$

ⓖ 미지의 값에 대해 예측한다.

여기서는 섬 면적이 2인 경우, 즉 x_0=2인 경우 토종식물 종의 수를 예측한다.

```
x_0=2
predicted = a*x_0+b
print('prediction =', round(predicted,4))
```

```
prediction = 2.0475
```

ⓗ **표 3.1을 통해 섬 면적에 대한 토종식물 종의 수의 산점도(scatter plot)를 그린다.**

matplotlib.pyplot 모듈의 scatter( ) 함수를 이용하여 산점도를 그린다.

```
plt.title('area vs ntv_rich')
plt.scatter(df['area'],df['ntv_rich'])
plt.xlabel('area')
plt.ylabel('ntv_rich')
plt.show()
```

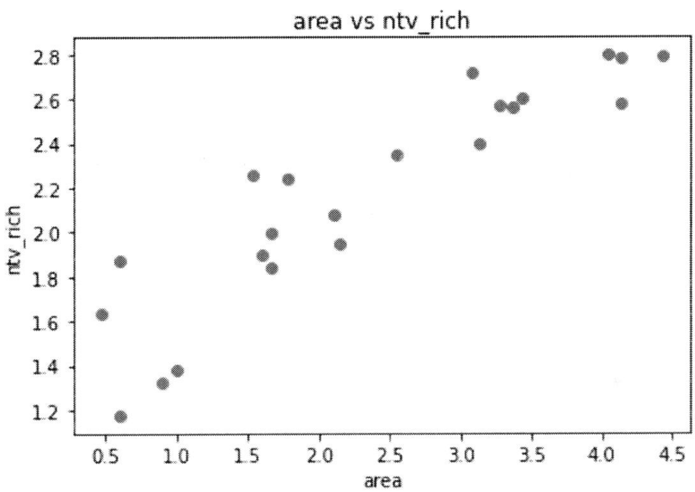

그림 3.4 섬 면적에 대한 토종 식물 종의 수의 산점도

▶ 그림 3.4에서 섬 면적에 대한 토종 식물 종의 수의 관계는 대체로 직선 관계임을 알 수 있다.

ⓘ **그림 3.4의 산점도 상에서 추정된 회귀직선을 그려보자.**

matplotlib.pyplot 모듈의 plot( ) 함수를 이용하여 추정된 회귀직선을 그린다.

```
plt.title('area vs ntv_rich')
plt.scatter(df['area'],df['ntv_rich'])
plt.plot(df['area'], a*df['area']+b, color='red')
plt.xlabel('area')
plt.ylabel('ntv_rich')
plt.show()
```

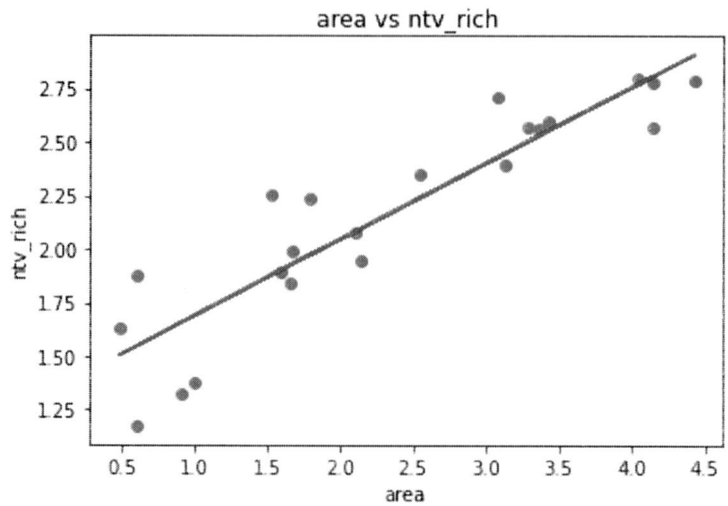

그림 3.5 추정된 회귀직선

▶ 그림 3.5에서 추정된 회귀직선을 이용하여 미지의 값에 대해 예측을 한다.

• **statsmodels 패키지를 사용한 구현**

파이썬에서 제공하는 statsmodels 패키지를 이용하여 전통적인 회귀분석을 수행하고자 한다. statsmodels 패키지는 매우 강력한 회귀분석 기능을 제공하는 파이썬 패키지이다. statsmodels 패키지에 있는 ols( ) 함수를 사용하면 간편하게 선형 회귀분석을 수행할 수 있다. 여기서 ols는 ordinary least squares의 약자로 일반적인 최소제곱법을 의미한다.

ⓐ import 명령을 이용하여 필요한 패키지를 불러온다.

코드 3.2.2

```
import pandas as pd
import matplotlib.pyplot as plt
from statsmodels.formula.api import ols
```

ⓑ 데이터 파일을 읽어온다.

판다스의 read_csv( ) 함수를 이용하여 native_plant_richness.txt 파일을 읽어온다.

```
df = pd.read_csv('native_plant_richness.txt', sep='\t')
```

ⓒ 데이터의 간략한 정보를 출력한다.

```
print(df.info())
```

```
<class 'pandas.core.frame.DataFrame'>
RangeIndex: 22 entries, 0 to 21
Data columns (total 2 columns):
 #   Column    Non-Null Count  Dtype
---  ------    --------------  -----
 0   ntv_rich  22 non-null     float64
 1   area      22 non-null     float64
dtypes: float64(2)
memory usage: 480.0 bytes
None
```

▶ df.info() 함수의 출력결과를 보면 df라는 변수에 저장된 자료구조는 판다스의 데이터프레임이라는 것을 알 수 있다. 그리고 컬럼은 2개이고 각각 ntv_rich과 area이다.

ⓓ statsmodels 패키지를 불러오고 ols() 함수를 이용하여 회귀분석을 한다.

```
from statsmodels.formula.api import ols
model = ols('ntv_rich~area', data=df)
```

다음은 ols( ) 함수의 사용형식이다.

```
ols('종속변수~독립변수', data=데이터프레임)
```

회귀모델에서는 독립변수와 종속변수를 '종속변수~독립변수'의 형태로 지정한다.

ⓔ 모델을 fit() 함수를 이용하여 적합시킨다.

fit( ) 함수 결과, summary( ) 함수를 이용하여 적합결과를 확인할 수 있다.

```
result=model.fit()
print(result.summary())
```

```
 OLS Regression Results
==============================================================================
Dep. Variable:               ntv_rich   R-squared:                       0.828
Model:                            OLS   Adj. R-squared:                  0.819
Method:                 Least Squares   F-statistic:                     96.13
```

```
Date:                Mon, 06 Sep 2021   Prob (F-statistic):          4.40e-09
Time:                        10:02:02   Log-Likelihood:                4.0471
No. Observations:                  22   AIC:                           -4.094
Df Residuals:                      20   BIC:                           -1.912
Df Model:                           1
Covariance Type:            nonrobust
==============================================================================
                 coef    std err          t      P>|t|      [0.025      0.975]
------------------------------------------------------------------------------
Intercept      1.3360      0.096     13.869      0.000       1.135       1.537
area           0.3557      0.036      9.805      0.000       0.280       0.431
==============================================================================
Omnibus:                        0.057   Durbin-Watson:                   1.542
Prob(Omnibus):                  0.972   Jarque-Bera (JB):                0.278
Skew:                          -0.033   Prob(JB):                        0.870
Kurtosis:                       2.453   Cond. No.                         6.33
==============================================================================
```

▶ coef는 회귀계수를 나타내며 회귀모델의 절편항은 Intercept, 기울기는 해당변수 이름을 사용한다. 따라서 Intercept와 area의 값은 1.3360과 0.3557이다.

위에서 보는 것처럼 summary() 함수는 적합결과를 요약해서 보여주는 강력한 기능을 제공하고 있다. 다음은 주요 결과들에 대한 설명이다.

- Dep. Variable: Dependent variable, 종속변수를 의미한다.
- Model: OLS는 최소제곱법을 의미한다.
- No. Observations: Number of observations, 관찰표본 수를 의미한다.
- Df Residuals: Df는 자유도(degree of freedom)를 의미한다.
- Df Model: 독립변수의 개수이다.
- R squared: R의 제곱이라는 뜻이고 결정계수를 의미한다. 전체 데이터 중 해당 회귀모델이 설명할 수 있는 데이터의 비율, 회귀식의 설명력을 나타낸다.
- F-statistics: F 통계량을 의미한다.
- Prob: F 통계량에 해당하는 p-value를 의미한다.

ⓕ .params 속성을 이용하여 회귀계수를 알 수 있다.

회귀계수를 summary() 함수를 통해서 알 수 있지만 .params 속성을 통해서도 알 수 있다.

```
result.params
```

```
Intercept     1.336048
area          0.355739
dtype: float64
```

```
print(result.params[0])
print(result.params[1])
```

```
1.3360482821493544
0.355739359258352
```

▶ 위와 똑같은 결과를 절편항은 Intercept, 기울기는 해당변수, 여기서는 area를 이용하여 다음과 같이 얻을 수 있다.

```
print(result.params.Intercept)
print(result.params.area)
```

⑨ 산점도 상에서 추정된 회귀직선을 그려보자.

```
plt.title('area vs ntv_rich')
y = df.ntv_rich # 종속변수
x = df.area     # 독립변수
plt.scatter(x, y, alpha=0.5)
plt.plot(x, result.params[1]*df['area']+result.params[0], color='red')
plt.xlabel('area')
plt.ylabel('ntv_rich')

plt.show()
```

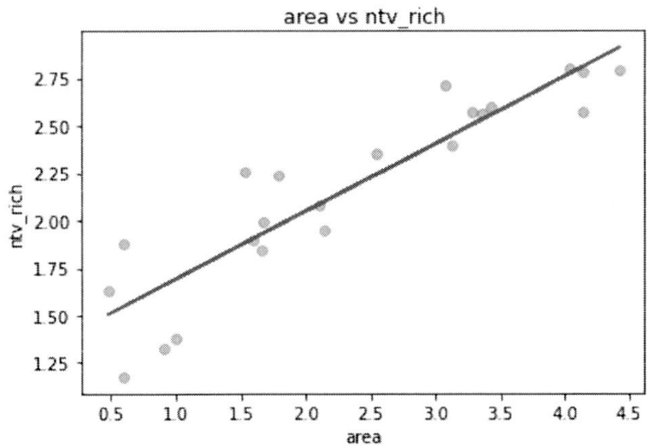

그림 3.6 추정된 회귀직선

▶ statsmodels 패키지를 이용하여 얻은 그림 3.6의 추정된 회귀직선과 statsmodels 패키지를 이용하지 않고 파이썬으로 직접 구현하여 얻은 그림 3.5의 추정된 회귀직선은 같은 결과임을 알 수 있다.

• 파이토치를 이용한 회귀계수 직접 구현

여기서는 회귀계수를 구하는 식 (3.4)를 파이토치를 이용하여 직접 구현하고자 한다.

코드 3.2.3

```
import pandas as pd
import torch
device = torch.device("cuda" if torch.cuda.is_available() else "cpu")
#device = torch.device('cpu')
df = pd.read_csv('native_plant_richness.txt', sep='\t')
x = torch.tensor(df['area']).to(device)
y = torch.tensor(df['ntv_rich']).to(device)
```

▶ torch.device() 함수를 사용하여 GPU 혹은 CPU 설정한다. 그리고 해당 텐서에 to(device)를 붙여주면 GPU로 연산을 수행한다.

```
#x=x.numpy()
#y=y.numpy()
xbar=x.mean()
ybar=y.mean()
s_xy=((x-xbar)*(y-ybar)).sum()
s_xx=((x-xbar)**2).sum()
a=s_xy/s_xx
b=ybar-a*xbar
print('slope=', a)
print('intercept=', b)
```

```
slope= tensor(0.3557, device='cuda:0', dtype=torch.float64)
intercept= tensor(1.3360, device='cuda:0', dtype=torch.float64)
```

산점도 상에서 추정된 회귀직선을 그려보자.

```
import matplotlib.pyplot as plt
plt.title('area vs ntv_rich')
plt.plot(x.cpu().numpy(), y.cpu().numpy(),'o')
# The 'o' means that data points will be marked with an x
plt.plot(x.cpu().numpy(), a.cpu().numpy()*x.cpu().numpy()+b.cpu().numpy())
plt.xlabel('area')
plt.ylabel('ntv_rich')
plt.show()
```

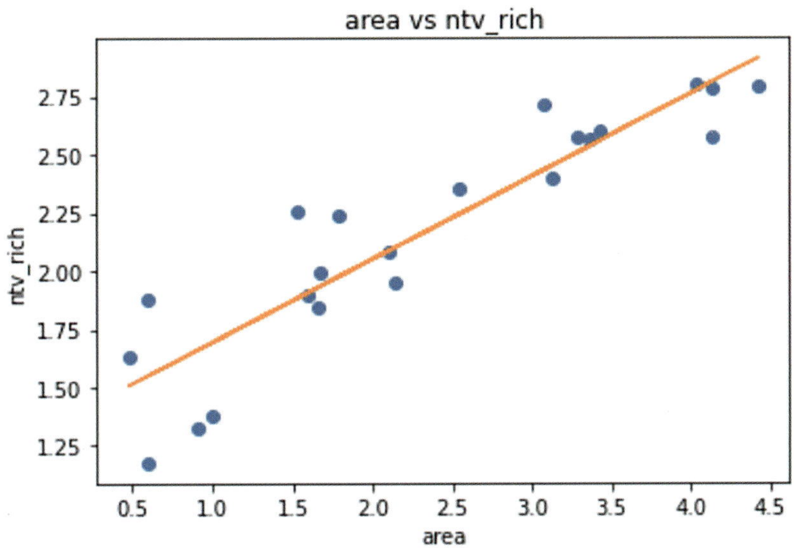

그림 3.7 파이토치를 이용한 추정된 회귀직선

▶ 텐서를 NumPy의 배열로 변환하고자 하는 경우 .cpu().numpy()를 사용한다. 만약 GPU를 사용하는 경우는 .cpu().numpy()에서 .cpu()를 생략하면 된다.

3.3 머신러닝 기반 회귀분석

(1) 머신러닝에서의 회귀분석

머신러닝 기반 회귀분석이란 데이터로부터 학습을 통해 적합한 회귀모델(혹은 추정된 회귀직선)을 찾는 것을 말한다. 여기서는 데이터로부터 학습을 통해 식 (3.2)의 a, b을 구하는 것을 말한다. 즉,

$$\hat{y} = ax + b$$

에서 a, b를 구하는 것을 말한다. 그러면 a, b를 어떻게 구할 것인가? 이를 위해 목적함수(objective function)가 필요하다. 목적함수는 우리가 최적화(optimization)(최대화 또는 최소

화)하고 싶은 함수를 말한다. 최적화란 목적함수를 최대화, 혹은 최소화하는 파라미터 조합을 찾는 과정이다. 회귀분석에서 회귀계수를 추정하는 것도 최적화 과정이다. 여기서는 모델의 예측값과 실제값의 차이를 최소화하기 위해 이들 차이로부터 계산되는 손실함수(loss function)(혹은 비용함수(cost function))를 목적함수로 정의한다. 회귀문제에서 손실함수로서 식 (3.5)에 주어진 평균제곱오차(MSE, mean squared error)를 주로 사용한다.

$$L(a,b) = \frac{1}{n}\sum_{i=1}^{n}(y_i - \hat{y}_i)^2 = \frac{1}{n}\sum_{i=1}^{n}(y_i - ax_i - b)^2 \tag{3.5}$$

참고로, 평균제곱오차(MSE) 대신 식 (3.6)에 주어진 오차제곱합(SSE, sum of square for error)을 사용하기도 한다.

$$L(a,b) = \sum_{i=1}^{n}(y_i - \hat{y}_i)^2 = \sum_{i=1}^{n}(y_i - ax_i - b)^2 \tag{3.6}$$

여기서 식 (3.5)의 평균제곱오차는 식 (3.6)의 오차제곱합에 대한 평균을 나타낸다.

손실함수는 모델의 예측값과 실제값을 비교하는 함수로 모델을 학습시킬 때 오차를 최소화시키기 위해 사용된다. 따라서 우리의 목적은 식 (3.5) 혹은 식 (3.6)에 주어진 $L(a, b)$이 최소가 되는 a, b를 찾는 것이다. 그림 3.8은 손실함수 $L(a, b)$의 그래프를 나타낸다.

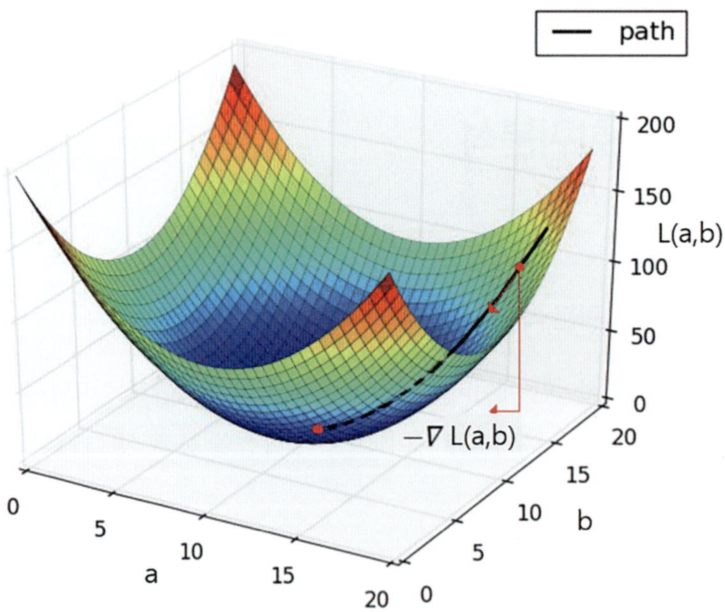

그림 3.8 손실함수 $L(a, b)$의 그래프
(자료: https://forum.huawei.com)

그림 3.8의 손실함수 $L(a, b)$의 그래프에서 맨 아래 빨간 점이 바로 $L(a, b)$의 최소가 되는 a, b이다. 우리는 전통적인 통계적 방법, 즉 회귀분석에서는 최소제곱법을 이용하여 a, b를 구하였다. 그러나 일반적으로 $L(a, b)$가 최소가 되는 해를 구하는 것은 쉽지 않다. 그 이유는 다음과 같다.

– $L(a, b)$가 항상 미분 가능한 함수가 아니다.

– $L(a, b)$가 미분 가능하더라도 saddle point(안장점)가 존재할 수 있다.

그림 3.9는 saddle point를 보여주고 있다. 여기서 saddle point라는 단어는 말의 안장처럼 생겼다고 하여 붙여진 이름이다.

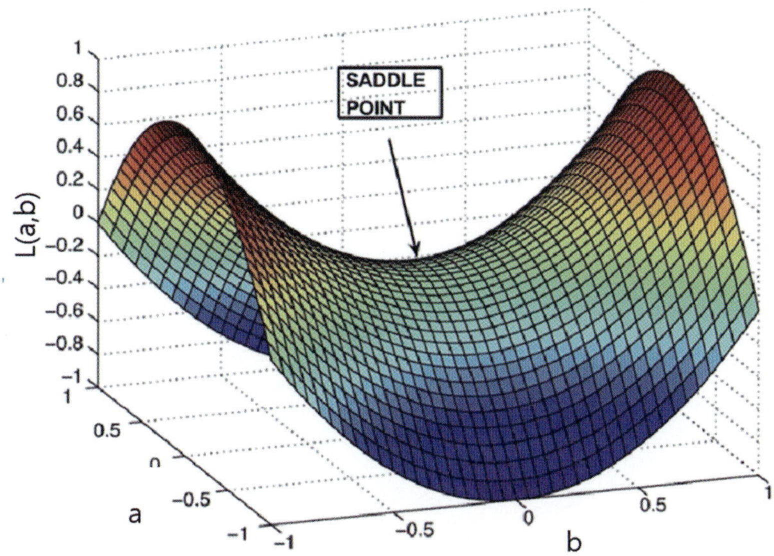

그림 3.9 saddle point
(자료: https://link.springer.com)

그림 3.9에서 saddle point는 미분해서 0이 되는 지점이지만 보는 각도에 따라 최대점 혹은 최소점이 될 수 있다. 따라서 $L(a, b)$가 미분하여 0이 된다고 해서 이곳이 글로벌 최적해(global optimum, 전역 최적해)라고 단정 지을 수 없다. 따라서 우리는 반복적인 접근방법(iterative approach)에 의해 미분해서 0이 되는 지점을 근사적(approximate)으로 찾고자 한다. 경사 하강법(gradient descent method)은 이러한 반복적 접근방법 중의 대표적인 최적화

방법이다.

(2) 경사 하강법

경사 하강법(gradient descent method)은 함수의 경사(gradient, 기울기)를 이용하여 최적의 파라미터를 찾는 방법이다. 여기서는 손실함수의 경사가 가장 가파른 방향(즉, 기울기가 큰 방향)으로 이동하면서 최소점을 찾는 방법이다. 이를 가파른 하강법(steepest descent method)이라고도 한다. 경사 하강법은 그림 3.10과 같이 직관적으로 이해할 수 있다. 만약 우리가 산 정상에서 지도나 나침반 없이 길을 잃고 발밑 지면의 경사만 느낄 수 있다고 가정했을 때, 지면으로 내려갈 수 있는 가장 좋은 방법은 무엇일까? 바로 가장 가파른 경사를 따라 내려가는 것이다. 내려가다 보면 언젠가 가장 낮은 지면에 도달할 것이다. 이것이 경사 하강법의 기본 원리이다.

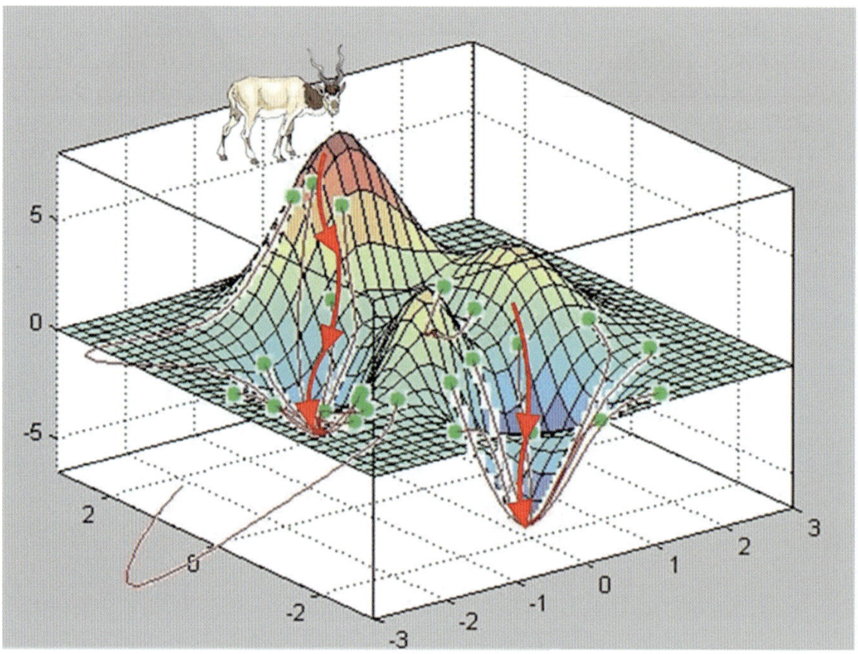

그림 3.10 경사 하강법의 직관적 의미[1]

그림 3.11은 손실함수 $L(w)$가 최소가 되는 파라미터 w를 경사 하강법을 이용하여 찾는 과정을 보여주고 있다.

---

1 https://halfrost.me/post/how-to-understand-gradient-descent

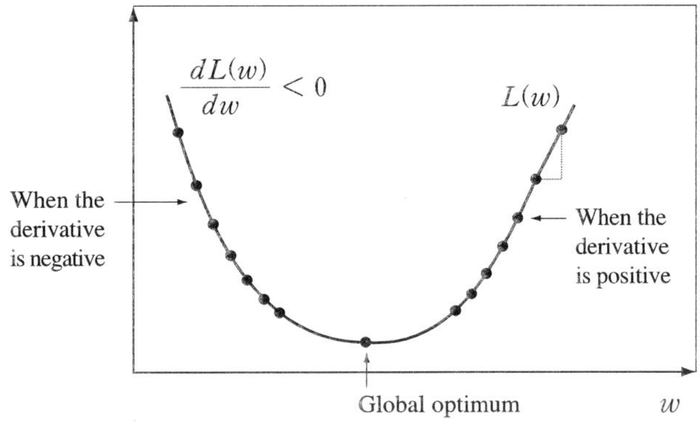

그림 3.11 경사 하강법

먼저, 시작점(initial weight) w_i에서 기울기 $\frac{\partial L(w_i)}{\partial w_i}$를 구한다. 그리고 $\frac{\partial L(w_i)}{\partial w_i}$가 감소하는 방향으로 반복적으로 w_i 값을 다음과 같이 갱신한다.

$$w_{(i+1)} = w_{(i)} - \alpha \frac{\partial L(w_i)}{\partial w_i} \tag{3.7}$$

w_i 값이 수렴할 때까지 식 (3.7)의 과정을 반복한다. 경사 하강법은 기울기 $\frac{\partial L(w_i)}{\partial w_i}$를 이용하여 최소점을 찾아가는 반복적인 방법인데, 그림 3.11에서 보는 것과 같이 $\frac{\partial L(w_i)}{\partial w_i} > 0$일 때 w_i는 −방향으로 이동할 것이고, 반대로 $\frac{\partial L(w_i)}{\partial w_i} < 0$일 때 w_i는 +방향으로 이동할 것이다. 여기서 α를 학습률(learning rate)이라 한다.

그림 3.12에서 학습률 α가 너무 작으면 알고리즘이 수렴하기 위해 반복을 너무 많이 진행해야 하므로 시간이 오래 걸리며 글로벌 최솟값(global minimum, 전역 최솟값)에 수렴하기 전에 로컬 최솟값(local minimum, 지역 최솟값)에서 모델이 학습을 중단할 수도 있다. 반면에 학습률이 너무 크면 손실 함수값이 줄어들지 않고 오히려 더 커지는 오버슈팅(overshooting) 현상이 발생한다. 따라서 적절한 학습률을 선택하는 것이 중요하다.

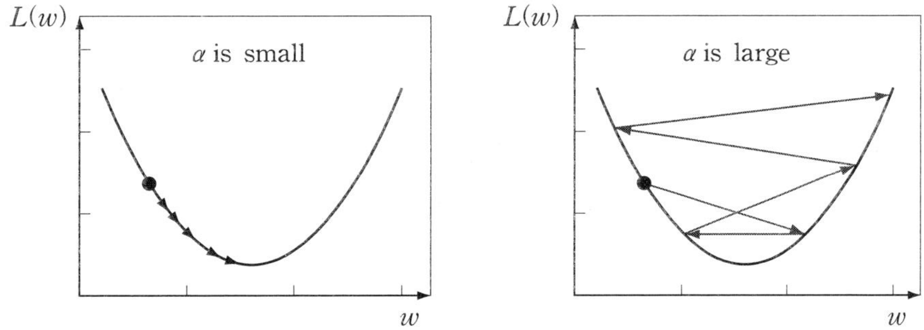

그림 3.12 학습률 α

∷ 경사 하강법의 종류

경사 하강법은 모델에서 가중치(weights), 예를 들어 회귀모델에서 회귀계수를 구할 때 학습을 통해 반복적인 방법으로 구하는 방법이다. 이를 위해 모델의 예측값과 실제값과의 차이로부터 손실함수를 정의하고, 손실함수가 최소가 되도록 가중치 갱신을 통해 구한다. 이 경우 손실함수의 최소화는 손실함수의 경사(gradient, 기울기)를 계산하여 얻어진다. 여기서 손실함수(혹은 손실함수의 경사)를 한번 계산하는 데 또는 가중치를 한번 갱신하는 데 어느 정도의 데이터를 사용할 것인가에 따라 배치 경사 하강법(Batch Gradient Descent, BGD), 미니배치 경사 하강법(Mini–Batch Gradient Descent, Mini–Batch GD), 확률적 경사 하강법(Stochastic Gradient Descent, SGD)으로 나눈다. 경사 하강법에서 특별한 언급이 없으면 배치 경사 하강법을 의미한다.

BGD(혹은 GD)는 가중치를 한번 갱신하는 데 전체 데이터를 사용하는 방법이고, Mini–Batch GD는 전체 데이터 중 일부 데이터의 묶음(mini–batch)을 사용하는 방법이며, SGD는 전체 데이터 중 단 한 개의 데이터를 사용하는 방법이다. BGD는 빅데이터인 경우 계산하는 데 너무 많은 시간이 걸려서 이용하는 것이 현실적이지 않다. 그림 3.13은 여러 가지 경사 하강법에서 손실함수의 수렴상태를 보여주고 있다. BGD는 항상 같은 데이터(전체 데이터)에서 경사(기울기)를 구하기 때문에 그림 3.13(a)에서 보는 것처럼 수렴이 안정적이고, SGD는 개별 데이터에 대해 미분을 수행하기 때문에 경사의 방향이 매번 바뀔 수 있다. 이로 인해 손실함수가 그림 3.13(c)와 같이 심하게 파동을 일으킬 수 있다. 따라서 SGD는 심한 파동에 의하여 로컬 최소점(local minimum)으로 수렴할 가능성도 있다. Mini–Batch GD는 그림 3.13(b)에서 보는 것처럼 BGD와 SGD를 절충한 방법이다. Mini–Batch GD는 SGD보다는 안정적으로 수렴하며 BGD와 비교하여 계산량을 많이 줄일 수 있다.

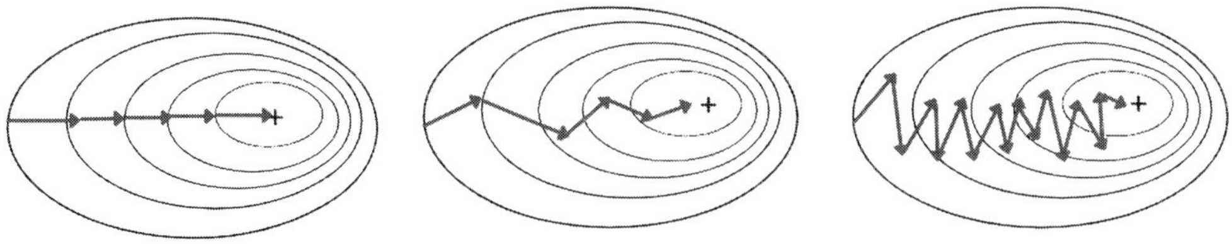

(a) BGD (b) Mini–Batch GD (c) SGD

그림 3.13 경사 하강법에서 손실함수의 수렴 상태

(3) 머신러닝 기반 회귀분석 파이토치 구현

• 파이토치에서 자동 미분

파이토치는 자동 미분(automatic differentiation) 기능을 제공하고 있다. 파이토치는 텐서에서 이루어진 모든 연산(operation)을 추적(track)하여 기록해 놓는다. 그 이유는 신경망의 학습이 역전파(backpropagation)를 이용하여 구현되기 때문이다. 자동 미분이란 어떤 텐서에서 이루어진 모든 연산(operation) 들을 추적하여 자동으로 미분하는 것을 말한다. 파이토치에서 식 (3.7)에 주어진 $\frac{\partial L(w_i)}{\partial w_i}$와 같은 미분 계산은 자동 미분을 통해 수행한다. 여기서 자동 미분과 관련된 텐서의 속성으로는 required_grad이 있다. torch.tensor( ) 함수의 사용형식에서 속성 required_grad를 다음과 같이 추가한다.

```
torch.tensor(data, dtype=None, device=None, required_grad=False)
```

여기서 required_grad=True이면 해당 텐서의 모든 연산에 대해 추적한다. 따라서 경사 하강법에 의해 경사(gradient, 기울기)를 계산하기 위해서는 해당 텐서를 생성할 때 required_grad=True 옵션을 붙여서 선언해야 한다. 참고로, torch.tensor( ) 함수를 사용하여 텐서를 생성하는 경우 디폴트는 required_grad=False이므로 해당 텐서에 대해 연산을 추적하지 않음으로 이와 관련되어 생성되는 모든 텐서는 경사 계산이 불가능하다.

자동 미분과 관련된 required_grad 속성 외에 grad 속성과 몇가지 함수들이 있다. 표 3.2는 이들을 정리한 표이다.

표 3.2 자동 미분과 관련된 속성과 함수

속성과 함수	설명
.requires_grad	텐서에 대한 미분이 필요가 있는 경우 True로 설정하고, 그렇지 않은 경우 False로 설정한다.
.backward()	이 함수를 호출하면, 자동으로 requires_grad =True로 선언된 해당 텐서에 대해 미분을 계산한다.
.grad	.backward() 함수 호출 시 텐서의 미분값이 .grad 속성에 누적되어 저장된다. .grad의 디폴트값은 None이다.
.detach()	텐서에 대해 연산 추적을 중지하고자 하는 경우 사용한다.

먼저 파이토치에서 자동 미분과 관련된 속성과 함수 사용에 대해 알아보기 위해 예를 들어, 함수 $z=3(w+2)^2+5$에서 w에 대한 z의 미분을 생각해보자. 자동 미분에 대한 이해를 돕기 위해 함수 $z=3(w+2)^2+5$를 여러 개의 함수 $x=w+2$, $y=x^2$, $z=3y+5$의 합성함수로 표현한다. 다음 [코드 3.3.1]은 이에 대해 파이토치로 구현한 코드이다.

코드 3.3.1

```
import torch
w = torch.tensor(2.0, requires_grad=True)

x = w+2
y = x**2
z = 3*y + 5
print('w.grad_fn =', w.grad_fn)
print('x =', x, ',', 'requires_grad =', x.requires_grad)
print('y =', y, ',', 'requires_grad =', y.requires_grad)
print('z =', z, ',', 'requires_grad =', z.requires_grad)
z.backward()
print(f'z를 w로 미분한 값 : {w.grad}')
```

```
w.grad_fn = None
x = tensor(4., grad_fn=<AddBackward0>) , requires_grad = True
y = tensor(16., grad_fn=<PowBackward0>) , requires_grad = True
z = tensor(53., grad_fn=<AddBackward0>) , requires_grad = True
z를 w로 미분한 값 : 24.0
```

▶ 텐서 w의 속성은 requires_grad=True이므로 연산 추적을 시작한다. 즉, $w \rightarrow x \rightarrow y \rightarrow z$ 순서로 연산 추적한다. 여기서 해당 텐서는 속성 grad_fn을 통해 어떤 연산으로부터 생성되었는지 알 수 있다. 즉, w의 경우 grad_fn=<AddBackward0>, y의 경우 grad_fn=<PowBackward0>, z의 경우 grad_fn=<AddBackward0> 속성을 갖고 있다. 단, 해당 텐서가 다른 텐서로부터 연산을 통해 생성된 것이 아니고, torch.tensor()나 torch.rand()와 같이 사용자가 직접 텐서를 생성한 경우는 해당 텐서의 속성 grad_fn의 값은 None이다.

.backward( ) 함수에 의해 w에 대한 z의 미분을 계산한다. 이것은 연쇄법칙(chain rule)을 적용하여 다음과 같이 계산한다.

$$\frac{\partial z}{\partial w}=\frac{\partial z}{\partial y}\times\frac{\partial y}{\partial x}\times\frac{\partial x}{\partial w}=3\times 2x\times 1=6\times(w+2)=6w+12$$

$$[\frac{\partial z}{\partial w}]_{w=2.0}=[6w+12]_{w=2.0}=24.0$$

따라서 w에 대한 z의 미분값인 w.grad = 24.0이다.

표 3.2에서 텐서에 대한 .backward( ) 함수 호출 시 텐서의 미분값이 .grad 속성에 누적되어 저장된다고 하였다.

다음 [코드 3.3.2]는 텐서의 미분값이 .grad 속성에 누적되는 것을 확인하기 위한 예이다. 여기서는 .backward( ) 함수를 10번 호출하였다.

코드 3.3.2

```
import torch
w = torch.tensor(2.0, requires_grad=True)

for i in range(10):
    x = w+2
    y = x**2
    z = 3*y + 5
#print('w.grad_fn =', w.grad_fn)
#print('x =', x, ',', 'requires_grad =', x.requires_grad)
#print('y =', y, ',', 'requires_grad =', y.requires_grad)
#print('z =', z, ',', 'requires_grad =', z.requires_grad)
    z.backward()
print(f'z를 w로 미분한 값 : {w.grad}')
```

```
z를 w로 미분한 값 : 240.0
```

▶ .backward() 함수를 호출할 때마다 w의 미분값 a.grad=24.0이 10번 반복 누적되어 w.grad=240.0가 됨을 알 수 있다.

▪ 텐서에 대한 연산 추적과 메모리와의 관계

파이토치는 텐서들 간에 연산을 수행할 때마다 동적으로 연산 그래프(computation graph)를 생성함으로써 나중에 연산 결과에 대해 어떤 텐서로부터 어떤 연산을 통해 얻어졌는지 연산 추적이 가능하다. 다시 말하면, 파이토치에서 텐서에 대한 연산 추적은 연산 그래프를 통해 추적 결과를 기록해 놓는다. 이 연산 기록으로부터 자동 미분이 이루어지고, 신경망 모델 학습에 사용되는 역전파 알고리즘(backpropagation algorithm)에도 적용된다. 그런데 모든 텐서에 대한 연산 추적은 메모리 낭비와 더불어 계산속도 증가를 초래할 수 있다. 따라서 효율적인 메모리 사용과 빠른 계산속도를 위하여 미분이 필요한 텐서에 대해서만 연산 추적할 필요가 있다. 따라서 불필요한 메모리 낭비와 계산속도 증가를 방지하기 위해 해당 텐서에 대한 연산 추적을 멈추려면 .detach( ) 함수를 사용하면 된다. .detach( ) 함수를 호출하면 이후 연산들이 추적되는 것을 방지할 수 있다. 또한 .detach( ) 함수와 똑같은 결과를 낳기 위해 with 문법을 사용하여 with torch.no.grad(): 명령어를 사용할 수도 있다. with torch.no_grad() 명령어는 여러 문장으로 구성된 코드가 연산 추적을 원치 않는 경우 유용하다.

간단한 예를 통해 .detach() 함수와 with torch.no_grad() 명령어의 사용에 대해 살펴보고자 한다. 다음 [코드 3.3.3]은 .detach() 함수의 사용 예이다.

코드 3.3.3

```
a = torch.tensor(2., requires_grad=True)
b = torch.tensor(3., requires_grad=True)
x = a+b
y = a*b
print('Before detach()')
print('x =', x, ',', 'requires_grad =', x.requires_grad)
print('x =', y, ',', 'requires_grad =', y.requires_grad)

x = x.detach()
y = y.detach()
print('After detach()')
print('x =', x, ',', 'requires_grad =', x.requires_grad)
print('x =', y, ',', 'requires_grad =', y.requires_grad)
```

```
Before detach()
x = tensor(5., grad_fn=<AddBackward0>) , requires_grad = True
x = tensor(6., grad_fn=<MulBackward0>) , requires_grad = True
After detach()
x = tensor(5.) , requires_grad = False
x = tensor(6.) , requires_grad = False
```

▶ .detach() 함수의 사용 전, 텐서 x, y의 속성 모두 requires_grad=True와 grad_fn=<AddBackward0>이고, .detach() 함수의 사용 후 텐서 x, y의 속성 모두 requires_grad=False와 grad_fn 속성은 None이다.

다음 [코드 3.3.4]는 with torch.no_grad() 명령어의 사용 예이다.

코드 3.3.4

```
a = torch.tensor(2., requires_grad=True)
b = torch.tensor(3., requires_grad=True)
x = a+b
y = a*b
print('Before torch.no_grad():')
print('x =', x, ',', 'requires_grad =', x.requires_grad)
print('x =', y, ',', 'requires_grad =', y.requires_grad)
```

```
with torch.no_grad():
    x = a+b
    y = a*b
print( ' After torch.no_grad(): ' )
print( ' x = ' , x,  ' , ' ,  ' requires_grad = ' , x.requires_grad)
print( ' x = ' , y,  ' , ' ,  ' requires_grad = ' , y.requires_grad)
```

```
Before torch.no_grad():
x = tensor(5., grad_fn=<AddBackward0>) , requires_grad = True
x = tensor(6., grad_fn=<MulBackward0>) , requires_grad = True
After torch.no_grad():
x = tensor(5.) , requires_grad = False
x = tensor(6.) , requires_grad = False
```

▶ .detach() 함수의 사용과 똑같은 결과를 얻음을 알 수 있다.

또 다른 예를 통해 .detach( ) 함수의 사용에 대해 살펴보고자 한다. 여기서는 연산 추적 중에 특정 텐서의 연산 추적을 중지하고자 한다.

다음 [코드 3.3.5]는 함수 $z=3(w+2)^2+5$의 $x=w+2$, $y=x^2$, $z=3y+5$의 합성함수 표현에서 $z=w^2$에 대해 연산 추적을 중지하고자 한다. 즉, $w \rightarrow x \rightarrow y \rightarrow z$ 순서에서 $y \not\rightarrow z$처럼 y 이후의 연산 추적이 중지한다.

코드 3.3.5

```
import torch
w = torch.tensor(2.0, requires_grad=True)

x = w+2
y = x**2
y = y.detach()
z = 3*y + 5
print('x =', x, ',', 'requires_grad =', x.requires_grad)
print('y =', y, ',', 'requires_grad =', y.requires_grad)
print('z =', z, ',', 'requires_grad =', z.requires_grad)
z.backward()
print(f'z를 w로 미분한 값 : {w.grad}')
```

```
x = tensor(4., grad_fn=<AddBackward0>) , requires_grad = True
y = tensor(16.) , requires_grad = False
z = tensor(53.) , requires_grad = False
---------------------------------------------------------------------------
RuntimeError                              Traceback (most recent call last)
C:\Users\Public\Documents\ESTsoft\CreatorTemp/ipykernel_11560/4134665773.py in
<module>
      9 print( ' y = ' , y,  ' , ' ,  ' requires_grad = ' , y.requires_grad)
     10 print( ' z = ' , z,  ' , ' ,  ' requires_grad = ' , z.requires_grad)
---> 11 z.backward()
     12 print(f ' z를 w로 미분한 값 : {w.grad} ' )
.........................................................................
RuntimeError: element 0 of tensors does not require grad and does not have a grad_fn
```

▶ y=y.detach()에 의해 y는 연산이 추적되지 않는 일반적인 텐서가 된다. 이것은 y = tensor(16.) , requires_grad = False를 통해 알 수 있다. 물론 y뿐만 아니라 y 이후의 연산이 추적되지 않는다. 따라서 z = tensor(53.) , requires_grad = False임을 알 수 있으므로 z.backward() 함수 오류에 의해 w에 대한 z의 미분을 계산할 수 없다. 위의 RuntimeError 메시지는 속성 requires_grad와 속성 grad_fn에 오류가 있다는 것을 나타내고 있다.

다음 [코드 3.3.6]은 연산 추적 중에 특정 텐서의 연산 추적을 중지하기 위한 with torch.no_grad( ) 명령어의 사용 예이다.

코드 3.3.6

```
import torch
w = torch.tensor(2.0, requires_grad=True)

x = w+2
with torch.no_grad():
    y = x**2
    z = 3*y + 5
print('x =', x, ',', 'requires_grad =', x.requires_grad)
print('y =', y, ',', 'requires_grad =', y.requires_grad)
print('z =', z, ',', 'requires_grad =', z.requires_grad)
z.backward()
print(f'z를 w로 미분한 값 : {w.grad}')
```

```
x = tensor(4., grad_fn=<AddBackward0>) , requires_grad = True
y = tensor(16.) , requires_grad = False
z = tensor(53.) , requires_grad = False
---------------------------------------------------------------
RuntimeError                              Traceback (most recent call last)
C:\Users\Public\Documents\ESTsoft\CreatorTemp/ipykernel_11560/4134665773.py in
<module>
      9 print('y =', y, ',', 'requires_grad =', y.requires_grad)
     10 print('z =', z, ',', 'requires_grad =', z.requires_grad)
---> 11 z.backward()
     12 print(f'z를 w로 미분한 값 : {w.grad}')
.................................................................
RuntimeError: element 0 of tensors does not require grad and does not have a grad_fn
```

▶ .detach() 함수와 똑같은 결과를 얻을 수 있음을 보였다.

• 파이토치에서 최적화 알고리즘

torch.optim 패키지는 파이토치에서 최적화 알고리즘을 구현하는 패키지이다. 여기서는 많이 사용하는 SGD알고리즘, SGD with Momentum 알고리즘, 그리고 Adam 알고리즘을 소개하고자 한다.

ⓐ SGD 알고리즘

SGD는 확률적 경사하강법(SGD, stochastic gradient descent)으로 가장 기본적인 최적화 방법이다. 다음은 SGD 알고리즘의 사용형식이다.

```
torch.optim.SGD(params, lr=<required parameter>)
```

여기서 params는 최적화할 파라미터이고 lr은 학습률을 나타낸다.

ⓑ SGD with Momentum 알고리즘

SGD의 단점은 로컬 최소점(local minimum)에 빠질 가능성이 크다는 것이다. 위와 같은 SGD의 단점을 보완하기 위해 SGD with Momentum(혹은 SGD + Momentum) 알고리즘은 SGD에 관성(momentum)을 더해줌으로써 그림 3.14에서 보는 것처럼 마치 언덕에서 공이 내려올 때 중간에 작은 웅덩이에 빠지더라도 관성의 힘으로 탈출할 수 있도록 설정해 준다. 다음은 SGD with Momentum 알고리즘의 사용 형식이다.

```
torch.optim.SGD(params, lr=<required parameter>, momentum)
```

여기서 인자 params는 최적화할 파라미터이고 lr은 학습률을 나타낸다. 그리고 인자 momentum의 디폴트 값은 0이다.

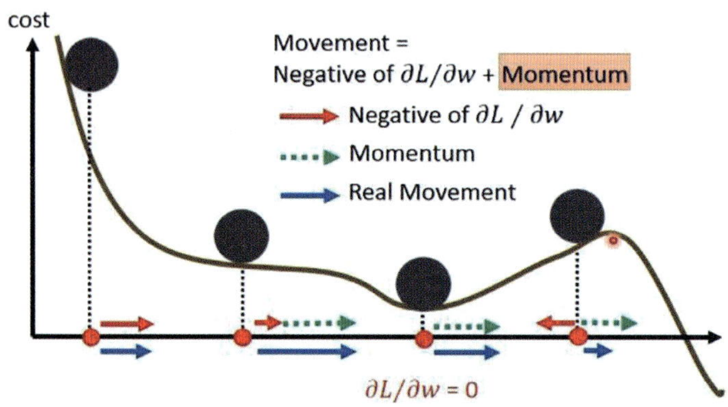

그림 3.14 SGD with Momentum
(자료: https://medium.com)

그림 3.14에서 기존의 SGD라면 로컬 최소점(local minimum)에 도달하였을 때, 기울기가 0이라서 이를 글로벌 최소점(global minimum)으로 잘못 인식하여 계산이 끝날 수도 있는 상황인데도 SGD with Momentum은 관성의 힘으로 로컬 최소점(local minimum)에서 탈출하는 효과를 얻을 수도 있다.

ⓒ Adam 알고리즘

Adam(Adaptive Moment Estimation, 아담)은 RMSprop(Root Mean Sqaure Propagation, 알엠에스프롭)와 SGD with Momentum의 장점만을 혼합한 최적화 방법이다. 여기서 RMSprop은 각 단계마다 학습률을 변경할 수 있는 Adagrad 알고리즘을 개선한 방법으로 최근 딥러닝에서 가장 많이 사용되는 알고리즘이다. 다음은 Adam의 알고리즘의 사용형식이다.

```
torch.optim.Adam(params, lr=<required parameter>)
```

여기서 인자 params는 최적화할 파라미터이고 lr은 학습률을 나타낸다. 디폴트 값은

lr = 0.001이다.

- **파이토치에서 미분값 초기화 방법**

ⓐ grad.zero_() 함수 이용 해당 텐서의 미분값 초기화

우리는 앞에서 매번 .backward() 함수를 호출하여 미분하는 경우 텐서의 미분값은 이전 루프에서 계산된 미분값에 누적된다고 하였다. 이를 확인하기 위해 다음과 같은 간단한 함수를 생각한다.

$$y = 2x$$

위 함수에서 x에 대한 y의 미분값

$$\frac{dy}{dx}$$

은 .backward() 함수를 호출하여 구한다.

다음 [코드 3.3.7]은 함수에서 해당 텐서의 미분값이 누적되는 것을 살펴보기위해 파이토치로 구현한 코드이다.

코드 3.3.7

```
import torch
x = torch.tensor(2.0, requires_grad=True)

n_epochs = 10
for epoch in range(n_epochs + 1):

  y = 2*x
  y.backward()
  print('dy/dx = {}'.format(x.grad))
```

```
dy/dx = 2.0
dy/dx = 4.0
dy/dx = 6.0
dy/dx = 8.0
dy/dx = 10.0
dy/dx = 12.0
dy/dx = 14.0
dy/dx = 16.0
dy/dx = 18.0
```

```
dy/dx = 20.0
dy/dx = 22.0
```

▶ 함수 y=$2x$에서 x에 대한 y의 미분값은 2이다. backward() 함수 호출할 때마다 x.grad 속성에 미분값이 2.0씩 계속 누적되는 것을 알 수 있다.

위 [코드 3.3.7]에서 backward( ) 함수를 호출할 때마다 텐서의 미분값이 누적되는 것을 막고자 하는 경우, grad.zero_( ) 함수(혹은 grad.data.zero_( ) 함수)를 사용하여 해당 텐서의 미분값을 0으로 초기화해주면 된다.

다음 [코드 3.3.8]은 해당 텐서에 grad.zero_( ) 함수를 사용하여 텐서의 미분값을 0으로 초기화하는 코드이다.

코드 3.3.8

```
import torch
x = torch.tensor(2.0, requires_grad=True)

n_epochs = 10
for epoch in range(n_epochs + 1):

  y = 2*x
  y.backward()
  print( ' dy/dx = {} ' .format(x.grad))

# x.grad.data.zero_()
  x.grad.zero_()
```

```
dy/dx = 2.0
dy/dx = 2.0
dy/dx = 2.0
dy/dx = 2.0
dy/dx = 2.0
dy/dx = 2.0
dy/dx = 2.0
dy/dx = 2.0
dy/dx = 2.0
dy/dx = 2.0
dy/dx = 2.0
```

▶ backward() 함수 호출할 때 마다 텐서 x의 미분값이 0으로 초기화함으로서 x.grad 속성에 누적되지 않음을 알 수 있다.

다음은 회귀문제에서 손실함수의 미분값을 계산하기 위해 식 (3.5)에 주어진 손실함수 $L(a, b)$을 생각한다.

$$L(a,b) = \frac{1}{n}\sum_{i=1}^{n}(y_i - \hat{y}_i)^2 = \frac{1}{n}\sum_{i=1}^{n}(y_i - ax_i - b)^2$$

파이토치에서 제공되는 자동 미분과 비교하기 위해 a, b에 대해 $L(a, b)$를 직접 미분하면 다음과 같다.

$$\frac{\partial}{\partial a}L(a,b) = -2\frac{1}{n}\sum_{i=1}^{n}(y_i - ax_i - b)x_i$$

$$\frac{\partial}{\partial b}L(a,b) = -2\frac{1}{n}\sum_{i=1}^{n}(y_i - ax_i - b)$$

다음 [코드 3.3.9]는 손실함수 $L(a, b)$에서 자동 미분과 위와 같이 직접 미분하였을 때의 미분값을 비교하고자 한다. 여기서는 루프를 3번 반복하였다.

코드 3.3.9

```
import torch

x_train = torch.FloatTensor([[1], [2], [3]])
y_train = torch.FloatTensor([[2], [4], [6]])

# 모델 초기화
a = torch.zeros(1, requires_grad=True)
b = torch.zeros(1, requires_grad=True)

lr = 1e-1
n_epochs = 3
for epoch in range(n_epochs):
    yhat = a * x_train +b
    error = y_train - yhat

    loss = (error ** 2).mean()
    loss.backward()
    # Computes gradients for both “ a ” and “ b ” parameters
    a_grad = -2 * (x_train * error).mean()
    b_grad = -2 * error.mean()
    print( ‘ epoch = ’ , epoch)
    print( ‘ 직접미분 a_grad = ’ , a_grad)
    print( ‘ 직접미분 b_grad = ’ , b_grad)
```

```
    with torch.no_grad():
        a -= lr * a.grad
        b -= lr * b.grad

    print( ' 자동미분 a.grad = ' , a.grad)
    print( ' 자동미분 b.grad = ' , b.grad)

#    a.grad.zero_()
#    b.grad.zero_()
#print(a, b)
```

```
epoch = 0
직접미분 a_grad = tensor(-18.6667, grad_fn=<MulBackward0>)
직접미분 b_grad = tensor(-8., grad_fn=<MulBackward0>)
자동미분 a.grad = tensor([-18.6667])
자동미분 b.grad = tensor([-8.])
epoch = 1
직접미분 a_grad = tensor(1.9556, grad_fn=<MulBackward0>)
직접미분 b_grad = tensor(1.0667, grad_fn=<MulBackward0>)
자동미분 a.grad = tensor([-16.7111])
자동미분 b.grad = tensor([-6.9333])
epoch = 2
직접미분 a_grad = tensor(20.3259, grad_fn=<MulBackward0>)
직접미분 b_grad = tensor(9.1378, grad_fn=<MulBackward0>)
자동미분 a.grad = tensor([3.6148])
자동미분 b.grad = tensor([2.2044])
```

▶ 직접 미분에서 a, b에 대한 미분값, 즉 a_grad와 b_grad는 매번 루프 반복 시 새로 계산된 값인 반면, 자동 미분에서 a, b에 대한 미분값, 즉 a.grad와 b.grad는 이전 루프에서 계산된 자동 미분값에 해당 루프에서 계산된 직접 미분값이 더하여 얻어진 값임을 알 수 있다. 다시 말하면 속성 .grad에 미분값이 계속 누적되는 것을 알 수 있다.

다음 [코드 3.3.10]은 자동 미분에서 grad.zero_( ) 함수 사용에 대한 코드이다. 여기서는 매번 루프 반복 시 a, b에 대한 손실함수 $L(a, b)$의 미분값을 grad.zero_( ) 함수를 사용하여 0으로 초기화한다.

코드 3.3.10

```
import torch

x_train = torch.FloatTensor([[1], [2], [3]])
y_train = torch.FloatTensor([[2], [4], [6]])

# 모델 초기화
```

```
a = torch.zeros(1, requires_grad=True)
b = torch.zeros(1, requires_grad=True)


lr = 1e-1
n_epochs = 3
for epoch in range(n_epochs):
    yhat = a * x_train +b
    error = y_train - yhat

    loss = (error ** 2).mean()
    loss.backward()
    # Computes gradients for both “a” and “b” parameters
    a_grad = -2 * (x_train * error).mean()
    b_grad = -2 * error.mean()
    print(‘epoch =’, epoch)
    print(‘직접미분 a_grad =’, a_grad)
    print(‘직접미분 b_grad =’, b_grad)

    with torch.no_grad():
        a -= lr * a.grad
        b -= lr * b.grad

    print(‘자동미분 a.grad =’, a.grad)
    print(‘자동미분 b.grad =’, b.grad)

    a.grad.zero_()
    b.grad.zero_()
#print(a, b)
```

```
epoch = 0
직접미분 a_grad = tensor(-18.6667, grad_fn=<MulBackward0>)
직접미분 b_grad = tensor(-8., grad_fn=<MulBackward0>)
자동미분 a.grad = tensor([-18.6667])
자동미분 b.grad = tensor([-8.])
epoch = 1
직접미분 a_grad = tensor(1.9556, grad_fn=<MulBackward0>)
직접미분 b_grad = tensor(1.0667, grad_fn=<MulBackward0>)
자동미분 a.grad = tensor([1.9556])
자동미분 b.grad = tensor([1.0667])
epoch = 2
직접미분 a_grad = tensor(-0.2963, grad_fn=<MulBackward0>)
직접미분 b_grad = tensor(0.0711, grad_fn=<MulBackward0>)
자동미분 a.grad = tensor([-0.2963])
자동미분 b.grad = tensor([0.0711])
```

▶ 자동 미분에서 grad.zero_() 함수를 사용하여 미분값을 0으로 초기화함으로써 직접 미분을 통해 얻은 미분값과 같다는 것을 알 수 있다.

ⓑ zero_grad() 함수 이용 최적화 파라미터 초기화

미분값을 초기화하는 방법에는 대표적으로 두 가지 방법이 있다. 첫 번째는 앞에서 논의한 해당 텐서, 여기서는 개별 파라미터 별로 grad.zero_() 함수를 사용하여 0으로 초기화하는 방법이고, 두 번째는 앞으로 논의하고자 하는 최적화(optimizer)가 필요한 파라미터들의 미분값을 모두 0으로 초기화하는 방법이다.

최적화(optimizer)는 학습 단계에서 모델의 오류를 줄이기 위해 모델의 파라미터를 갱신하는 과정이다. 최적화 알고리즘, 예를 들어 SGD는 아래의 수식에서 반복적인 과정을 거쳐 파라미터 w_i를 갱신한다.

$$w_{(i+1)} = w_{(i)} - \alpha \frac{\partial L(w_i)}{\partial w_i}$$

여기서 이상적인 모델 학습이 이루어지기 위해서는 매번 루프를 돌 때마다 미분값 $\frac{\partial L(w_i)}{\partial w_i}$을 항상 0으로 초기화해주어야 한다. 만약 미분값을 0으로 초기화해주지 않으면 이전 루프에서 계산된 미분값이 다음 루프의 미분값에 영향을 미친다. zero_grad() 함수를 사용하면 한번에 최적화가 필요한 모든 파라미터에 대한 미분값을 초기화한다. 다음은 SGD를 사용하여 최적화하는 경우 zero_grad() 함수의 사용 예이다.

```
optimizer = torch.optim.SGD(model.parameters(), lr=learning_rate)
optimizer.zero_grad()
optimizer.step()
```

여기서 optimizer.zero_grad() 함수에 의해 한번에 model.parameters 모두 0으로 초기화된다. step() 함수는 최적화 과정에서 파라미터 갱신하는 함수이다. 즉, w_i를 다음과 같이 갱신한다.

$$w_{(i+1)} = w_{(i)} - \alpha \frac{\partial L(w_i)}{\partial w_i}$$

다시 말하면, optimizer.step() 함수 실행에 의해 계산된 미분값이 실제 파라미터에 갱신된다. 참고로 optimizer.zero_grad() 문장은 다음과 같이 optimizer.step() 함수 뒤에 위치해도도 상관없다.

```
optimizer = torch.optim.SGD(model.parameters(), lr=learning_rate)
optimizer.step()
optimizer.zero_grad()
```

다음 [코드 3.3.11]은 SGD를 사용하여 최적화하는 경우 zero_grad( ) 함수의 사용 예이다. 이 경우 한번에 두 개의 파라미터 a, b에 대한 미분값이 초기화된다.

코드 3.3.11

```
import torch.optim as optim

x_tensor = torch.FloatTensor([[1], [2], [3]])
y_tensor = torch.FloatTensor([[2], [4], [6]])
# 모델 초기화
a = torch.zeros(1, requires_grad=True)
b = torch.zeros(1, requires_grad=True)

lr= 0.1
optimizer = optim.SGD([a, b], lr=lr)

n_epochs = 100
for epoch in range(n_epochs):
    yhat = a + b * x_tensor
    error = y_tensor - yhat
    loss = (error ** 2).mean()
    loss.backward()

    with torch.no_grad():
        a -= lr * a.grad
        b -= lr * b.grad
    optimizer.zero_grad()
    optimizer.step()

    if epoch % 10 == 0:
        print('epoch = {:3d}/{}, a= {:.3f}, b= {:.3f}, Loss: {:.5f}'.format(
            epoch, n_epochs, a.item(), b.item(), loss.item()
        ))
```

```
epoch =   0/100, a= 0.800, b= 1.867, Loss: 18.66667
epoch =  10/100, a= 0.564, b= 1.752, Loss: 0.04792
epoch =  20/100, a= 0.442, b= 1.805, Loss: 0.02945
epoch =  30/100, a= 0.347, b= 1.847, Loss: 0.01810
epoch =  40/100, a= 0.272, b= 1.880, Loss: 0.01113
epoch =  50/100, a= 0.213, b= 1.906, Loss: 0.00684
epoch =  60/100, a= 0.167, b= 1.927, Loss: 0.00420
epoch =  70/100, a= 0.131, b= 1.942, Loss: 0.00258
epoch =  80/100, a= 0.103, b= 1.955, Loss: 0.00159
epoch =  90/100, a= 0.081, b= 1.965, Loss: 0.00098
```

▶ 100 epoch에 대해 학습에 의해 파라미터 a, b가 갱신되는 것을 알 수 있다.

예제 3.2

다음은 표 3.3에 주어진 간단한 데이터로부터 머신러닝을 이용한 회귀분석을 수행하고자 한다.

표 3.3 인공적인 데이터

x	1	2	3	4	5
y	0	1.1	1.8	3.1	4.5

파이썬 scikit-learn(사이킷런)과 파이토치를 이용하여 직접 머신러닝을 구현해 보자. scikit-learn은 머신러닝과 관련된 모듈들을 제공하고 있다. 회귀분석(Linear regression)의 경우 scikit-learn 패키지의 linear_model 모듈에서 LinearRegression( ) 함수를 제공하고 있다.

참고로 scikit-learn은 머신러닝에서 필요한 반복 수(num_iterations)와 학습률(learning_rate)에 대한 기본값(default value)을 갖고 있으므로 이에 대해 별도로 명시할 필요가 없다.

풀이

1) 파이썬 scikit-learn을 이용한 머신러닝

ⓐ x, y 배열 생성

x, y의 리스트 형태에서 배열 형태로 변환한다.

코드 3.3.12

```
import numpy as np
x = [1,  2,   3,   4,   5]
y = [0, 1.1, 1.8, 3.1, 4.5]
X = np.array(x).reshape(-1,1)
y = np.array(y)
```

여기서 주의할 점은 X 변수가 2차원 배열 형태인 것이다. 1차원 배열로부터 reshape(−1,1) 함수를 이용하여 2차원 배열 형태로 변환하였는데, 이렇게 변환을 해준 이유는 모델 적합에 사용되는 함수 fit(X, y)에서 X는 2차원 배열 형태이기 때문이다.

위와 똑같은 결과를 얻기 위해 다음과 같이 처음부터 배열을 생성할 수 있다.

```
import numpy as np
x = np.array([1,  2,   3,   4,   5])
y = np.array([0, 1.1, 1.8, 3.1, 4.5])
X = x.reshape(-1,1)
```

ⓑ 모델 생성 및 모델 적합

LinearRegression() 함수를 이용하여 회귀모델을 생성하고, fit() 함수를 이용하여 생성된 모델을 적합시킨다.

```
from sklearn.linear_model import LinearRegression
model = LinearRegression()
model.fit(X, y)
```

▶ LinearRegression() 함수의 인수 fit_intercept는 모델에 상수항 (절편)이 포함 여부를 결정한다. 여기서는 디폴트 fit_intercept=True로 상수항이 포함하는 경우이다. 이 경우 생략한다.

ⓒ 회귀계수 출력

모델 적합 후 회귀계수 출력을 위해 intercept_ 속성은 절편, coef_ 속성은 기울기를 나타낸다.

```
# Print the Intercept:
print('intercept:', round(model.intercept_,4))

# Print the Slope:
print('slope:', model.coef_)
```

```
intercept: -1.2
slope: [1.1]
```

ⓓ 미지의 값 예측

predict( ) 함수를 이용하여 새로운 데이터에 대해 예측한다.

```
# Predict a Response and print it:
y_pred = model.predict(X)
print('prediction:', y_pred)
```

```
prediction: [-0.1  1.   2.1  3.2  4.3]
```

ⓔ 추정된 회귀직선 그리기

산점도 위에 추정된 회귀직선을 그리고자 한다.

```
import matplotlib.pyplot as plt

plt.title('Estimated regression line')
plt.plot(x, y, 'o')
plt.plot(x, y_pred)
plt.xlabel('x')
plt.ylabel('y')
plt.show()
```

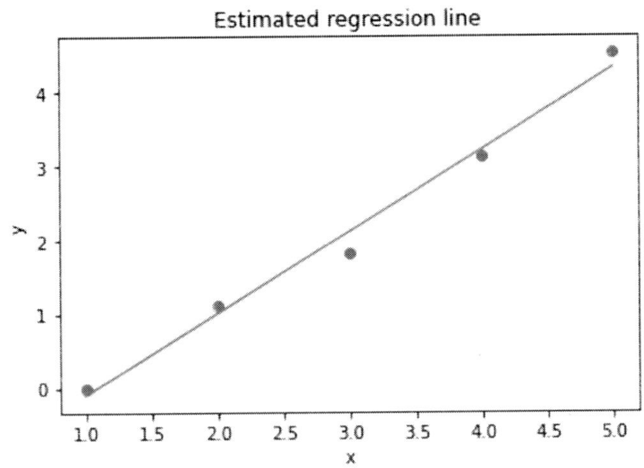

그림 3.15 추정된 회귀직선

▶ 그림 3.15는 산점도와 추정된 회귀직선을 나타낸다.

2) 파이토치를 이용한 머신러닝

ⓐ 최적화 알고리즘 SGD를 사용하여 구현하고자 한다.

코드 3.3.13

```
import torch
device = torch.device("cuda" if torch.cuda.is_available() else "cpu")

x = torch.tensor([1,  2,   3,   4,   5]).to(device)
y = torch.tensor([0, 1.1, 1.8, 3.1, 4.5]).to(device)

torch.manual_seed(1)
a = torch.randn(1, device=device, requires_grad=True)
b = torch.randn(1, device=device, requires_grad=True)

def model(x):
    return a * x + b

learning_rate = 0.01
optimizer = torch.optim.SGD([a,b],lr=learning_rate)

epochs=2000
for epoch in range(epochs):
```

```
    yhat = model(x).to(device)

#   loss = (yhat - y).pow(2).sum()
    loss = (yhat - y).pow(2).mean()
    loss.backward()
    optimizer.step()

    optimizer.zero_grad()

    # Print the progress
    if (epoch+1) % 100 == 0:
           print('epoch=',epoch+1,'a=',a.detach().cpu().numpy(),'b=',b.detach().cpu().
numpy(),'loss=',loss.detach().cpu().numpy())
```

```
epoch= 100 a= [0.92531544] b= [-0.5693334] loss= 0.10488774
epoch= 200 a= [0.9754991] b= [-0.7505125] loss= 0.06902457
epoch= 300 a= [1.011266] b= [-0.87964195] loss= 0.050807316
epoch= 400 a= [1.0367575] b= [-0.97167456] loss= 0.041553527
epoch= 500 a= [1.0549259] b= [-1.037268] loss= 0.036852926
.........................................................
epoch= 1600 a= [1.0989132] b= [-1.1960765] loss= 0.032002866
epoch= 1700 a= [1.0992252] b= [-1.1972033] loss= 0.032001432
epoch= 1800 a= [1.0994477] b= [-1.1980062] loss= 0.03200073
epoch= 1900 a= [1.0996063] b= [-1.1985787] loss= 0.032000344
epoch= 2000 a= [1.0997192] b= [-1.1989865] loss= 0.032000214
```

ⓑ 손실함수 그래프

epoch에 따른 손실함수의 값을 출력함으로써 학습이 진행되는 상황을 확인할 수 있다. 이를 위해 매 epoch마다 손실함수의 값을 저장해 둘 변수를 설정한다.

코드 3.3.14

```
import torch
device = torch.device("cuda" if torch.cuda.is_available() else "cpu")

x = torch.tensor([1,  2,   3,   4,   5]).to(device)
y = torch.tensor([0, 1.1, 1.8, 3.1, 4.5]).to(device)
torch.manual_seed(1)
a = torch.randn(1, device=device, requires_grad=True)
b = torch.randn(1, device=device, requires_grad=True)
```

```
def model(x):
    return a * x + b

learning_rate = 0.01
optimizer = torch.optim.SGD([a,b],lr=learning_rate)

epochs=2000
loss_list = []

for epoch in range(epochs):
    yhat = model(x).to(device)
    loss = (yhat - y).pow(2).mean()
    loss.backward()
    loss_list.append(loss.item())

    optimizer.step()
    optimizer.zero_grad()

import numpy as np
import matplotlib.pyplot as plt
plt.title('Loss function graph')

plt.xlabel('Epoch')
plt.ylabel('Loss')
plt.plot(np.arange(0, epochs, 1),loss_list)
```

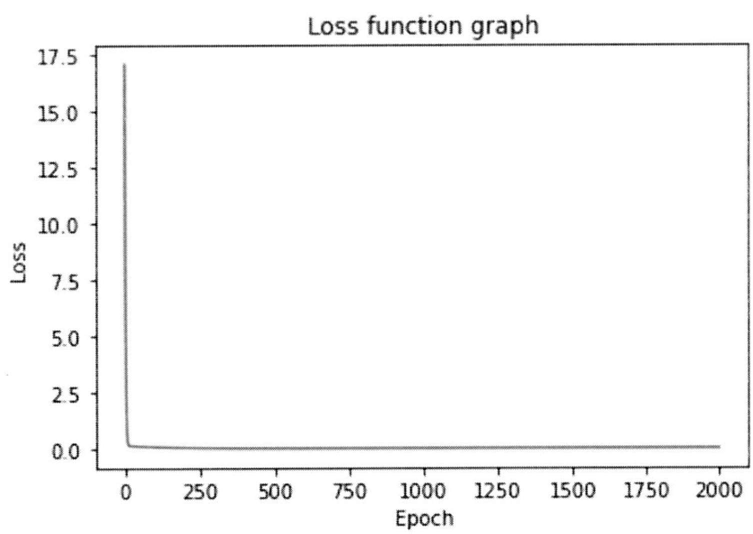

그림 3.16 epoch에 따른 손실함수 그래프

▶ 그림 3.16은 epoch에 따른 손실함수의 값이 수렴함을 보여주고 있다.

예제 3.3

[예제 3.1]의 섬 면적에 대한 토종식물의 종의 수에 대하여 회귀분석 기반 머신러닝을 수행하고자 한다. 파이썬 scikit-learn과 파이토치를 이용하여 직접 머신러닝을 구현해 보자.

풀이

1) 파이썬 scikit-learn을 이용한 머신러닝

ⓐ import 명령을 이용하여 필요한 패키지 불러오기

코드 3.3.15

```
import pandas as pd
import numpy as np
import matplotlib.pyplot as plt
```

ⓑ read_csv() 함수를 이용하여 데이터 불러오기

```
df = pd.read_csv('native_plant_richness.txt', sep='\t')
print(df.head())
```

```
  ntv_rich      area
0  1.897627  1.602060
1  1.633468  0.477121
2  2.597695  3.432488
3  2.238046  1.785330
4  2.712650  3.075547
```

ⓒ 독립변수와 종속변수 지정하기

독립변수는 sklearn.linear_model 모듈의 LinearRegression( ) 함수를 사용하기 위해 2차원 형태가 되어야 한다.

```
y=df['ntv_rich']
x=df['area']
print(y.shape)
print(x.shape)
X=x.values.reshape(-1,1)
print(X.shape)
```

```
(22,)
(22,)
(22, 1)
```

혹은 iloc( ) 함수를 사용하여 위와 같은 결과를 얻을 수 있다.

```
X = df.iloc[:, 1:2].values
y = df.iloc[:, 0].values
#y=df['ntv_rich']
#X=df['area']
print(X.shape)
print(y.shape)
```

```
(22, 1)
(22,)
```

ⓓ 모델 생성 및 학습하기

모델 생성은 sklearn.linear_model 모듈의 LinearRegression( ) 함수를 이용한다. 그리고 모델 학습은 fit( ) 함수를 이용한다.

```
from sklearn.linear_model import LinearRegression
regressor = LinearRegression()
regressor.fit(X, y)
```

```
LinearRegression()
```

ⓔ 회귀계수 구하기

```
#절편
print('Intercept:{:.4f}'.format(regressor.intercept_))
#기울기
print('Coefficient:{:.4f}'.format(regressor.coef_[0]))
```

```
Intercept:1.3360
Coefficient:0.3557
```

ⓕ 미지의 값 예측하기

섬의 면적이 2이면, 즉 x_0=2이면 토종식물의 종의 수는 다음과 같다.

```
x_0 =2
prediciton= regressor.predict([[x_0]])
print('prediciton:{:.4f}'.format(prediciton[0]))
```

```
prediciton:2.0475
```

ⓖ 추정된 회귀직선 그리기

```
import matplotlib.pyplot as plt

plt.title('Estimated regression line')
plt.plot(X, y, 'o')
plt.plot(X, regressor.predict(X))
plt.xlabel('area')
plt.ylabel('ntv_rich')
plt.show()
```

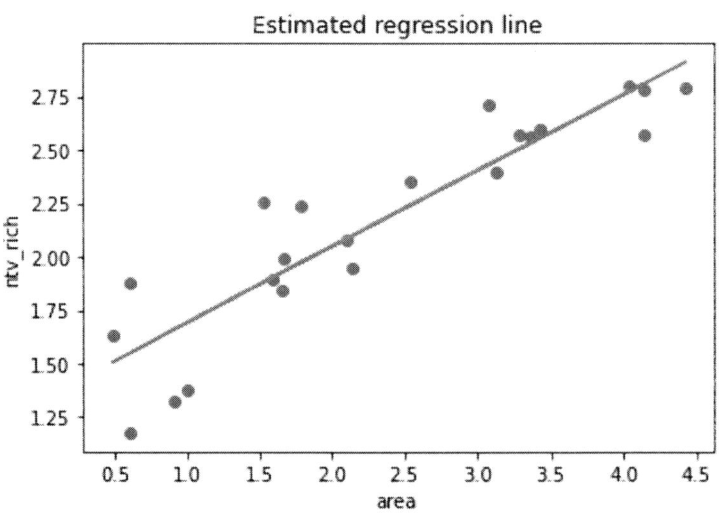

그림 3.17 추정된 회귀직선

2) 파이토치를 이용한 머신러닝

ⓐ 최적화 알고리즘 SGD 사용

손실함수는 MSE, 최적화 알고리즘은 SGD를 사용하여 머신러닝 기반 회귀모델을 생성하고자 한다. 여기서 epoch은 2000이다.

코드 3.3.16

```
import pandas as pd
device = torch.device("cuda" if torch.cuda.is_available() else "cpu")

df = pd.read_csv('native_plant_richness.txt', sep='\t')

x = torch.tensor(df['area']).to(device)
y = torch.tensor(df['ntv_rich']).to(device)

a = torch.tensor(1.,device=device, requires_grad=True)
b = torch.tensor(1.,device=device, requires_grad=True)

def model(x):
    return a * x + b

learning_rate = 0.01
optimizer = torch.optim.SGD([a,b],lr=learning_rate)

epochs=2000
for epoch in range(epochs):
    yhat = model(x).to(device)

    loss = (yhat - y).pow(2).mean()
    loss.backward()

    optimizer.step()
    optimizer.zero_grad()
    # Print the progress
    if (epoch+1) % 100 == 0:
          print( ' epoch= ' ,epoch+1, ' a= ' ,a.detach().cpu().numpy(), ' b= ' ,b.detach().
cpu().numpy(), ' loss= ' ,loss.detach().cpu().numpy())
```

```
epoch= 100 a= 0.47096312 b= 0.99962604 loss= 0.065506350937688
epoch= 200 a= 0.43353823 b= 1.1088966 loss= 0.0519147393285402
epoch= 300 a= 0.408269 b= 1.182676 loss= 0.045718412762104865
epoch= 400 a= 0.39120725 b= 1.2324917 loss= 0.0428935558229392
epoch= 500 a= 0.37968713 b= 1.2661272 loss= 0.041605722956125864
```

```
......................................
epoch= 1600 a= 0.3560577 b= 1.3351189 loss= 0.04052688558208506
epoch= 1700 a= 0.3559544 b= 1.3354205 loss= 0.04052678191992167
epoch= 1800 a= 0.3558847 b= 1.335624 loss= 0.040526734659199704
epoch= 1900 a= 0.35583755 b= 1.3357617 loss= 0.04052671304980223
epoch= 2000 a= 0.35580575 b= 1.3358543 loss= 0.0405267032250137
```

ⓑ 손실함수 그래프

epoch에 따른 손실함수의 값을 출력함으로써 학습이 진행되는 상황을 확인할 수 있다. 이를 위해 매 epoch마다 손실함수의 값을 저장해 둘 변수를 설정한다.

코드 3.3.17

```
import pandas as pd
df = pd.read_csv('native_plant_richness.txt', sep='\t')

x = torch.tensor(df['area'])
y = torch.tensor(df['ntv_rich'])

a = torch.tensor(1., requires_grad=True)
b = torch.tensor(1., requires_grad=True)

def model(x):
    return a * x + b

learning_rate = 0.01
optimizer = torch.optim.SGD([a,b],lr=learning_rate)

epochs=2000
loss_list = []

for epoch in range(epochs):
    yhat = model(x)

    loss = (yhat - y).pow(2).mean()
    loss.backward()
    loss_list.append(loss.item())

    optimizer.step()
    optimizer.zero_grad()
```

```
import numpy as np
import matplotlib.pyplot as plt

plt.xlabel('Epoch')
plt.ylabel('Loss')
plt.plot(np.arange(0, epochs, 1),loss_list)
```

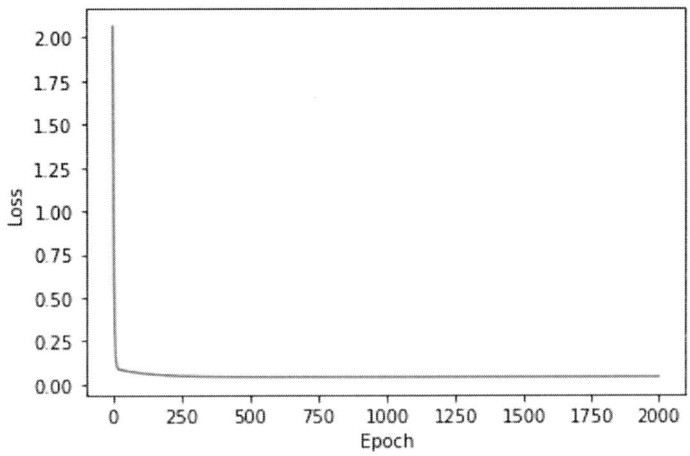

그림 3.18 epoch에 따른 손실함수 그래프

3.4 머신러닝을 이용한 회귀모델의 성능 평가

(1) 데이터 분할

앞에서 머신러닝은 데이터들로부터 컴퓨터가 스스로 학습을 통해 모델을 생성하고 생성된 모델을 이용하여 미지의 값을 예측하는 알고리즘이라 하였다. 따라서 모델을 생성하고 평가하기 위해서는 일반적으로 그림 3.19와 같이 전체 데이터를 학습 데이터(train data, 훈련 데이터)와 테스트 데이터(test data)로 분할한다.

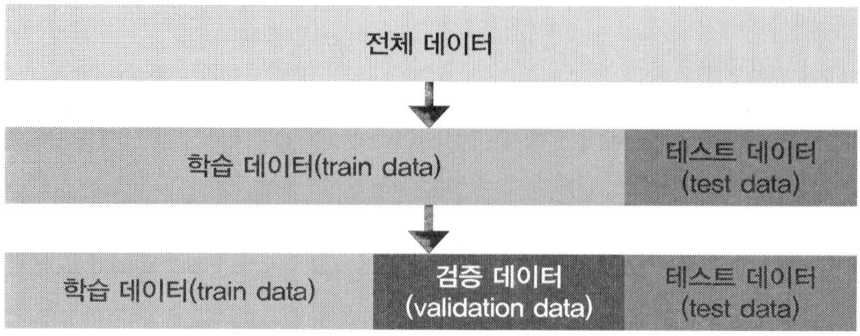

그림 3.19 데이터 분할

학습 데이터(train data)는 모델을 생성하는 데 사용되는 데이터이고, 테스트 데이터(test data)는 생성된 모델을 성능 평가(performance evaluation)하는 데 사용하는 데이터이다. 다시 말하면 학습 데이터에서 모델을 개발하고 테스트 데이터에서 개발된 모델을 평가한다. 보통 전체 데이터가 100%라면 학습 데이터와 테스트 데이터를 80%:20% 혹은 75%:25% 비율로 나눈다.

학습 데이터로부터는 검증 데이터(validation data)를 따로 분리할 수 있다. 검증 데이터는 학습 데이터로 만들어진 모델의 성능을 측정하기 위해 사용된다. 검증 데이터에서 하이퍼파라미터(hyper–parameter)의 튜닝(tuning) 작업을 수행한다. 여기서 하이퍼파라미터의 튜닝이란 모델에서 하이퍼파라미터, 예를 들어 레이어(layer, 층)의 수나 레이어의 노드(node, 유닛) 수 등을 조정하는 것을 말한다. 검증 데이터에서 튜닝 작업을 통해 가장 성능이 좋은 모델을 선택한다. 검증 데이터에서 결정된 모델을 테스트 데이터에 적용하여 최종 모델의 성능을 측정한다.

(2) 모델 성능 평가척도

회귀모델의 평가를 위한 지표는 표 3.4와 같이 실제값 y_i와 예측값 $\hat{y}_i$의 차이, 즉 오차(error) $y_i - \hat{y}_i$을 기반으로 이루어진다. 단지 실제값과 예측값의 차이를 그냥 더하면 오차의 합은 0이므로 지표로서 쓸 수 없다. 따라서 오차의 절댓값 평균이나 제곱 또는 제곱한 뒤 다시 루트(제곱근)를 씌운 평균값을 성능 지표로 사용한다.

표 3.4 회귀모델의 성능 평가지표

평가지표	수식
MAE(Mean Absolute Error)	$MAE = \frac{1}{n}\sum_{i=1}^{n}\lvert y_i - \hat{y}_i \rvert$
MSE(Mean Squared Error)	$MSE = \frac{1}{n}\sum_{i=1}^{n}(y_i - \hat{y}_i)^2$
RMSE(Root Mean Squared Error)	$RMSE = \sqrt{\frac{1}{n}\sum_{i=1}^{n}(y_i - \hat{y}_i)^2}$
R^2(Coefficient of Determination, 결정계수)	$R^2 = 1 - \frac{\sum_{i=1}^{n}(y_i - \hat{y}_i)^2}{\sum_{i=1}^{n}(y_i - \overline{y}_i)^2}$

예제 3.4

표 3.5는 학생이 공부한 시간(Hours)에 따른 점수(Scores)에 대한 데이터이다.

표 3.5 student_scores 데이터

Hours	Scores	Hours	Scores
2.5	21	3.3	42
5.1	47	1.1	17
3.2	27	8.9	95
8.5	75	2.5	30
3.5	30	1.9	24
1.5	20	6.1	67
9.2	88	7.4	69
5.5	60	2.7	30
8.3	81	4.8	54
2.7	25	3.8	35
7.7	85	6.9	76
5.9	62	7.8	86

Hours	Scores	Hours	Scores
4.5	41		

scikit-learn을 이용한 머신러닝 기반 회귀분석과 직접 파이토치를 이용하여 구현한 머신러닝 기반 회귀모델의 성능을 비교하고자 한다.

풀이

1) 파이썬 scikit-learn을 이용한 머신러닝

scikit-learn의 linear_model 모듈에서 LinearRegression( ) 함수를 이용하여 모델을 생성한다.

ⓐ 현재의 작업 디렉터리 알아보기

코드 3.4.1

```
import os
os.getcwd()
```

```
'D:\\DeepLearning_with_PyTorch\\Chapter_3'
```

ⓑ 데이터 불러오기

```
import pandas as pd
df = pd.read_csv('student_scores.csv')
```

ⓒ 읽은 데이터 모양 출력하기

```
print(df.shape)
```

```
(25, 2)
```

ⓓ 읽은 데이터 앞부분 출력하기

```
print(df.head())
```

```
   Hours  Scores
0    2.5      21
1    5.1      47
2    3.2      27
3    8.5      75
4    3.5      30
```

ⓔ 독립변수와 종속변수 지정

판다스의 자료형인 데이터프레임(DataFrame)과 시리즈(Series)를 to_numpy( ) 함수 혹은 values 속성을 사용하여 배열로 변환하고자 한다.

```
X = df.iloc[:, :-1]
y = df.iloc[:, 1]
print(type(X))
print(type(y))
```

```
<class 'pandas.core.frame.DataFrame'>
<class 'pandas.core.series.Series'>
```

위에서 X는 데이터프레임 형태이고 y는 시리즈 형태임을 알 수 있다.

– to_numpy( ) 함수 사용

```
X = df.iloc[:, :-1].to_numpy()
y = df.iloc[:, 1].to_numpy()
print(type(X))
print(type(y))
print(X.shape)
print(y.shape)
```

```
<class 'numpy.ndarray'>
<class 'numpy.ndarray'>
(25, 1)
(25,)
```

– values 속성 사용

```
X = df.iloc[:, :-1].values
y = df.iloc[:, 1].values
print(type(X))
print(type(y))
print(X.shape)
print(y.shape)
```

```
<class 'numpy.ndarray'>
<class 'numpy.ndarray'>
(25, 1)
(25,)
```

ⓕ 모델 학습을 위한 데이터 분할하기

여기서는 학습 데이터와 테스트 데이터를 80:20 비율로 분할한다.

```
from sklearn.model_selection import train_test_split
X_train, X_test, y_train, y_test = train_test_split(X, y, test_size=0.2,
random_state=0)

print(X_train.shape)
print(X_test.shape)
print(y_train.shape)
print(y_test.shape)
```

```
(20, 1)
(5, 1)
(20,)
(5,)
```

ⓖ 모델 생성 및 적합

LinearRegression() 함수에 의해 모델을 생성하고 fit() 함수를 이용하여 적합한다.

```
from sklearn.linear_model import LinearRegression
model = LinearRegression()
model.fit(X_train, y_train)
```

```
LinearRegression()
```

ⓗ 회귀계수 계산

적합된 회귀계수를 출력한다. 절편항과 회귀계수는 intercept_, coef_[0]를 통해 얻는다.

```
#절편
print('Intercept:{:.4f}'.format(model.intercept_))
#기울기
print('Coefficient:{:.4f}'.format(model.coef_[0]))
```

```
Intercept:2.0182
Coefficient:9.9107
```

ⓘ 테스트 데이터에 대해 예측하기

예측은 predict( ) 함수를 이용하여 수행한다. 이때 X_test 데이터의 형태는 2차원 배열이다.

```
y_pred = model.predict(X_test)
print(y_pred)
```

```
[16.88414476 33.73226078 75.357018   26.79480124 60.49103328]
```

ⓙ 성능척도 평가

실제값과 모델 예측값으로부터 얻어진 데이터프레임을 출력한다.

```
df = pd.DataFrame({'Actual': y_test, 'Predicted': y_pred})
print(df)
```

```
 Actual  Predicted
0      20  16.884145
1      27  33.732261
2      69  75.357018
3      30  26.794801
4      62  60.491033
```

학습된 모델의 성능을 평가한다. 여기서는 표 3.4의 회귀모델의 성능 평가지표를 사용한다.

```
from sklearn.metrics import mean_absolute_error, mean_squared_error
from sklearn.metrics import r2_score

print('MAE:{:.4f}'.format(mean_absolute_error(y_test, y_pred)))
print('MSE:{:.4f}'.format(mean_squared_error(y_test, y_pred)))
```

```
print('RMSE:{:.4f}'.format(np.sqrt(mean_squared_error(y_test, y_pred))))
print('R2:{:.4f}'.format(r2_score(y_test, y_pred)))
```

```
MAE:4.1839
MSE:21.5988
RMSE:4.6474
R2:0.9455
```

2) 파이토치를 이용한 머신러닝 구현

회귀모델에 대한 손실함수는 MSE, 최적화 알고리즘은 SGD를 사용하여 머신러닝 기반 회귀모델을 생성하고자 한다. 여기서 epoch은 1000이다.

코드 3.4.2

```
import torch
import pandas as pd
device = torch.device("cuda" if torch.cuda.is_available() else "cpu")

df = pd.read_csv('student_scores.csv')
#print(df.head())
#X = dataset.iloc[:, :-1].values
#y = dataset.iloc[:, 1].values

X = torch.tensor(df['Hours']).to(device)
y = torch.tensor(df['Scores']).to(device)

from sklearn.model_selection import train_test_split
X_train, X_test, y_train, y_test = train_test_split(X, y, test_size=0.2,
random_state=0)
#print(len(X_train))
#print(len(X_test))

a = torch.tensor(1.,device=device, requires_grad=True)
b = torch.tensor(1.,device=device, requires_grad=True)

def model(x):
    return a * x + b

learning_rate = 0.01
optimizer = torch.optim.SGD([a,b],lr=learning_rate)

epochs=1000
```

```
for epoch in range(epochs):
    yhat = model(X_train).to(device)

    loss = (yhat - y_train).pow(2).mean()
    loss.backward()

    optimizer.step()
    optimizer.zero_grad()
    # Print the progress
    if (epoch+1) % 100 == 0:
          print( ' epoch= ' ,epoch+1, ' a= ' ,a.detach().cpu().numpy(), ' b= ' ,b.detach().
cpu().numpy(), ' loss= ' ,loss.detach().cpu().numpy())
```

```
epoch= 100 a= 9.870372 b= 2.2753692 loss= 30.910423487383525
epoch= 200 a= 9.88253 b= 2.1977417 loss= 30.904149595217337
epoch= 300 a= 9.891019 b= 2.1435425 loss= 30.90109123097616
epoch= 400 a= 9.896946 b= 2.105701 loss= 30.89960035343364
epoch= 500 a= 9.901083 b= 2.0792816 loss= 30.89887362688935
epoch= 600 a= 9.903973 b= 2.060835 loss= 30.898519346501235
epoch= 700 a= 9.90599 b= 2.0479565 loss= 30.898346653734134
epoch= 800 a= 9.907398 b= 2.038964 loss= 30.89826245992996
epoch= 900 a= 9.908381 b= 2.032685 loss= 30.898221413934564
epoch= 1000 a= 9.909068 b= 2.0283015 loss= 30.89820140758725
```

학습된 모델을 이용하여 X_test 데이터에 대해 예측값을 출력한다.

```
y_pred = model(X_test).to(device)
print(y_pred)
y_test = [y_test[x].item() for x in range(len(y_test))]
print(y_test)
y_pred = [y_pred[x].item() for x in range(len(y_pred))]
print(y_pred)
```

```
tensor([16.8919, 33.7373, 75.3554, 26.8010, 60.4918], device='cuda:0',
       dtype=torch.float64, grad_fn=<AddBackward0>)
[20, 27, 69, 30, 62]
[16.89190363883972, 33.73731942176819, 75.35540547370911, 26.800971746444702,
60.49180331230164]
```

실제값과 모델 예측값으로부터 얻어진 데이터프레임을 출력한다.

```
df = pd.DataFrame({'Actual': y_test, 'Predicted': y_pred})
print(df)
```

```
Actual  Predicted
0       20  16.891904
1       27  33.737319
2       69  75.355405
3       30  26.800972
4       62  60.491803
```

학습된 모델의 성능을 평가한다. 여기서는 표 3.4의 회귀모델의 성능 평가지표를 사용한다.

```
from sklearn.metrics import mean_absolute_error, mean_squared_error
from sklearn.metrics import r2_score

print('MAE:{:.4f}'.format(mean_absolute_error(y_test, y_pred)))
print('MSE:{:.4f}'.format(mean_squared_error(y_test, y_pred)))
print('RMSE:{:.4f}'.format(np.sqrt(mean_squared_error(y_test, y_pred))))
print('R2:{:.4f}'.format(r2_score(y_test, y_pred)))
```

```
MAE:4.1816
MSE:21.5903
RMSE:4.6465
R2:0.9455
```

다음은 실제값과 직접 파이토치를 이용하여 모델 구현을 통해 얻은 예측값과의 그래프를 가지고 비교하고자 한다.

```
#Visualizing Actual and predicted values
df.plot()
```

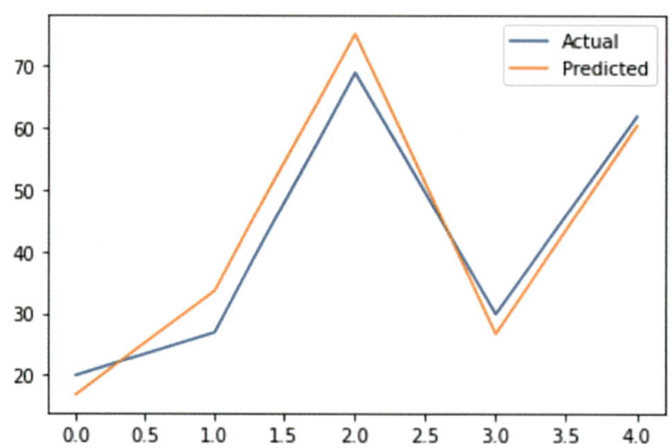

그림 3.20 예측값과 실제값 비교

▶ 그림 3.20으로부터실제값과 모델 예측값의 차이가 거의 없음을 알 수 있다.

연습문제

1. 다음 표는 10명의 종업원에 대해 IQ와 직무실적(Performance)을 조사하여 얻은 자료이다. 파이토치를 이용하여 구현한 머신러닝 기반 회귀분석을 수행하고자 한다. 회귀모델의 성능을 표 3.4에 주어진 성능 평가지표를 사용하여 평가하고자 한다.

IQ(x)	106	97	108	96	112	111	97	99	87	91
직무실적(y)	115	104	98	101	98	106	95	98	87	86

2. 다음 표는 2015년 미국의 나이별 살인 및 사망 데이터이다. 파이토치를 이용하여 구현한 머신러닝 기반 회귀분석을 수행하고자 한다. 회귀모델의 성능을 표 3.4에 주어진 성능 평가지표를 사용하여 평가하고자 한다.

age(x)	num_homicide_deaths(y)	age(x)	num_homicide_deaths(y)
21	652	36	362
22	633	37	322
23	653	38	295
24	644	39	260
25	610	40	274
26	565	41	228
27	486	42	240
28	529	43	253
29	482	44	238
30	436	45	254
31	419	46	219
32	449	47	199
33	433	48	216

age(x)	num_homicide_deaths(y)	age(x)	num_homicide_deaths(y)
34	406	49	196
35	375	50	197

제 4 장

머신러닝을 이용한 분류모델

4.1 분류모델

머신러닝에서 지도 학습(supervised learning)을 위한 모델은 크게 회귀모델(regression model)과 분류모델(classification model)로 구분된다. 회귀모델은 종속변수가 연속변수(continuous variable)인 반면, 분류모델은 종속변수가 범주형 변수(categorical variable)를 갖는다. 즉, 회귀모델은 예측값으로 연속적인 값을 출력하고, 분류모델은 예측값으로 이산적인 값을 출력한다. 회귀모델로는 3.2절에서 학습한 회귀분석이 대표적인 방법이고, 분류모델로는 의사결정 트리(decision trees), 서포트 벡터 머신(support vector machine, SVM), 신경망(neural network), 로지스틱 회귀분석(logistic regression) 등이 대표적인 방법이다.

분류(classification)에는 두 개로 분류하는 이진 분류(binary classification)와 셋 이상으로 분류하는 다중 분류(multi–class classification)로 나누어진다. 이진 분류의 예로는 기업의 성공 여부(성공, 실패), 어떤 사람의 입사 시험 합격 여부(합격, 불합격), 신용 여부(있다, 없다), 치료 효과 유무(있다, 없다), 생존 여부(살았다, 죽었다)가 있고, 다중 분류의 예로는 고객의 신용등급(상, 중, 하), 고객의 선호하는 브랜드(A, B, C), 유권자가 선호하는 정치인(가, 나, 다, 라), 3대 성인병(혈압, 당뇨, 암) 등이 있다.

4.2 로지스틱 회귀분석

이 절에서는 분류모델 중에서 대표적인 로지스틱 회귀분석에 대해 설명하고자 한다. 그림 4.1은 선형 회귀분석과 로지스틱 회귀분석을 나타내는 그래프로 선형 회귀분석은 독립변수와 종속변수 간의 선형관계를 모델링하여 분석하는 방법이고 로지스틱 회귀분석은 선형관계가 아닌 S자형 곡선 관계를 모델링하여 분석하는 방법이다.

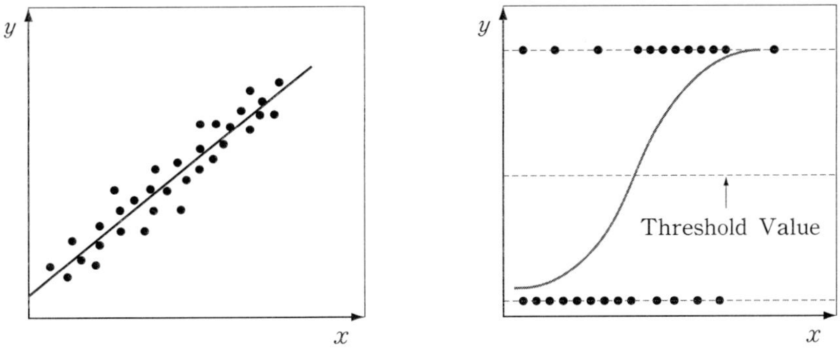

그림 4.1 선형 회귀분석과 로지스틱 회귀분석

로지스틱 회귀분석에서는 데이터가 어떤 범주에 속할 확률을 0에서 1 사이의 값으로 예측하고 그 확률에 따라 가능성이 더 높은 범주에 속하는 것으로 분류한다. 로지스틱 회귀분석을 이용하여 스팸 메일(spam mail)을 분류하는 경우 어떤 메일을 받았을 때 그것이 스팸일 확률이 임계값(threshold value)보다 큰 경우 스팸 메일로 분류하고, 확률이 임계값보다 작은 경우 정상 메일로 분류한다. 보통 임계값을 0.5로 정한다.

종속변수 값이 0과 1의 두 개의 범주를 갖는 이항 변수(binary variable)인 경우 독립변수 x를 사용하여 종속변수 y가 1 이 될 확률을 $p=P(y=1)$이라 할 때 로지스틱 회귀모델(logistic regression model)은 다음과 같다.

$$\ln\left(\frac{p}{1-p}\right)=\alpha x+\beta$$

여기서 왼쪽 항 $\ln(p/1-p)$을 logit이라고 한다. 그리고 α와 β는 로지스틱 회귀계수이다. 위 식은 단순 로지스틱 회귀모델(simple logistic regression model)을 나타내는 식이다. 위 식을 p에 대해 풀면 다음과 같다.

$$p=\frac{e^{\alpha x+\beta}}{1+e^{\alpha x+\beta}} \tag{4.1}$$

또는

$$p=\frac{1}{1+e^{-(\alpha x+\beta)}}$$

식 (4.1)의 로지스틱 회귀모델을 시그모이드 함수(sigmoid function)를 사용하여 표현하고자 한다. 여기서 시그모이드 함수는 다음과 같다.

$$\sigma(x)=\frac{e^{x}}{1+e^{x}}=\frac{1}{1+e^{-x}}$$

이때 $\sigma(x)$의 범위는 0과 1 사이이고 $\sigma(x)$의 형태는 그림 4.1의 오른쪽에 주어진 S자 형태이다. 따라서 식 (4.1)의 로지스틱 회귀모델은 시그모이드 함수를 사용하여 다음과 같이 표현할 수 있다.

$$p = \sigma(\alpha x + \beta) = \frac{e^{\alpha x + \beta}}{1 + e^{\alpha x + \beta}} \tag{4.2}$$

여기서 로지스틱 회귀계수 α, β는 데이터로부터 추정해야 한다.

3.2절의 회귀모델에서 두 개의 회귀계수 α, β를 추정하기 위해서는 최소제곱법(least squares method)을 사용하였다. 종속변수가 이항 반응값을 가지는 로지스틱 회귀모델인 경우 최소제곱법은 사용할 수 없다. 오차항이 이항분포를 갖는 경우 로지스틱 회귀계수를 추정하는 방법은 최대우도추정법(maximum likelihood estimation, MLE)을 사용한다. 최대우도추정법은 회귀계수 값을 계속 변화시키면서 주어진 자료가 관측될 확률을 가장 높게 할 회귀계수를 추정값으로 선택하는 방법이다. a, b를 모수 α, β에 대한 회귀계수 추정값이라 할 때 최대우도추정법을 통해서 이들을 추정하는 방법에 대해 살펴보고자 한다. 이를 위해 $p(x_i) = P(y_i=1|x_i)$라 하고 i번째 관측값을 (x_i, y_i)이라 할 때, x_i에 대한 $y_i=1$과 $y_i=0$에 대한 우도함수(likelihood function)는 식 (4.3)과 같다.

$$L(a, b|x_i) = p(x_i)^{y_i}(1 - p(x_i))^{1 - y_i} \tag{4.3}$$

따라서 i번째 관측값에 대한 로그-우도함수(log-likelihood function)는 식 (4.4)와 같다.

$$l(a, b|x_i) = y_i \log p(x_i) + (1 - y_i)(1 - p(x_i)) \tag{4.4}$$

즉, n개의 관측값에 대한 결합 로그-우도함수(joint log-likelihood function)는 식 (4.5)와 같다.

$$\begin{aligned} l(a, b|x_1, \dots, x_n) &= \sum_{i=1}^{n} l(a, b\,|\,x_i) \\ &= \sum_{i=1}^{n} (y_i \log p(x_i) + (1 - y_i)(1 - p(x_i)) \end{aligned} \tag{4.5}$$

$l(a, b|x_1, \cdots, x_n)$을 최대화하는 a, b의 값을 찾기 위해 두 모수에 대해 $l(a, b|x_1, \cdots, x_n)$을 편미분하여 각각 0으로 놓으면, 식 (4.6)과 같이 정규 방정식을 얻을 수 있다.

$$\begin{aligned} &\sum_{i=1}^{n} \{y_i - p(x_i)\} = 0 \\ &\sum_{i=1}^{n} x_i \{y_i - p(x_i)\} = 0 \end{aligned} \tag{4.6}$$

여기서 식 (4.6)에 주어진 정규 방정식은 a, b에 대해 비선형이므로 선형 회귀분석과 같이 명시적인 해가 존재하지 않는다. 따라서, 이 경우 반복적인 접근 방법에 의해 해를 구한다. 따라서 데이터로부터 추정된 회귀계수 a, b를 사용하여 얻어진 추정된 로지스틱 회귀직선은 다음과 같다.

$$p = \sigma(ax+b) = \frac{e^{ax+b}}{1+e^{ax+b}}$$

예를 들어, 소득에 따른 개인대출 여부를 예측하기 위해 로지스틱 회귀분석을 수행하는 경우 소득이 200인 사람의 개인대출 여부를 예측하고자 한다. 이를 위해 소득을 x라 하고 개인대출을 y라 할 때, 개인대출 여부에 대해 "예", "아니오"를 1, 0으로 나타낼 때 데이터로부터 다음의 로지스틱 회귀직선을 얻었다고 가정한다.

$$p = \frac{e^{(0.0392x - 6.3525)}}{1+e^{(0.0392x - 6.3525)}}$$

따라서 소득이 200인 사람의 개인대출 여부는 다음과 같다.

$$p = \frac{e^{(0.0392 \times 200 - 6.3525)}}{1+e^{(0.0392 \times 200 - 6.3525)}} = 0.82$$

이때 소득이 200인 사람의 개인대출 받을 확률이 0.82라고 말할 수 있다. 따라서 임계값이 0.5인 경우 이 사람은 개인대출 여부를 "예"로 예측한다.

다음은 파이썬에서 제공하는 statsmodels 패키지를 이용하여 전통적인 로지스틱 회귀분석을 수행하고자 한다.

예제 4.1

표 4.1에 주어진 입학 데이터로부터 로지스틱 회귀모델을 사용하여 대학 지원자가 자신이 좋아하는 대학에 합격 여부를 예측하고자 한다. 여기서 합격 여부를 나타내는 목표 변수(target variable)는 "admitted"이고 합격은 1, 불합격은 0으로 표시된다. 그리고 3개의 독립변수는 "gmat", "gpa", "work_experience"이다.

표 4.1 입학 데이터(파일명: student_admission_train.csv)

	gmat	gpa	work_experience	admitted
16	580	2.7	4	0

	gmat	gpa	work_experience	admitted
33	660	3.3	6	1
8	740	3.3	5	1
38	590	1.7	4	0
		⋮		
39	690	3.7	5	1
11	690	3.7	5	1
19	590	2.3	3	0

그리고 학습된 로지스틱 회귀모델을 사용하여 아래 데이터에 대해 예측하고자 한다.

gmat	gpa	work_experience	admitted
590	2	3	?

혹은

gmat	gpa	work_experience	admitted
590	2	3	?
740	3.7	4	?
680	3.3	6	?
610	2.3	1	?
710	3	5	?

풀이

ⓐ import 명령을 이용하여 필요한 패키지 불러오기

코드 4.2.1

```
# importing libraries
import statsmodels.api as sm
import pandas as pd
```

ⓑ read_csv() 함수 이용 데이터 불러오기

판다스의 read_csv( ) 함수의 index_col 옵션은 인덱스로 지정할 열 이름을 지정한다. 여기서 index_col = 0은 첫 번째 열을 인덱스로 지정하고 있다.

```
# loading the training dataset
df = pd.read_csv('student_admission_train.csv', index_col = 0)
print(df.info())
```

```
<class 'pandas.core.frame.DataFrame'>
Int64Index: 30 entries, 16 to 19
Data columns (total 4 columns):
 #   Column           Non-Null Count  Dtype
---  ------           --------------  -----
 0   gmat             30 non-null     int64
 1   gpa              30 non-null     float64
 2   work_experience  30 non-null     int64
 3   admitted         30 non-null     int64
dtypes: float64(1), int64(3)
memory usage: 1.2 KB
None
```

다음으로 읽어온 데이터프레임의 앞부분을 출력하고자 한다.

```
print(df.head())
```

```
    gmat  gpa  work_experience  admitted
16   580  2.7                4         0
33   660  3.3                6         1
8    740  3.3                5         1
38   590  1.7                4         0
32   660  4.0                4         1
```

ⓒ 독립변수와 종속변수 지정하기

변수 'gmat', 'gpa', 'work_experience'를 독립변수 X로 지정하고, 'admitted'를 종속변수 Y로 지정한다.

```
X = df[['gmat', 'gpa','work_experience']]
Y = df[['admitted']]
```

```
print(type(X))
print(type(Y))
print(X.shape)
print(Y.shape)
```

```
<class 'pandas.core.frame.DataFrame'>
<class 'pandas.core.frame.DataFrame'>
(30, 3)
(30, 1)
```

여기서 독립변수 X와 종속변수 Y는 모두 2차원 형태이다.

ⓓ 로지스틱 회귀모델 생성하기

statsmodels 패키지의 api 모듈은 상수항을 독립변수에 추가하기 위해 add_constant( ) 함수를 제공하고, Logit( ) 함수를 이용하여 로지스틱 회귀모델을 생성한다. Logit( ) 함수의 사용형식은 다음과 같다.

```
Logit(Y, X)
```

여기서 Y는 종속변수이고, X는 독립변수이다.

다음은 Logit( ) 함수에 의해 로지스틱 회귀모델을 생성하고 fit( ) 함수에 의해 적합시킨다.

```
import statsmodels.api as sm
X = sm.add_constant(X)
model = sm.Logit(Y, X)
results = model.fit()
```

```
Optimization terminated successfully.
         Current function value: 0.247296
         Iterations 8
```

▶ 로지스틱 회귀모델에서 회귀계수는 최적화 알고리즘에 의해 반복적인 방법으로 구한다. 여기서 사용된 목적함수의 값은 0.247296이고 반복수는 8이다. 참고로 최대반복수는 35이다.

다음으로 fit( ) 함수의 결과를 summary( ) 함수를 사용하여 로지스틱 회귀분석 결과를 확인한다.

```
print(results.summary())
```

```
  Logit Regression Results
==============================================================================
Dep. Variable:               admitted   No. Observations:                   30
Model:                          Logit   Df Residuals:                       26
Method:                           MLE   Df Model:                            3
Date:                Sat, 30 Oct 2021   Pseudo R-squ.:                  0.6432
Time:                        16:20:56   Log-Likelihood:                -7.4189
converged:                       True   LL-Null:                       -20.794
Covariance Type:            nonrobust   LLR p-value:                 6.639e-06
===================================================================================
                      coef    std err          z      P>|z|      [0.025      0.975]
-----------------------------------------------------------------------------------
const             -16.3315      8.601     -1.899      0.058     -33.189       0.526
gmat                0.0025      0.018      0.141      0.888      -0.032       0.037
gpa                 3.3208      2.397      1.385      0.166      -1.378       8.020
work_experience     0.9975      0.585      1.704      0.088      -0.150       2.145
===================================================================================
```

▶ coef는 로지스틱 회귀모델에서 회귀계수를 나타낸다. 따라서 데이터로부터 추정된 로지스틱 회귀직선은 다음과 같다.

$$p = \sigma(0.0025x_1 + 3.3208x_2 + 0.9975x_3 - 16.3315)$$

혹은

$$p = \frac{e^{a_1x_1 + a_2x_2 + a_3x_3 + b}}{1 + e^{a_1x_1 + a_2x_2 + a_3x_3 + b}} = \frac{e^{0.0025x_1 + 3.3208x_2 + 0.9975x_3 - 16.3315}}{1 + e^{0.0025x_1 + 3.3208x_2 + 0.9975x_3 - 16.3315}}$$

여기서 const는 상수항, 여기서는 −16.3315이고, x_1은 gmat, x_2는 gpa, x_3은 work_experience를 나타낸다.

참고로, 로지스틱 회귀모델을 Logit() 함수 외에 Logit.from_formula() 함수를 이용하여 생성할 수 있다. Logit.from_formula() 함수는 함수식(formula)과 데이터로부터 로지스틱 회귀모델을 생성한다. Logit.from_formula() 함수의 사용형식은 다음과 같다.

```
Logit.from_formula(formula, data)
```

여기서 formula는 종속변수 ~ 독립변수이고, data는 데이터프레임 형태이다.

다음은 Logit.from_formula() 함수에 의해 로지스틱 회귀모델을 생성하고 fit() 함수에 의해 적합시킨다.

```
import statsmodels.api as sm
model = sm.Logit.from_formula('admitted ~ gmat+gpa+work_experience', df)
results = model.fit()
```

```
Optimization terminated successfully.
         Current function value: 0.247296
         Iterations 8
```

다음으로 fit() 함수의 결과를 summary() 함수를 사용하여 로지스틱 회귀분석 결과를 확인한다.

```
print(results.summary())
```

```
                           Logit Regression Results
==============================================================================
Dep. Variable:               admitted   No. Observations:                   30
Model:                          Logit   Df Residuals:                       26
Method:                           MLE   Df Model:                            3
Date:                Sat, 30 Oct 2021   Pseudo R-squ.:                  0.6432
Time:                        16:34:51   Log-Likelihood:                -7.4189
converged:                       True   LL-Null:                       -20.794
Covariance Type:            nonrobust   LLR p-value:                 6.639e-06
===================================================================================
                      coef    std err          z      P>|z|      [0.025      0.975]
-----------------------------------------------------------------------------------
Intercept         -16.3315      8.601     -1.899      0.058     -33.189       0.526
gmat                0.0025      0.018      0.141      0.888      -0.032       0.037
gpa                 3.3208      2.397      1.385      0.166      -1.378       8.020
work_experience     0.9975      0.585      1.704      0.088      -0.150       2.145
===================================================================================
```

ⓔ 미지의 값 예측

우리는 적합된 로지스틱 회귀모델을 이용하여 새로운 데이터에 대해 합격 여부를 판정하고자 한다. 먼저 예측하고자 하는 미지의 값은 다음과 같다.

gmat	gpa	work_experience	admitted
590	2	3	?

우리는 앞에서 상수항이 포함된 로지스틱 회귀모델을 이용하여 예측한다. 상수항이 포함된 로지스틱 회귀모형을 사용하는 경우 입력 데이터에 1을 원소로 가지는 상수항을 추가한다. 이렇게 해주는 이유는 모델에서 상수항 결합 때문이다. 다시 말하면, 모델을 회귀계수 벡터와 입력 데이터 벡터와의 내적으로 표현하는 경우 모델에서 추가된 상수항은 입력 데이터에서 추가된 1인 원소와의 곱이 이루어진다.

```
new_candidates = {'const':[1],
                  'gmat': [590],
                  'gpa': [2],
                  'work_experience': [3]
                  }
df2 = pd.DataFrame(new_candidates)
print(df2)
```

```
   const  gmat  gpa  work_experience
0      1   590    2                3
```

▶ 상수항 'const'를 추가하였고 이에 해당되는 데이터는 1이다.

입력 데이터에 1이 추가된 새로운 데이터에 대해 predict( ) 함수를 이용하여 예측하고자 한다.

```
y_pred=results.predict(df2)
print (y_pred)
```

```
   0    0.005377
dtype: float64
```

▶ 위 코드에서predict() 함수의 결과 0.005377은 y=1일 때의 예측확률이다. 즉,

$$p = \frac{e^{0.0025x_1 + 3.3208x_2 + 0.9975x_3 - 16.3315}}{1 + e^{0.0025x_1 + 3.3208x_2 + 0.9975x_3 - 16.3315}} = 0.005377$$

이고, x_1=590, x_2=2, x_3=3을 나타낸다.

다음은 예측확률과 임계값, 여기서는 0.5와 비교하여 합격 여부를 판정한다.

```
import numpy as np
threshold = 0.5
#y_pred = (y_pred > threshold)
y_pred = (y_pred > threshold).astype(np.int8)
```

```
print(y_pred)
```

```
   0    0
dtype: int8
```

▶ 위 코드에서 조건식 y_pred > threshold에 대한 결과는 False이다. 즉, 0이다. 따라서 불합격 판정한다.

다음은 예측하고자 하는 미지의 값이 여러개인 경우이다.

gmat	gpa	work_experience	admitted
590	2	3	?
740	3.7	4	?
680	3.3	6	?
610	2.3	1	?
710	3	5	?

상수항이 포함된 로지스틱 회귀모델을 사용하는 경우 상수항 결합을 위해 입력 데이터 갯수가 5개이므로 원소 1인 상수항을 5개 추가한다.

```
new_candidates = { ‘ const ’:[1,1,1,1,1],
                   ‘ gmat ’: [590,740,680,610,710],
                   ‘ gpa ’: [2,3.7,3.3,2.3,3],
                   ‘ work_experience ’: [3,4,6,1,5]
                 }

df2 = pd.DataFrame(new_candidates,columns= ['const', 'gmat', 'gpa','work_experience'])

print(df2)
```

```
  const  gmat  gpa  work_experience
0     1   590  2.0                3
1     1   740  3.7                4
2     1   680  3.3                6
3     1   610  2.3                1
4     1   710  3.0                5
```

▶ 모델의 상수항 'const'을 추가하였고 이에 해당되는 5개의 1인 데이터이다.

입력데이터에 1이 추가된 새로운 데이터에 대해 predict( ) 함수를 이용하여 예측하고자 한다.

```
y_pred=results.predict(df2)
print (y_pred)
```

```
0    0.005377
1    0.857911
2    0.910066
3    0.002089
4    0.597692
dtype: float64
```

▶ 위 코드에서 predict() 함수의 결과는 y=1일 때 예측확률이다.

다음은 예측확률과 임계값, 여기서 0.5와 비교하여 합격 여부를 판정한다.

```
import numpy as np
threshold = 0.5
#y_pred = (y_pred > threshold)
y_pred = (y_pred > threshold).astype(np.int8)
print(y_pred)
```

```
0    0
1    1
2    1
3    0
4    1
dtype: int8
```

▶ 위 코드에서 조건식 (y_pred > threshold).astype(np.int8)의 결과는 0, 1, 1, 0, 1이므로 불합격, 합격, 합격, 불합격, 합격으로 판정한다.

4.3 머신러닝 기반 로지스틱 회귀분석

머신러닝 기반 로지스틱 회귀분석이란 데이터로부터 학습을 통해 적합한 로지스틱 회귀모델을 찾는 것을 말한다. 종속변수 값이 0과 1의 두 개의 범주를 갖는 경우 $p=P(y=1)$라 할 때 적합한 로지스틱 회귀직선은 다음과 같다.

$$p = \frac{e^{ax+b}}{1+e^{ax+b}}$$

또는

$$p = \frac{1}{1+e^{-(ax+b)}}$$

우리는 학습을 통해 파라미터 $w = (a, b)$를 찾고자 한다. 이를 위해 최적의 파라미터 $w = (a, b)$를 찾을 수 있는 손실함수(loss function) (혹은 비용함수(cost function))를 정의해야 한다. 참고로, 일반 회귀문제에서 주로 손실함수로서 평균제곱오차(MSE, mean squared error)를 사용하였다. 그 이유는 이 손실함수는 $w = (a, b)$에 대해 볼록함수(convex function)이기 때문이다. 그림 4.2에서 보는 것처럼 볼록함수인 경우는 글로벌 최저점(global minimum)을 갖는 $w = (a, b)$를 찾을 수 있다. 그러나 로지스틱 회귀분석에서 손실함수로서 MSE는 비볼록함수(non-convex function)이다. 즉, $p = \sigma(ax+b)$, 시그모이드 함수(sigmoid function)에 $ax+b$를 적용하여 얻어진 손실함수 $L(w)$는 비볼록함수이다. 따라서 비볼록함수는 여러 개의 로컬 최저점(local minimum)을 갖고 있어서 시작점에 따라 글로벌 최저점을 찾지 못할 수 있다. 따라서 로지스틱 회귀분석에서 손실함수로서 평균제곱오차(MSE)는 적당하지 않다.

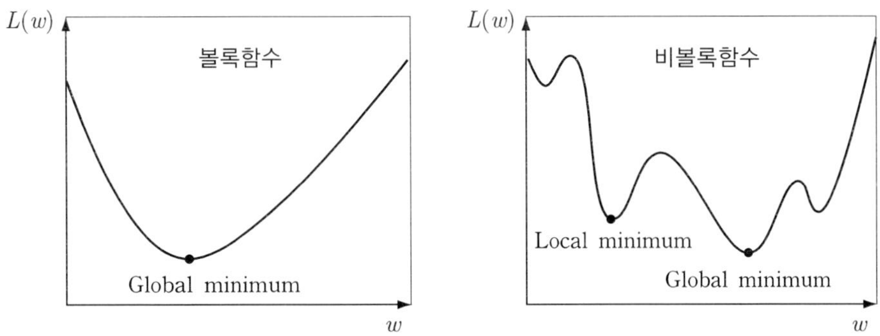

그림 4.2 볼록함수와 비볼록함수

로지스틱 회귀분석에서 최적의 $w = (a, b)$를 찾을 수 있는 손실함수를 어떻게 정의할 것인가? 이에 대한 정답은 로그–우도함수(log–likelihood function)이다. 로그–우도함수는 언제나 볼록함수이다. 로그–우도 함수를 그래프로 나타내면 볼록함수에 대한 이해를 쉽게 할 수 있을 것이다. 시그모이드 함수 $\sigma(x)$의 범위는 0과 1 사이이므로 실제 $y=1$인 경우 $p(x) =$

$\sigma(ax+b)$가 0으로 예측하면 손실함수는 큰 값을 갖도록 손실함수를 정의하고 또한, 실제 $y=0$인 경우 $p(x)=\sigma(ax+b)$가 1로 예측하면 손실함수는 큰 값을 갖도록 손실함수를 정의해야 한다. 그림 4.3은 이를 위한 로지스틱 손실함수(logistic loss function)이다.

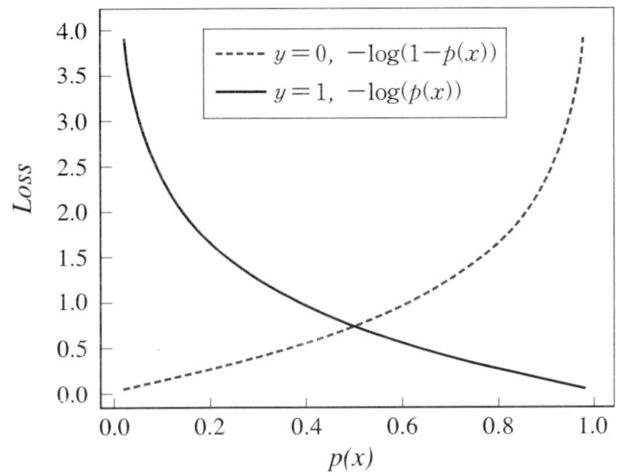

그림 4.3 로지스틱 손실함수

그림 4.3에서 $-\log(p(x))$를 나타내는 실선은 실제 $y=1$인 경우 예측값 $p(x)$가 1로 가까워지면 손실함수는 점점 작아지고($-\log(p(x))\to 0$), 반대로 예측값 $p(x)$가 0으로 가까워지면 무한대로 커짐($-\log(p(x))\to\infty$)을 보여주고 있다. 반면, $-\log(1-p(x))$를 나타내는 점선은 $y=0$인 경우 예측값 $p(x)$가 0으로 가까워지면 손실함수는 점점 작아지고($-\log(1-p(x))\to 0$), 반대로 예측값 $p(x)$가 1로 가까워지면 무한대로 커짐($-\log(1-p(x))\to\infty$)을 보여주고 있다. 위를 수식으로 표현하면 다음과 같다.

$$loss(y, p(x)) = \begin{cases} -\log(p(x)), & \text{if } y=1 \\ -\log(1-p(x)), & \text{if } y=0 \end{cases}$$

여기서 $p(x)=\sigma(ax+b)$이다. 두 개의 식을 결합하여 하나의 식으로 표현하면 다음과 같이 나타낼 수 있다.

$$loss(y, p(x)) = -y\log p(x) - (1-y)\log(1-p(x))$$

n개의 관측값에 대한 로지스틱 손실함수는 다음과 같다.

$$loss(y, p(x)) = -\frac{1}{n}\sum_{i=1}^{n}[y_i \log p(x_i) + (1-y_i)\log(1-p(x_i))] \tag{4.7}$$

예제 4.2

예제 4.1에 주어진 간단한 데이터로부터 머신러닝을 이용한 로지스틱 회귀분석을 수행하고자 한다. 그리고 추정된 로지스틱 회귀모델을 사용하여 아래 데이터에 대해 예측하고자 한다.

gmat	gpa	work_experience	admitted
590	2	3	?

혹은

gmat	gpa	work_experience	admitted
590	2	3	?
740	3.7	4	?
680	3.3	6	?
610	2.3	1	?
710	3	5	?

파이썬 scikit-learn과 파이토치를 이용하여 직접 머신러닝을 구현해 보자. 로지스틱 회귀분석의 경우 scikit-learn의 linear_model 모듈에서 LogisticRegression( ) 함수를 제공하고 있다.

풀이

1) 파이썬 scikit-learn을 이용한 머신러닝

ⓐ import 명령을 이용하여 필요한 패키지 불러오기

코드 4.3.1

```
# importing libraries
import pandas as pd
from sklearn.linear_model import LogisticRegression
```

ⓑ read_csv() 함수를 이용하여 데이터 불러오기

read_csv( ) 함수의 index_col 옵션은 인덱스로 지정할 열 이름을 지정한다. 여기서 index_ col = 0은 첫 번째 열을 인덱스로 지정하고 있다.

```
# loading the training dataset
df = pd.read_csv('student_admission_train.csv', index_col = 0)
print(df.info())
```

```
<class 'pandas.core.frame.DataFrame'>
Int64Index: 30 entries, 16 to 19
Data columns (total 4 columns):
 #   Column           Non-Null Count  Dtype
---  ------           --------------  -----
 0   gmat             30 non-null     int64
 1   gpa              30 non-null     float64
 2   work_experience  30 non-null     int64
 3   admitted         30 non-null     int64
dtypes: float64(1), int64(3)
memory usage: 1.2 KB
None
```

불러온 데이터의 앞부분을 출력한다.

```
print(df.head())
```

```
    gmat  gpa  work_experience  admitted
16   580  2.7                4         0
33   660  3.3                6         1
8    740  3.3                5         1
38   590  1.7                4         0
32   660  4.0                4         1
```

ⓒ 독립변수와 종속변수 지정하기

변수 'gmat', 'gpa', 'work_experience'를 독립변수 X로 지정하고, 'admitted'를 종속변수 Y로 지정한다.

```
X = df[['gmat', 'gpa','work_experience']]
#Y = df[['admitted']]
y = df['admitted']
print(X.shape)
print(y.shape)
```

```
(30, 3)
(30,)
```

여기서 독립변수는 2차원 형태이고 종속변수는 1차원 형태이다.

ⓓ 모델 생성 및 적합

scikit-learn 패키지의 linear_model 모듈에 있는 LogisticRegression( ) 함수를 이용하여 로지스틱 회귀모델을 생성한다. 로지스틱 회귀모델의 객체를 생성한 후 .fit( ) 함수를 통해 학습에 의해 로지스틱 회귀모델의 회귀계수를 구한다.

```
model = LogisticRegression(random_state=0, fit_intercept=True)
model.fit(X, y)
```

LogisticRegression( )의 함수에서 인수 random_state는 난수의 시드값을 설정한다. 여기서는 random_state=0으로 설정하였다. 그리고 인수 fit_intercept는 모델에 상수항(절편)이 포함 여부를 결정한다. 여기서는 디폴트 fit_intercept=True로 상수항이 포함하는 경우 생략한다. 다음으로 .fit( ) 함수를 통해 모델을 적합시킨다. 학습 결과로 매개변수인 intercept_와 coef_를 얻는다. 따라서 적합된 로지스틱 회귀모델은 다음과 같다.

$$p = \sigma(coef\_x + intercept) = \frac{e^{coef\_x + intercept}}{1 + e^{coef\_x + intercept}}$$

ⓔ 로지스틱 회귀모델에서 회귀계수를 출력한다.

```
#절편
print('Intercept:',model.intercept_)
#기울기
print('Coefficient:', model.coef_)
```

```
Intercept: [-17.61897717]
Coefficient: [[0.01779153 0.83599655 0.87068199]]
```

파이썬의 format( ) 함수를 이용하여 소수점 이하 4번째 자리까지 출력하고자 한다.

```
#절편
print('Intercept:{:.4f}'.format(model.intercept_[0]))
#기울기
print('Coefficient:{:.4f}, {:.4f},
{:.4f}'.format(model.coef_[0][0],model.coef_[0][1],model.coef_[0][2]))
```

```
Intercept:-17.6190
Coefficient:0.0178, 0.8360, 0.8707
```

▶ intercept_와 coef는 로지스틱 회귀모델에서 회귀계수를 나타낸다. 따라서 데이터로부터 추정된 로지스틱 회귀직선은 다음과 같다.

$$p = \sigma(0.0178x_1 + 0.8360x_2 + 0.8707x_3 - 17.6190)$$

혹은

$$p = \frac{e^{a_1x_1 + a_2x_2 + a_3x_3 + b}}{1 + e^{a_1x_1 + a_2x_2 + a_3x_3 + b}} = \frac{e^{0.0178x_1 + 0.8360x_2 + 0.8707x_3 - 17.6190}}{1 + e^{0.0178x_1 + 0.8360x_2 + 0.8707x_3 - 17.6190}}$$

여기서 x_1은 gmat, x_2는 gpa, x_3은 work_experience를 나타낸다.

ⓓ 새로운 데이터에 대해 적합된 로지스틱 회귀모델을 이용 예측

먼저 다음의 데이터를 적합된 로지스틱 회귀모델에 적용하여 예측값을 구한다. 이를 위해 predict_proba( ) 함수를 이용한다.

gmat	gpa	work_experience	admitted
590	2	3	?

```
new_candidates = {'gmat': [590],
                  'gpa': [2],
                  'work_experience': [3]
                  }
df2 = pd.DataFrame(new_candidates)
print(df2)
model.predict_proba(df2)
```

```
   gmat  gpa  work_experience
0   590    2                3
array([[0.9446918, 0.0553082]])
```

▶ y=0과 y=1에 대한 예측확률을 보여주고 있다. 2개의 예측확률 중에서 큰 값을 가지고 y=0, 1, 즉 불합

격, 합격을 판정한다. 따라서 이 데이터에 대해서는 y=0, 즉 불합격으로 판정한다.

predict( ) 함수를 이용하여 $y=0$과 1로 분류할 수 있다. 이때 scikit-learn은 디폴트로 임계값(threshold value)을 0.5로 설정한다

```
model.predict(df2)
```

```
array([0], dtype=int64)
```

이제 다음의 데이터를 적합된 로지스틱 회귀모델에 적용하여 예측값을 구한다.

gmat	gpa	work_experience	admitted
590	2	3	?
740	3.7	4	?
680	3.3	6	?
610	2.3	1	?
710	3	5	?

```
new_candidates = { 'gmat': [590,740,680,610,710],
                   'gpa': [2,3.7,3.3,2.3,3],
                   'work_experience': [3,4,6,1,5]
                   }
df2 = pd.DataFrame(new_candidates)
print(df2)
```

```
   gmat  gpa  work_experience
0   590  2.0                3
1   740  3.7                4
2   680  3.3                6
3   610  2.3                1
4   710  3.0                5
array([[0.9446918 , 0.0553082 ],
       [0.10691309, 0.89308691],
       [0.0785552 , 0.9214448 ],
       [0.98152469, 0.01847531],
       [0.13303271, 0.86696729]])
```

▶ y=0과 y=1에 대한 예측확률을 보여주고 있다. 2개의 예측확률 중에서 큰 값을 가지고 y=0, 1, 즉 불합격, 합격을 판정한다. 따라서 이 데이터에 대해서는 y=0, 1, 1, 0, 1, 즉 불합격, 합격, 합격, 불합격, 합

격으로 판정한다.

다음은 predict( ) 함수를 이용하여 $y=0$과 1로 분류할 수 있다.

```
model.predict(df2)
```

```
array([0, 1, 1, 0, 1], dtype=int64)
```

2) 파이토치를 이용한 머신러닝

ⓐ 로지스틱 회귀모델 생성

머신러닝 기반 로지스틱 회귀모델 학습을 위한 손실함수는 로지스틱 손실함수, 최적화 알고리즘은 Adam를 사용하여 로지스틱 회귀모델을 생성하고자 한다. 여기서 epoch은 10000이다.

코드 4.3.2

```
# loading the training dataset
df = pd.read_csv('student_admission_train.csv', index_col = 0)
#print(df.info())

X = df.drop('admitted' , axis = 1).values #independent Feature
y = df['admitted'].values #dependent Feature
#print(X.shape)
#print(y.shape)
```

```
import torch
from torch import sigmoid
import torch.nn.functional as F

device = torch.device( " cuda "  if torch.cuda.is_available() else  " cpu " )

X_tensor = torch.FloatTensor(X).to(device)
y_tensor = torch.FloatTensor(y).view(-1,1).to(device)

torch.manual_seed(1)
#W = torch.randn((3,1), requires_grad=True)
#b = torch.randn(1, requires_grad=True)

W = torch.zeros((3, 1), device=device, requires_grad=True)
b = torch.zeros(1, device=device, requires_grad=True)
```

```
learning_rate =0.01
#criterion=torch.nn.BCELoss(reduction='mean')
#optimizer=torch.optim.SGD([W,b],lr=learning_rate)
optimizer=torch.optim.Adam([W,b],lr=learning_rate)
epochs=10000
for epoch in range(epochs):
    y_pred = torch.sigmoid(X_tensor.matmul(W)+ b).to(device)
#    y_pred = torch.sigmoid(torch.matmul(X_tensor, W)+ b)
    #loss = F.binary_cross_entropy(y_pred, y_tensor)
    loss = -(y_tensor * torch.log(y_pred) +
             (1 - y_tensor) * torch.log(1 - y_pred)).mean()
    #print(epoch, loss.item())

    optimizer.zero_grad()
    loss.backward()
    optimizer.step()

    if (epoch+1) % 1000 == 0:
print('epoch=',epoch+1,'a=',W.detach().cpu().numpy(),'b=',b.detach().cpu().
numpy(),'loss=',loss.detach().cpu().numpy())
```

```
epoch= 1000 a= [[-0.01169533]  [ 1.9504066 ]  [ 1.0378832 ]] b= [-2.3987284] loss=
0.33742684
epoch= 2000 a= [[-0.01215907]  [ 3.0220304 ]  [ 1.0444835 ]] b= [-5.658579] loss=
0.28650364
epoch= 3000 a= [[-0.00904296]  [ 3.3384569 ]  [ 1.0340912 ]] b= [-8.76038] loss=
0.26447508
epoch= 4000 a= [[-0.00560254]  [ 3.3626242 ]  [ 1.0202161 ]] b= [-11.048149] loss=
0.25505748
epoch= 5000 a= [[-0.00386575]  [ 3.3412936 ]  [ 1.0111226 ]] b= [-12.681811] loss=
0.2623652
epoch= 6000 a= [[-1.3407604e-03]  [ 3.3284888e+00]  [ 1.0091110e+00]] b= [-13.822111]
loss= 0.24886106
epoch= 7000 a= [[-3.0972032e-04]  [ 3.3231239e+00]  [ 1.0081222e+00]] b= [-14.615773]
loss= 0.24853763
epoch= 8000 a= [[1.7053110e-04]  [3.3217139e+00]  [1.0009853e+00]] b= [-15.163156]
loss= 0.25240228
epoch= 9000 a= [[1.6355658e-03]  [3.3247662e+00]  [1.0038414e+00]] b= [-15.542542]
loss= 0.2520884
epoch= 10000 a= [[1.6485532e-03]  [3.3263679e+00]  [1.0008395e+00]] b= [-15.805746]
loss= 0.24737047
```

▶ epoch= 1000일 때 a= 1.6485532e-03, 3.3263679e+00, 1.0008395e+00, b= −15.805746임을 알 수 있다.

▶ 식 (4.7)에 주어진 로지스틱 손실함수를 다음과 같이 직접 구현하였다.

```
loss = -(y_data * torch.log(y_pred) + (1 - y_data) * torch.log(1 - y_pred)).mean()
```

ⓑ 생성된 로지스틱 회귀모델을 이용 예측

먼저 다음의 데이터를 생성된 로지스틱 회귀모델에 적용하여 예측값을 구한다. 이를 위해 predict_proba( ) 함수를 이용한다.

gmat	gpa	work_experience	admitted
590	2	3	?

```
new_candidates = {'gmat': [590],
                  'gpa': [2],
                  'work_experience': [3]
                  }
df2 = pd.DataFrame(new_candidates)
print(df2)

X = df2.values #independent Feature
X_tensor = torch.FloatTensor(X).to(device)
print(X_tensor)
```

```
   gmat  gpa  work_experience
0   590    2                3
tensor([[590.,   2.,   3.]], device='cuda:0')
```

```
import numpy as np

threshold = 0.5
y_pred = torch.sigmoid(X_tensor.matmul(W)+ b).to(device)
print(y_pred)
prediction = y_pred >= torch.FloatTensor([0.5]).to(device)
print(prediction)
prediction = (y_pred.detach().cpu().numpy() > threshold).astype(np.int8)
print(prediction)
```

```
tensor([[0.0059]], device='cuda:0', grad_fn=<SigmoidBackward0>)
tensor([[False]], device='cuda:0')
[[0]]
```

▶ 주어진 미지의 값에 대해 y=1에 대한 예측확률은 0.0059이다. 그리고 임계값 0.5와 비교하여 넘으면 True, 그렇지 않으면 False를 출력한다. 여기서는 False값을 출력한다. 따라서 y=0, 즉 불합격으로 판정한다.

이제 다음의 데이터를 생성된 로지스틱 회귀모델에 적용하여 예측값을 구한다.

gmat	gpa	work_experience	admitted
590	2	3	?
740	3.7	4	?
680	3.3	6	?
610	2.3	1	?
710	3	5	?

코드 4.3.3

```
new_candidates = { 'gmat': [590,740,680,610,710],
                   'gpa': [2,3.7,3.3,2.3,3],
                   'work_experience': [3,4,6,1,5]
                   }
df2 = pd.DataFrame(new_candidates)
print(df2)

X = df2.values #independent Feature
X_tensor = torch.FloatTensor(X).to(device)
print(X_tensor)
```

```
   gmat  gpa  work_experience
0   590  2.0                3
1   740  3.7                4
2   680  3.3                6
3   610  2.3                1
4   710  3.0                5
tensor([[590.0000,   2.0000,   3.0000],
        [740.0000,   3.7000,   4.0000],
```

```
        [680.0000,   3.3000,   6.0000],
        [610.0000,   2.3000,   1.0000],
        [710.0000,   3.0000,   5.0000]], device='cuda:0')
```

```
import numpy as np
threshold = 0.5
y_pred = torch.sigmoid(X_tensor.matmul(W)+ b).to(device)
print(y_pred)
prediction = y_pred >= torch.FloatTensor([0.5]).to(device)
print(prediction)
prediction = (y_pred.detach().cpu().numpy() > threshold).astype(np.int8)
print(prediction)
```

```
tensor([[0.0059],
        [0.8564],
        [0.9132],
        [0.0022],
        [0.6003]], device='cuda:0', grad_fn=<SigmoidBackward0>)
tensor([[False],
        [ True],
        [ True],
        [False],
        [ True]], device='cuda:0')
[[0]
 [1]
 [1]
 [0]
 [1]]
```

▶ 주어진 5개 데이터에 대해 y=1일 예측확률은 각각 0.0059, 0.8564, 0.9132, 0.0022, 0.6003이다. 그리고 임계값 0.5와 비교하여 넘으면 True, 그렇지 않으면 False 값을 출력한다. 여기서는 False, True, True, False, True 값을 출력하므로 이들 데이터에 대해 y=0, 1, 1, 0, 1 즉, 불합격, 합격, 합격, 불합격, 합격으로 판정한다.

:: 크로스 엔트로피 손실함수

크로스 엔트로피 손실함수(Cross-Entropy loss function)는 머신러닝의 분류모델에서 일반적으로 사용되는 손실함수이다. 우리는 앞에서 로지스틱 회귀분석에서 사용된 손실함수 즉, 로지스틱 손실함수도 크로스 엔트로피 손실함수에 해당된다.

• 엔트로피

엔트로피(Entropy)는 정보이론(information theory)에서 불확실성(uncertainty)의 정도를 나타낸다. 즉, 불확실성이 높으면 정보량이 많다고 할 수 있다. 따라서 엔트로피는 정보량을 나타내는 수치이다.

예를 들어, "내일 아침에 해가 뜬다."라는 말은 일상에서 반복적인 사건이기 때문에 불확실성이 낮으므로 정보량이 적지만, "내일 아침 일식이 있다."라는 말은 잘 일어나지 않는 사건이기 때문에 불확실성이 높으므로 정보량이 많다. 엔트로피가 낮은 확실한 사건은 정보량이 적고, 엔트로피가 높은 불확실성이 높은 사건일수록 정보량이 많다. 엔트로피가 낮은 확실한 사건은 정보량이 적고, 엔트로피가 높은 불확실성이 높은 사건은 정보량이 많다.

• 엔트로피 계산

어떤 사건이 일어날 확률이 높을수록 정보량은 적다. 반대로, 어떤 사건이 일어날 확률이 낮을수록 정보량이 많다. 따라서 확률(P(X))과 정보량(Information, I(X))은 반비례 관계에 있다고 할 수 있다. 구체적으로 다음과 같은 관계에 있다.

$$I(X) = \log_e \frac{1}{P(X)} = -\log_e P(X)$$

엔트로피는 표본공간에 있는 모든 사건들에 대한 정보량의 평균적인 기댓값(Expectation of Information)으로 정의한다.

$$H(X) = E[I(X)] = E[\log_e \frac{1}{P(X)}] = \sum_{X \in S} P(X) \log_e \frac{1}{P(X)} = -\sum_{X \in S} P(X) \log_e P(X)$$

엔트로피는 사건들에 대한 평균적인 정보량(정보량의 기댓값)을 나타내며, 사건이 일어날 확률이 모두 같을 때 가장 높다. 예를 들면, 공정한 동전(fair coin, 페어 코인)을 던질 때 앞면(H)과 뒷면(T)이 나올 사건들에 대한 엔트로피를 계산하면 다음과 같다.

$$P(X=H) = P(X=T) = \frac{1}{2} \text{ 이므로}$$

$$\begin{aligned} H(X) &= -\sum_{X \in S = \{H, T\}} P(X) \log_e P(X) \\ &= -[P(X=H)\log_2 P(X=H) + P(X=T)\log_2 P(X=T)] \\ &= -[\frac{1}{2}\log_e \frac{1}{2} + \frac{1}{2}\log_e \frac{1}{2}] = 0.6931 \end{aligned}$$

이다. 이 경우 엔트로피가 가장 높다

• 크로스 엔트로피 손실함수

크로스 엔트로피(Cross-Entropy)는 두 개의 확률분포 P와 Q에 대해 하나의 사건 X가 갖는 정보량으로 정의된다. 즉, 서로 다른 두 확률분포에 대해 같은 사건이 가지는 정보량을 계산한 것이다. 그래서 두 가지 확률 사이의 정보량이라는 의미에서 크로스(cross)라는 말이 들어갔다. 딥러닝에서는 실제 데이터의 확률 분포 P와, 학습된 모델에 의해 얻어진 확률 분포 Q의 차이를 구하는 데 사용된다.

크로스 엔트로피 손실함수의 공식은 다음과 같다.

$$H(P, Q) = \sum_{X \in S} P(X) \log_e \frac{1}{Q(X)} = -\sum_{X \in S} P(X) \log_e Q(X) \tag{4.8}$$

여기서 Q는 모델의 예측 확률 분포를 나타내고, P는 모델의 참값에 대한 확률 분포를 나타낸다. 따라서 크로스 엔트로피 손실함수는 참값과 예측값이 차이가 없는 경우에는 잦아지고, 차이가 큰 경우에는 큰 값을 갖는다.

크로스 엔트로피 손실함수를 어떻게 계산하는지 살펴보자. 여기서는 1개의 데이터이고 클래스는 4개인 다중 분류 경우이다. 예를 들어, $Q=[0.1, 0.2, 0.6, 0.1]$, $P=[0, 0, 1, 0]$인 경우 크로스 엔트로피 손실함수는 다음과 같다.

$$\begin{aligned} H(P, Q) &= -\sum_{X \in S} P(X) \log_e Q(X) \\ &= -[0^* \log_e(0.1) + 0^* \log_e(0.2) + 1^* \log_e(0.6) + 0^* \log_e(0.1)] \\ &= 0.5108 \end{aligned}$$

참고로 파이토치에서 크로스 엔트로피 손실함수는 nn.CrossEntropyLoss( ) 함수를 사용하여 계산한다. 이 함수는 모델의 예측값에 대해 소프트 맥스(softmax) 함수값을 사용한다. 여기서 소프트 맥스 함수는 다음과 같이 정의된다.

$$softmax(x_i) = \frac{e^{x_i}}{\sum_{j=1}^{n} e^{x_j}}, i = 1, \ldots, n \tag{4.9}$$

소프트 맥스는 입력받은 값을 0~1 사이의 출력이 되도록 정규화하여 출력값들의 총합이 항상 1이 되는 특성을 갖는 함수이다. 소프트 맥스는 보통 딥러닝에서 출력노드의 활성화 함수로 많이 사용한다.

nn.CrossEntropyLoss( ) 함수의 계산에 대해 살펴보자. Q=[0.1, 0.2, 0.6, 0.1]을 식(4.9)에 의해 소프트 맥스 함수값으로 나타내면 다음과 같다.

Q=[0.2104, 0.2325, 0.3468, 0.2104]이고, P=[0, 0, 1, 0]이다.

따라서 크로스 엔트로피 손실함수는 다음과 같다.

$$\begin{aligned} H(P, Q) &= -\sum_{X \in S} P(X)\log_e Q(X) \\ &= -[0*\log_e(0.2104) + 0*\log_e(0.2325) + 1*\log_e(0.3468) + 0*\log_e(0.2104)) \\ &= 1.0590 \end{aligned}$$

- **이진 크로스 엔트로피 손실함수**(Binary Cross-Entropy loss function)

이진 분류(binary classification)에서 사용되는 크로스 엔트로피 손실함수를 이진 크로스 엔트로피 손실함수라 한다. 크로스 엔트로피에서 두 분포가 확률변수를 단 2개를 갖는다고 하자. 예를 들어, 동전의 앞면과 뒷면에서 앞면이 나올 확률이 $P(X)$라 하면 뒷면이 나올 확률은 1-$P(X)$가 되고, 앞면이 나올 것으로 예측할 확률이 $Q(X)$라고 한다면 뒷면이 나올 것으로 예측한 확률은 1-$Q(X)$가 된다.

이진 크로스 엔트로피 손실함수의 공식은 다음과 같다.

$$\begin{aligned} H(P, Q) &= -\sum_{X \in S} P(X)\log_e Q(X) \\ &= -(P(X)\log_e Q(X) + (1-P(X))\log_e(1-Q(X))) \end{aligned} \quad (4.10)$$

식 (4.10)은 1개 단위의 데이터에서 손실함수를 계산하는 식이다. 즉, 배치의 크기(batch size)가 1개인 경우이다. 사실, 머신러닝에서 학습 데이터는 GPU 자원을 최대한 활용하기 위해 배치 단위로 처리된다. 즉, 1개 단위가 아닌 여러 개의 데이터가 한꺼번에 처리된다. 만약, 배치의 크기가 n개인 경우 식 (4.10)의 평균을 취한다. 즉, 배치 처리에 대한 손실함수의 값은 배치를 구성하는 각 데이터의 손실함수들의 평균이다. 이에 대해 수식으로 표현하면 다음과 같다.

$$\begin{aligned} H(P, Q) &= \frac{1}{n}\sum_{i=1}^{n}[-\sum_{X \in S} P(X^{(i)})\log_e Q(X^{(i)})] \\ &= \frac{1}{n}\sum_{i=1}^{n}[-(P(X^{(i)})\log_e Q(X^{(i)}) + (1-P(X^{(i)}))\log_e(1-Q(X^{(i)})))] \end{aligned} \quad (4.11)$$

이다.

이진 크로스 엔트로피 손실함수의 계산에 대해 살펴보자. 여기서는 배치의 크기가 1개이고 클래스가 2개인 간단한 이진 분류 경우이다.

$$Q=[0.6,\ 0.4],\ P=[1,\ 0]$$

혹은 이진 분류이므로 다음과 같이 표기할 수 있다.

$$Q=[0.6],\ p=[1] \text{ 혹은 } Q=[0.4],\ P=[0]$$

따라서 식 (4.10)에 의해

$$\begin{aligned} H(P,\ Q) &= -\sum_{X\in S} P(X)\log_e Q(X) \\ &= -(P(X)\log_e Q(X) + (1-P(X))\log_e(1-Q(X))) \\ &= -(1^*\log_e(0.6) + (1-1)^*\log_e(0.4)) \\ &= 0.5108 \end{aligned}$$

이다.

참고로 파이토치에서 이진 크로스 엔트로피 손실은 nn.BCELoss( ) 함수를 사용하여 계산한다. 이 함수는 nn.CrossEntropyLoss( ) 함수와는 다르게 모델의 예측값에 대해 소프트 맥스(softmax) 함수값을 포함하지 않는다. 따라서 nn.BCELoss( ) 함수를 사용하는 경우에는 0과 1 사이 확률분포를 나타내기 위해서 소프트 맥스(softmax) 또는 시그모이드(sigmoid) 함수를 따로 적용해주어야 한다.

이제 nn.BCELoss( ) 함수의 계산에 대해 살펴보자. $Q=[6,\ 4]$를 식 (4.9)에 의해 소프트 맥스값을 계산하면, Q = [0.8808, 0.1192]이므로 다음과 같다.

$$\begin{aligned} H(P,\ Q) &= -\sum_{X\in S} P(X)\log_e Q(X) \\ &= -(P(X)\log_e Q(X) + (1-P(X))\log_e(1-Q(X))) \\ &= -(1^*\log_e(0.8808) + (1-1)^*\log_e(0.1192)) \\ &= 0.1269 \end{aligned}$$

파이토치에서 크로스 엔트로피 손실함수 구현

- **nn.CrossEntropyLoss( ) 함수**

nn.CrossEntropyLoss( ) 함수는 다중 분류에 사용되는 크로스 엔트로피 손실함수이다. 물론 이진 분류에서도 사용할 수 있다. 이 함수는 분류모델의 출력값(output)과 목푯값(target)과의 차이로부터 계산된다.

다음 [코드 4.3.4]는 배치의 크기가 1개, 클래스가 4개인 데이터에서 손실함수 계산을 위한 nn.CrossEntropyLoss( ) 함수 사용 예이다.

$$Q=[0.1,\ 0.2,\ 0.6,\ 0.1],\ P=[0,\ 0,\ 1,\ 0]$$

여기서 정답 레이블은 3번째를 가리킨다.

코드 4.3.4

```
import torch
import torch.nn as nn

output =torch.tensor([[0.1, 0.2, 0.6, 0.1]],dtype=torch.float)
target = torch.tensor([2],dtype=torch.long)
ce_loss = nn.CrossEntropyLoss()
loss = ce_loss(output, target)
print('ce_loss :', loss.item())
```

```
ce_loss : 1.058963656425476
```

▶ 목푯값(target)에서 index =2, 즉, 3번째 레이블을 가리킨다.

다음 [코드 4.3.5]는 nn.CrossEntropyLoss( ) 함수를 사용하지 않고 식 (4.8)을 직접 구현한 것이다.

코드 4.3.5

```
import torch
import torch.nn as nn

output =torch.tensor([[0.1, 0.2, 0.6, 0.1]],dtype=torch.float)
target = torch.tensor([0.0, 0.0, 1.0, 0.0])
softmax = nn.functional.softmax(output, dim=1)
print('output : ', output)
print('softmax :', softmax)
print('target : ', target)
ce_loss= -torch.sum(target*torch.log(softmax))
print( ‘ce_loss :’, ce_loss.item())
```

```
output :  tensor([[0.1000, 0.2000, 0.6000, 0.1000]])
softmax : tensor([[0.2104, 0.2325, 0.3468, 0.2104]])
target :  tensor([0., 0., 1., 0.])
ce_loss : 1.0589637756347656
```

▶ nn.CrossEntropyLoss() 함수를 사용하는 경우 소프트 맥스 함수가 자동으로 추가되었기 때문에 nn.CrossEntropyLoss() 함수를 사용하지 않고 손실함수를 구현하는 경우 소프트 맥스 함수를 별도로 추가해야 한다.

• nn.BCELoss( ) 함수

nn.BCELoss( ) 함수는 식 (4.10)의 이진 크로스 엔트로피 손실함수로서 목푯값(target)과 분류모델의 출력값(output)과의 차이를 측정하는 함수이다. BCELoss( ) 함수의 사용형식은 다음과 같다.

```
nn.BCELoss( reduction='mean')
```

여기서 배치의 크기=n인 경우 디폴트로 식 (4.11)과 같이 평균을 취한다.

다음 [코드 4.3.6]은 배치의 크기가 1개, 클래스가 2개인 경우의 nn.BCELoss( ) 함수 사용 예이다.

$$Q=[6,\ 4],\ P=[1,\ 0]$$

여기서 정답 레이블은 1번째를 가리킨다.

코드 4.3.6

```
import torch
import torch.nn as nn

output =torch.tensor([6, 4],dtype=torch.float)
target = torch.tensor([1.0, 0.0])
softmax = nn.functional.softmax(output, dim=0)
bce_loss = nn.BCELoss()
loss = bce_loss(softmax, target)
print('bce_loss :', loss.item())
```

```
bce_loss : 0.12692803144454956
```

▶ 입력값은 확률분포를 나타내지 않기 때문에 소프트 맥스 함수를 사용하여 0과 1 사이의 값으로 변환한 후 nn.BCELoss() 함수를 적용한다.

다음 [코드 4.3.7]은 nn.BCELoss( ) 함수를 사용하지 않고 식 (4.10)을 직접 구현한 것이다.

코드 4.3.7

```
import torch
import torch.nn as nn

output =torch.tensor([6, 4],dtype=torch.float)
target = torch.tensor([1.0, 0.0])
softmax = nn.functional.softmax(output, dim=0)
print('output : ', output)
print('softmax :', softmax)
print('target : ', target)
bce_loss= -torch.sum(target*torch.log(softmax))
print('bce_loss :', bce_loss.item())
```

```
output :  tensor([6., 4.])
softmax : tensor([0.8808, 0.1192])
target :  tensor([1., 0.])
bce_loss : 0.12692806124687195
```

다음 [코드 4.3.8]은 배치의 크기가 4개, 클래스가 2개인 경우의 nn.BCELoss( ) 함수 사용 예이다.

코드 4.3.8

```
torch.manual_seed(1)

m = nn.Sigmoid()
bce_loss = nn.BCELoss()
input = torch.randn(4, requires_grad=True)
print(input)
target = torch.empty(4).random_(2)
print(target)
print('sigmoid : ', m(input))
loss = bce_loss(m(input), target)
print('bce_loss : ', loss)
```

```
tensor([0.6614, 0.2669, 0.0617, 0.6213], requires_grad=True)
tensor([1., 0., 0., 1.])
sigmoid :  tensor([0.6596, 0.5663, 0.5154, 0.6505], grad_fn=<SigmoidBackward0>)
bce_loss :  tensor(0.6015, grad_fn=<BinaryCrossEntropyBackward0>)
```

▶ nn.BCELoss() 함수를 사용하기 위해 소프트 맥스 함수 대신 시그모이드 함수를 따로 적용한 후 nn.BCELoss() 함수를 적용한다.

다음 [코드 4.3.9]는 nn.BCELoss( ) 함수를 사용하지 않고 식 (4.11)을 직접 구현한 것이다.

코드 4.3.9

```
torch.manual_seed(1)

m = nn.Sigmoid()
input = torch.randn(4, requires_grad=True)
print(input)
target = torch.empty(4).random_(2)
print(target)
def BCE(input, target):
      total_bce_loss = torch.sum(-target * torch.log(m(input)) - (1 - target) *
torch.log(1 - m(input)))
    num_of_samples = input.shape[0]
#    print(num_of_samples)
    mean_bce_loss = total_bce_loss / num_of_samples
    return mean_bce_loss
print('sigmoid : ', m(input))
loss = BCE(input, target)
print('bce_loss : ', loss)
```

```
tensor([0.6614, 0.2669, 0.0617, 0.6213], requires_grad=True)
tensor([1., 0., 0., 1.])
sigmoid :  tensor([0.6596, 0.5663, 0.5154, 0.6505], grad_fn=<SigmoidBackward0>)
bce_loss :  tensor(0.6015, grad_fn=<DivBackward0>)
```

▶ 배치의 크기가 n인 경우, 여기서는 n=4인 경우 식 (4.11)과 같이 평균을 취하여 평균 손실함수를 계산한다.

4.4 머신러닝을 이용한 분류모델의 성능 평가

(1) 데이터 분할

우리는 머신러닝 기반 분류모델을 이용하여 미래의 데이터를 예측하고자 한다. 이 경우 올바른 모델을 사용하여 예측하는 경우 그 예측 결과를 신뢰할 수 있다. 3.4절에서 설명한 것처럼 모델을 올바르게 학습시키기 위해서는 데이터를 분할해야 한다. 데이터를 분할 하지 않고 전체 데이터로부터 모델을 학습하고 다시 전체 데이터에서 평가한다면 당연히 그 모델은 높은 성능을 가질 것이다. 왜냐하면, 학습에 사용된 데이터와 모델 평가에 사용된 데이터가 같은 경우 평가에 사용된 모델에는 이미 학습에 사용된 데이터의 특성에 맞는 규칙들이 반영되어 있기 때문이다. 따라서 이런 문제를 해결하기 위해 데이터를 분할한다.

전체 데이터를 학습 데이터(train data)와 테스트 데이터(test data)로 분할하는 경우 학습 데이터로부터 모델을 생성하고 모델 학습에 이용하지 않은 테스트 데이터를 사용하여 모델을 성능 평가한다. 여기서 학습 데이터에서 한 번의 학습을 통해 얻은 모델이 완전한 모델이 아니므로 검증 데이터에서 여러 파라미터 튜닝(parameter tuning)을 통해 좋은 모델을 선택한 후 최종적으로 테스트 데이트에서 모델을 성능 평가한다.

(2) 분류모델의 성능 평가지표

분류모델의 성능을 평가하기 위한 성능 평가지표로서는 정확도(accuracy), 정밀도(precision), 민감도(sensitivity), 특이도(specificity), ROC 곡선(receiver operating characteristic curve), AUC(area under the curve) 등이 있다. 분류모델의 성능 평가지표는 Confusion matrix(오차 행렬, 혼동 행렬)로부터 얻어진다.

표 4.2는 Confusion matrix를 나타낸다. Confusion matrix는 학습된 분류모델의 예측 결과와 실제 데이터를 행렬 형태로 나타낸 것이다. Confusion matrix는 실제 데이터에서 실제 클래스(actual class)와 모델이 예측한 예측 클래스(predicted class)가 일치하는지를 개수로 나타낸 표이다. 여기서는 실제 클래스는 행(row)으로 나타내고 예측 클래스는 열(column)로 나타낸다. 이진 분류(binary classification)는 Positive와 Negative, 1과 0, +와 −와 같이 두 가지의 클래스로 분류하는 것을 말한다. 여기서는 Positive와 Negative로 분류한다.

표 4.2 Confusion matrix

		Predicted Class	
		Negative	Positive
Actual Class	Negative	True Negative(TN)	False Positive(FP)
	Positive	False Negative(FN)	True Positive(TP)

− True Positive(TP): 실제 Positive인데, 모델에 의해 Positive로 옳게 분류한 경우

– True Negative(TN): 실제 Negative인데, 모델에 의해 Negative로 옳게 분류한 경우
– False Positive(FP): 실제 Negative인데, 모델에 의해 Positive로 잘못 분류한 경우
– False Negative(FN): 실제 Positive인데, 모델에 의해 Negative로 잘못 분류한 경우

예를 들어, 제품을 생산하는 제조공장에서는 완성된 제품에 대한 품질 테스트를 할 때, 불량품과 정상 제품을 분류하는 이진 분류 시스템인 경우 두 개의 클래스 중 Positive를 불량품, Negative를 정상 제품으로 간주하여 표 4.3과 같은 Confusion matrix를 얻을 수 있다.

표 4.3 제품검사에서 Confusion matrix

		Predicted Class	
		정상 제품	**불량품**
Actual Class	정상 제품	True Negative(TN)	False Positive(FP)
	불량품	False Negative(FN)	True Positive(TP)

– True Positive(TP): 실제 불량품을 모델로부터 불량품이라고 정확하게 예측하는 경우
– True Negative(TN): 실제 정상 제품을 모델로부터 정상 제품이라고 정확하게 예측하는 경우
– False Positive(FP): 실제 정상 제품을 모델로부터 불량품이라고 잘못 예측하는 경우
– False Negative(FN): 실제 불량품을 모델로부터 정상 제품이라고 잘못 예측하는 경우

또 다른 예를 들어보자. 암(cancer, 악성종양)을 검진할 때 암에 걸린 것을 양성이라 하고 걸리지 않은 것을 음성이라고 하는데, 암 판정 시스템에서 두 개의 클래스 중 Positive를 양성, Negative를 음성으로 간주하여 표 4.4와 같은 Confusion matrix를 얻을 수 있다.

표 4.4 암 판정에서 Confusion matrix

		Predicted Class	
		음성	**양성**
Actual Class	음성	True Negative(TN)	False Positive(FP)
	양성	False Negative(FN)	True Positive(TP)

– True Positive(TP): 실제로 암인 것을 모델로부터 암이라고 정확하게 예측하는 경우

– True Negative(TN): 실제로 암이 아닌 것을 모델로부터 암이 아니라고 정확하게 예측하는 경우

– False Positive(FP): 실제로 암이 아닌 것을 모델로부터 암이라고 잘못 예측하는 경우

– False Negative(FN): 실제로 암인 것을 모델로부터 암이 아니라고 잘못 예측하는 경우

표 4.5는 Confusion matrix로부터 성능 평가지표인 정확도(accuracy), 정밀도(precision), 민감도(sensitivity), 특이도(specificity)가 얻어진다는 것을 보여주고 있다.

표 4.5 Confusion matrix로부터 성능 평가지표

		Predicted Class		
		Negative	Positive	
Actual Class	Negative	True Negative(TN)	False Positive(FP)	specificity $\frac{TN}{(FP+TN)}$
	Positive	False Negative(FN)	True Positive(TP)	sensitivity $\frac{TP}{(TP+FN)}$
			precision $\frac{TP}{(TP+FP)}$	accuracy $\frac{TP+TN}{(TP+TN+FP+FN)}$

이제 표 4.5의 Confusion matrix로부터 분류모델의 성능 평가지표들에 대해 자세하게 알아보고자 한다.

• **정확도**(accuracy)

정확도(accuracy)는 전체 데이터 중에서 옳게 예측된 것의 비율을 의미한다.

$$accuracy = \frac{TP+TN}{(TP+TN+FP+FN)}$$

정확도는 모델의 예측 성능을 평가하는 데 매우 직관적인 평가지표이긴 하지만 이진 분류인 경우 정확도만 가지고 평가하기엔 무리가 있다. 왜냐하면, 데이터의 구성에 따라 모델의 성

능이 왜곡되게 평가될 수도 있기 때문이다. 특히 심한 불균형 데이터(imbalanced data)에서 정확도만으로 평가지표로 사용하기에는 부적합하다. 여기서 불균형 데이터란 클래스의 비율이 한쪽으로 치우친 데이터를 말한다. 예를 들어, 100개의 데이터에서 1과 0 값이 각각 97:3 비율을 하고 있을 때 모든 값을 1로 예측한다면 정확도가 97%가 나온다. 따라서 불균형 데이터에서는 정밀도(precision)와 민감도(sensitivity) 성능 평가지표가 더 선호된다. 결국 정확도가 가지는 분류 평가지표의 한계점을 극복하기 위해 여러 가지 분류 지표와 함께 적용하는 것이 좋다.

- **정밀도**(precision)

정밀도(precision)는 Positive(양성)로 예측한 것 중 실제 Positive(양성)인 비율을 의미한다.

$$\text{precision} = \frac{\text{TP}}{(\text{TP}+\text{FP})}$$

예를 들어, 전체 메일 중에 스팸 메일(Positive)로 예측한 메일 중에 실제 정상 메일이 아닌 스팸 메일(Positive) 정도를 말한다. 정밀도는 Positive 예측 성능을 더욱 정밀하게 측정하기 위한 평가지표로 양성 예측도(PPV, Positive Predictive Value)라고도 불린다.

스팸 메일 분류모델을 사용하여 메일을 분류하는 경우 스팸 메일(Positive)로 예측한 것 중에 실제 정상 메일(Negative)이 많으면 정밀도 면에서 작은 값을 갖는다.

- **민감도**(sensitivity), **재현율**(recall)

민감도(sensitivity)는 실제 Positive(양성)인 것 중에 Positive(양성)로 예측한 것의 비율을 의미한다.

$$\text{sensitivity} = \frac{\text{TP}}{(\text{TP}+\text{FN})}$$

예를 들어, 심장병 예측 문제에서 실제 심장병에 걸린 사람들 중에서 옳게 예측된 정도를 말한다. 위와 같이 심장병 환자에게 심장병임을 알려주는 것은 중요한 요소이며 이를 재현율(recall)이라고 한다.

분류모델을 사용하여 심장병을 분류할 때 분류모델의 민감도가 작은 경우, 예를 들어 실제 심장병 환자에게 심장병이 아니라고 진단하는 것은 매우 심각한 문제를 초래할 수 있다.

- **특이도 (specificity)**

특이도(specificity)는 실제 Negative(음성)인 것 중에 Negative(음성)로 맞게 예측한 것의 비율을 말한다.

$$\text{specificity} = \frac{\text{TN}}{(\text{FP}+\text{TN})}$$

예를 들어, 실제 병이 없는 사람들 중에 모델에 의해 병이 없다고 옳게 예측된 비율을 말한다.

- **ROC 곡선**

ROC 곡선(receiver operating characteristic curve)은 그림 4.4와 같이 분류모델의 오분류율(false positive rate, FPR)을 x축으로 하고, 정분류율(true positive rate, TPR)을 y축으로 한 그래프이다.

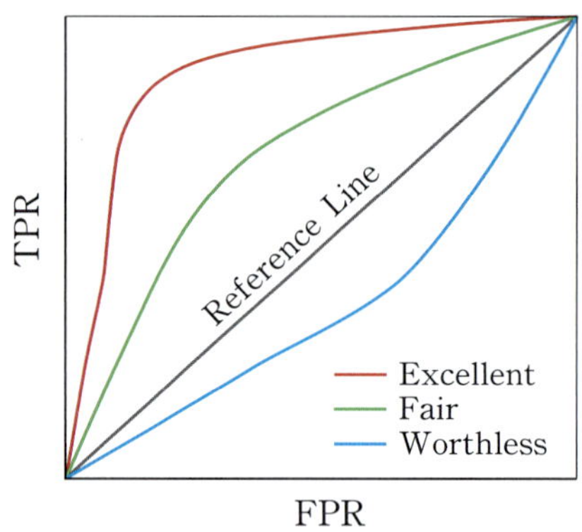

그림 4.4 ROC 곡선

여기서 정분류율을 민감도, 오분류율을 1–특이도라 하며, 이를 수식으로 나타내면 다음과 같다.

$$\text{FPR} = \frac{\text{FP}}{(\text{FP}+\text{TN})}$$

ROC 곡선은 분류모델을 이용하여 주어진 모든 자료에 대해 임계값(threshold, cut-off value)이 변화함에 따라 오분류율과 정분류율의 변화를 그래프로 나타낸 것으로 ROC 곡선이 왼쪽 상단으로 더 위에 위치할수록 좋은 모델이다.

그림 4.4의 ROC 곡선은 중간의 참조선(Reference line)을 기준으로 세 개의 ROC 곡선을

나타내고 있다. 먼저 참조선은 분류모델이 무작위로 예측하는 랜덤모델을 나타낸다. 즉, Positive(양성)와 Negative(음성)를 정확히 같은 비율로 예측하는 것을 나타내며, 다른 분류모델을 판단하기 위한 기준선으로 사용된다. ROC 곡선이 참조선에 가까울수록 유용하지 않은 모델을 나타낸다. 한편, Worthless 선은 예측 결과가 가치 없는 모델을 나타내고, Fair 선은 예측 결과가 좋은 모델을, Excellent 모델은 예측 결과가 매우 좋은 모델을 나타낸다.

ROC 곡선에서 임계값은 분류모델이 Positive와 Negative로 판정을 내릴지에 대한 기준이 되는 값이다. 단순히 중간 정도 설정할 수도 있지만, 필요에 따라 임계값을 큰 값으로 설정할 수도 있고, 작은 값으로 설정할 수도 있다.

• AUC

AUC(area under the curve)는 ROC 곡선 아래의 면적으로 c−통계량(c−statistics)이라고도 한다. ROC 곡선이 가운데 대각선, 즉 참조선과 일치하면 AUC 값은 0.5가 된다. 따라서 AUC 값이 0.5에 가까울수록 무작위로 예측하는 랜덤모델에 가까운 좋지 못한 모델이고 AUC 값이 1에 가까울수록 모델의 성능이 우수하다고 할 수 있다. AUC 값이 커지려면, FPR이 작은 상태에서 얼마나 큰 TPR을 얻을 수 있느냐가 관건이다. 가운데 대각선에서 멀어지고, 왼쪽 상단 모서리 쪽으로 가파르게 곡선이 이동할수록 직사각형에 가까운 곡선이 되어 면적이 1에 가까워진다.

예제 4.3

표 4.6은 10명에 대한 체질량지수(BMI)에 따른 당뇨 진단 결과에 대한 데이터이다. 여기서 당뇨 환자는 6명이고 정상은 4명이다. 분류모델에 대한 ROC 곡선을 그리고자 한다.

표 4.6 BMI에 따른 당뇨 데이터

BMI	진단 결과
33.6	당뇨
26.6	정상
28.1	정상
31.0	당뇨
30.5	당뇨
25.8	정상

BMI	진단 결과
45.8	당뇨
43.3	당뇨
39.3	정상
29.0	당뇨

풀이

1) 직접 ROC 곡선 그리기

여기서는 직접 임계값 변화에 따른 FPR(오분류율), TPR(정분류율)을 계산한다.

ⓐ 데이터 정렬하기

표 4.7은 표 4.6에서 BMI를 기준으로 내림차순으로 정렬한 데이터이다.

표 4.7 정렬된 데이터

BMI	진단 결과
45.8	당뇨
43.3	당뇨
39.3	정상
33.6	당뇨
31.0	당뇨
30.5	당뇨
29.0	당뇨
28.1	정상
26.6	정상
25.8	정상

ⓑ 임계값 설정하여 당뇨 여부 판정하기

분류모델은 임계값에 따라 당뇨 판정 여부가 결정된다. 여기서는 가장 작은 임계값부터 큰 값의 임계값 순서로 변화시킴에 따라 당뇨 여부를 판정한다. 예를 들어, 임계값을 임의로 22, 27, 32, 37, 42, 47처럼 5씩 증가시켜 설정한다.

먼저 임계값 중에서 가장 작은 값인 threshold=22를 선택한다. 여기서 threshold=22는 최소값 25.8보다 작은 값 중 임의로 선택한 수이다. 이 경우 분류모델은 모든 환자에 대해 무조건 당뇨로 예측한다. 따라서 이 경우 Confusion matrix는 표 4.8과 같다.

표 4.8 threshold=22인 경우 Confusion matrix

		Predicted Class	
		정상	당뇨
Actual Class	정상	0 TN	4 FP
	당뇨	0 FN	6 TP

$$FPR = FP/(FP + TN) = 4/4 = 1$$

$$TPR = TP/(TP + FN) = 6/6 = 1$$

다음으로 임계값 중에서 가장 큰 값, 즉, threshold=47을 선택한다. 이 경우 분류모델은 모든 환자에 대해 무조건 정상으로 예측한다. 따라서 이 경우 Confusion matrix는 표 4.9과 같다.

표 4.9 threshold=47인 경우 Confusion matrix

		Predicted Class	
		정상	당뇨
Actual Class	정상	4 TN	0 FP
	당뇨	6 FN	0 TP

$$FPR = FP/(FP + TN) = 0/4 = 0$$

$$TPR = TP/(TP + FN) = 0/6 = 0$$

임계값 threshold=27인 경우 분류모델에 대한 예측 결과와 이에 대한 Confusion matrix는 각각 표 4.10과 표 4.11과 같다.

표 4.10 threshold=27인 경우 모델 예측 결과

	BMI	진단 결과	예측 결과
	45.8	당뇨	당뇨
	43.3	당뇨	
	39.3	정상	
	33.6	당뇨	
	31.0	당뇨	
	30.5	당뇨	
	29.0	당뇨	
	28.1	정상	
threshold=27			
	26.6	정상	정상
	25.8	정상	

표 4.11 threshold=27인 경우 Confusion matrix

		Predicted Class	
		정상	당뇨
Actual Class	정상	2 TN	2 FP
	당뇨	0 FN	6 TP

$$FPR = FP/(FP + TN) = 2/4 = 0.50$$

$$TPR = TP/(TP + FN) = 6/6 = 1$$

임계값 threshold=32인 경우 분류모델에 대한 예측 결과와 이에 대한 Confusion matrix는 각각 표 4.12와 표 4.13과 같다.

표 4.12 threshold=32인 경우 모델 예측 결과

threshold=32

BMI	진단 결과	예측 결과
45.8	당뇨	당뇨
43.3	당뇨	
39.3	정상	
33.6	당뇨	
31.0	당뇨	정상
30.5	당뇨	
29.0	당뇨	
28.1	정상	
26.6	정상	
25.8	정상	

표 4.13 threshold=32인 경우 Confusion matrix

		Predicted Class	
		정상	당뇨
Actual Class	정상	3 TN	1 FP
	당뇨	3 FN	3 TP

$$FPR = FP/(FP + TN) = 1/4 = 0.25$$

$$TPR = TP/(TP + FN) = 3/6 = 0.50$$

임계값 threshold=37인 경우 분류모델에 대한 예측 결과와 이에 대한 Confusion matrix는 각각 표 4.14와 표 4.15와 같다.

표 4.14 threshold=37인 경우 모델 예측 결과

BMI	진단 결과	예측 결과
45.8	당뇨	당뇨
43.3	당뇨	
39.3	정상	
33.6	당뇨	정상
31.0	당뇨	
30.5	당뇨	
29.0	당뇨	
28.1	정상	
26.6	정상	
25.8	정상	

threshold=37

표 4.15 threshold=37인 경우 Confusion matrix

		Predicted Class	
		정상	당뇨
Actual Class	정상	3 TN	1 FP
	당뇨	4 FN	2 TP

$$FPR = FP/(FP + TN) = 1/4 = 0.25$$

$$TPR = TP/(TP + FN) = 2/6 = 0.33$$

임계값 threshold=42인 경우 분류모델에 대한 예측 결과와 이에 대한 Confusion matrix는 각각 표 4.16과 표 4.17과 같다.

표 4.16 threshold=42인 경우 모델 예측 결과

BMI	진단 결과	예측 결과
45.8	당뇨	당뇨
43.3	당뇨	
threshold=42		
39.3	정상	정상
33.6	당뇨	
31.0	당뇨	
30.5	당뇨	
29.0	당뇨	
28.1	정상	
26.6	정상	
25.8	정상	

표 4.17 threshold=42인 경우 Confusion matrix

		Predicted Class	
		정상	당뇨
Actual Class	정상	4 TN	0 FP
	당뇨	4 FN	2 TP

$$FPR = FP/(FP + TN) = 0/4 = 0$$

$$TPR = TP/(TP + FN) = 2/6 = 0.33$$

ⓒ 임계값에 따른 FPR과 TPR 정리하기

표 4.18은 지금까지 임계값에 따른 FPR과 TPR을 정리한 표이다.

표 4.18 임계값에 따른 FPR과 TPR

threshold	FPR	TPR
22	1	1

threshold	FPR	TPR
27	0.50	1
32	0.25	0.50
37	0.25	0.33
42	0	0.33
47	0	0

ROC 곡선은 표 4.18에서 FPR을 x축, TPR을 y축으로 나타낸 것이다.

다음 [코드 4.4.1]은 표 4.18에 주어진 FPR과 TPR을 가지고 ROC 곡선을 그리기 위한 파이썬 코드이다.

코드 4.4.1

```
import numpy as np
fpr=np.array([1, 0.50, 0.25, 0.25, 0, 0])
tpr= np.array([1, 1, 0.50, 0.33, 0.33, 0])
```

```
import matplotlib.pyplot as plt
plt.title('Receiver Operating Characteristic')
plt.plot(fpr, tpr, 'b')
plt.plot([0, 1], [0, 1],'r--')
plt.xlim([-0.01, 1.01])
plt.ylim([-0.01, 1.01])
plt.ylabel('True Positive Rate')
plt.xlabel('False Positive Rate')
plt.show()
```

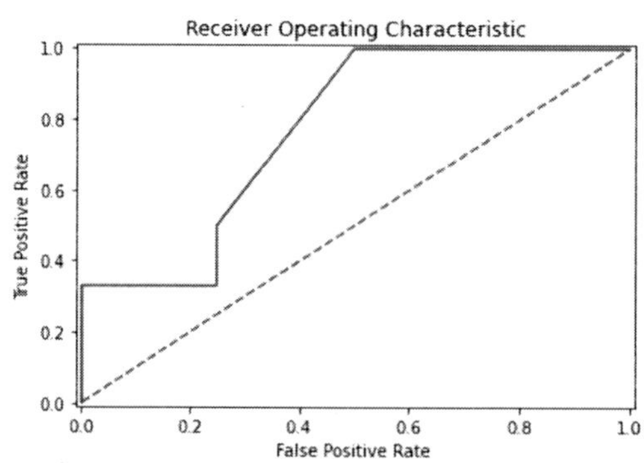

그림 4.5 표 4.6에 대한 ROC 곡선

▶ 임계값을 지금보다 더 세분하면 그림 4.5의 ROC 곡선보다 좀 더 부드러운 곡선을 얻을 수 있다.

2) scikit-learn을 이용한 ROC 곡선 그리기

그림 4.5의 ROC 곡선은 직접 임계값을 변화시켜가면서 파이썬 코드에 의해 얻어진 ROC 곡선이다. sklearn.metrics 모듈의 roc_curve( ) 함수를 이용하면 쉽게 ROC 곡선을 그릴 수 있다. 다음은 roc_curve( ) 함수의 사용형식이다.

```
sklearn.metrics.roc_curve(y_true, y_score, pos_label=None)
```

- y_true: 실제 클래스를 이진 레이블, {-1, 1} 또는 {0, 1}로 나타낸다. 여기서 {-1, 1} 또는 {0, 1}인 경우 pos_label는 1이고, 그렇지 않으면 pos_label을 명시적으로 지정해야 한다.
- y_score: Positive 클래스의 예측확률을 나타낸다. 예를 들면, Positive 클래스가 1일때의 예측확률을 나타낸다.
- pos_label: Positive 클래스의 레이블을 나타낸다. 디폴트는 pos_label=None이다. 만약, {1, 2}로 y_true를 설정할 경우 Positive 클래스는 2이므로 pos_label = 2라고 지정해야 한다.

sklearn.metrics 모듈의 roc_auc_score( ) 함수를 이용하면 쉽게 AUC를 구할 수 있다. 다음은 roc_auc_score( ) 함수의 사용형식이다.

```
sklearn.metrics.roc_auc_score(y_true, y_score)
```

표 4.19에 주어진 간단한 인공적인 데이터를 가지고 ROC 곡선과 AUC를 구하고자 한다.

표 4.19 인공적인 데이터

y_true	y_score
1	0.1
1	0.4
2	0.35
2	0.8

다음 [코드 4.4.2]는 표 4.19의 데이터로부터 metrics.roc_curve( ) 함수를 이용하여 FPR, TPR을 구하는 코드이다.

코드 4.4.2

```
import numpy as np
from sklearn import metrics
y = np.array([1, 1, 2, 2])
scores = np.array([0.1, 0.4, 0.35, 0.8])
fpr, tpr, thresholds = metrics.roc_curve(y, scores, pos_label=2)
print("FPR : ", fpr)
print("TPR : ", tpr)
print("thresholds :", thresholds)
```

```
FPR :  [0.  0.  0.5 0.5 1. ]
TPR :  [0.  0.5 0.5 1.  1. ]
thresholds : [1.8  0.8  0.4  0.35 0.1 ]
```

▶ 위 코드에서 thresholds[0]의 값은 디폴트 max(y_score)+1이다. 따라서 thresholds[0]=1.8은 다음과 같이 얻어진다.

max(y_score)+1=0.8+1=1.8

다음 [코드 4.4.3]는 표 4.19의 데이터로부터 metrics.roc_auc_score( ) 함수를 이용하여 AUC와 ROC 곡선을 그리기 위한 코드이다.

코드 4.4.3

```
import matplotlib.pyplot as plt
auc = metrics.roc_auc_score(y_true, y_score)
plt.title('ROC curve')
plt.plot(fpr,tpr,label="AUC = "+str(auc))
plt.legend(loc=4)
plt.ylabel('True Positive Rate')
plt.xlabel('False Positive Rate')
plt.show()
```

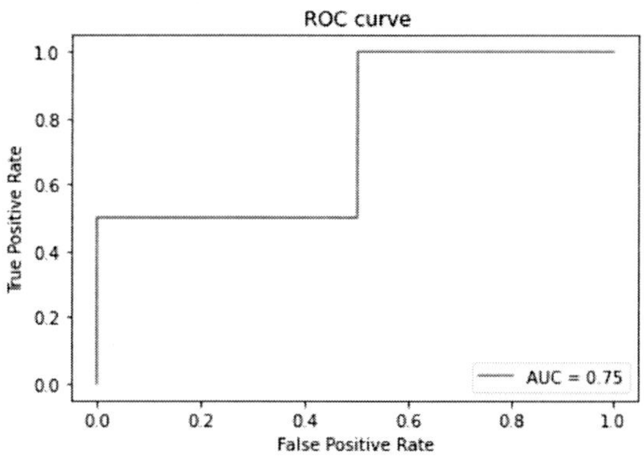

그림 4.6 표 4.19에 대한 ROC 곡선

다음 [코드 4.4.4]는 표 4.6에 주어진 BMI에 따른 당뇨 데이터로부터 분류모델에 대한 ROC 곡선을 그리기 위한 코드이다.

코드 4.4.4

```
import pandas as pd
BMI = [33.6, 26.6, 28.1, 31.0, 30.5, 25.8, 45.8, 43.3, 39.3, 29.0, ]
diabetic = [1, 0, 0, 1, 1,  0, 1, 1, 0, 1]

df = pd.DataFrame(
    {"BMI": BMI, "diabetic": diabetic}
)

print(df.head())
```

```
BMI  diabetic
0  33.6        1
1  26.6        0
2  28.1        0
3  31.0        1
4  30.5        1
```

```
X = df[['BMI']]
Y = df['diabetic']
```

```
from sklearn.linear_model import LogisticRegression
model = LogisticRegression(random_state=0)
model.fit(X, Y)
```

```
print(model.intercept_)
print(model.coef_[0])
```

```
[-4.58162116]
[0.15420755]
```

```
import numpy as np
def sigmoid(x):
    return 1 / (1 +np.exp(-(x) ))
```

```
y_pred_prob = sigmoid(model.coef_[0]*X+model.intercept_)
#prediction = y_pred_prob  >= 0.5
print(y_pred_prob)
#print(prediction)
```

```
   BMI
0  0.645600
1  0.382323
2  0.438220
3  0.549540
4  0.530390
5  0.353642
6  0.922805
7  0.890471
8  0.814382
9  0.472627
```

```
import matplotlib.pyplot as plt
from sklearn import metrics

plt.title('ROC curve')
fpr, tpr, thresholds = metrics.roc_curve(Y,  y_pred_prob)
print('thresholds=', thresholds)
auc = metrics.roc_auc_score(Y, y_pred_prob)
auc = round(auc,4)
plt.plot(fpr,tpr,label="auc="+str(auc))
plt.legend(loc=4)
plt.ylabel('True Positive Rate')
plt.xlabel('False Positive Rate')
plt.show()
```

```
thresholds= [1.9228051  0.9228051  0.89047145 0.81438152 0.47262685 0.35364247]
```

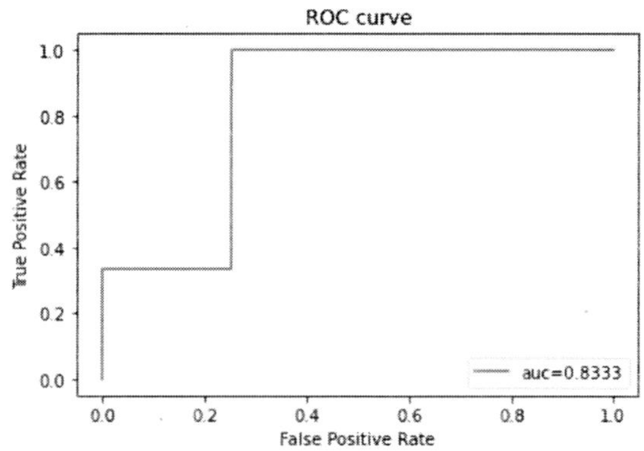

그림 4.7 표 4.6에 대한 ROC 곡선

▶ 그림 4.7의 ROC 곡선으로부터 AUC=0.8333이 얻어졌다.

3) scikit-learn을 이용한 ROC 곡선 그리기: 2)보다 세련된 코드

우리는 표 4.6에 주어진 BMI에 따른 당뇨 데이터에서 분류모델에 대한 ROC 곡선을 그릴 때 roc_curve(y_true, y_score) 함수에서 y_score를 직접 계산하였다.

다음 [코드 4.4.5]에서는 y_score 계산을 .predict_proba() 함수를 이용하여 구하고자 한다.

코드 4.4.5

```
import pandas as pd
BMI = [33.6, 26.6, 28.1, 31.0, 30.5, 25.8, 45.8, 43.3, 39.3, 29.0, ]
diabetic = [1, 0, 0, 1, 1,  0, 1, 1, 0, 1]

df = pd.DataFrame(
    {"BMI": BMI, "diabetic": diabetic}
)
X = df[['BMI']]
Y = df['diabetic']

from sklearn.linear_model import LogisticRegression
model = LogisticRegression(random_state=0)
model.fit(X, Y)
```

```
import matplotlib.pyplot as plt
from sklearn import metrics

plt.title( ' ROC curve ' )
y_pred_proba = model.predict_proba(X)
print("prediced probability shape=", y_pred_proba.shape)
print("prediced probability =\n", y_pred_proba[0:5,:])
# 레이블 값이 1일 때의 예측 확률을 추출
y_pred_proba = model.predict_proba(X)[:,1]
print("y=1, prediced probability =", y_pred_proba[0:5])
fpr, tpr, thresholds = metrics.roc_curve(Y,  y_pred_proba)
print("threshold =", thresholds)
auc = metrics.roc_auc_score(Y, y_pred_proba)
auc = round(auc,4)
plt.plot(fpr,tpr,label="auc="+str(auc))
plt.legend(loc=4)
plt.ylabel('True Positive Rate')
plt.xlabel('False Positive Rate')
plt.show()
```

```
 prediced probability shape= (10, 2)
prediced probability =
 [[0.35440031 0.64559969]
 [0.61767711 0.38232289]
 [0.56177994 0.43822006]
 [0.45045984 0.54954016]
 [0.46961022 0.53038978]]
y=1, prediced probability = [0.64559969 0.38232289 0.43822006 0.54954016 0.53038978]
threshold = [1.9228051  0.9228051  0.89047145 0.81438152 0.47262685 0.35364247]
```

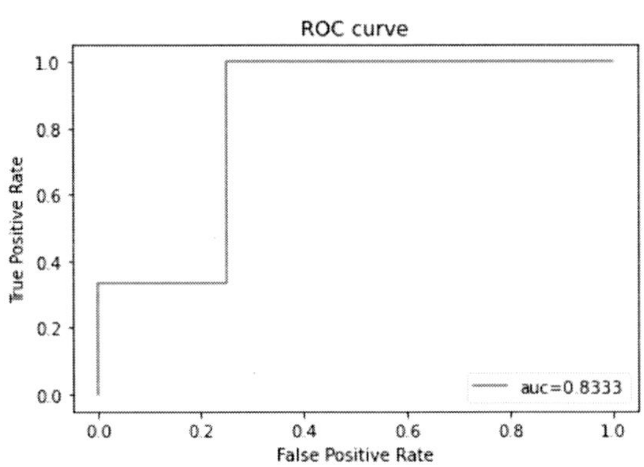

그림 4.8 표 4.6에 대한 ROC 곡선

▶ 여기서 model.predict_proba(X)의 shape는 (10, 2)인 2차원이고, 0번째 열은 레이블 값이 0일 때의 예측 확률이며 1번째 열은 레이블 값이 1일 때의 예측 확률이다. 즉,

```
y_pred_proba = model.predict_proba(X)[:,1]
```

따라서 threshold로서 사용하는 것은 레이블 값이 1일 때의 예측 확률이다.

```
fpr, tpr, thresholds = metrics.roc_curve(Y,  y_pred_proba)
```

예제 4.4

[예제 4.1]의 표 4.1에 주어진 입학 데이터로부터 로지스틱 회귀모델을 생성하고, 표 4.20에 주어진 테스트 데이터로부터 모델 성능을 평가하고자 한다. 여기서 모델 평가지표는 정확도, 정밀도, 민감도, 특이도, ROC 곡선, AUC이다.

표 4.20 입학 데이터(파일이름:student_admission_test.csv)

gmat	gmat	gpa	work_experience	admitted
35	650	2.3	1	0
36	670	2.7	2	0
		⋮		
34	680	3.3	5	1
12	710	3.7	6	1

풀이

ⓐ 분류모델 생성하기

표 4.1에 주어진 학습 데이터로부터 분류모델을 생성한다.

코드 4.4.6

```
import pandas as pd
# loading the training dataset
df = pd.read_csv('student_admission_train.csv', index_col = 0)
#print(df.info())

X = df.drop('admitted' , axis = 1).values #independent Feature
y = df['admitted'].values #dependent Feature
#print(X.shape)
#print(y.shape)
```

```
import torch
from torch import sigmoid
import torch.nn.functional as F
device = torch.device( " cuda " if torch.cuda.is_available() else " cpu " )

X_tensor = torch.FloatTensor(X).to(device)
y_tensor = torch.FloatTensor(y).view(-1,1).to(device)

torch.manual_seed(1)
#W = torch.randn((3,1), requires_grad=True)
#b = torch.randn(1, requires_grad=True)

W = torch.zeros((3, 1), device=device, requires_grad=True)
b = torch.zeros(1, device=device, requires_grad=True)

learning_rate =0.01
#criterion=torch.nn.BCELoss(reduction='mean')
#optimizer=torch.optim.SGD([W,b],lr=learning_rate)
optimizer=torch.optim.Adam([W,b],lr=learning_rate)

epochs=10000
for epoch in range(epochs):
    y_pred = torch.sigmoid(X_tensor.matmul(W)+ b).to(device)
#     y_pred = torch.sigmoid(torch.matmul(X_tensor, W)+ b)
    loss = F.binary_cross_entropy(y_pred, y_tensor)

    optimizer.zero_grad()
    loss.backward()
    optimizer.step()

    if (epoch+1) % 5000 == 0:
          print('epoch=',epoch+1,'a=',W.detach().cpu().numpy(),'b=',b.detach().cpu().
numpy(),'loss=',loss.detach().cpu().numpy())
```

```
epoch= 5000 a= [[-2.7794316e-03]  [ 3.3423316e+00]  [ 1.0111150e+00]] b= [-12.674391]
loss= 0.25197038
epoch= 10000 a= [[1.7307955e-03]  [3.3266551e+00]  [1.0034010e+00]] b= [-15.804294]
loss= 0.24742457
```

ⓑ 모델 성능 평가하기

표 4.20의 테스트 데이터에서 모델 성능 평가한다. 이를 위해 sklearn.metrics 모듈에서 제공하는 confusion_matrix( ) 함수로부터 Confusion matrix를 생성한다.

코드 4.4.7

```
# loading the testing dataset
df2 = pd.read_csv( ' student_admission_test.csv ' , index_col = 0)
#print(df.info())

X_test = df2.drop('admitted' , axis = 1).values #independent Feature
y_test = df2['admitted'].values #dependent Feature
#print(type(X))
#print(type(y))

#X = Xtest.values #independent Feature
X_tensor = torch.FloatTensor(X_test).to(device)
y_tensor = torch.FloatTensor(y_test).to(device)
#print(X_tensor)
threshold = 0.5
y_pred = torch.sigmoid(X_tensor.matmul(W)+ b).to(device)
print(y_pred)
#prediction = y_pred >= torch.FloatTensor([0.5])
#print(prediction)
prediction = (y_pred.detach().cpu().numpy() > threshold).astype(np.int8)
print(prediction)
```

```
tensor([[2.4128e-03],
        [2.5188e-02],
        [2.3818e-02],
        [5.9730e-02],
        [8.1696e-04],
        [6.0670e-01],
        [3.8145e-01],
        [2.2640e-02],
        [7.9699e-01],
        [9.7710e-01]], device='cuda:0', grad_fn=<SigmoidBackward0>)
[[0]
 [0]
 [0]
 [0]
 [0]
 [1]
 [0]
 [0]
 [1]
 [1]]
```

Confusion matrix를 생성하고 생성된 Confusion matrix로부터 성능 평가지표를 구한다.

```
from sklearn.metrics import confusion_matrix
# confusion matrix
confusion_matrix = confusion_matrix(y_test, prediction)
TN=confusion_matrix[0][0]
FP=confusion_matrix[0][1]
FN=confusion_matrix[1][0]
TP=confusion_matrix[1][1]
precision= TP/(TP+FP)
sensitivity=TP/(TP+FN)
specificity=TN/(FP+TN)
accuracy=(TP+TN)/(TP+TN+FP+FN)
print ("Confusion Matrix : \n", confusion_matrix)
print ("Precision : ", precision)
print ("Sensitivity : ", sensitivity)
print ("Specificity : ", specificity)
print ("Accuracy : ", accuracy)
```

```
Confusion Matrix :
 [[6 0]
 [1 3]]
Precision :  1.0
Sensitivity :  0.75
Specificity :  1.0
Accuracy :  0.9
```

다음은 Confusion matrix를 생성하지 않고 sklearn.metrics 모듈에서 제공되는 함수, 즉, accuracy_score( ) 함수, precision_score( ) 함수, recall_score( ) 함수를 이용하여 정확도, 정밀도, 그리고 민감도를 구한다.

```
from sklearn.metrics import accuracy_score, precision_score, recall_score
print("Accuracy :",metrics.accuracy_score(y_test, prediction))
print("Precision :",metrics.precision_score(y_test, prediction))
print("Sensitivity :",metrics.recall_score(y_test, prediction))
```

```
Accuracy : 0.9
Precision : 1.0
Sensitivity : 0.75
```

이제 ROC 곡선과 AUC를 구한다.

```
import matplotlib.pyplot as plt
fpr, tpr, _ = metrics.roc_curve(y_test,  y_pred.detach().cpu().numpy())
auc = metrics.roc_auc_score(y_test, y_pred.detach().cpu().numpy())
plt.plot(fpr,tpr,label="AUC ="+str(auc))
```

```
plt.legend(loc=4)
plt.title("ROC Curve")
plt.ylabel('True Positive Rate')
plt.xlabel('False Positive Rate')
plt.show()
```

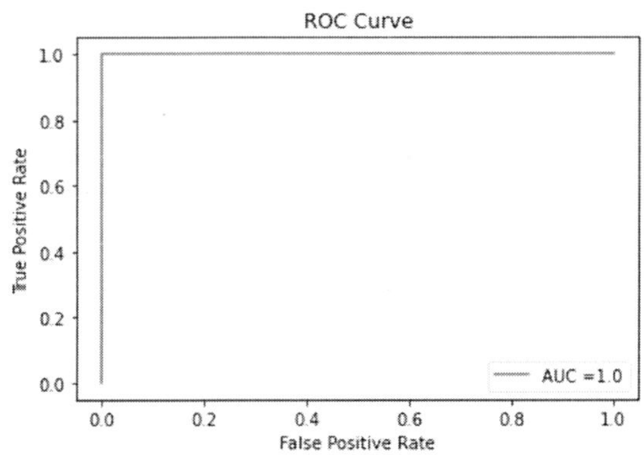

그림 4.9 표 4.20에 대한 ROC 곡선

▶ 그림 4.9의 ROC 곡선으로부터 AUC=1.0임을 알 수 있다. 이 모델은 완벽한 분류모델을 의미한다.

예제 4.5

피마 인디언 당뇨병(Pima Indians Diabetes) 데이터를 사용하여 당뇨병 발병 여부를 머신러닝기반 로지스틱 회귀분석을 이용하여 분류하고자 한다. 피마 인디언 당뇨병 데이터는 캐글(kaggle) 사이트에 있는 데이터로서 9개의 변수와 767개의 데이터로 이루어진 분류 데이터이다. 캐글 데이터의 사이트는 다음과 같다.

https://www.kaggle.com/datasets

그림 4.10은 피마 인디언 당뇨병 데이터의 일부를 보여주고 있다.

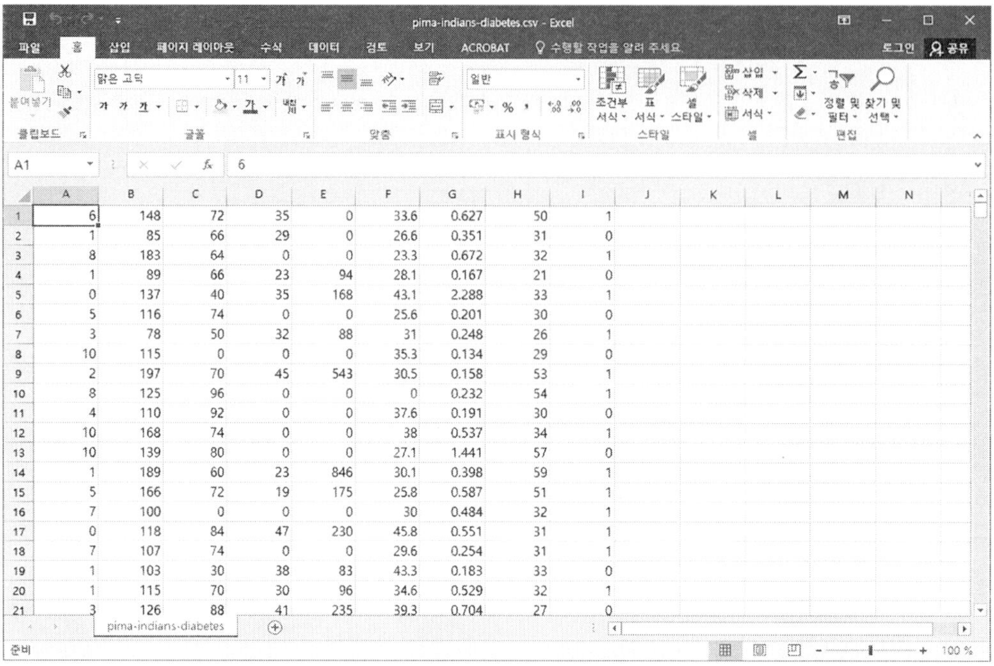

그림 4.10 피마 인디언 당뇨병 데이터

표 4.21은 피마 인디언 당뇨병 데이터에서 사용된 변수들에 대한 설명이다.

표 4.21 피마 인디언 당뇨병 데이터 변수설명

변수	설명
Pregnancies	과거 임신횟수
Glucose	포도당 내성 검사에서 2시간 후 공복 혈당 농도(mm Hg)
BloodPressure	이완기 혈압(mm Hg)
SkinThickness	삼두근 피부 주름 두께(mm)
Insulin	혈청 인슐린(mu U/ml)
BMI	체질량지수(weight in kg/(height in m)^2)
DiabetesPedigreeFunction	당뇨병 가족력
Age	나이(세)
Outcome	결과(1:당뇨병 검사 양성, 0: 당뇨병 검사 음성)

풀이

1) scikit-learn을 이용한 머신러닝

코드 4.4.8

ⓐ read_csv() 함수를 이용하여 데이터 불러온다.

```
#import pandas
import pandas as pd
pima = pd.read_csv('pima-indians-diabetes.csv')
```

```
print(pima.head())
```

```
 Pregnancies  Glucose  BloodPressure  SkinThickness  Insulin   BMI  \
0            6      148             72             35        0  33.6
1            1       85             66             29        0  26.6
2            8      183             64              0        0  23.3
3            1       89             66             23       94  28.1
4            0      137             40             35      168  43.1

   DiabetesPedigreeFunction  Age  Outcome
0                     0.627   50        1
1                     0.351   31        0
2                     0.672   32        1
3                     0.167   21        0
4                     2.288   33        1
```

ⓑ 로지스틱 회귀분석을 위해 독립변수와 종속변수를 지정한다.

```
X = pima[['Pregnancies', 'Glucose','BloodPressure','SkinThickness','Insu-
lin','BMI','DiabetesPedigreeFunction','Age']]
y = pima['Outcome']
```

혹은

```
array = pima.values
X = array[:,0:8]
y = array[:,8]
print(X.shape)
print(y.shape)
```

```
(768, 8)
(768,)
```

이제 전체 데이터를 학습 데이터와 테스트 데이터로 분할한다. 여기서는 학습 데이터와 테스트 데이터를 75%:25%로 분할한다.

```
# split X and y into training and testing sets
from sklearn.model_selection import train_test_split
X_train,X_test,y_train,y_test=train_test_split(X,y,test_size=0.25,random_state=0)
```

ⓒ 모델을 생성하고 학습시킨다.

학습 데이터로부터 모델을 생성한 후 fit( ) 함수를 이용하여 적합시킨다.

```
# import the class
from sklearn.linear_model import LogisticRegression

# instantiate the model (using the default parameters)
model = LogisticRegression()

# fit the model with data
model.fit(X_train,y_train)
```

ⓓ 테스트 데이터에 대해 예측한다.

생성된 모델을 이용하여 테스트 데이터에 대해 예측한다. 이를 위해 scikit-learn에서 제공하는 predict( ) 함수를 이용한다.

```
#prediction
y_pred=model.predict(X_test)
```

ⓔ Confusion matrix 생성하고 성능평가지표를 구한다.

```
# import the metrics class
from sklearn import metrics
```

```
confusion_matrix = metrics.confusion_matrix(y_test, y_pred)
TN=confusion_matrix[0][0]
FP=confusion_matrix[0][1]
FN=confusion_matrix[1][0]
TP=confusion_matrix[1][1]
precision= TP/(TP+FP)
sensitivity=TP/(TP+FN)
specificity=TN/(FP+TN)
accuracy=(TP+TN)/(TP+TN+FP+FN)
print ("Confusion Matrix : \n", confusion_matrix)
print ("Precision : ", round(precision,4))
print ("Sensitivity : ", round(sensitivity,4))
print ("Specificity : ", round(specificity,4))
print ("Accuracy : ", round(accuracy,4))
```

```
Confusion Matrix :
 [[115  15]
 [ 25  37]]
Precision :  0.7115
Sensitivity :  0.5968
Specificity :  0.8846
Accuracy :  0.7917
```

ⓕ Confusion matrix 생성하지 않고 성능평가 지표를 구한다.

Confusion matrix 생성하지 않고 sklearn.metrics 모듈에 있는 함수들을 이용하여 성능평가 지표를 구한다.

```
Accuracy = metrics.accuracy_score(y_test, y_pred)
Precision = metrics.precision_score(y_test, y_pred)
Sensitivity = metrics.recall_score(y_test, y_pred)
print("Accuracy:",round(Accuracy, 4))
print("Precision:", round(Precision, 4))
print("Sensitivity:", round(Sensitivity,4))
```

```
Accuracy: 0.7917
Precision: 0.7115
Sensitivity: 0.5968
```

⑨ ROC 곡선과 AUC를 구한다.

```
import matplotlib.pyplot as plt
y_pred_proba = model.predict_proba(X_test)
print(y_pred_proba.shape)
print(y_pred_proba[0:5,:])
# 레이블 값이 1일 때의 예측 확률을 추출
y_pred_proba = model.predict_proba(X_test)[:,1]
print(y_pred_proba[0:5])
fpr, tpr, thresholds = metrics.roc_curve(y_test,  y_pred_proba)
auc = metrics.roc_auc_score(y_test, y_pred_proba)
auc =round(auc,4)
plt.plot(fpr,tpr,label="AUC ="+str(auc))
plt.legend(loc=4)
plt.title("ROC Curve")
plt.ylabel('True Positive Rate')
plt.xlabel('False Positive Rate')
plt.show()
```

```
(192, 2)
[[0.02570521 0.97429479]
 [0.83983286 0.16016714]
 [0.9232299  0.0767701 ]
 [0.3195936  0.6804064 ]
 [0.87819155 0.12180845]]
[0.97429479 0.16016714 0.0767701  0.6804064  0.12180845]
```

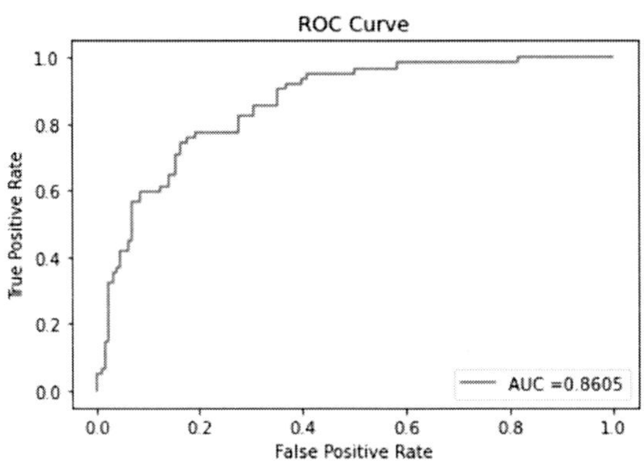

그림 4.11 그림 4.10의 데이터에 대한 ROC 곡선

- predict_proba( ) 함수

predict( ) 함수는 확률값(probability) 대신에 예측된 클래스(class, label, output) 값을

반환하는 반면, predict_proba( ) 함수는 각 클래스에 대한 확률값을 반환한다.

```
print(y_pred_proba[0:5,:])
```

```
[[0.02570521 0.97429479]
 [0.83983286 0.16016714]
 [0.9232299  0.0767701 ]
 [0.3195936  0.6804064 ]
 [0.87819155 0.12180845]]
```

▶ 0번째 열은 레이블이 0일 때의 예측 확률이고 1번째 열은 레이블이 1일 때의 예측 확률이다. 따라서 후자인 1번째 열만을 출력하기 위한 문장은 다음과 같다.

```
y_pred_proba = model.predict_proba(X_test)[:,1]
```

2) 파이토치를 이용한 직접 구현

피마 인디언 당뇨병 데이터에서 scikit-learn을 이용하지 않고 파이토치를 이용하여 직접 로지스틱 회귀분석을 구현하고자 한다.

ⓐ read_csv() 함수를 이용하여 데이터 불러온다. 그리고 로지스틱 회귀분석을 위해 독립변수와 종속변수를 지정한다.

코드 4.4.9

```
import torch
#import pandas
import pandas as pd
pima = pd.read_csv('pima-indians-diabetes.csv')
print(pima.head())

X = pima.drop('Outcome' , axis = 1).values #independent Feature
y = pima['Outcome'].values #dependent Feature
#print(X.shape)
#print(y.shape)
```

```
Pregnancies  Glucose  BloodPressure  SkinThickness  Insulin   BMI  \
0            6        148            72             35        0  33.6
1            1         85            66             29        0  26.6
2            8        183            64              0        0  23.3
3            1         89            66             23       94  28.1
```

```
4           0      137          40           35      168  43.1

   DiabetesPedigreeFunction  Age  Outcome
0                     0.627   50        1
1                     0.351   31        0
2                     0.672   32        1
3                     0.167   21        0
4                     2.288   33        1
```

ⓑ **모델 학습을 위해 데이터를 분할한다.**

전체 데이터를 학습 데이터와 테스트 데이터로 75%:25% 비율로 분할한다.

```
device = torch.device("cuda" if torch.cuda.is_available() else "cpu")

from sklearn.model_selection import train_test_split
X_train,X_test,y_train,y_test = train_test_split(X,y , test_size =0.25,random_state=0)

# Creating Tensors
X_train=torch.FloatTensor(X_train).to(device)
X_test=torch.FloatTensor(X_test).to(device)
y_train=torch.FloatTensor(y_train).view(-1,1).to(device)
y_test=torch.FloatTensor(y_test).view(-1,1).to(device)
#print(X.shape)
print(X_train.shape)
print(y_train.shape)

import torch
from torch import sigmoid
import torch.nn.functional as F

#torch.manual_seed(1)
#W = torch.randn((3,1), requires_grad=True)
#b = torch.randn(1, requires_grad=True)

W = torch.zeros((8, 1),device=device, requires_grad=True)
b = torch.zeros(1, device=device, requires_grad=True)
```

```
torch.Size([576, 8])
torch.Size([576, 1])
```

ⓒ 모델을 생성하고 학습시킨다.

```
#criterion=torch.nn.BCELoss(reduction='mean')
#ptimizer=torch.optim.SGD([W,b],lr=0.1)
optimizer=torch.optim.Adam([W,b],lr=0.01)
epochs=3000
for epoch in range(epochs):
    y_pred = torch.sigmoid(X_train.matmul(W)+ b).to(device)
#    print(y_pred.shape)
#    print(y_train.shape)
#    y_pred = torch.sigmoid(torch.matmul(X_tensor, W)+ b)
    loss = F.binary_cross_entropy(y_pred, y_train)

    #print(epoch, loss.item())

    optimizer.zero_grad()
    loss.backward()
    optimizer.step()

    if (epoch+1) % 1000 == 0:
        print('epoch=',epoch+1,'a=',W.detach().cpu().numpy(),'b=',b.detach().cpu().
numpy(),'loss=',loss.detach().cpu().numpy())
```

```
epoch= 1000 a= [[ 8.3903365e-02]
 [ 2.2933833e-02]
 [-1.8483376e-02]
 [ 5.4355613e-03]
 [-3.6932933e-04]
 [ 4.2829312e-02]
 [ 5.6375253e-01]
 [ 8.6207902e-03]] b= [-4.446911] loss= 0.5074573
epoch= 2000 a= [[ 8.59823599e-02]
 [ 3.01930886e-02]
 [-1.32960705e-02]
 [ 6.14775810e-03]
 [-6.44476095e-04]
 [ 7.33201876e-02]
 [ 7.86398590e-01]
 [ 1.80414747e-02]] b= [-7.1536474] loss= 0.48587313
epoch= 3000 a= [[ 8.7335192e-02]
 [ 3.3135198e-02]
 [-1.1169836e-02]
 [ 6.4984867e-03]
 [-2.2390921e-04]
```

```
[ 8.4833309e-02]
[ 8.6662745e-01]
[ 2.1701567e-02]] b= [-8.097343] loss= 0.4883426
```

ⓓ 테스트 데이터에 대해 예측한다.

```
y_pred = torch.sigmoid(X_test.matmul(W)+ b).to(device)
prediction = y_pred >= torch.FloatTensor([0.5]).to(device)
```

ⓔ Confusion matrix를 생성하고 성능평가지표를 구한다.

```
# import the metrics class
from sklearn import metrics
confusion_matrix = metrics.confusion_matrix(y_test.cpu().numpy(), prediction.cpu().numpy())
TN=confusion_matrix[0][0]
FP=confusion_matrix[0][1]
FN=confusion_matrix[1][0]
TP=confusion_matrix[1][1]
precision= TP/(TP+FP)
sensitivity=TP/(TP+FN)
specificity=TN/(FP+TN)
accuracy=(TP+TN)/(TP+TN+FP+FN)
print ("Confusion Matrix : \n", confusion_matrix)
print ("Precision : ", round(precision,4))
print ("Sensitivity : ", round(sensitivity,4))
print ("Specificity : ", round(specificity,4))
print ("Accuracy : ", round(accuracy,4))
```

```
Confusion Matrix :
 [[111  19]
 [ 23  39]]
Precision :  0.6724
Sensitivity :  0.629
Specificity :  0.8538
Accuracy :  0.7812
```

ⓕ Confusion matrix 생성하지 않고 성능평가 지표를 구한다.

Confusion matrix 생성하지 않고 sklearn.metrics 모듈에 있는 함수들을 이용하여 성능평가 지표를 구한다.

```
y_test=y_test.detach().cpu().numpy()
prediction=prediction.detach().cpu().numpy()

Accuracy = metrics.accuracy_score(y_test, prediction)
Precision = metrics.precision_score(y_test, prediction)
Sensitivity = metrics.recall_score(y_test, prediction)
print("Accuracy:",round(Accuracy, 4))
print("Precision:", round(Precision, 4))
print("Sensitivity:", round(Sensitivity,4))
```

```
Accuracy: 0.7812
Precision: 0.6724
Sensitivity: 0.629
```

⑨ ROC 곡선과 AUC를 구한다.

```
#y_pred_proba = logreg.predict_proba(X_test)[::,1]
fpr, tpr, _ = metrics.roc_curve(y_test,  y_pred.detach().cpu().numpy())
auc = metrics.roc_auc_score(y_test, y_pred_proba)
auc=round(auc,4)
plt.plot(fpr,tpr,label="AUC="+str(auc))
plt.legend(loc=4)
plt.title("ROC Curve")
plt.ylabel('True Positive Rate')
plt.xlabel('False Positive Rate')
plt.show()
```

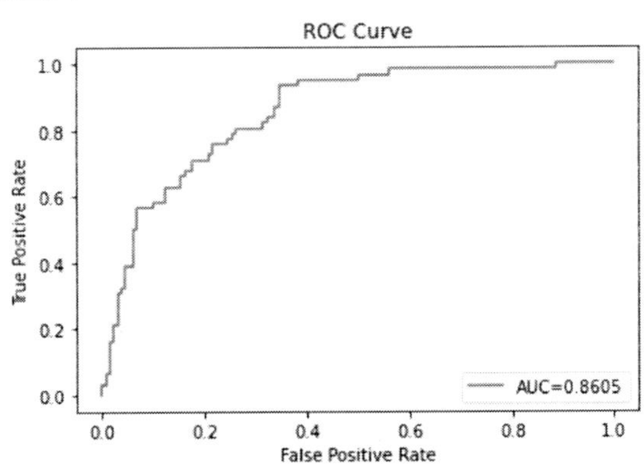

그림 4.12 그림 4.10의 데이터에 대한 ROC 곡선

연습문제

1. Sonar 데이터에서 파이토치를 이용한 머신러닝 기반 회귀분석을 수행하고자 한다. Sonar 데이터는 다음의 사이트에서 받아볼 수 있다.

https://www.kaggle.com/ypzhangsam/sonaralldata

소나(Sonar, Sound Navigation and Ranging, 음향탐지기)는 음파에 의해 수중 목표의 방위 및 거리를 알아내는 장비이다.

Sonar 데이터는 함정에서 그림 4.13의 기뢰(mine)와 같은 금속 실린더나 실린더 모양의 바위(rock)를 대상으로 음파가 표적으로부터 반사되어 되돌아오는 신호를 측정한 데이터이다. 기뢰(mine)는 수중에 설치되어 함선이 접근 또는 접촉했을 때, 자동 또는 원격 조작으로 폭발하는 수중 병기 중 하나이다.

Sonar 데이터는 208개 데이터와 61개의 변수(60개의 속성과 1개의 클래스)로 이루어져 있다. 60개의 속성은 60가지의 각도와 조건에 따른 energy level을 나타내고 0에서 1 사이의 정규화된 값이며 1개의 클래스는 R과 M의 값을 갖고 있다. 여기서 R은 바위(rock), M은 기뢰(mine)를 나타낸다. 208개의 데이터 중 111개는 기뢰(mine)로부터 얻어진 신호이고, 97개는 바위(rock)로부터 얻어진 신호로 구성되어 있다. Sonar 데이터는 60개의 속성으로부터 기뢰(mine)와 바위(rock)를 구분하는 이진 분류 문제에 사용된다.

그림 4.13 기뢰

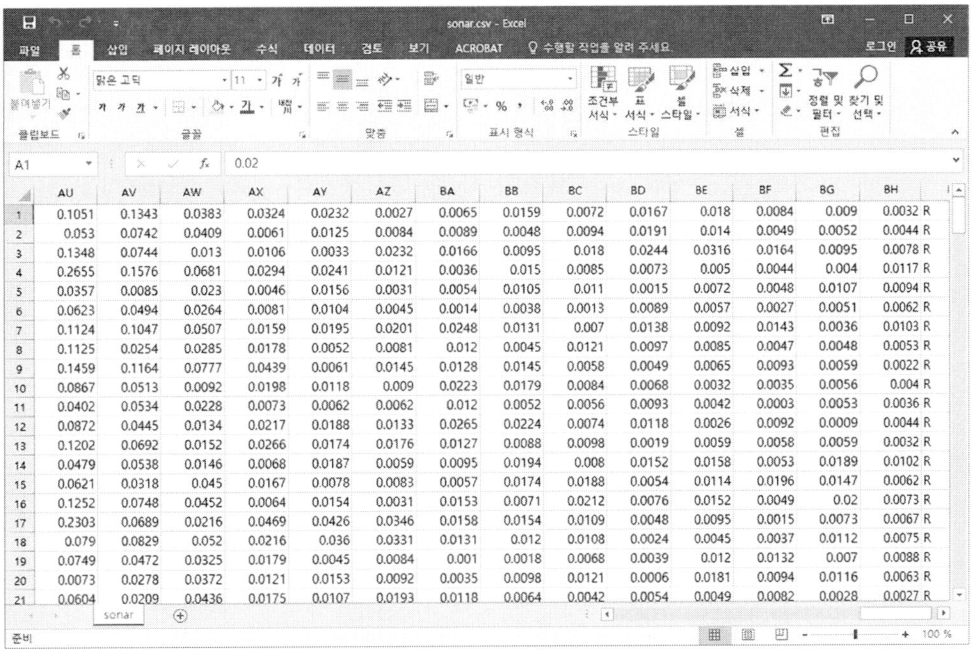

	AU	AV	AW	AX	AY	AZ	BA	BB	BC	BD	BE	BF	BG	BH	
1	0.1051	0.1343	0.0383	0.0324	0.0232	0.0027	0.0065	0.0159	0.0072	0.0167	0.018	0.0084	0.009	0.0032	R
2	0.053	0.0742	0.0409	0.0061	0.0125	0.0084	0.0089	0.0048	0.0094	0.0191	0.014	0.0049	0.0052	0.0044	R
3	0.1348	0.0744	0.013	0.0106	0.0033	0.0232	0.0166	0.0095	0.018	0.0244	0.0316	0.0164	0.0095	0.0078	R
4	0.2655	0.1576	0.0681	0.0294	0.0241	0.0121	0.0036	0.015	0.0085	0.0073	0.005	0.0044	0.004	0.0117	R
5	0.0357	0.0085	0.023	0.0046	0.0156	0.0031	0.0054	0.0105	0.011	0.0015	0.0072	0.0048	0.0107	0.0094	R
6	0.0623	0.0494	0.0264	0.0081	0.0104	0.0045	0.0014	0.0038	0.0013	0.0089	0.0057	0.0027	0.0051	0.0062	R
7	0.1124	0.1047	0.0507	0.0159	0.0195	0.0201	0.0248	0.0131	0.007	0.0138	0.0092	0.0143	0.0036	0.0103	R
8	0.1125	0.0254	0.0285	0.0178	0.0052	0.0081	0.012	0.0045	0.0121	0.0097	0.0085	0.0047	0.0048	0.0053	R
9	0.1459	0.1164	0.0777	0.0439	0.0061	0.0145	0.0128	0.0145	0.0058	0.0049	0.0065	0.0093	0.0059	0.0022	R
10	0.0867	0.0513	0.0092	0.0198	0.0118	0.009	0.0223	0.0179	0.0084	0.0068	0.0032	0.0035	0.0056	0.004	R
11	0.0402	0.0534	0.0228	0.0073	0.0062	0.0062	0.012	0.0052	0.0056	0.0093	0.0042	0.0003	0.0053	0.0036	R
12	0.0872	0.0445	0.0134	0.0217	0.0188	0.0133	0.0265	0.0224	0.0074	0.0118	0.0026	0.0092	0.0009	0.0044	R
13	0.1202	0.0692	0.0152	0.0266	0.0174	0.0176	0.0127	0.0088	0.0098	0.0019	0.0059	0.0058	0.0059	0.0032	R
14	0.0479	0.0538	0.0146	0.0068	0.0187	0.0059	0.0095	0.0194	0.008	0.0152	0.0158	0.0053	0.0189	0.0102	R
15	0.0621	0.0318	0.045	0.0167	0.0078	0.0083	0.0057	0.0174	0.0188	0.0054	0.0114	0.0196	0.0147	0.0062	R
16	0.1252	0.0748	0.0452	0.0064	0.0154	0.0031	0.0153	0.0071	0.0212	0.0076	0.0152	0.0049	0.02	0.0073	R
17	0.2303	0.0689	0.0216	0.0469	0.0426	0.0346	0.0158	0.0154	0.0109	0.0048	0.0095	0.0015	0.0073	0.0067	R
18	0.079	0.0829	0.052	0.0216	0.036	0.0331	0.0131	0.012	0.0108	0.0024	0.0045	0.0037	0.0112	0.0075	R
19	0.0749	0.0472	0.0325	0.0179	0.0045	0.0084	0.001	0.0018	0.0068	0.0039	0.012	0.0132	0.007	0.0088	R
20	0.0073	0.0278	0.0372	0.0121	0.0153	0.0092	0.0035	0.0098	0.0121	0.0006	0.0181	0.0094	0.0116	0.0063	R
21	0.0604	0.0209	0.0436	0.0175	0.0107	0.0193	0.0118	0.0064	0.0042	0.0054	0.0049	0.0082	0.0028	0.0027	R

그림 4.14 Sonar 데이터

2. Wine 데이터에서 파이토치를 이용한 머신러닝 기반 회귀분석을 수행하고자 한다. Wine 데이터는 다음의 사이트에서 받아볼 수 있다.

https://archive.ics.uci.edu/ml/datasets/wine+quality

Wine 데이터는 포르투갈 서북쪽의 비뉴 베르드 지방에서 만들어진 와인 품질을 측정한 데이터이다. 와인의 알코올 도수, 산도, 색깔 등의 정보를 바탕으로 레드와인, 화이트와인을 구분하기 위한 데이터이다. 레드와인 샘플은 1,599개이고 화이트와인 샘플은 4,898개이다. Wine 데이터는 6,497개 샘플과 13개의 변수(12의 속성과 1개의 클래스)로 이루어져 있다. 표 4.22는 13개의 변수(12개의 화학성분을 나타내는 속성과 1개의 클래스)에 대한 설명이다.

표 4.22 Wine 데이터 변수설명

순서	변수	설명
1	fixed acidity	고정산도
2	volatile acidity	휘발성 산도
3	citric acid	시트르산

순서	변수	설명
4	residual sugar	잔류 설탕
5	chlorides	염화물
6	free sulfur dioxide	자유 이산화황
7	total sulfur dioxide	총 이산화황
8	density	밀도
9	pH	pH
10	sulphates	황산염
11	alcohol	알코올
12	quality	품질(0~10등급)
13	class	1:레드와인, 0:화이트와인

Wine 데이터 사이트에서 레드와인, 화이트와인에 대한 파일은 각각 winequality–red.csv, winequality–white.csv이다. 위 2개의 파일을 하나의 파일로 합친다.

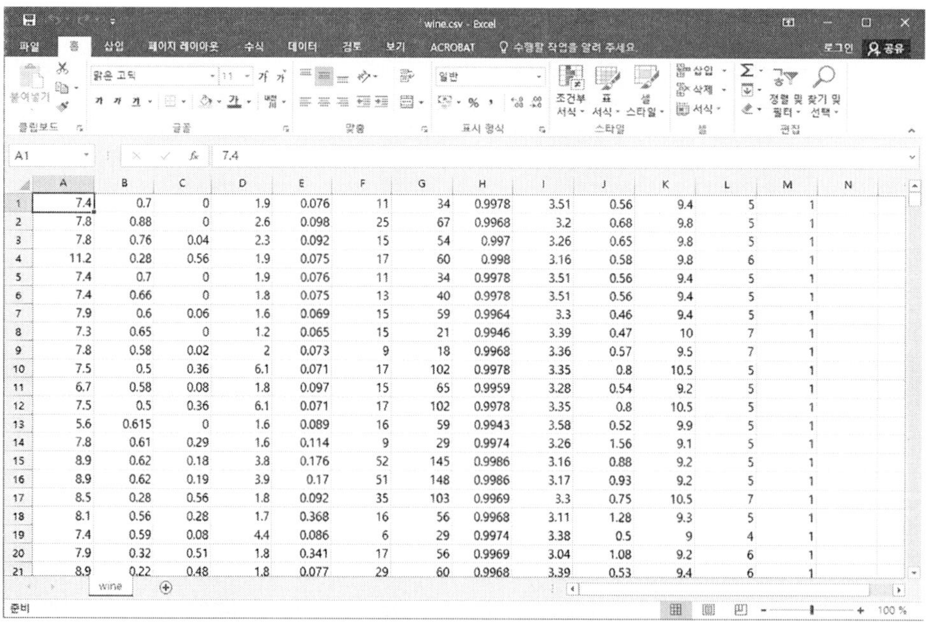

그림 4.15 Wine 데이터

제 5 장

인공 신경망

5.1 퍼셉트론

(1) 퍼셉트론의 개념

퍼셉트론(perceptron)은 1958년 프랑크 로젠블라트(Frank Rosenblatt, 딥러닝의 '할아버지')가 제안한 초기 형태의 인공 신경망(artificial neural network, ANN)이다. 퍼셉트론은 실제 뇌를 구성하는 생물학적 뉴런(biological neuron)을 모방하여 만든 모델이다. 사람의 뇌는 약 1,000억 개의 뉴런(neuron)이라는 신경세포로 이루어져 있다. 그림 5.1은 생물학적 뉴런의 구조를 나타내고 있다.

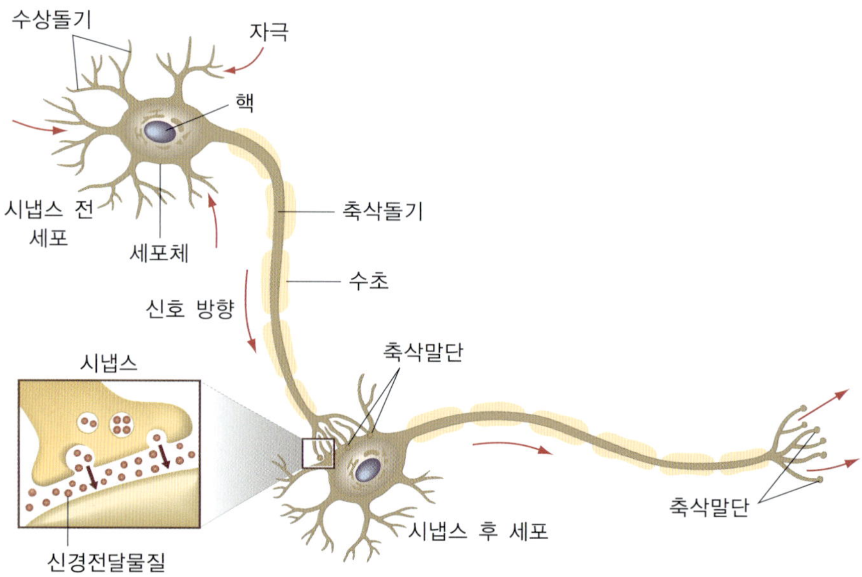

그림 5.1 생물학적 뉴런의 구조

뉴런의 구조를 보면 크게 세포체(cell body 또는 soma), 수상돌기(dendrite, 가지돌기), 축삭돌기(axon, 축색돌기)로 구성된다. 뉴런의 기본기능은 외부로부터 자극을 받았을 때 전기를 발생시켜 다른 세포로 정보를 전달하는 것으로서 세포체는 핵이 있는 곳으로 뉴런의 중심이 되는 곳이고, 수상돌기는 다른 뉴런에서 전달되는 입력 신호를 받아들이는 역할을 하며,

축삭돌기는 수상돌기에서 입력받은 신호를 다른 뉴런으로 전달하는 역할을 한다.

뉴런과 뉴런 사이의 신호 전달은 시냅스(synapse)를 통해 이루어진다. 그림 5.1에서 보는 것처럼, 시냅스는 뉴런의 축삭돌기 말단(axon terminal, 축삭말단)과 다음 뉴런의 수상돌기 사이의 연결 부위이다. 즉, 시냅스는 한 뉴런에서 다른 뉴런으로 신호를 전달하는 연결지점이다. 시냅스는 일정한 세기 이상이 되어야 수상돌기로 전달된다.

뉴런은 전기 신호를 전달받고 바로 반응하여 신호를 전달하는 것이 아니라 입력으로 들어온 신호가 일정 용량 이상일 경우 신호를 출력한다. 즉, 입력된 신호의 값이 특정 임계값(threshold, 임계치)에 도달하는 경우 신호가 출력된다는 것을 의미한다. 인공 신경망은 이러한 생물학적 뉴런의 정보처리 및 전달 과정을 모방하여 구현한 것이다. 표 5.1은 생물학적인 신경망과 인공 신경망의 유사점을 나타내고 있다.

표 5.1 생물학적인 신경망과 인공 신경망의 비교

생물학적 신경망	인공 신경망
세포체	노드(node)
수상돌기(가지돌기)	입력(input)
축삭돌기(축색돌기)	출력(output)
시냅스	가중치(weight)

인공 신경망은 입력 신호를 받는 입력층(input layer), 가중치와 활성화 함수를 이용하여 예측값을 생성하는 은닉층(hidden layer), 출력신호를 출력하는 출력층(output layer)으로 구성된다. 각 층은 노드와 각 노드들을 연결하는 가중치(weight)로 구성된다. 은닉층의 경우 여러 층으로 나뉠 수 있는데, 이를 다층 퍼셉트론(multi–layer perceptron)이라고 한다. 오늘날 단층 신경망이 초기 형태의 퍼셉트론인 단층 퍼셉트론(single–layer perceptron)에 해당되고, 다층 신경망이 다층 퍼셉트론에 해당된다. 그림 5.2는 단층 퍼셉트론과 다층 퍼셉트론의 예를 나타내고 있다.

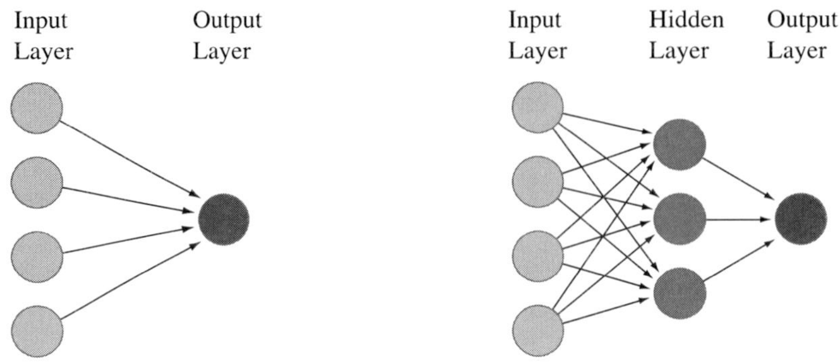

(a) 단층 퍼셉트론 (b) 다층 퍼셉트론

그림 5.2 단층 퍼셉트론과 다층 퍼셉트론

신경망에서 유용한 다층 신경망(혹은 다층 퍼셉트론)에 대해 논의하기 전에 실제 유용하지는 않지만, 단순한 형태의 신경망인 단층 신경망(혹은 단층 퍼셉트론)에 대해 논의하고자 한다. 그림 5.3은 단층 퍼셉트론의 절차를 보여주고 있다.

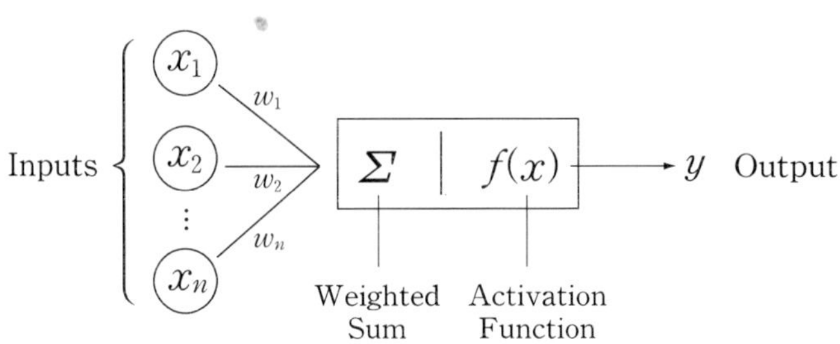

그림 5.3 단층 퍼셉트론의 절차

그림 5.3에서 입력층은 n개의 입력 노드(input node)(혹은 유닛(unit)) $x_1, \cdots, x_n$으로, 출력층은 1개의 노드로 구성되어 있다. 여기서 n개의 입력 노드와 1개의 출력 노드는 가중치(weight)(혹은 연결 강도(connection strength)) $w_1, \cdots, w_n$을 가지고 연결되어 있다. 그림 5.3은 입력값들이 각각 부여된 가중치에 대해 가중합(weighted sum, 기호 Σ)을 구한 다음 활성화 함수(activation function, 기호 $f(x)$)를 적용하여 출력값(기호 y)이 얻어지는 과정을 나타낸다. 이때 각각의 가중치는 해당 입력 신호가 출력 신호에 얼마나 영향을 주는가를 나타낸다. 연결 강도 면에서 설명하면, 입력 신호와 출력 신호와의 연결 정도의 강도(strength)를 나타낸다. 가중치가 클수록(혹은 연결 강도가 강할수록) 해당 입력 신호가 출력 신호에 영향을 많이 준다고 할 수 있다. 따라서 가중치가 크면 뉴런이 활성화(activation)하는 데 해당 입력 신호의 역할이 크다는 것을 나타낸다. 퍼셉트론은 가중치를 파라미터(parameter, 매개변수)

로 취급하여 학습을 통해 조정된다.

신경망에서 입력값들로부터 구한 가중합은 곧바로 다음 층(layer)으로 전달되지 않고 활성화 함수를 거치는데, 주로 비선형 함수(non-linear function)를 거쳐 전달한다. 활성화 함수는 입력값들의 계산 결과에 대한 활성화 정도, 혹은 활성화 여부를 결정한다. 여기서 주로 비선형 함수를 사용하는 이유는 선형함수(linear function)를 사용하면 층을 깊게 하는 의미가 줄어들기 때문이다. 예를 들어, 3층 신경망에서 연속으로 선형함수 $f(x)=ax$를 활성화 함수로 사용하는 경우 최종 출력값은 $y=f(f(f(x)))=a^3x$이다. 즉, $y=kx$의 형태이므로 y는 x의 선형함수이다. 여기서는 $k=a^3$이다. 이 경우 선형함수를 사용한 은닉층을 1회 추가한 것과 연속으로 추가한 것과 차이가 없어진다.

다층 신경망을 사용하는 이유에 대해 생각해 보자. 직선에 의해 이진 분류가 가능한 단순한 데이터인 경우, 선형함수의 활성화 함수에 의해 쉽게 분류할 수 있지만, 우리나라 태극기의 가운데 있는 태극 문양과 유사한 곡선 모양을 갖는 복잡한 데이터인 경우, 선형함수의 활성화 함수로는 이진 분류를 할 수 없다. 이런 복잡한 데이터인 경우는 여러 층에 걸쳐 층마다 비선형 함수의 활성화 함수를 적용함으로써 분류할 수 있다.

그림 5.4는 단층 퍼셉트론에서 활성화 함수로서 사용되는 계단함수(step function)를 보여주고 있다.

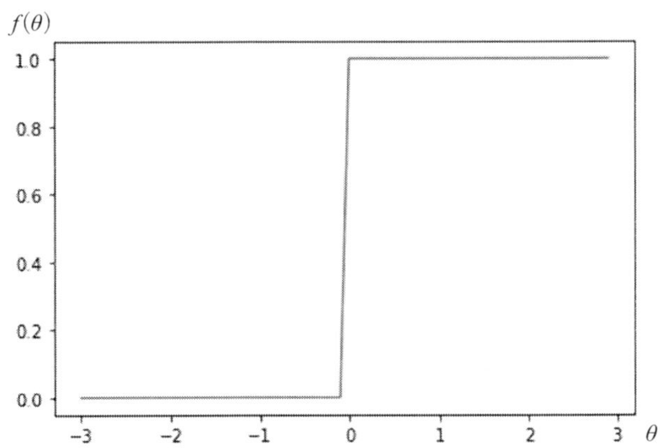

그림 5.4 계단함수(step function)

계단함수는 임계값(threshold)보다 크면 활성화되고 그렇지 않으면 활성화가 되지 않는다. 그림 5.4를 보면 임계값은 $\theta=0$이다. 0을 기준으로 함수의 출력값이 0, 1이 된다. 즉, 입력값 x_i

와 가중치 w_i를 전부 곱해서 더한 총합인 가중합 $\sum_{i=1}^{n} w_i x_i$을 활성화 함수 f에 넣어서 나온 결과값이 0, 1인 것이다. 이를 정리하면,

$$y = f(\sum_{i=1}^{n} w_i x_i) \tag{5.1}$$

에서

$$y = \begin{cases} 1, & \sum_{i=1}^{n} w_i x_i > \theta \\ 0, & \sum_{i=0}^{n} w_i x_i \le \theta \end{cases} \tag{5.2}$$

이다. 그림 5.5는 그림 5.3에서 바이어스(bias, 편향)가 추가된 단층 퍼셉트론의 절차를 나타내고 있다. 바이어스는 입력 신호와 별개로 해당 뉴런이 활성화 여부에 영향을 주는 파라미터이다. 보통 바이어스는 입력 신호 x_0=1이고 가중치는 b 혹은 w_0로 나타낸다. 바이어스는 직선의 경우 y절편(intercept)에 해당된다.

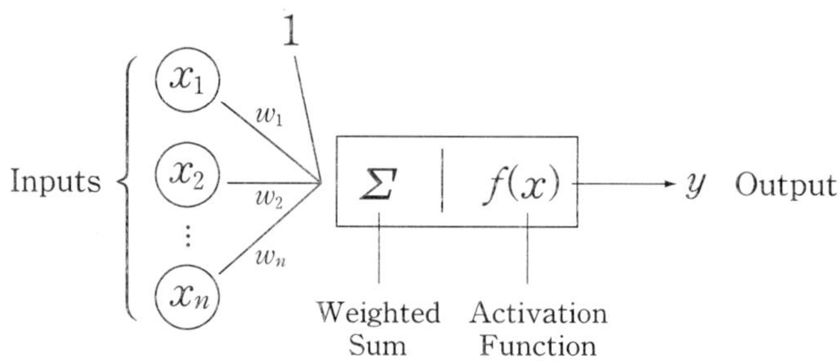

그림 5.5 바이어스가 있는 단층 퍼셉트론의 절차

그림 5.5에서 입력 신호 x_0, x_1, ⋯ , x_n과 가중치 w_0, w_1, ⋯ , w_n들의 가중합(weighted sum) $\sum_{i=0}^{n} w_i x_i$를 임계값 θ와 비교하여 임계값보다 크면 1을 출력하고, 작으면 0을 출력한다. 여기서 x_0=1로 놓으면 가중합은 다음과 같이 나타낼 수 있다.

$$\sum_{i=0}^{n} w_i x_i = \sum_{i=1}^{n} w_i x_i + w_0$$

따라서 바이어스를 포함한 단층 퍼셉트론에서 식 (5.1)과 식 (5.2)에 대응되는 각각의 식은 다음과 같다.

$$y = f(\sum_{i=1}^{n} w_i x_i + w_0) \quad (5.3)$$

에서

$$y = \begin{cases} 1, \ \sum_{i=1}^{n} w_i x_i + w_0 > \theta \\ 0, \ \sum_{i=0}^{n} w_i x_i + w_0 \le \theta \end{cases} \quad (5.4)$$

바이어스가 없는 단층 퍼셉트론에서 식 (5.1)과 식 (5.2)를 벡터를 이용하여 나타내고자 한다. 이를 위해 벡터 W와 X를 다음과 같이 정의한다.

$$W = \begin{pmatrix} w_1 \\ w_2 \\ \vdots \\ w_n \end{pmatrix}, \ X = \begin{pmatrix} x_1 \\ x_2 \\ \vdots \\ x_n \end{pmatrix}$$

벡터 W와 X의 내적(inner product)은 다음과 같이 수식화할 수 있다.

$$W^T X = \sum_{i=1}^{n} w_i x_i$$

따라서 식 (5.1)과 식 (5.2)를 벡터의 내적으로부터 출력값 y를 수식화하면 다음과 같이 각각 표현할 수 있다.

$$y = f(W^T X)$$

그리고

$$y = \begin{cases} 1, \ W^T X > \theta \\ 0, \ W^T X \le \theta \end{cases}$$

마찬가지로 바이어스가 있는 단층 퍼셉트론에서 식 (5.3)과 식 (5.4)도 벡터의 내적을 이용하여 출력값 y를 수식화하면 다음과 같이 표현할 수 있다.

$$y = f(W^T X + w_0)$$

그리고

$$y = \begin{cases} 1, \ W^T X + w_0 > \theta \\ 0, \ W^T X + w_0 \le \theta \end{cases}$$

(2) 퍼셉트론의 선형분리 가능 연산

퍼셉트론은 학습에 의해 선형분리 가능(linear separability) 문제를 해결할 수 있다. 선형분리 가능 문제란 직선에 의해 두 영역의 구분이 가능한 문제를 말한다. 표 5.2는 AND와 OR 논리연산(logical operation)을 보여주고 있다.

표 5.2 AND 논리연산과 OR 논리연산

x_1	x_2	x_1 AND x_2	x_1 OR x_2
0 (F)	0 (F)	0 (F)	0 (F)
0 (F)	1 (T)	0 (F)	1 (T)
1 (T)	0 (F)	0 (F)	1 (T)
1 (T)	1 (T)	1 (T)	1 (T)

여기서 참(true, T)은 1, 거짓(false, F)은 0을 나타낸다. 그림 5.6은 AND, OR 연산이 선형분리 가능 문제임을 보여주고 있다.

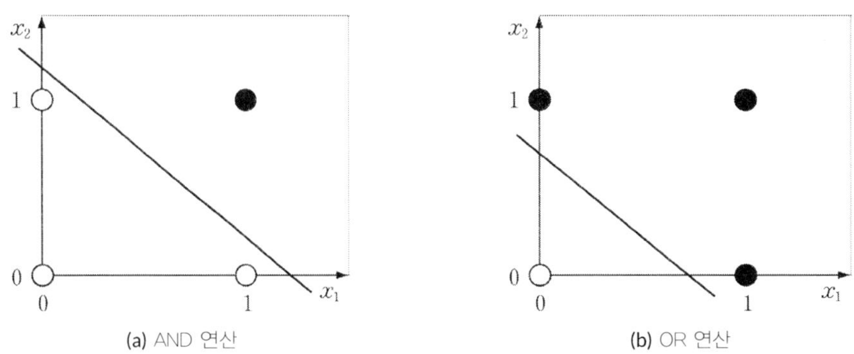

그림 5.6 AND, OR 연산의 선형분리 가능 문제

표 5.2에 주어진 AND 연산, OR 연산을 수행하기 위한 퍼셉트론을 직접 설계해보고자 한다. 이를 위해 그림 5.7과 같은 퍼셉트론 구조를 생각한다.

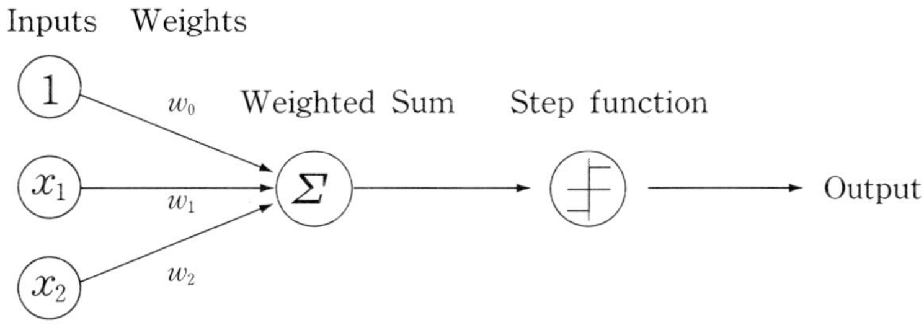

그림 5.7 AND, OR 연산을 위한 퍼셉트론 구조

그림 5.7에서 x_1, x_2는 입력값이고 w_1, w_2는 가중치이며 y는 출력값이다. 여기서 바이어스의 입력값은 $x_0=1$, 가중치는 w_0이다. AND 연산에서 가중치 w_1, w_2와 w_0이 다음과 같이 주어졌다고 가정한다.

$$w_1=0.5,\ w_2=0.5,\ w_0=-0.7$$

실제 w_1, w_2, w_0은 학습을 통해 구해야 하는 파라미터이다.

다음 [코드 5.1.1]은 AND 연산을 위한 퍼셉트론을 파이썬으로 구현한 코드이다.

코드 5.1.1

```
theta =0
def AND(x1, x2):
    w1,w2,w0=0.5, 0.5, -0.7
    sum=w1*x1+w2*x2+w0
    if sum > theta :
        return 1
    else :
        return 0

print("AND(0,0)=",AND(0,0))
print("AND(0,1)=",AND(0,1))
print("AND(1,0)=",AND(1,0))
print("AND(1,1)=",AND(1,1))
```

```
AND(0,0)= 0
AND(0,1)= 0
AND(1,0)= 0
AND(1,1)= 1
```

▶ AND 연산은 직선 y=0.5x_1+0.5x_2−0.7에 의해 두 영역, 0과 1을 구분할 수 있다.

다음 [코드 5.1.2]는 [코드 5.1.1]을 NumPy의 배열과 벡터의 내적 함수인 dot( ) 함수를 이용하여 구현한 코드이다

코드 5.1.2

```
import numpy as np
theta =0
def AND(x1, x2):
    X=np.array([x1, x2])
    W=np.array([0.5, 0.5])
    w0= -0.7
    sum=np.dot(W,X)+w0
    if sum > theta :
        return 1
    else :
        return 0

print("AND(0,0)=",AND(0,0))
print("AND(0,1)=",AND(0,1))
print("AND(1,0)=",AND(1,0))
print("AND(1,1)=",AND(1,1))
```

```
AND(0,0)= 0
AND(0,1)= 0
AND(1,0)= 0
AND(1,1)= 1
```

▶ 위 코드에서 가중합은 두 개의 벡터들의 내적에 의해 계산하는 것을 알 수 있다.

이제 OR 연산을 위한 퍼셉트론을 파이썬으로 구현하고자 한다. 여기서는 가중치 w_1, w_2와 w_0이 다음과 같이 주어졌다고 가정한다.

$$w_1=0.5,\ w_2=0.5,\ w_0=-0.2$$

실제 w_1, w_2, w_0은 학습을 통해 구해야 하는 파라미터이다.

다음 [코드 5.1.3]은 OR 연산을 위한 퍼셉트론을 파이썬으로 구현한 코드이다.

코드 5.1.3

```
theta =0
def OR(x1,x2):
    w1,w2,w0=0.5, 0.5, -0.2
    sum=w1*x1+w2*x2+w0
```

```
    if sum > theta :
        return 1
    else :
        return 0

print( " OR(0,0)= " ,OR(0,0))
print( " OR(0,1)= " ,OR(0,1))
print( " OR(1,0)= " ,OR(1,0))
print( " OR(1,1)= " ,OR(1,1))
```

```
OR(0,0)= 0
OR(0,1)= 1
OR(1,0)= 1
OR(1,1)= 1
```

▶ OR 연산은 직선 $y=0.5x_1+0.5x_2-0.2$에 의해 두 영역, 0과 1을 구분할 수 있다.

다음 [코드 5.1.4]는 [코드 5.1.3]을 NumPy의 배열과 벡터의 내적 함수인 dot( ) 함수를 이용하여 구현한 코드이다

코드 5.1.4

```
def OR(x1,x2):
    X = np.array([x1,x2])
    W = np.array([0.5,0.5])
    b = -0.2
    sum=np.dot(W,X)+b
    if sum > theta :
        return 1
    else :
        return 0

print("OR(0,0)=",OR(0,0))
print("OR(0,1)=",OR(0,1))
print("OR(1,0)=",OR(1,0))
print("OR(1,1)=",OR(1,1))
```

```
OR(0,0)= 0
OR(0,1)= 1
OR(1,0)= 1
OR(1,1)= 1
```

▶ 위 코드에서 가중합은 두 개의 벡터들의 내적에 의해 계산하는 것을 알 수 있다.

(3) 퍼셉트론의 학습 알고리즘

앞에서 퍼셉트론을 이용하여 AND, OR 연산에서 선형분리가 가능함을 보였다. 이 경우 이미 주어진 가중치를 이용하여 퍼셉트론을 수행하였다. 그러나 실제 퍼셉트론에서는 주어진 데이터로부터 학습을 통해 가중치를 구한다. 이 절에서는 퍼셉트론에서 학습을 통해 가중치를 구하는 알고리즘에 대해 살펴보고자 한다.

퍼셉트론에서는 출력층 뉴런의 출력값 y와 목표값 t의 차이인 학습오차(training error) $t-y$(혹은 $y-t$)가 허용오차보다 크면 출력층 뉴런의 가중치를 업데이트한다. 그렇다면 가중치를 어떻게 업데이트할 것인가? 퍼셉트론이 학습할 때 오차가 발생한 데이터에 기반하여 가중치를 업데이트한다. 퍼셉트론에서 가중치를 업데이트하는 식은 델타 규칙(delta rule)에 근거한 식 (5.5)와 같이 정의된다.

$$\begin{aligned} w_{i+1} &= w_i + \Delta w_i \\ &= w_i + \alpha(t-y)x_i \end{aligned} \tag{5.5}$$

여기서 α는 학습률(learning rate)을 나타낸다. 학습률은 목표값과 모델의 출력값 간의 차이를 어떤 비율만큼 고려하여 가중치를 업데이트할지 결정하며, 0과 1사이의 값을 갖는다. 따라서 퍼셉트론에서 가중치를 업데이트하는 양은 오차, 입력값, 그리고 학습률에 의해서 정해진다.

델타 규칙에 근거한 퍼셉트론 학습 알고리즘을 단계별로 설명하면 다음과 같다.

- Step 1: 가중치를 0이나 0에 가까운 랜덤 숫자로 초기화한다. 보통, 가중치는 −0.5~0.5 사이의 값으로 설정하고, 바이어스는 임의의 값으로 설정한다. 여기서는 1로 설정한다.
- Step 2: 출력값 y와 목표값 t을 비교하여 오차 $t-y$을 계산하고 오차가 최소가 될 때까지 가중치를 업데이트한다.
- Step 3: 모든 데이터에 대하여 오차가 없으면 종료하고, 그렇지 않으면 Step 2로 돌아가 모든 데이터에 대하여 반복한다.

예제 5.1

델타 규칙에 근거한 퍼셉트론 학습 알고리즘을 이용하여 표 5.3의 AND 논리연산을 학습시키고자 한다. 여기서 학습률은 0.05, 임계값은 0으로 설정한다.

표 5.3 AND 논리연산

x_1	x_2	x_1 AND x_2
0 (F)	0 (F)	0 (F)
0 (F)	1 (T)	0 (F)
1 (T)	0 (F)	0 (F)
1 (T)	1 (T)	1 (T)

풀이

학습은 epoch(에폭, 에포크)를 지정하여 진행된다. 여기서 전체 데이터에 대해 1회 학습을 완료했을 때 1 epoch이라 한다.

ⓐ epoch= 0 :

– Step 1: 가중치와 바이어스 가중치를 다음과 같이 설정한다. 그리고 바이어스 입력값은 $x_0=1$로 초기화한다.

$$w_1=0.4,\ w_2=0.1,\ w_0=-0.3$$

– Step 2: 각 학습 데이터에 대한 출력값 계산하고 목표값과 비교하여 오차를 계산한다.

$i=1$인 첫 번째 학습 데이터$(x_1,\ x_2,\ t)=(0,\ 0,\ 0)$에 대하여 가중합 $\sum_{i=1}^{n} w_i x_i + w_0 = -0.3$이고 $y=f(\sum_{i=1}^{n} w_i x_i + w_0)=0$이다. 따라서 $t-y=0$이므로 출력값이 목표값과 일치하므로 가중치를 업데이트하지 않는다.

$i=2$인 두 번째 학습 데이터$(x_1,\ x_2,\ t)=(0,\ 1,\ 0)$에 대하여 가중합 $\sum_{i=1}^{n} w_i x_i + w_0 = -0.2$이고 $y=f(\sum_{i=1}^{n} w_i x_i + w_0)=0$이다. 따라서 $t-y=0$이므로 출력값이 목표값과 일치하므로 가중치를 업데이트하지 않는다.

i=3인 세 번째 학습 데이터 $(x_1,\ x_2,\ t)=(0,\ 1,\ 0)$에 대하여 가중합 $\sum_{i=1}^{n} w_i x_i + w_0 = 0.1$이고 $y=f(\sum_{i=1}^{n} w_i x_i + w_0)=1$이다. 따라서 $t-y=-1$이므로 출력값이 목표값과 다르므로 가중치를 다음과 같이 업데이트한다.

$$w_1 = w_1 + \alpha(t-y)x_1 = 0.4 + 0.05\times(0-1)\times 1 = 0.35$$

$$w_2 = w_2 + \alpha(t-y)x_2 = 0.1 + 0.05\times(0-1)\times 0 = 0.1$$

$$w_0 = w_0 + \alpha(t-y)x_0 = -0.3 + 0.05\times(0-1)\times 1 = -0.35$$

i=4인 네 번째 학습 데이터 $(x_1,\ x_2,\ t)=(1,\ 1,\ 1)$에 대하여 적용할 가중치는 다음과 같다.

$$w_1=0.35,\ w_2=0.1,\ w_0=-0.35$$

가중합 $\sum_{i=1}^{n} w_i x_i + w_0 = 0.1$이고 $y=f(\sum_{i=1}^{n} w_i x_i + w_0)=1$이다. 따라서 $t-y=0$이므로 출력값이 목표값과 일치하므로 가중치를 업데이트하지 않는다.

– Step 3: 출력값과 목표값이 다른 학습 데이터, 즉 세 번째 학습 데이터가 존재하므로 다시 이 과정을 반복한다.

ⓑ epoch= 1 :

– Step 1: epoch= 0에서 얻어진 수정된 가중치와 바이어스 가중치는 다음과 같다.

$$w_1=0.35,\ w_2=0.1,\ w_0=-0.35$$

– Step 2: 각 학습 데이터에 대한 출력값 계산하고 목표값과 비교하여 오차를 계산한다.

i=1인 첫 번째 학습 데이터 $(x_1,\ x_2,\ t)=(0,\ 0,\ 0)$에 대하여 가중합 $\sum_{i=1}^{n} w_i x_i + w_0 = -0.35$이고 $y=f(\sum_{i=1}^{n} w_i x_i + w_0)=0$이다. 따라서 $t-y=0$이므로 출력값이 목표값과 일치하므로 가중치를 업데이트하지 않는다.

i=2인 두 번째 학습 데이터$(x_1, x_2, t) = (0, 1, 0)$에 대하여 가중합 $\sum_{i=1}^{n} w_i x_i + w_0 = -0.25$ 이고 $y = f(\sum_{i=1}^{n} w_i x_i + w_0) = 0$이다. 따라서 $t-y=0$이므로 출력값이 목표값과 일치하므로 가중치를 업데이트하지 않는다.

i=3인 세 번째 학습 데이터$(x_1, x_2, t) = (1, 0, 0)$에 대하여 가중합 $\sum_{i=1}^{n} w_i x_i + w_0 = 0$이고 $y = f(\sum_{i=1}^{n} w_i x_i + w_0) = 1$이다. 따라서 $t-y=-1$이므로 출력값이 목표값과 다르므로 가중치를 다음과 같이 업데이트한다.

$$w_1 = w_1 + \alpha(t-y)x_1 = 0.35 + 0.05 \times (0-1) \times 1 = 0.3$$
$$w_2 = w_2 + \alpha(t-y)x_2 = 0.1 + 0.05 \times (0-1) \times 0 = 0.1$$
$$w_0 = w_0 + \alpha(t-y)x_0 = -0.35 + 0.05 \times (0-1) \times 1 = -0.4$$

i=4인 네 번째 학습 데이터$(x_1, x_2, t) = (1, 1, 1)$에 대하여 적용할 가중치는 다음과 같다.

$$w_1 = 0.3, \ w_2 = 0.1, \ w_0 = -0.4$$

가중합 $\sum_{i=1}^{n} w_i x_i + w_0 = 0$이고 $y = f(\sum_{i=1}^{n} w_i x_i + w_0) = 1$이다. 따라서 $t-y=0$이므로 출력값이 목표값과 일치하므로 가중치를 업데이트하지 않는다.

– Step 3: 출력값과 목표값이 다른 학습 데이터, 즉 세 번째 학습 데이터가 존재하므로 다시 이 과정을 반복한다.

ⓒ epoch= 2 :

– Step 1: epoch= 1에서 얻어진 수정된 가중치와 바이어스 가중치는 다음과 같다.

$$w_1 = 0.3, \ w_2 = 0.1, \ w_0 = -0.4$$

– Step 2: 각 학습 벡터에 대한 출력값 계산하고 목표값과 비교하여 오차를 계산한다.

i=1인 첫 번째 학습 데이터$(x_1, x_2, t) = (0, 0, 0)$에 대하여 가중합 $\sum_{i=1}^{n} w_i x_i + w_0 = -0.40$이고 $y = f(\sum_{i=1}^{n} w_i x_i + w_0) = 0$이다. 따라서 $t-y=0$이므로 출력값이 목표값과 일치하므로 가중치를 업데이트하지 않는다.

i=2인 두 번째 학습 데이터$(x_1, x_2, t) = (0, 1, 0)$에 대하여 가중합 $\sum_{i=1}^{n} w_i x_i + w_0 = -0.3$이고 $y = f(\sum_{i=1}^{n} w_i x_i + w_0) = 0$이다. 따라서 $t-y=0$이므로 출력값이 목표값과 일치하므로 가중치를 업데이트하지 않는다.

i=3인 세 번째 학습 데이터$(x_1, x_2, t) = (1, 0, 0)$에 대하여 가중합 $\sum_{i=1}^{n} w_i x_i + w_0 = -0.1$이고 $y = f(\sum_{i=1}^{n} w_i x_i + w_0) = 0$이다. 따라서 $t-y=0$이므로 출력값이 목표값과 일치하므로 가중치를 업데이트하지 않는다.

i=4인 네 번째 학습 데이터$(x_1, x_2, t) = (1, 1, 1)$에 대하여 가중합 $\sum_{i=1}^{n} w_i x_i + w_0 = 0$이고 $y = f(\sum_{i=1}^{n} w_i x_i + w_0) = 1$이다. 따라서 $t-y=0$이므로 출력값이 목표값과 일치하므로 가중치를 업데이트하지 않는다.

– Step 3: 모든 학습 데이터에 대해 출력값과 목표값이 모두 같다. 따라서 학습을 종료한다.

AND 연산에서 epoch=2일 때 얻어진 퍼셉트론의 가중치는 다음과 같다.

$$w_1 = 0.3,\ w_2 = 0.1,\ w_0 = -0.4$$

AND 연산 학습과정을 보면, 3번의 반복 과정(epoch)을 통해 초기 가중치 $w_1=0.4$, $w_2=0.1$, $w_0=-0.3$에서 $w_1=0.3$, $w_2=0.1$, $w_0=-0.4$으로 바뀌는 것을 확인할 수 있다.

따라서 퍼셉트론 학습 알고리즘에 의해 얻어진 위의 가중치 $w_1=0.3$, $w_2=0.1$, $w_0=-0.4$로부터 얻어진 직선 $y=0.3x_1+0.1x_2-0.4$에 의해 AND 논리연산의 출력값 0과 1을 구분할 수 있다.

다음 [코드 5.1.5]는 AND 논리연산에서 델타 규칙에 근거한 퍼셉트론 학습 알고리즘을 구현하고자 한다. 여기서 가중치에 대한 초기값은 다음과 같다. 여기서는 epoch을 3으로 설정하였다.

$$w_1=0.4,\ w_2=0.1,\ w_0=-0.3$$

코드 5.1.5

```
import numpy as np
from numpy import dot

training_data = [
    (np.array([0,0,1]), 0),
    (np.array([0,1,1]), 0),
    (np.array([1,0,1]), 0),
    (np.array([1,1,1]), 1),
]

#print('input data :', training_data)
#print('input data type :', type(training_data))
#step function
#step = lambda x: 0 if x < 0 else 1

def step (x):
    if x >= 0:
        return 1
    else:
        return 0
#initial weights
w=np.array([0.4, 0.1, -0.3])

learning_rate = 0.05
epochs = 3

for epoch in range(epochs):
    for i in range(len(training_data)):
        x, target = training_data[i]
        weighted_sum = dot(w, x)
        error = target - step(weighted_sum)
        w += learning_rate * error * x
        print('epoch={}, {}-th data, weights={}'.format(epoch,i+1,w))
    print("")
```

```
epoch=0, 1-th data, weights=[ 0.4  0.1 -0.3]
epoch=0, 2-th data, weights=[ 0.4  0.1 -0.3]
epoch=0, 3-th data, weights=[ 0.35  0.1  -0.35]
epoch=0, 4-th data, weights=[ 0.35  0.1  -0.35]

epoch=1, 1-th data, weights=[ 0.35  0.1  -0.35]
epoch=1, 2-th data, weights=[ 0.35  0.1  -0.35]
epoch=1, 3-th data, weights=[ 0.3  0.1 -0.4]
epoch=1, 4-th data, weights=[ 0.3  0.1 -0.4]

epoch=2, 1-th data, weights=[ 0.3  0.1 -0.4]
epoch=2, 2-th data, weights=[ 0.3  0.1 -0.4]
epoch=2, 3-th data, weights=[ 0.3  0.1 -0.4]
epoch=2, 4-th data, weights=[ 0.3  0.1 -0.4]
```

▶ epoch=2일 때 얻어진 퍼셉트론의 가중치는 다음과 같다.

$$w_1 = 0.3,\ w_2 = 0.1,\ w_0 = -0.4$$

이제 학습에 의해 얻어진 가중치를 이용하여 주어진 데이터에 대해 예측하고자 한다.

```
print('weights={}'.format(w))
for x, _ in training_data:
    weighted_sum = dot(w, x)
    print("{}: {} -> {}".format(x[:2], weighted_sum, step(weighted_sum)))
```

```
weights=[ 0.3  0.1 -0.4]
[0 0]: -0.39999999999999997 -> 0
[0 1]: -0.29999999999999993 -> 0
[1 0]: -0.09999999999999992 -> 0
[1 1]: 5.551115123125783e-17 -> 1
```

▶ 4개의 데이터에 대해 AND 연산이 올바르게 학습되었음을 알 수 있다.

코드 5.1.5 설명

바이어스가 포함된 퍼셉트론을 고려하였다. 여기서 바이어스에 해당되는 입력값은 1이다. 따라서 입력 데이터의 형태는 리스트이고 다음과 같다.

```
training_data = [
    (np.array([0,0,1]), 0),
    (np.array([0,1,1]), 0),
    (np.array([1,0,1]), 0),
```

```
    (np.array([1,1,1]), 1),
]
```

다음으로 가중합을 벡터의 내적 함수인 dot( ) 함수를 이용하여 다음과 같이 계산한다.

```
w = np.array([0.4, 0.1, -0.3])
x = np.array([0, 0, 1])
weighted_sum = dot(w, x)
print(weighted_sum )
```

```
-0.3
```

일반적으로 퍼셉트론의 학습 결과는 가중치 초기값, 학습률, epoch 등 매개변수에 의해 영향을 받는다. [코드 5.1.5]에서는 가중치를 특정한 값으로 설정하였다. 실제 머신러닝에서는 난수를 이용하여 가중치를 초기화한다.

다음 [코드 5.1.6]은 [코드 5.1.5]에서 초기 가중치를 난수에 의해 초기화한 수정된 코드이다. 여기서는 epoch을 100으로 설정하였다.

코드 5.1.6

```
import numpy as np
from numpy import dot, random

training_data = [
    (np.array([0,0,1]), 0),
    (np.array([0,1,1]), 0),
    (np.array([1,0,1]), 0),
    (np.array([1,1,1]), 1),
]

#step function
#step = lambda x: 0 if x < 0 else 1

def step (x):
    if x >= 0:
        return 1
    else:
        return 0
```

```
random.seed(1)
w = random.rand(3)
learning_rate = 0.05
epochs = 100

for epoch in range(epochs):
    for i in range(len(training_data)):
        x, target = training_data[i]
        weighted_sum = dot(w, x)
        error = target - step(weighted_sum)
        w += learning_rate * error * x
#        print('epoch={}, {}-th data, weights={}'.format(epoch+1,i+1,w))
print('weights={}'.format(w))
for x, _ in training_data:
    weighted_sum = dot(w, x)
    print("{}: {} -> {}".format(x[:2], weighted_sum, step(weighted_sum)))
```

```
weights=[ 0.267022    0.42032449 -0.49988563]
[0 0]: -0.49988562518265506 -> 0
[0 1]: -0.07956113174049712 -> 0
[1 0]: -0.23286362048008102 -> 0
[1 1]: 0.18746087296207686 -> 1
```

▶ 4개의 데이터에 대해 AND 연산이 올바르게 학습되었음을 알 수 있다.

코드 5.1.6 설명

가중치 초기값은 다음과 같이 난수에 의해 얻어진다.

$$w = \text{random.rand}(3)$$

epoch= 100인 경우 학습에 의해 얻어진 난수는 다음과 같다.

$$\text{weights} = [\ 0.267022 \quad 0.42032449 \ -0.49988563]$$

[코드 5.1.6]으로부터 얻어진 가중치 $w_1 = 0.267022$, $w_2 = 0.42032449$, $w_0 = -0.49988563$로부터 얻어진 직선 $y = 0.267022x_1 + 0.42032449x_2 - 0.49988563$에 의해 AND 논리연산의 출력값을 구분할 수 있다.

(4) 퍼셉트론의 한계

지금까지 살펴본 퍼셉트론은 입력층과 출력층만으로 구성된 단층 퍼셉트론이다. 우리는 앞에서 단층 퍼셉트론을 이용하여 AND 연산, OR 연산이 가능함을 보였다. 이제 단층 퍼셉트론을 이용하여 표 5.4의 XOR 연산이 가능한지에 대해 살펴보고자 한다.

표 5.4 XOR 논리연산

x_1	x_2	x_1 XOR x_2
0 (F)	0 (F)	0 (F)
0 (F)	1 (T)	1 (T)
1 (T)	0 (F)	1 (T)
1 (T)	1 (T)	0 (F)

여기서 XOR 논리연산은 2개의 입력이 같으면 0(F)이고 2개의 입력이 서로 다르면 1(T)이 되는 연산이다.

그림 5.8은 XOR 논리연산을 시각화한 그림이다.

그림 5.8에서 XOR 연산이 선형분리 가능한지, 즉 직선 하나로 검은색 원과 흰색 원을 나누는 것이 가능한지에 대해 생각해보자. 그림 5.9에서 보는 것처럼 선형분리할 수 없음을 알 수 있다. 즉, XOR 연산은 하나의 직선으로 구분할 수 없다. 이것이 단층 퍼셉트론의 한계이다. 그러면 XOR 문제는 풀지 못하는 것일까?

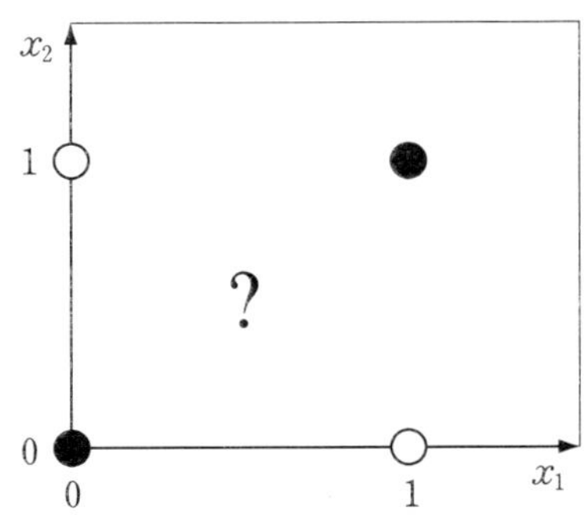

그림 5.8 XOR 연산

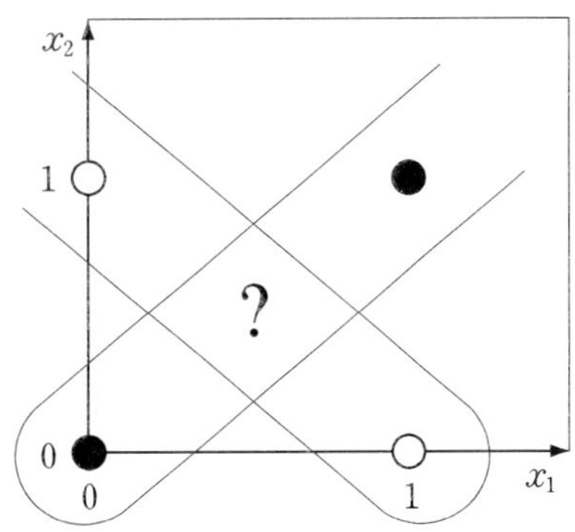

그림 5.9 XOR 연산의 선형분리 불가능

그림 5.9에서는 곡선을 사용한다면 검은색 원과 흰색 원을 나눌 수 있음을 보여주고 있다. 이제 XOR 문제를 풀 수 있는 다층 퍼셉트론에 대해서 알아보자.

5.2 다층 퍼셉트론

(1) 다층 퍼셉트론의 개념

단층 퍼셉트론은 입력층과 출력층만 존재하지만, 다층 퍼셉트론은 입력층과 출력층 사이에 은닉층이 존재하는 퍼셉트론이다. 즉, 다층 퍼셉트론은 중간에 은닉층이 존재한다는 점이 단층 퍼셉트론과 다르다. 다층 퍼셉트론은 줄여서 MLP(Multi-Layer Perceptron)라고 부른다.

다층 퍼셉트론을 이용하여 XOR 문제를 어떻게 푸는지에 대해 살펴보고자 한다. XOR 논리연산은 표 5.5에서 보는 것처럼 AND 연산, NAND 연산, OR 연산을 조합하여 만들 수 있다.

표 5.5 XOR 논리연산 과정

x_1	x_2	x_1 AND x_2	x_1 NAND x_2	x_1 OR x_2	(x_1 NAND x_2)AND(x_1 OR x_2)	x_1 XOR x_2
0(F)	0(F)	0(F)	1(T)	0(F)	0(F)	0(F)
0(F)	1(T)	0(F)	1(T)	1(T)	1(T)	1(T)
1(T)	0(F)	0(F)	1(T)	1(T)	1(T)	1(T)
1(T)	1(T)	1(T)	0(F)	1(T)	0(F)	0(F)

여기서 x_1 NAND x_2는 $\sim(x_1$ AND $x_2)$이다.

그림 5.10은 XOR 연산을 논리회로를 통해 도식화한 그림이다.

그림 5.10과 같이 XOR 논리회로는 AND 논리회로의 NOT인 NAND 논리회로와 OR 논리회로의 AND 논리회로로 이루어진 이중 구조이다.

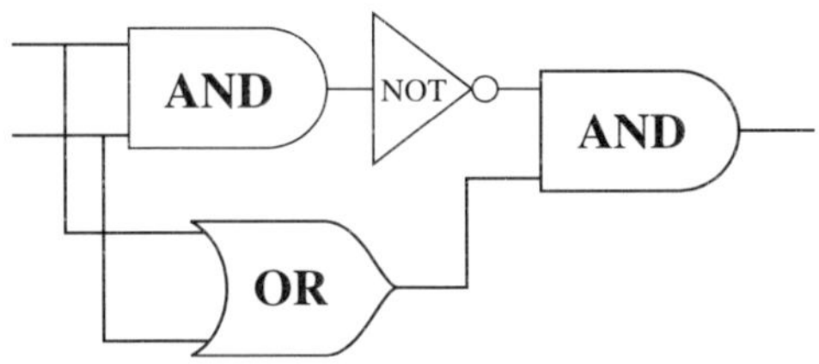

그림 5.10 XOR 논리회로

퍼셉트론 관점에서 보면, XOR 논리회로는 층(layer)을 하나 더 추가하면 구현할 수 있다는 것을 나타낸다. 즉, XOR 논리회로는 단층 퍼셉트론에 의해 NAND 논리회로와 OR 논리회로를 구현한 후 각각의 결과값을 입력으로 다시 단층 퍼셉트론을 이용하여 AND 논리회로를 구현하면 된다.

XOR 연산은 단층 퍼셉트론에 은닉층 1개 추가만으로 문제를 해결할 수 있지만, 다층 퍼셉트론은 본래 은닉층이 1개 이상인 퍼셉트론을 말한다. 그림 5.11은 XOR 연산을 위한 다층 퍼셉트론을 보여주고 있다.

은닉층에서 첫 번째 노드와 두 번째 노드의 출력값을 각각 S_1, S_2라 할 때 이들 출력값을 수식화하면 다음과 같다.

$$S_1 = f(w_{11}x_1 + w_{21}x_2 + b_1)$$

$$S_2 = f(w_{12}x_1 + w_{22}x_2 + b_2)$$

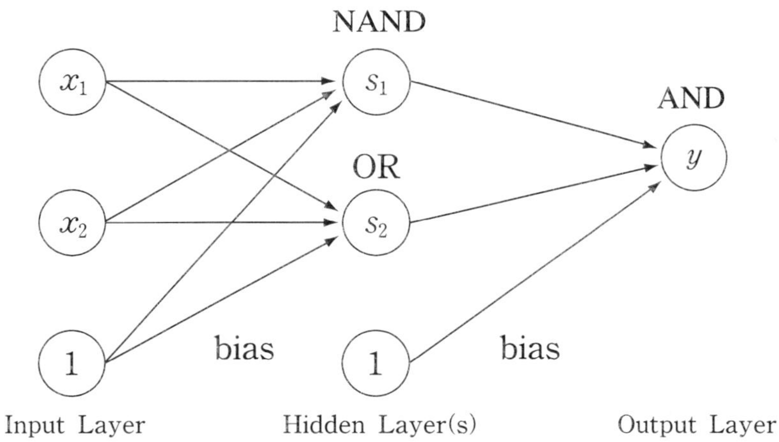

그림 5.11 XOR 연산을 위한 다층 퍼셉트론

출력층에서 출력노드의 출력값 y를 수식화하면 다음과 같다.

$$y = f(w_{31}S_1 + w_{32}S_2 + b_3)$$

위의 수식을 행렬로 표현하면 다음과 같다.

$$\begin{pmatrix} S_1 \\ S_2 \end{pmatrix} = f\left(\begin{pmatrix} w_{11} & w_{21} \\ w_{12} & w_{22} \end{pmatrix}\begin{pmatrix} x_1 \\ x_2 \end{pmatrix} + \begin{pmatrix} b_1 \\ b_2 \end{pmatrix}\right)$$

$$y = f\left(\begin{pmatrix} w_{31} & w_{32} \end{pmatrix}\begin{pmatrix} S_1 \\ S_2 \end{pmatrix} + b_3\right) \tag{5.6}$$

위의 행렬을 간단히 표현하면 다음과 같다.

$$\boldsymbol{W_1} = \begin{pmatrix} w_{11} & w_{12} \\ w_{21} & w_{22} \end{pmatrix},\ \boldsymbol{W_1^T} = \begin{pmatrix} w_{11} & w_{12} \\ w_{21} & w_{22} \end{pmatrix}^T = \begin{pmatrix} w_{11} & w_{21} \\ w_{12} & w_{22} \end{pmatrix}$$

$$\boldsymbol{S} = \begin{pmatrix} S_1 \\ S_2 \end{pmatrix},\ \boldsymbol{B_1} = \begin{pmatrix} b_1 \\ b_2 \end{pmatrix},\ \boldsymbol{X} = \begin{pmatrix} x_1 \\ x_2 \end{pmatrix}$$

$$\rightarrow \boldsymbol{S} = f(\boldsymbol{W_1^T} X + \boldsymbol{B_1})$$

$$\boldsymbol{W_2} = \begin{pmatrix} w_{31} \\ w_{32} \end{pmatrix},\ \boldsymbol{W_2^T} = \begin{pmatrix} w_{31} \\ w_{32} \end{pmatrix}^T = (w_{31}\ w_{32}),\ \boldsymbol{B_2} = (b_3)$$

$$\rightarrow y = f\left(\boldsymbol{W_2^T} \boldsymbol{S} + \boldsymbol{B_2}\right)$$

혹은 식 (5.6) 대신 다음과 같이 행렬로 표현할 수 있다.

$$\begin{pmatrix} S_1 \\ S_2 \end{pmatrix} = f\left((x_1\ x_2)\begin{pmatrix} w_{11} & w_{12} \\ w_{21} & w_{22} \end{pmatrix} + \begin{pmatrix} b_1 \\ b_2 \end{pmatrix}\right)$$

$$\boldsymbol{S} = f(\boldsymbol{X}^T \boldsymbol{W_1} + \boldsymbol{B_1})$$

$$\rightarrow y = f\left(\boldsymbol{W_2^T} \boldsymbol{S} + \boldsymbol{B_2}\right)$$

여기서 f는 활성화 함수를 나타낸다. 그림 5.12는 다층 퍼셉트론에서 많이 사용하는 활성화 함수의 그래프이다.

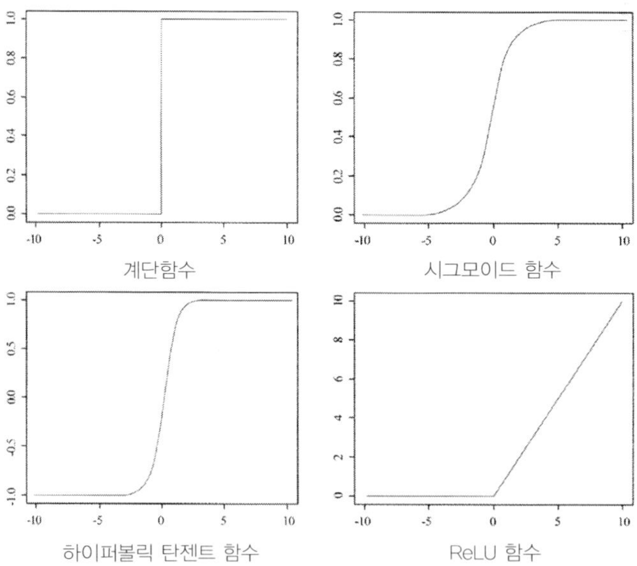

그림 5.12 대표적인 활성화 함수

표 5.6은 대표적인 활성화 함수식과 이에 대한 설명이다.

표 5.6 대표적인 활성화 함수

활성화 함수	활성화 함수의 식	범위
계단함수(step function) (부호함수(sign function))	$f(x)=sign(x)$	0, 1
시그모이드 함수(sigmoid function) (로지스틱 함수(logistic function))	$f(x)=\frac{1}{1+e^{-x}}$	(0, 1)
하이퍼볼릭 탄젠트 함수 (hyperbolic tangent function, 쌍곡 탄젠트 함수)	$f(x)=\frac{e^{x}-e^{-x}}{e^{x}+e^{-x}}$	(−1, 1)
ReLU 함수 (Rectified Linear Unit function, 렐루함수)	$f(x)=\max(0, x)$	(0, 1)

표 5.6에서 계단함수는 단층 퍼셉트론에서 사용하는 활성화 함수로 출력값이 0과 1로 이진 값만 반환하며, 그 사이에 있는 값은 무시된다는 단점이 있다. 시그모이드 함수는 신경망에서 주로 사용하는 활성화 함수로 계단함수보다 완만한 곡선 형태의 비선형함수이다. 이 함수는 계단함수의 단점을 보완하고자 등장한 함수이다. 하이퍼볼릭 탄젠트 함수는 시그모이드 함수와 유사한 형태로 시그모이드 함수의 출력값이 0과 1 사이인 반면에 −1과 1 사이의 값을 갖는다. ReLU 함수는 현재 딥러닝에서 가장 많이 사용하는 활성화 함수로 입력값이 0 이하는 0으로 고정하고 입력값이 0을 초과할 경우 해당 값을 그대로 출력하는 함수이다.

다음 [코드 5.2.1]은 파이썬으로 다층 퍼셉트론을 이용하여 그림 5.11의 XOR 연산을 구현한 코드이다. 여기서는 AND 연산, NAND 연산, OR 연산으로부터 XOR 연산을 수행한다.

코드 5.2.1

```
import numpy as np
theta =0
def AND(x1, x2):
    X=np.array([x1, x2])
    W=np.array([0.5, 0.5])
    b= -0.7
    sum=np.dot(W,X)+b
    if sum > theta :
        return 1
    else :
        return 0
```

```
theta =0
def NAND(x1, x2):
    X=np.array([x1, x2])
    W=np.array([-0.5, -0.5])
    b= 0.7
    sum=np.dot(W,X)+b
    if sum > theta :
        return 1
    else :
        return 0
```

```
def OR(x1, x2):
    X=np.array([x1, x2])
    W=np.array([0.5, 0.5])
    b= -0.2
    sum=np.dot(W,X)+b
    if sum > theta :
        return 1
    else :
        return 0
```

```
def XOR(x1, x2):
    s1=NAND(x1, x2)
    s2=OR(x1, x2)
    y=AND(s1,s2)
    return y
    if sum > theta :
        return 1
    else :
        return 0
```

```
print("XOR(0,0)=",XOR(0,0))
print("XOR(0,1)=",XOR(0,1))
print("XOR(1,0)=",XOR(1,0))
print("XOR(1,1)=",XOR(1,1))
```

```
XOR(0,0)= 0
XOR(0,1)= 1
XOR(1,0)= 1
XOR(1,1)= 0
```

▶ 표 5.5의 XOR 연산 결과와 같음을 알 수 있다.

(2) 다층 퍼셉트론의 학습문제

[코드 5.2.1]의 XOR 연산에서 가중치가 주어졌지만, 실제 퍼셉트론에서는 학습을 통해 가중치를 얻는다. 단층 퍼셉트론에서 학습은 델타 규칙에 근거한 학습 알고리즘에 의해 이루어 졌다. 다시 말하면, 단층 퍼셉트론은 입력층과 출력층만이 존재하여 출력층에서 출력값 y과 목표값 t의 오차 $t-y$를 계산하여 이에 비례하여 가중치를 다음의 델타 규칙에 의해 업데이트하였다.

$$w_{i+1} = w_i + \alpha(t-y)x_i$$

여기서 α는 학습률을 나타낸다.

다층 퍼셉트론은 데이터가 입력되는 입력층, 결과값을 출력하는 출력층 사이에 그림 5.13과 같이 여러 은닉층이 존재한다. 이들 은닉층에 속하는 노드의 출력값은 오차를 측정할 기준이 없으므로 단층 퍼셉트론과 같이 델타 규칙을 적용하여 단순히 가중치를 업데이트할 수 없다.

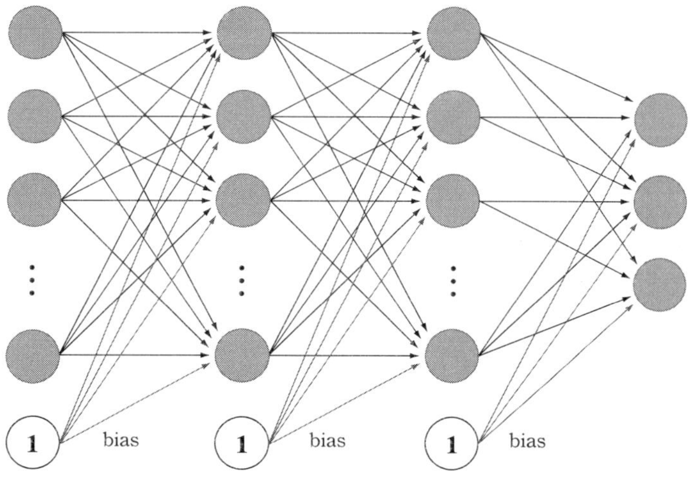

그림 5.13 다층 퍼셉트론

1986년 캐나다 토론토 대학의 제프리 힌튼(Geoffrey Hinton, 딥러닝의 '아버지')(그림 5.14)의 오차 역전파(error back propagation) 알고리즘, 줄여서 역전파(backpropagation) 알고리즘이 개발되면서 다층 퍼셉트론의 학습문제가 해결되었다.

그림 5.14 제프리 힌튼 교수[1]

역전파 알고리즘은 출력층에서 발생한 오차를 출력층에서 입력층의 방향으로 전파되면서, 은닉층의 노드 사이의 가중치를 재조정한다. 역전파 알고리즘을 사용하면 층이 깊은 다층 퍼셉트론도 학습시킬 수 있을 것으로 기대하였다.

5.3 역전파 알고리즘

(1) 역전파 알고리즘이란 무엇인가?

역전파, 여기서 오차 역전파(Backpropagation) 알고리즘은 다층 퍼셉트론을 학습시키는데 사용되는 방법이다. 역전파라는 이름은 오차가 본래 진행방향과 반대방향으로 전파된다고 하여 붙여진 이름이다. 다층 퍼셉트론 학습한다는 것은 최종 출력값과 목표값의 오차가 최소화되도록 가중치를 결정하는 것이다. 그림 5.15는 다층 퍼셉트론에서 학습 과정을 보여주고 있다. 다층 퍼셉트론의 학습은 Forward propagation(혹은 Feed-forward), 순전파 과정과 Backward propagation(간단하게 Backpropagation), 역전파 과정을 반복하여 학습한다.

1 https://www.cs.toronto.edu/~hinton

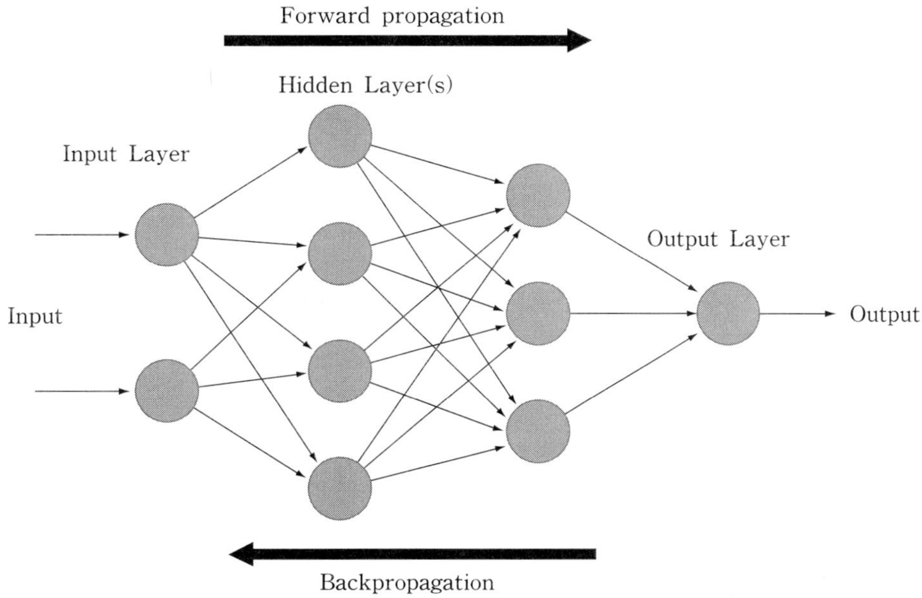

그림 5.15 다층 퍼셉트론에서 학습 과정

- Forward propagation 과정: 입력값을 입력층(input layer) → 은닉층(hidden layer) → 출력층(output layer) 방향으로 전파하면서 예측값을 계산하는 과정이다. 그리고 예측값과 목표값 간의 차이, 즉 오차를 계산한다.
- Backpropagation 과정: Forward propagation 과정에서 발생한 오차를 역방향 즉, 출력층(output layer) → 은닉층(hidden layer) → 입력층(input layer) 방향으로 전파하면서 오차가 최소화되는 방향으로 가중치를 조정하는 과정이다.

역전파 알고리즘은 오차가 0에 가까워질 때까지 반복 학습한다. 즉, 오차의 함수인 손실함수(loss function)가 최소가 될 때까지 반복한다. 가중치들이 경사 하강법 등의 최적화 알고리즘을 이용하여 업데이트된다.

$$w_{i+1} = w_i - \alpha \frac{\partial L(w_i)}{\partial w_i}$$

$\frac{\partial L(w_i)}{\partial w_i} > 0$이면, 즉 $\frac{\partial L(w_i)}{\partial w_i}$의 부호가 +이면 가중치 w_i의 증가는 오차를 증가시킨다.

$\frac{\partial L(w_i)}{\partial w_i} < 0$이면, 즉 $\frac{\partial L(w_i)}{\partial w_i}$의 부호가 −이면 가중치 w_i의 증가는 오차를 감소시킨다.

그림 5.16은 Forward propagation과 Backpropagation의 계산과정을 그래프로 나타내고 있다.

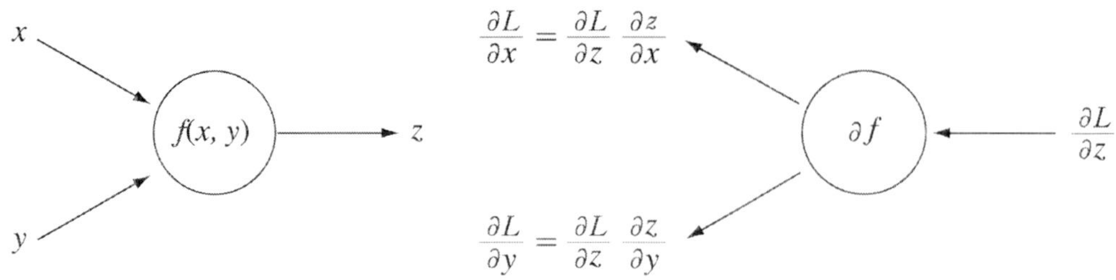

(a) Forward propagation (b) Backpropagation

그림 5.16 Forward propagation과 Backpropagation의 계산과정

Chain Rule

Chain rule(연쇄 법칙)은 합성함수의 미분에 관한 법칙으로 합성함수의 미분은 합성함수를 구성하는 각 함수의 미분의 곱으로 나타낼 수 있다. 여기서 합성함수란 함수 안에 다른 함수들이 결합되어 있는 함수이다. 예를 들면, 다음의 합성함수가 주어졌다고 가정한다.

$$f(x) = h(g(x))$$

$f(x)$의 편미분은 Chain rule에 의해 다음과 같다.

$$\frac{\partial f}{\partial x} = \frac{\partial h}{\partial g} \cdot \frac{\partial g}{\partial x}$$

또한, 다음의 합성함수가 주어졌다고 가정한다.

$$f(x) = w(v(u(x)))$$

$f(x)$의 편미분은 Chain rule에 의해 다음과 같다.

$$\frac{\partial f}{\partial x} = \frac{\partial w}{\partial v} \cdot \frac{\partial v}{\partial u} \cdot \frac{\partial u}{\partial x}$$

그림 5.16(b)에서 매개변수 x, y에 대한 손실함수 L의 편미분 $\frac{\partial L}{\partial x}$과 $\frac{\partial L}{\partial y}$은 Chain rule에 의해 $\frac{\partial L}{\partial z}$을 이용하여 다음과 같이 얻어진다.

$$\frac{\partial L}{\partial x} = \frac{\partial L}{\partial z} \cdot \frac{\partial z}{\partial x}$$

$$\frac{\partial L}{\partial y} = \frac{\partial L}{\partial z} \cdot \frac{\partial z}{\partial y}$$

(2) 역전파 알고리즘의 동작 원리

다음은 퍼셉트론에서 역전파 알고리즘이 어떻게 동작되는지 알아보고자 한다. 사실, 다층 퍼셉트론에서 역전파 알고리즘을 적용하여 학습시키는 것이 복잡하기 때문에 여기서는 역전파 알고리즘의 동작 원리만을 은닉층이 없는 단층 퍼셉트론을 가지고 알아보고자 한다.

예제 5.2

그림 5.17은 2개의 입력 x_1, x_2과 바이어스 b를 갖고 있는 퍼셉트론이다. 역전파 알고리즘에 의해 가중치를 구하고자 한다. 여기서 $x_1=0.1$, $x_2=0.3$, 목표값 $t=0.03$이다. 활성화 함수로서 시그모이드 함수를 사용하고 학습률은 $\alpha=0.01$이다.

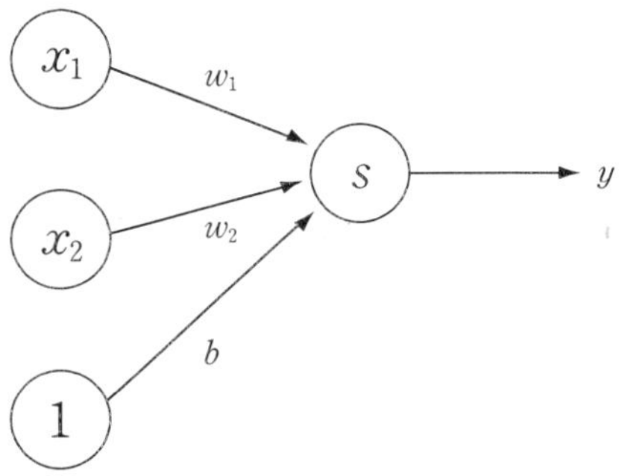

그림 5.17 역전파 알고리즘을 위한 퍼셉트론 구조

풀이

초기 가중치 w_1과 w_2 그리고 바이어스 b는 다음과 같다고 가정한다.

$$w_1=0.5,\ w_2=0.2,\ \ b=1.83$$

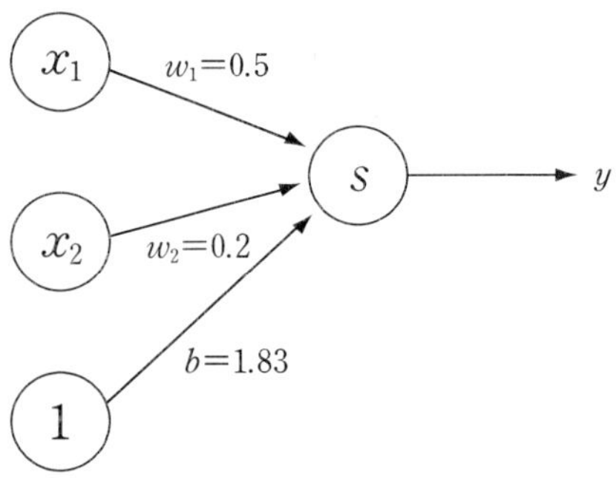

그림 5.18 퍼셉트론의 학습 초기 단계

1) Forward propagation 과정

가중합 s를 계산한다.

$$s = w_1x_1 + w_2x_2 + b$$

$$s = 0.05*0.1 + 0.2*0.3 + 1.83$$

$$s = 1.94$$

가중합을 시그모이드 함수에 적용시킨다.

$$\sigma(x) = \frac{1}{1+e^{-1.94}} = 0.87435$$

따라서 예측값은 $y=\sigma(x)=0.87435$이다.

손실함수를 오차 $t-y$로부터 다음과 같이 정의한다.

$$L = \frac{1}{2}(t-y)^2$$

여기서 $\frac{1}{2}$은 나중에 L이 미분될 때, 즉 $\frac{\partial L}{\partial y}$ 계산에서 $\frac{1}{2}*2=1$이 되기 위해 도입하였다. 그리고 이것은 학습률과 곱해짐으로써, 즉 $\alpha*\frac{\partial L}{\partial y}$이 계산되어 중요하지 않다. 따라서

$$L = \frac{1}{2}(0.03-0.87435)^2$$
$$= 0.35646$$

이다.

2) Backpropagation 과정

ⓐ w_1 계산

$$\frac{\partial L}{\partial w_1} = \frac{\partial L}{\partial y} * \frac{\partial y}{\partial s} * \frac{\partial s}{\partial w_1}$$

여기서

$$\begin{aligned}\frac{\partial L}{\partial y} &= \frac{\partial}{\partial y}\frac{1}{2}(t-y)^2 \\ &= -(t-y) \\ &= 0.87435 - 0.03 = 0.844435\end{aligned}$$

$$\begin{aligned}\frac{\partial y}{\partial s} &= \frac{1}{1+e^{-s}}(1-\frac{1}{1+e^{-s}}) \\ &= \frac{1}{1+e^{-1.94}}(1-\frac{1}{1+e^{-1.94}}) \\ &= 0.10986\end{aligned}$$

시그모이드 함수의 미분

$$\sigma(x) = \frac{1}{1+e^{-x}} = (1+e^{-x})^{-1}$$

$$\sigma'(x) = \sigma(x)[1-\sigma(x)]$$

$$\begin{aligned}\therefore\ \sigma'(x) &= -1(1+e^{-x})^{-2}e^{-x}(-1) \\ &= \frac{e^{-x}}{(1+e^{-x})^2} = \frac{1+e^{-x}-1}{(1+e^{-x})^2} \\ &= \frac{1+e^{-x}}{(1+e^{-x})^2} - \frac{1}{(1+e^{-x})^2} \\ &= \frac{1}{1+e^{-x}}[1-\frac{1}{1+e^{-x}}] \\ &= \sigma(x)[1-\sigma(x)]\end{aligned}$$

$$\begin{aligned}\frac{\partial s}{\partial w_1} &= \frac{\partial}{\partial w_1}(w_1x_1 + w_2x_2 + b) \\ &= x_1 = 0.1\end{aligned}$$

따라서

$$\begin{aligned}\frac{\partial L}{\partial w_1} &= \frac{\partial L}{\partial y} * \frac{\partial y}{\partial s} * \frac{\partial s}{\partial w_1} \\ &= 0.084435 * 0.10986 * 0.1 = 0.009276\end{aligned}$$

$\frac{\partial L}{\partial w_1} = 0.009276$이므로 w_1이 1만큼 증가 증가할 때 손실함수 L은 0.009276만큼 증가한다는 뜻이다. 즉, 경사 하강법에 의해 w_1은 다음과 같다.

$$\begin{aligned}w_1 &= w_1 - \alpha\frac{\partial L}{\partial w_1} \\ &= 0.5 - 0.01 * 0.009276 \\ &= 0.49990724\end{aligned}$$

ⓑ w_2 **계산**

w_1 계산과 똑같은 방법에 따라

$$\frac{\partial L}{\partial w_2} = \frac{\partial L}{\partial y} * \frac{\partial y}{\partial s} * \frac{\partial s}{\partial w_2}$$

여기서

$$\begin{aligned}\frac{\partial L}{\partial y} &= \frac{\partial}{\partial y}\frac{1}{2}(t-y)^2 \\ &= -(t-y) \\ &= 0.87435 - 0.03 = 0.844435\end{aligned}$$

$$\begin{aligned}\frac{\partial s}{\partial w_2} &= \frac{\partial}{\partial w_2}(w_1x_1 + w_2x_2 + b) \\ &= x_2 = 0.3\end{aligned}$$

이다. 따라서

$$\begin{aligned}\frac{\partial L}{\partial w_2} &= \frac{\partial L}{\partial y} * \frac{\partial y}{\partial s} * \frac{\partial s}{\partial w_2} \\ &= 0.844352143 * 0.109860473 * 0.3 = 0.027828278\end{aligned}$$

$\frac{\partial L}{\partial w_2} = 0.027828278$이므로 w_2가 1만큼 증가 증가할 때 손실함수 L은 0.027828278만큼 증가한다는 뜻이다. 즉, 경사 하강법에 의해 w_2는 다음과 같다.

$$\begin{aligned}w_2 &= w_2 - \alpha\frac{\partial L}{\partial w_2} \\ &= 0.2 - 0.01 * 0.027828278 \\ &= 0.1997217172\end{aligned}$$

ⓒ b **계산**

w_1과 w_2 계산과 똑같은 방법에 따라

$$\frac{\partial L}{\partial b} = \frac{\partial L}{\partial y} * \frac{\partial y}{\partial s} * \frac{\partial s}{\partial b}$$

$$\frac{\partial s}{\partial b} = \frac{\partial}{\partial b}(w_1x_1 + w_2x_2 + b) = 1$$

$$\begin{aligned}\frac{\partial L}{\partial b} &= \frac{\partial L}{\partial y} * \frac{\partial y}{\partial s} * \frac{\partial s}{\partial b} \\ &= 0.844352143 * 0.109860473 * 1 = 0.09276\end{aligned}$$

즉, 경사 하강법에 따라 b는 다음과 같다.

$$
\begin{aligned}
b &= b - \alpha\frac{\partial L}{\partial b} \\
&= 1.83 - 0.01*0.09276 \\
&= 1.829072
\end{aligned}
$$

따라서 1 epoch인 경우 역전파 알고리즘에 의해 구한 가중치 w_1, w_2, b로부터 얻어진 퍼셉트론은 그림 5.19와 같다.

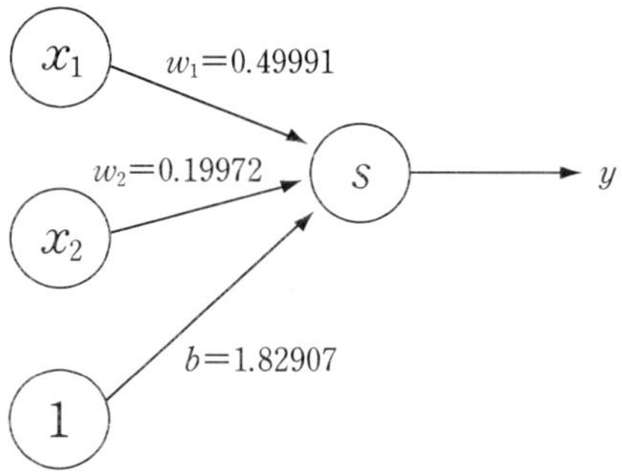

그림 5.19 1 epoch인 경우의 퍼셉트론

예제 5.3

[예제 5.2]에서 역전파 알고리즘에 의해 가중치 구하는 문제를 파이썬으로 구현하고자 한다. 여기서는 epoch을 1로 설정하였다.

코드 5.3.1

```
import numpy as np

def sigmoid(x):
    return 1.0/(1+np.exp(-1*x))

def Loss_function(predicted, target):
    return (1/2)*np.power(predicted-target, 2)

def Loss_function_deriv(predicted, target):
    return (predicted-target)

def sigmoid_deriv(x):
    return sigmoid(x)*(1.0-sigmoid(x))
```

```
def s_w_deriv(x):
    return x

def update_w(w, grad, learning_rate):
    return w - learning_rate*grad

x1=0.1
x2=0.3
x0 =1
target = 0.03
learning_rate = 0.01

#w1=numpy.random.rand()
#w2=numpy.random.rand()

w1=0.5
w2=0.2
b=1.83

print("Initial weights : {},  {}, bias : {}".format(w1, w2, b))

#epochs = 10000
epochs=1
for epoch in range(epochs):
    print( " \nepoch = {:} " .format(epoch))
    # Forward Pass
    print( " \nForward propagation process " )
    s = w1*x1 + w2*x2 + b

    print( ' weighted sum : ' ,s)
    y_pred = sigmoid(s)
    print( " y_pred : {:.5f} " .format(y_pred))

    Loss = Loss_function(y_pred, target)
    print( " Loss : {:.5f} " .format(Loss))

    # Backward Pass
    print( " \nBackpropagation process " )
    g1 = Loss_function_deriv(y_pred, target)
    print( " dL/dy = {:.5f} " .format(g1))
    g2 = sigmoid_deriv(s)
    print( " dy/ds = {:.5f} " .format(g2))
    g3w1 = s_w_deriv(x1)
    g3w2 = s_w_deriv(x2)
```

```python
    g3b = s_w_deriv(x0)
    print("ds/dw1 = {:.5f}".format(g3w1))
    print("ds/dw2 = {:.5f}".format(g3w2))
    print("ds/db = {:.5f}".format(g3b))

    gradw1 = g3w1*g2*g1
    gradw2 = g3w2*g2*g1
    gradb = g3b*g2*g1

    print("\ndL/dw1 = dL/dy*dy/ds*ds/dw1 = {:.5f}".format(gradw1))
    print("dL/dw2 = dL/dy*dy/ds*ds/dw2 = {:.5f}".format(gradw2))
    print("dL/db = dL/dy*dy/ds*ds/db = {:.5f}".format(gradb))

    w1 = update_w(w1, gradw1, learning_rate)
    w2 = update_w(w2, gradw2, learning_rate)
    b = update_w(b, gradb, learning_rate)
    print("\nw1 = w1 - alpha*dL/dw1 = {:.5f}".format(w1))
    print("w2 = w2 - alpha*dL/dw2 = {:.5f}".format(w2))
    print("b = b - alpha*dL/db = {:.5f}".format(b))
```

```
Initial weights : 0.5,  0.2, bias : 1.83

epoch = 0

Forward propagation process
weighted sum : 1.9400000000000002
y_pred : 0.87435
Loss : 0.35647

Backpropagation process
dL/dy = 0.84435
dy/ds = 0.10986
ds/dw1 = 0.10000
ds/dw2 = 0.30000
ds/db = 1.00000

dL/dw1 = dL/dy*dy/ds*ds/dw1 = 0.00928
dL/dw2 = dL/dy*dy/ds*ds/dw2 = 0.02783
dL/db = dL/dy*dy/ds*ds/db = 0.09276

w1 = w1 - alpha*dL/dw1 = 0.49991
w2 = w2 - alpha*dL/dw2 = 0.19972
b = b - alpha*dL/db = 1.82907
```

▶ 1 epoch인 경우 역전파 알고리즘에 의해 구한 w_1, w_2, b는 다음과 같다.

$$w_1 = 0.49991,\ w_2 = 0.19972,\ b = 1.82907$$

예제 5.4

[예제 5.2]에서 역전파 알고리즘에 의해 가중치 구하는 문제를 파이썬으로 구현하고자 한다. 여기서는 epoch에 따른 손실함수 그래프를 출력한다. 여기서 epoch를 10000으로 설정하였다.

코드 5.3.2

```
import numpy as np
from numpy import random

def sigmoid(x):
    return 1.0/(1+np.exp(-1*x))

def Loss_function(predicted, target):
    return (1/2)*np.power(predicted-target, 2)

def Loss_function_deriv(predicted, target):
    return (predicted-target)

def sigmoid_deriv(x):
    return sigmoid(x)*(1.0-sigmoid(x))

def s_w_deriv(x):
    return x

def update_w(w, grad, learning_rate):
    return w - learning_rate*grad

x1 = 0.1
x2 = 0.3
x0 = 1
target = 0.03
learning_rate = 0.01

random.seed(1)
w1=np.random.rand()
w2=np.random.rand()
b=np.random.rand()
#w1=0.5
#w2=0.2
#b=1.83
```

```
print( " initial weights  w1={:.5f}, w2={:.5f}, b={:.5f} " .format(w1,w2,b))
epochs_loss = []
epochs = 10000
for epoch in range(epochs):

    # Forward Pass
    s = w1*x1 + w2*x2 + b
    y_pred = sigmoid(s)

    Loss = Loss_function(y_pred, target)

    epochs_loss.append(Loss)

    # Backward Pass
    g1 = Loss_function_deriv(y_pred, target)
    g2 = sigmoid_deriv(s)

    g3w1 = s_w_deriv(x1)
    g3w2 = s_w_deriv(x2)
    g3b = s_w_deriv(x0)

    gradw1 = g3w1*g2*g1
    gradw2 = g3w2*g2*g1
    gradb = g3b*g2*g1

    w1 = update_w(w1, gradw1, learning_rate)
    w2 = update_w(w2, gradw2, learning_rate)
    b = update_w(b, gradb, learning_rate)

print( " w1 = w1 - alpha*dL/dw1 = {:.5f} " .format(w1))
print( " w2 = w2 - alpha*dL/dw2 = {:.5f} " .format(w2))
print( " b = b - alpha*dL/db = {:.5f} " .format(b))
```

```
initial weights  w1=0.41702, w2=0.72032, b=0.00011
w1 = w1 - alpha*dL/dw1 = 0.18426
w2 = w2 - alpha*dL/dw2 = 0.02205
b = b - alpha*dL/db = -2.32748
```

다음은 epoch에 따른 손실함수의 그래프이다.

```
import matplotlib.pyplot

matplotlib.pyplot.figure()
matplotlib.pyplot.plot(epochs_loss)
matplotlib.pyplot.title("Epochs vs Loss")
matplotlib.pyplot.xlabel("Epochs")
matplotlib.pyplot.ylabel("Loss")
```

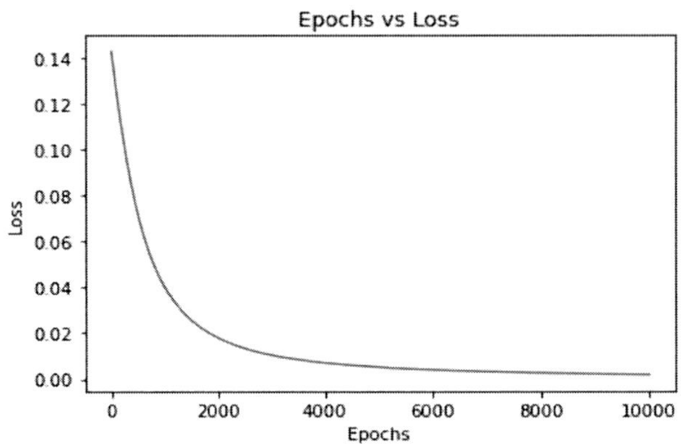

그림 5.20 epoch에 따른 손실함수 그래프

▶ 그림 5.20으로부터 epoch이 클수록 손실함수가 작아짐을 알 수 있다. 이것은 학습이 제대로 이루어진다는 것을 나타낸다.

그림 5.21은 10000 epoch인 경우 역전파 알고리즘에 의해 구한 가중치 w_1, w_2, b로부터 얻어진 퍼셉트론이다.

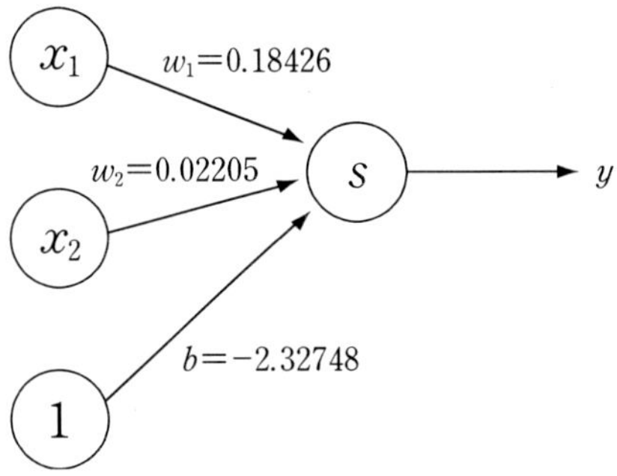

그림 5.21 10000 epoch인 경우의 퍼셉트론

연습문제

1. 다음 그림의 단층 퍼셉트론에서 역전파 알고리즘을 이용하여 w를 구하고자 한다. 여기서 입력층과 출력층의 각각의 노드는 1개이다.

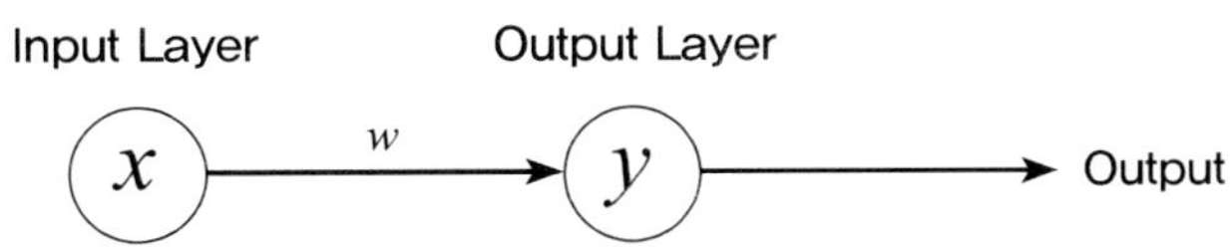

x와 y의 데이터는 다음과 같다.

x	2.0	4.0	6.0
y	6.0	12.0	18.0

여기서 출력층에서 활성화 함수는 선형함수이고 학습률은 0.01이다. 그리고 손실함수는 오차를 가지고 다음과 같이 정의한다.

$$L(w) = \frac{1}{2}e^2 = \frac{1}{2}(y - \hat{y})^2$$

2. 문제 1을 파이썬을 이용하여 구현하고자 한다. 그리고 epoch에 따른 손실함수 그래프를 출력한다.

제 6 장

딥러닝의 개요

6.1 딥러닝의 역사

(1) 퍼셉트론의 개발(1958년)

첫 번째 인공지능 붐을 맞이하다.

1958년 프랭크 로젠블라트는 그림 6.1과 같은 퍼셉트론(perceptron), 구체적으로 단층 퍼셉트론(single-layer perceptron)이라는 신경망을 개발하였다. 단층 퍼셉트론은 입력층(input layer)과 출력층(output layer)으로 구성된 신경망이다.

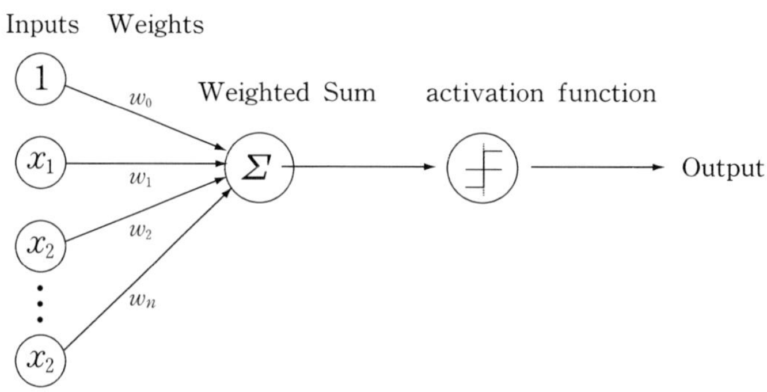

그림 6.1 로젠블라트의 퍼셉트론 구조

그림 6.1의 단층 퍼셉트론의 작동 원리는 입력값(inputs)과 가중치(weights)의 곱을 모두 더한 값, 즉, 가중합(weighted sum) $\sum_{i=0}^{n} w_i x_i$에 활성화 함수(activation function)를 적용하여 얻은 값이 출력값(output)이 된다. 여기서 활성화 함수로 계단함수(step function)를 사용하는 경우 임계값(threshold)과 비교하여 임계값보다 크면 1을 출력하고, 임계값보다 작으면 0을 출력한다.

단층 퍼셉트론은 직선의 식을 구하여 선형문제를 해결한다. 선형문제의 대표적인 AND, OR 문제는 그림 6.2에서 보는 것처럼 단층 퍼셉트론의 학습을 통해 해결될 수 있음을 보여주고 있다. 이처럼 퍼셉트론의 학습을 통해 AND, OR 연산이 가능함에 따라 많은 사람들은 기계 및 컴퓨터의 학습 가능성에 대해 큰 기대를 하게 되었다.

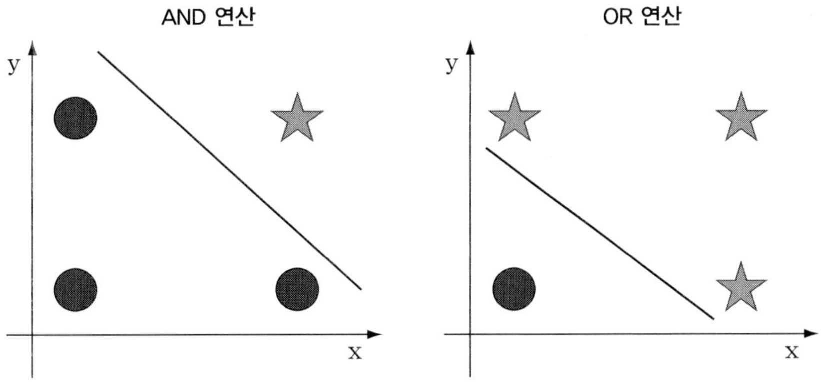

그림 6.2 AND, OR 연산

(2) 첫 번째 AI 겨울(1969년)

첫 번째 인공지능 빙하기를 맞이하다.

1969년 MIT의 민스키(Marvin Lee Minsky)와 파퍼트(Seymour Papert) 교수는 「Perceptrons」라는 저서를 통해 "현재의 퍼셉트론으로는 그림 6.3의 XOR 문제를 절대 해결할 수 없다."라는 것을 수학적으로 증명하였다. 따라서 단층 퍼셉트론이 아닌 다층 퍼셉트론(그림 6.4)을 통해 XOR 문제를 해결할 수 있다고 하였으나 이마저도 "다층 퍼셉트론에서 가중치(weight)와 바이어스(bias)를 학습시킬 방법이 없다."라는 결론을 내렸다. 즉, 다층 퍼셉트론을 학습시킬 방법이 없었다. 이후 AI의 겨울이라 불리는 암울한 시기가 도래한다.

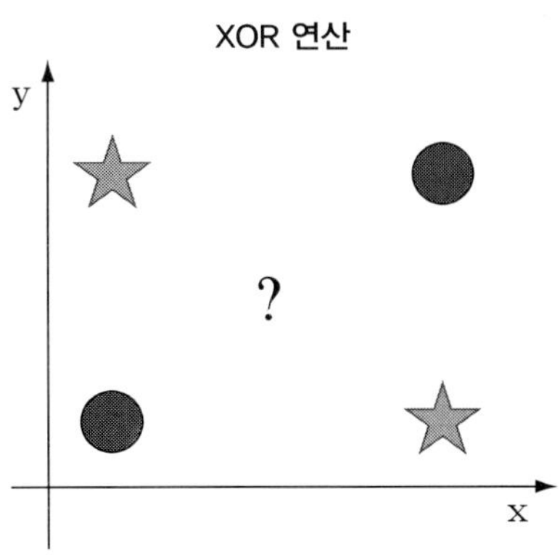

그림 6.3 XOR 연산

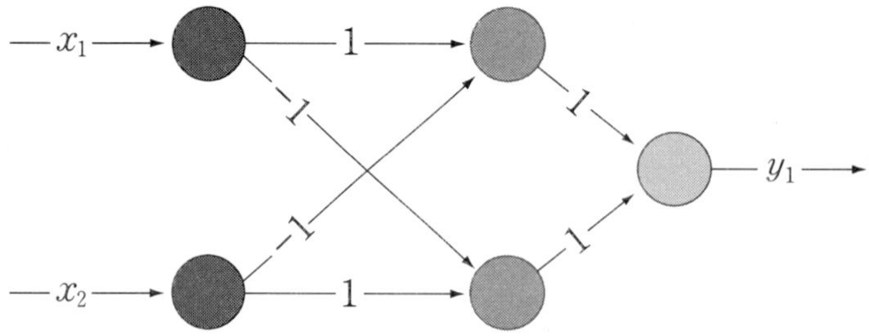

그림 6.4 XOR 문제를 위한 다층 퍼셉트론 구조

(3) 역전파 알고리즘 개발(1986년)

두 번째 인공지능 붐을 맞이하다.

1986년 캐나다 토론토 대학의 제프리 힌튼(Geoffrey Hinton)의의 역전파 알고리즘(그림 6.5)이 개발되면서 다층 퍼셉트론의 학습 문제가 해결되었다.

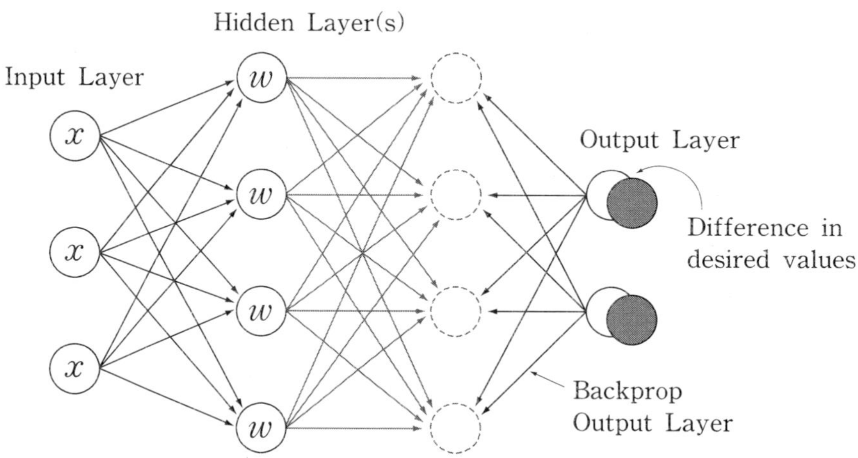

그림 6.5 역전파 알고리즘 개념도

그림 6.5의 역전파 알고리즘은 Forward propagation 과정에서 발생한 오차(error)를 역방향, 즉 출력층에서 은닉층, 그리고 입력층 방향으로 다시 보내는 방법으로 가중치를 최적화하여 다층 퍼셉트론의 학습을 가능하게 만들었다. 이를 계기로 AI 연구는 다시 활기를 띠게된다.

(4) 기울기 소실 문제와 오버피팅 문제 등장(~1993년)

두 번째 인공지능 빙하기를 맞이하고 인공지능의 침체기에 돌입하다.

다층 신경망을 실제 문제에 적용하는 데 있어서 성능의 한계를 드러내었다. 다층 신경망에 은닉층을 추가하거나 은닉층의 노드를 늘리는 경우 성능이 더 저하되는 것을 알 수 있었다. 이것은 기울기 소실 문제(vanishing gradient problem)와 오버피팅(overfitting, 과적합) 현상 때문이다. 결국 다층 신경망 활용의 제한성으로 인해 AI 연구는 두 번째 암흑기에 접어들게 된다.

• 기울기 소실 문제

기울기 소실 문제(vanishing gradient problem)는 다층 신경망에서 역전파 알고리즘으로 학습시켰을 때 그림 6.6과 같이 출력층에서 멀리 떨어질수록 신경망의 출력오차가 전달되지 않는 현상을 말한다.

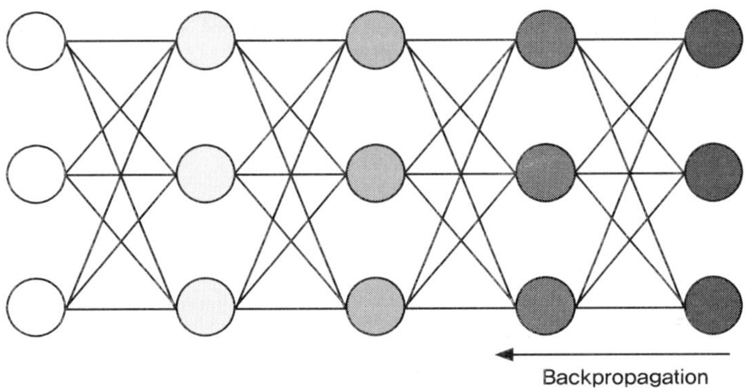

그림 6.6 기울기 소실 문제

따라서 신경망이 깊어질수록 원하는 결과를 얻을 수 없고, 오히려 성능이 저하되는 경우가 발생한다.

• 오버피팅

기존의 다층 신경망에서 가장 큰 문제는 학습 데이터(training data)를 너무 과하게 학습함으로써 발생하는 문제인 오버피팅(overfitting, 과적합) 문제이다. 오버피팅은 학습 데이터에 대해서는 학습이 너무 과하게 되어 높은 성능을 나타내지만, 실제 적용 시에는 모델이 일반화가 되지 않아 성능이 떨어지는 현상을 말한다. 그림 6.7은 여러 가지 모델 적합도를 보여주고 있다.

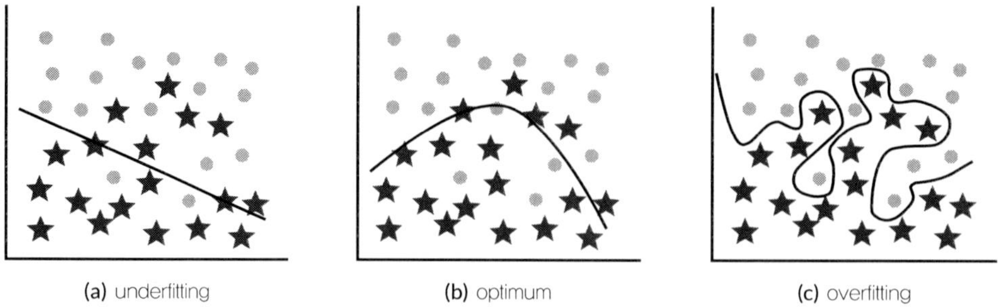

그림 6.7 여러 가지 형태의 모델 적합도

그림 6.7(a)는 모델의 언더피팅(underfitting), 그림 6.7(c)는 모델의 오버피팅(overfitting), 그리고 그림 6.7(b)는 모델의 최적(optimum)을 보여주고 있다. 따라서 좋은 모델이란 그림 6.7(b)와 같은 일반화된 모델을 가리킨다.

그림 6.8은 모델 복잡도(model complexity) 면에서 언더피팅과 오버피팅과의 트레이드 오프(trade–off) 관계를 보여주고 있다.

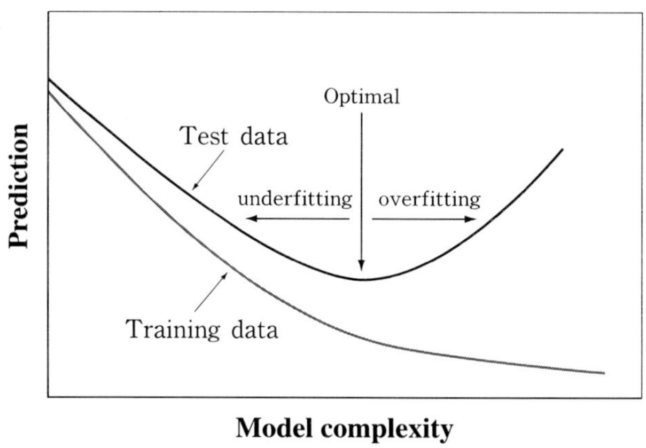

그림 6.8 언더피팅과 오버피팅과의 트레이트 오프 관계

모델이 복잡할수록 학습 데이터에서 예측 오차는 점점 작아진다. 바꿔 말하면, 모델이 단순할수록 학습 데이터에서 예측 오차는 점점 커진다. 따라서 학습 데이터만 고려하는 경우 복잡한 모델일수록 예측 오차가 작아 좋은 모델이라 할 수 있다. 물론 테스트 데이터에서도 예측 오차가 작은 모델이 좋은 모델이라 할 수 있지만, 대개 모델이 복잡할수록 예측 오차는 점점 작아지다가 다시 커지는 현상이 발생한다. 이것이 오버피팅 현상이다. 그림 6.8의 테스트 데이터에서 예측 오차가 최소가 되는 최적의 모델(optimal model)보다 단순하면 언더피팅이 발

생하고, 복잡하면 오버피팅이 발생한다. 따라서 언더피팅과 오버피팅을 피할 수 있는 최적의 모델을 찾는 것이 중요하다.

(5) DBN 모델 개발(2006년)

'Deep'이라는 용어가 출현하다.

2006년 역전파(Backpropagation)를 고안하였던 제프리 힌튼(Geoffrey Hinton)이 "A fast learning algorithm for deep belief nets"라는 논문을 통해 DBN(Deep Belief Network) 신경망에서 가중치(weight)의 초깃값(initial value)을 제대로 설정하면 깊은 신경망 학습이 가능하다는 것을 보였다. 드디어 "Deep Network", "Deep Learning"이라는 용어가 사용되기 시작하였다.

(6) CNN 모델 개발(2012년)

세상에 딥러닝이 알려지게 된다.

2012년 이미지넷(ImageNet)이라는 영상분류 대회에서 캐나다 토론토 대학의 제프리 힌튼 교수의 제자 알렉스 크리제브스키(Alex Krizhevsky)가 알렉스넷(AlexNet)이라는 CNN(Convolutional Neural Network) 기반 딥러닝 모델을 개발하여 84.7%의 정확도를 보였다. 당시 80% 이상의 영상 인식률은 거의 불가능하다는 인식이 있었기 때문에 충격적인 사건이었다. 2012년 이후 대부분의 참가팀 들은 딥러닝을 이용하여 알고리즘 성능을 높이고 있다.

6.2 머신러닝과 딥러닝 관계

딥러닝은 머신러닝의 한 분야이다. 머신러닝(machine learning)과 딥러닝(deep learning)의 관계는 수학의 집합 기호(⊂)를 통해 다음과 같이 나타낼 수 있다.

딥러닝 ⊂ 머신러닝

이 경우 딥러닝은 머신러닝의 부분집합이라고 부른다. 그림 6.9는 머신러닝과 딥러닝의 관계를 벤다이어그램(venn diagram)으로 나타낸 것이다.

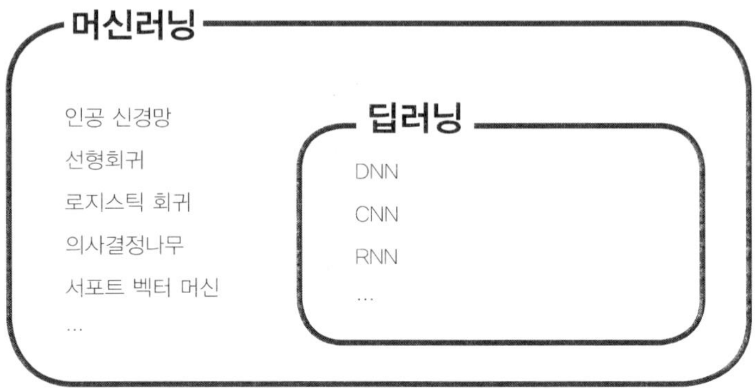

그림 6.9 머신러닝과 딥러닝의 관계

머신러닝은 컴퓨터가 데이터를 통해 스스로 학습하여 예측하는 기술로서 인공 신경망(Artificial Neural Network), 선형회귀(Linear Regression), 로지스틱 회귀(Logistic Regression), 의사결정나무(Decision Tree), 서포트 벡터 머신(Support Vector Machine, SVM) 등이 여기에 속한다. 딥러닝은 인공 신경망에 바탕을 둔 기술로 DNN(Deep Neural Network, 심층 신경망), CNN(Convolution Neural Network, 컨볼루션 신경망), RNN(Recurrent Neual Network, 순환 신경망), GAN(Generative Adversarial Network, 생성적 적대 신경망) 등이 있다. 딥러닝의 개념은 사실 최근에 되서 이슈가 되긴 하였지만, 최근에 등장한 것은 아니다. 딥러닝은 기존 인공 신경망에서 발전된 형태로 인공 신경망의 여러 한계점, 예를 들면 기울기 소실문제, 오버피팅 문제, 계산속도 저하 문제 등이 극복되면서 재조명되고 부각된 머신러닝의 한 분야이다. 큰 틀에서 사람의 사고방식을 컴퓨터에게 가르치는 머신러닝의 한 분야라고 이야기할 수 있다.

그림 6.10은 분류 문제에서 머신러닝과 딥러닝의 접근 방법에 차이를 보여주고 있다. 그림 6.10을 보면 머신러닝에서는 특징 추출(feature extraction)은 인간이 처리하고 분류(classification)는 컴퓨터가 처리하는 반면에 딥러닝에서는 특징 추출과 분류 모두 컴퓨터가 처리한다. 머신러닝에서 특징 추출을 위한 알고리즘을 인간이 직접 제공한다. 따라서 해당 분야에 대한 지식, 직관, 알고리즘 구축을 위한 상당한 노력이 필요하다.

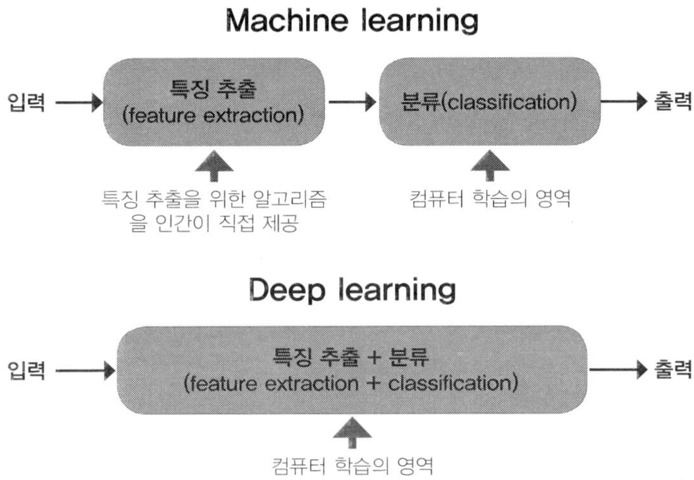

그림 6.10 분류 문제에서 머신러닝과 딥러닝의 차이

그림 6.11은 영상 인식(image recognition), 여기서는 자동차 인식에서 머신러닝과 딥러닝의 접근 방법에 차이를 보여주고 있다.

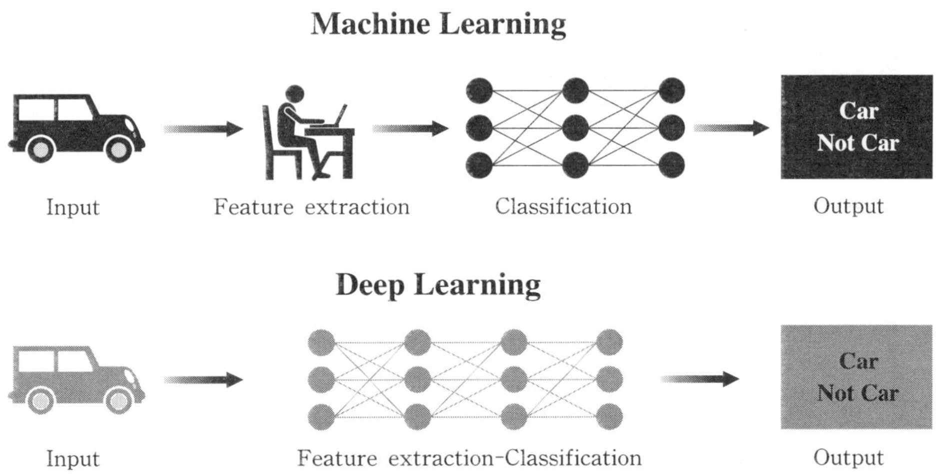

그림 6.11 영상 인식에서 머신러닝과 딥러닝의 차이

그림 6.11에서 머신러닝과 딥러닝은 모두 컴퓨터의 학습을 통해 데이터를 분류하는 기술이지만, 인간의 개입 정도에 따라 차이가 확연히 나타난다. 예를 들어, 자동차 인식 작업에서 머신러닝의 경우 자동차의 특징(feature, 특성)에 대한 데이터를 시스템에 입력하는 작업이 필요하다. 컴퓨터는 이후 축적된 데이터를 바탕으로 학습을 통해 작업을 수행한다. 반면, 딥러닝은 주어진 작업을 인간이 먼저 처리하는 과정이 생략된다. 방대한 데이터 속에서 자동차를 인

식할 수 있는 특징을 직접 찾아내는 것이다.

그림 6.12는 개와 고양이 분류에서 머신러닝과 딥러닝의 접근 방법에 차이를 보여주고 있다. 그림 6.12의 개와 고양이 사진을 구분하는 작업에서 머신러닝의 경우 개와 고양이 각각 표시해 사진 또는 영상 데이터를 제공한다. 딥러닝은 전혀 표시가 없는 사진 또는 영상을 분석해 무엇이 개인지 또는 고양이인지 스스로 판단한다. 이 과정에서 앞서 언급한 인공 신경망 기술이 활용된다.

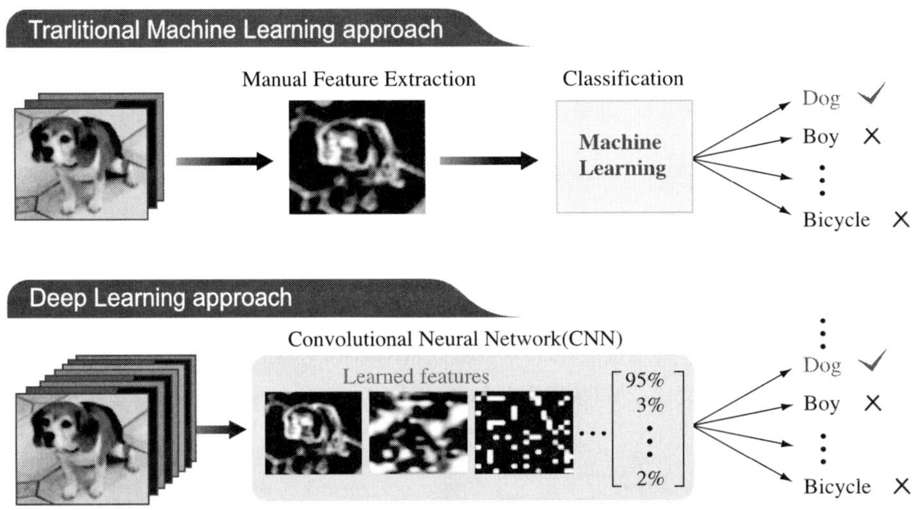

그림 6.12 개와 고양이 분류에서 머신러닝과 딥러닝의 차이

6.3 여러 가지 딥러닝 모델

(1) DNN

DNN(Deep Neural Network, 심층 신경망)은 입력층과 출력층 사이에 여러 개의 은닉층을 포함하는 인공 신경망(artificial Neural Network, ANN)이다. 여러 개의 은닉층을 포함하

여 복잡한 비선형 관계(non-linear relationship)를 모델링할 수 있지만, 학습을 위한 많은 연산량과 과도한 학습으로 인해 실제 데이터에 대해 오차가 증가하는 오버피팅(overfitting) 문제, 기울기 소실 문제(vanishing gradient problem) 등이 발생할 수 있다. 2000년대 이후 ReLU(Rectified Linear Unit) 활성화 함수, 드롭아웃(Dropout), 배치 정규화(Batch Normalization) 등의 기법이 적용되면서 딥러닝의 핵심 모델로 활용되고 있다.

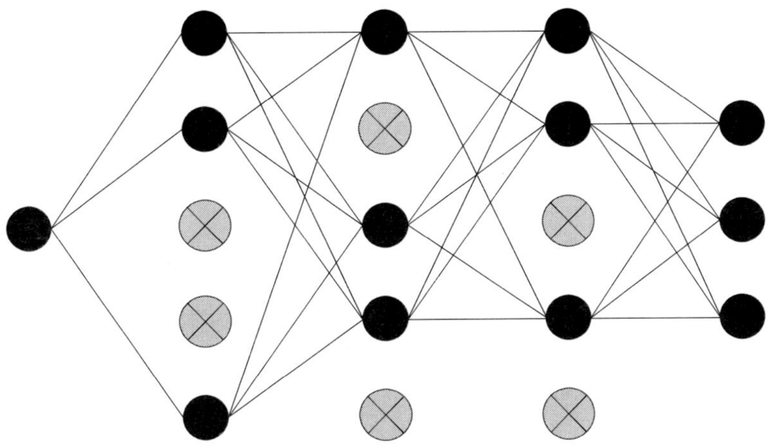

그림 6.13 DNN에서 드롭아웃

딥러닝은 기울기 소실 문제 완화를 위해 활성화 함수를 시그모이드 함수보다 함수를 사용하는 경우가 늘어나고 있다. ReLU 함수는 시그모이드 함수보다 오차가 훨씬 더 잘 전달된다.

또한, 그림 6.13과 같이 드롭아웃을 이용해 오버피팅 문제를 해결하였다. 드롭아웃은 신경망의 노드 중 무작위로 일부를 비활성화(출력을 0으로 만듦)시켜 연산에서 제외한다. 비활성화되는 노드는 학습 때마다 달라져서 신경망이 오버피팅에 빠지는 것을 효과적으로 예방할 수 있다. 드롭아웃의 비율은 은닉층의 경우는 50% 정도이고, 입력 노드에 적용하는 경우에는 25% 정도가 일반적이다.

딥러닝의 배치 정규화(Batch Normalization, BN)는 미니 배치(mini-batch) 입력 데이터를 평균이 0, 분산이 1이 데이터로 변환(표준화)하는 것을 말한다. 배치 정규화가 주목받는 이유는 다음과 같다.

- 학습을 빨리 진행할 수 있다(학습속도 개선).
- 초깃값에 크게 의존하지 않는다(초깃값 선택 장애 개선).
- 오버피팅을 억제한다(드롭아웃 등의 필요성 감소).

(2) CNN

CNN(Convolution Neural Network, 컨볼루션 신경망)은 영상처리, 특히 영상분류, 영상 인식에 특화된 딥러닝 모델이다. CNN은 그림 6.14에서처럼 특징 추출(Feature Extraction)을 하는 부분과 분류(Classification)하는 부분으로 나누어진다.

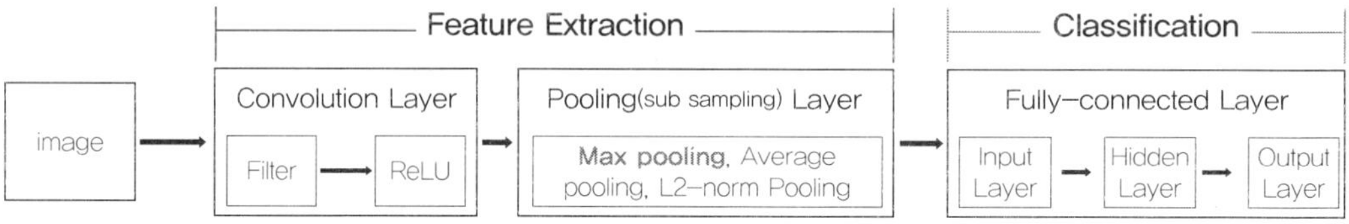

그림 6.14 CNN 구조

CNN을 이용하여 영상분류를 하는 경우 컨볼루션 층(Convolution Layer)을 통해서 입력받은 영상에 대한 특징(feature)을 추출하고, 추출된 특징들은 필요에 따라 풀링 층(Pooling Layer), 일명 Subsampling Layer(서브 샘플링 층)를 통해 영상의 크기를 줄여준 후 이를 바탕으로 기존의 완전 연결 층(Fully-connected Layer)을 통해 입력영상에 대한 분류(classification)를 수행한다. 여기서 완전 연결 층은 한 층(Layer)의 모든 뉴런이 다른 층(Layer)의 모든 뉴런과 연결되어 있는 형태를 말한다. 밀집 층(Dense Layer)이라고도 한다. 그림 6.15는 영상분류에 사용된 CNN 구조를 보여주고 있다.

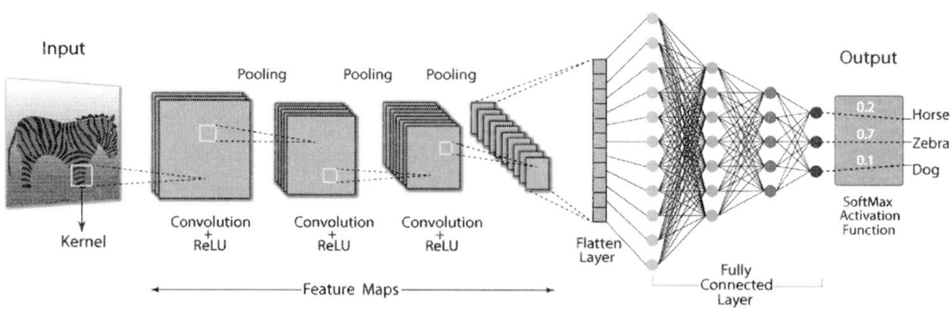

그림 6.15 CNN 모델[1]

그림 6.15처럼 영상 특징을 추출하는 부분과 영상 분류하는 부분 사이에 영상 형태의 데이

1 https://developersbreach.com/convolution-neural-network-deep-learning

터를 1차원 배열 형태로 바꿔주는 플래튼 층(Flatten Layer)이 위치한다.

(3) RNN

RNN(Recurrent Neural Network, 순환 신경망)은 순차 데이터(sequence data, sequential data, 서열 데이터) 분석에 적합한 딥러닝 모델이다. 순차 데이터는 순서를 가진 데이터로서 대표적인 예로는 텍스트(text) 혹은 시계열(time series) 데이터를 둘 수 있다.

순차 데이터는 순서를 가진 데이터로서 그 순서가 변경될 경우 고유의 특성을 잃어버리는 특성이 있다. 순차 데이터의 쉬운 예로 '도'와 '시'라는 글자 객체들로 '도시'와 '시도'라는 단어들의 조합이 가능하지만, 이들은 서로 다른 의미를 갖는 것과 같다. 순차 데이터의 예로서 텍스트, 시계열 외에 음성(voice), 동영상(video) 등도 순차 데이터에 포함된다.

그림 6.16은 RNN의 순환구조를 보여준다. 일반적으로 RNN을 그림으로 나타낼 때는 그림 6.16의 왼쪽 그림처럼 순환구조를 가지고 나타내지 않고, 오른쪽 그림처럼 시간 축에 따라 인공 신경망을 펼쳐 놓은(unfold) 형태로 나타낸다.

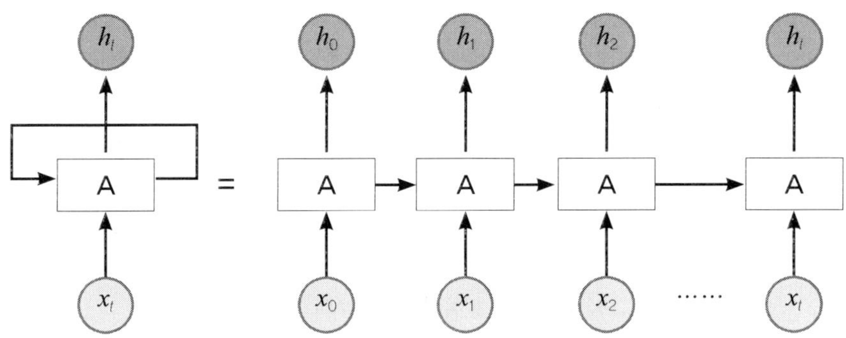

그림 6.16 펼친 형태의 RNN 순환구조

그림 6.16의 왼쪽 그림을 보면 은닉층에서 나온 결과값이 두 개로 분기되어 하나는 일반 신경망처럼 그대로 출력하고, 다른 하나는 다시 은닉층으로 되돌아가 순환하는 것을 알 수 있다. RNN의 은닉층에서 활성화 함수를 통해 결과를 내보는 역할을 하는 노드를 셀(cell) 혹은 RNN 셀(RNN cell)이라고 한다. 그림 6.16에서 네모 박스로 나타낸다. 이 셀은 이전의 값을 기억하려고 하는 일종의 메모리 역할을 수행함으로 메모리 셀(memory cell)이라고 부른다.

입력 데이터들의 시간적인 순서를 고려하기 위해 시점(time step, 타임 스텝)을 사용하여 셀의 은닉상태(hidden state)를 표현하면, 타임 스텝 t에서 셀의 은닉상태 h_t는 타임 스텝 t에서의 입력 x_t와 이전 타임 스텝의 은닉상태 h_{t-1}에 대한 함수로 나타낸다. 즉, 다음과 같이 수식으로 나타낼 수 있다.

$$h_t = f(h_{t-1}, x_t)$$

예를 들어, 텍스트 "I work at google"에서 4개의 단어를 입력받아 그중에서 "work"와 "google" 단어의 품사가 무엇인지 RNN을 이용하여 예측하는 경우, "work"와 "google" 단어의 품사는 앞 단어의 품사에 따라 영향을 받는다. 그림 6.17은 "I work at google"에서 품사 분류를 위한 RNN의 구조를 보여주고 있다.

그림 6.17에서 "I"가 입력되었을 때 '대명사'라고 예측되었다고 가정한다. 다음 "work"를 입력받는데, 이전 "I"라는 은닉상태가 영향을 준다. 따라서 "work"가 대명사 "I" 다음에 왔으므로 "동사"라고 판단하게 된다. 다음 "at"을 입력받는데, 이전 "I work"라는 은닉상태가 영향을 준다. 따라서 "at"이 동사 "work" 다음에 왔으므로 "전치사"라고 판단하게 된다. 다음 "google"을 입력받는데, 전치사 "at"이 왔기 때문에 그 뒤는 "명사"가 올 것이라고 추론할 수 있다.

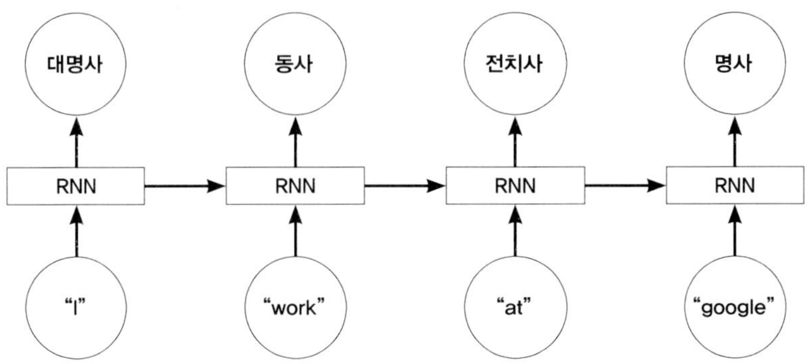

그림 6.17 품사 분류를 위한 RNN의 구조

(4) GAN

GAN(Generative Adversarial Network, 생성적 적대 모델)은 생성자(generator)와 판별자(discriminator, 구별자)가 서로 경쟁하며 판별이 어려운 수준, 즉 '실제같이 보이는 허구'를 만들어내는 딥러닝 기법이다. GAN은 구글의 이안 굿펠로우(Ian J. Goodfellow) 등이 2014년에 제안한 비지도 학습 방식(unsupervised learning)의 모델이다. 그림 6.18은 GAN에 의해 생성된 진짜 같은 가짜 사람 얼굴 사진이다.

그림 6.18 진짜 같은 가짜 얼굴 사진[2]

GAN에서 생성자와 판별자는 적대적 경쟁 관계이다. 그림 6.19에서 보는 것처럼 이는 위조지폐범과 경찰과의 관계로 비유할 수 있다.

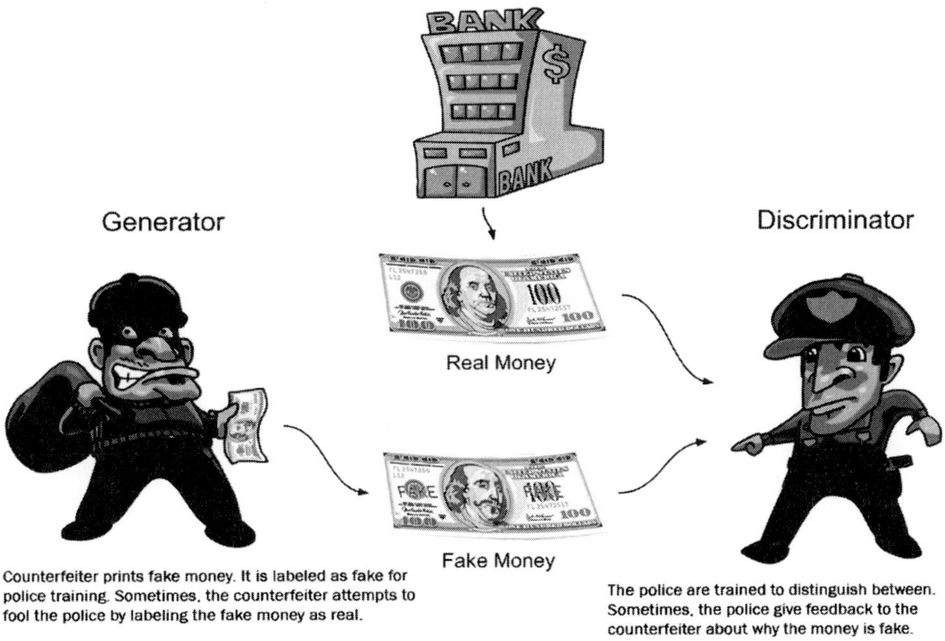

그림 6.19 GAN에서 위조지폐범과 경찰의 관계[3]

2 Karras et al., 2018

3 Rowel Atienza, Advanced Deep Learning with Keras, 2020.

GAN은 위조지폐범에 해당하는 생성자와 경찰에 해당하는 판별자를 경쟁적으로 학습시킨다. 생성자의 목적은 그럴듯한 위조지폐를 만들어서 판별자를 속이는 것이며, 판별자의 목적은 생성자가 만든 위조지폐와 진폐를 구분하는 것이다. 이 둘을 적대적으로 경쟁을 하면서 위조지폐범의 실력이 향상되어 진폐와 구별이 어려운 위조지폐를 만들 수 있는 수준까지 도달한다. 이런 학습이 바로 GAN의 핵심적인 아이디어인 적대적 학습(Adversarial Training)이다.

제 7 장

DNN 모델

7.1 DNN 모델이란?

DNN(Deep Neural Network, 심층 신경망) 모델은 입력층(input layer)과 출력층(output layer) 사이에 여러 개의 은닉층(hidden layer)이 존재하는 인공 신경망(Artificial Neural Network, ANN)이다. 여기서 인공 신경망은 모든 형태의 딥러닝 모델을 포함하는 포괄적인 의미의 신경망을 의미한다. 인공 신경망은 입력층과 출력층 사이 은닉층의 수에 따라 SNN(Shallow Neural Network, 얕은 신경망)과 DNN(Deep Neural Network, 심층 신경망)으로 나눈다. SNN은 그림 7.1(a)와 같이 입력층과 출력층 사이 은닉층 1개 혹은 2개를 갖는 신경망이고, DNN은 그림 7.1(b)와 같이 입력층과 출력층 사이 2개 이상의 은닉층을 갖는 신경망을 말한다.

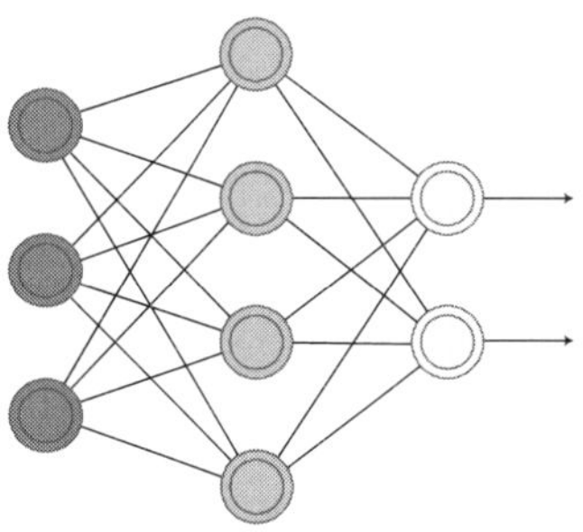

(a) SNN

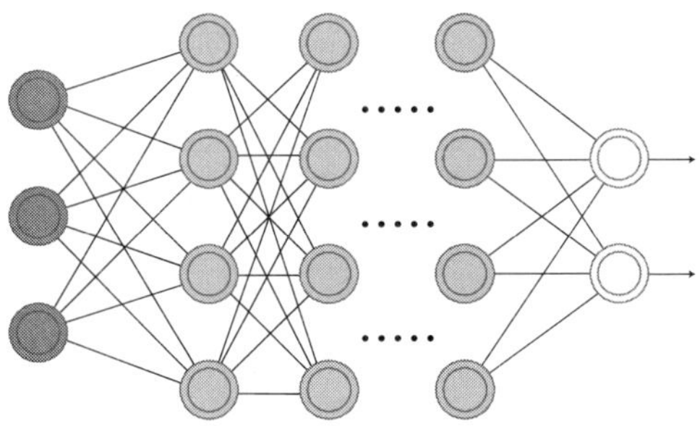

(b) DNN

그림 7.1 SNN 과 DNN

5장의 인공 신경망에서 다층 퍼셉트론(multi-layer perceptron, MLP)은 역전파 알고리즘(backpropagation algorithm)을 사용하여 학습함으로써 여러 가지 문제를 해결하였으나 몇 가지 한계점을 가지고 있었다. 다음은 기존 신경망에서 다층 퍼셉트론의 문제점들이다.

- **기울기 소실 문제**

다층 퍼셉트론은 복잡한 문제를 해결하기 위해 여러 층을 쌓아 해결하였다. 이 경우 기울기 소실 문제(vanishing gradient problem)가 발생한다. 기울기 소실 문제는 은닉층이 많은 신경망에서 주로 발생하는데, 역전파(Backpropagation) 알고리즘에서 출력층에서 입력층으로 진행할수록 기울기가 점차적으로 작아지다가 나중에는 거의 기울기의 변화가 없어지는 문제를 말한다.

- **최적의 파라미터 찾기 어려움**

모델의 파라미터(parameter, 매개변수)는 가중치와 바이어스처럼 학습을 통해 바뀌는 변수이다. 일반적으로 하이퍼 파라미터(hyper-parameter)는 사용자가 직접 정해줄 수 있는 변수이고, 파라미터는 사용자가 아닌 모델이 학습하는 과정에서 결정되는 변수이다. 퍼셉트론에서 활성화 함수 유형, 최적화 알고리즘 선택 등은 모델 학습에 영향을 주는 파라미터이다. 퍼셉트론에서 활성화 함수로서 시그모이드 함수(sigmoid function)를 사용하는 경우 출력층에서 계산된 오차는 점점 작아져서 0에 수렴하는 결과를 낳는다. 이 경우 로컬 최소점(local minima, 지역 최소점)을 글로벌 최소점(global minima, 전역 최소점)으로 인식하여 더 이상 학습을 진행하지 않는다.

여러 최적화 알고리즘 중 대표적인 기법인 경사 하강법을 사용하는 경우 최적의 파라미터를 찾지 못할 수 있다. 학습률이 너무 작을 경우 알고리즘이 수렴하기 위해 반복해야 하는 값이 많으므로 학습 시간이 오래걸린다. 이 경우 로컬 최소점에 수렴할 수 있다. 또한, 경사 하강법은 현재 위치에서의 기울기를 사용하기 때문에 로컬 최소점에 빠질 수 있다.

- **오버피팅 문제**

일반적으로 신경망의 층수가 많을수록 학습이 잘 될 것이라고 예상하지만, 지나치게 학습 데이터에 의존하여 학습이 이루어짐으로 오버피팅(overfitting, 과적합) 가능성이 크다. 여기서 오버피팅이란 주어진 데이터에 지나치게 학습하는 형태를 말한다. 이 경우 학습 데이터에는 좋은 성능을 보이지만 테스트 데이터에는 성능이 떨어지는 현상이 발생한다.

- **느린 학습 시간**

신경망의 구조가 커질수록 연산량이 급격히 증가하여, 학습 시간이 너무 오래 걸리는 단점이 있다.

딥러닝의 DNN 모델은 이러한 다층 퍼셉트론의 문제점을 다음과 같이 해결하였다.

- **적절한 가중치 초기화**(weight initialization)

딥러닝 학습에 있어 초기 가중치 설정은 매우 중요한 역할을 한다. 모델의 가중치(weights)를 무작위로 초기화하지 않고, 사전 학습(pre-training)을 통해 비지도 학습(unsupervised learning)에 의해 초기 가중치(initial weights)를 결정한다. 대표적인 초기화 방법으로 자비어(Xavier) 초기화 방법 혹은 He 초기화 방법 등이 있다.

- **드롭아웃**(Dropout)

'Dropout'은 '제외하다', '누락시키다'라는 뜻 그대로 학습을 시킬 때 무작위로 일부 뉴런을 비활성화 상태 즉, 제외시켜 학습하는 것을 말한다. 제외된 뉴런은 신호를 전달하지 않게 된다. 학습 단계에서는 제외할 뉴런을 무작위로 선택하고 테스트 단계에서는 모든 뉴런에 신호를 전달한다. 즉, 테스트 단계에서는 드롭아웃이 해제된다. 그림 7.2는 드롭아웃 적용 전과 후의 DNN을 보여주고 있다.

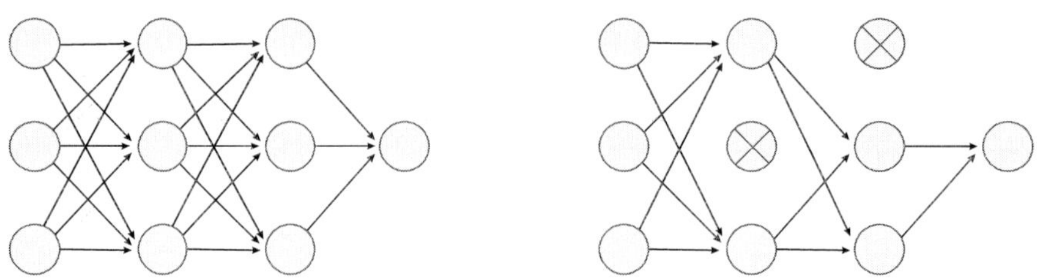

(a) Dropout 적용 전 (b) Dropout 적용 후

그림 7.2 Dropout 적용 전과 후

DNN의 학습 단계에서 노드 중 무작위로 일부를 비활성화시켜 연산에서 제외되는데, 이때 비활성화되는 노드는 학습 때마다 달라져서 신경망이 오버피팅에 빠지는 걸 효과적으로 예방할 수 있다.

- **활성화 함수로서 ReLU 함수 유형 사용**

시그모이드 함수는 깊은 층을 가지고 있을수록 기울기 값이 0에 가까워져서 기울기 소실 문제를 촉진할 수 있다. 이를 해결하기 위한 활성화 함수로서 ReLU 함수와 다른 버전인 Leaky ReLU 함수 등이 있다.

- **배치 정규화**(Batch Normalization)

학습 과정에서 배치 단위별로 데이터가 다양한 분포를 갖더라도 배치 단위별로 데이터의 평균 0, 분산 1이 되도록 표준화하는 것을 말한다. 배치 정규화를 수식으로 표현하면 다음과 같다.

미니배치 $B = \{x_1, x_2, \ldots, x_m\}$의 입력 데이터에 대해 평균 $\mu_B = \frac{1}{m}\sum_{i=1}^{m} x_i$, 분산 $\sigma_B^2 = \frac{1}{m}\sum_{i=1}^{m}(x_i - \mu_B)^2$을 구하고 이를 표준화한다. 즉,

$$\hat{x}_i = \frac{x_i - \mu_B}{\sqrt{\sigma_B^2 + \epsilon}}$$

여기서 ϵ는 $10e{-}7$과 같은 작은 값으로 두어, 분모가 0이 되는 것을 막기 위해 사용된다.

기본적으로 배치 정규화를 하는 이유는 빠른 학습을 위해서, 혹은 로컬 최소점(local minima)에 빠질 가능성을 줄이기 위해서이다. 그림 7.3은 원 데이터(original data)에 대해 배치 정규화 적용 전과 후를 그림으로 나타낸 것이다.

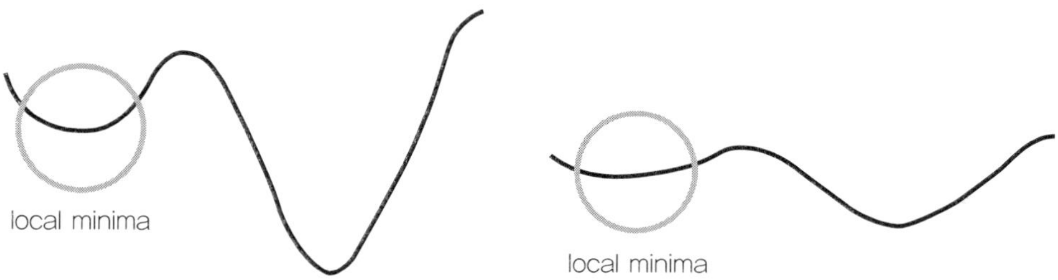

(a) 배치 정규화 적용 전　　(b) 배치 정규화 적용 후

그림 7.3 배치 정규화 적용 전과 후

그림 7.3(b)은 그림 7.3(a)에 비해 로컬 최적화에 빠질 가능성이 낮음을 보여주고 있다.

- **GPU 사용**

많은 학습 데이터를 반복하여 학습시키는 데 있어서 기존의 중앙처리 장치인 CPU는 너무 많은 시간이 걸려서 실용적이지 못하였다. 따라서 빠른 학습을 위해 그래픽 처리장치인 GPU를 이용하면서 DNN 모델을 포함한 딥러닝의 성능이 크게 향상되었다.

딥러닝의 DNN 모델은 기존 인공 신경망에서 이용했던 다층 퍼셉트론의 여러 문제를 해결한 개선된 모델이라 할 수 있다.

7.2 DNN 모델 파이토치 구현

파이토치로 DNN 모델을 구현하는 방법에는 크게 3가지가 있다.

- torch.nn 모듈 이용하는 방법
- nn.Sequential 함수 이용하는 방법
- nn.Module을 상속한 클래스 이용하는 방법

그림 7.4에 주어진 간단한 신경망을 파이토치를 이용하여 구현하고자 한다.

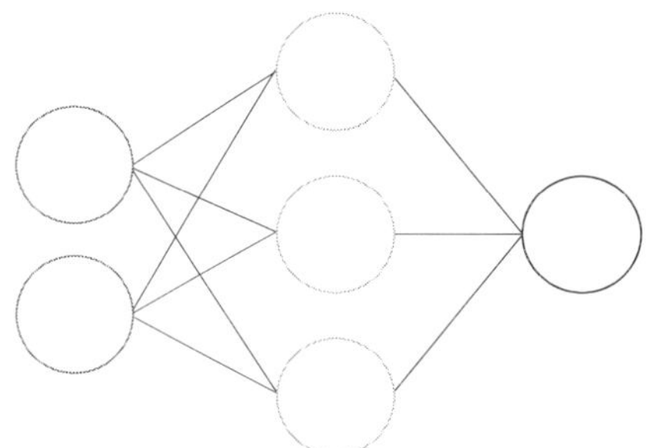

그림 7.4 간단한 신경망

그림 7.4는 입력층과 은닉층 1개, 그리고 출력층으로 이루어진 간단한 신경망을 나타내고 있다. 여기서 입력 데이터는 [1., 2.], [3., 4.], [5., 6.]이고 은닉층의 활성화 함수는 ReLU 함수를 사용한다.

(1) torch.nn 모듈을 이용하는 방법

torch.nn 모듈은 신경망의 모든 것을 포괄하는 모듈이다. 여기서는 torch.nn 모듈에 있는 nn.Linear 함수와 nn.ReLU 함수를 이용한다. 다음은 nn.Linear 함수의 사용형식이다.

```
nn.Linear(in_features, out_features, bias=True, device=None)
```

- in_features: 입력 특징의 개수
- out_features: 출력 특징의 개수

– bias: 바이어스

– device: CPU 혹은 GPU 지정

다음은 nn.ReLU 함수의 사용형식이다.

```
nn.ReLU(inplace=False)
```

디폴트는 inplace=False이므로 인플레이스 연산(In–place operation, 덮어쓰기 연산)을 하지 않겠다는 의미이다. 만약, 인플레이스 연산을 원하는 경우 inplace=True를 설정한다.

다음 [코드 7.2.1]은 그림 7.4의 신경망을 torch.nn 모듈을 이용하여 구현한 코드이다.

코드 7.2.1

```
import torch
from torch import nn
torch.manual_seed(1)

linear_layer1 = nn.Linear(2, 3)
relu = nn.ReLU()
linear_layer2 = nn.Linear(3, 1)

#x = torch.arange(1.0, 7.0, 1.0).view(3, 2)
x = torch.tensor([[1.,2.],[3.,4.],[5.,6.]])
#print(x)
print('linear_layer1.weight :', linear_layer1.weight)
print('linear_layer1.bias :', linear_layer1.bias)
print()
print('linear_layer2.weight :', linear_layer2.weight)
print('linear_layer2.bias :', linear_layer2.bias)

out = linear_layer1(x)
out = relu(out)
y_pred = linear_layer2(out)
print()
print(y_pred)
```

```
linear_layer1.weight : Parameter containing:
tensor([[ 0.3643, -0.3121],
        [-0.1371,  0.3319],
        [-0.6657,  0.4241]], requires_grad=True)
linear_layer1.bias : Parameter containing:
tensor([-0.1455,  0.3597,  0.0983], requires_grad=True)
linear_layer2.weight : Parameter containing:
tensor([[-0.0707,  0.1601,  0.0285]], requires_grad=True)
linear_layer2.bias : Parameter containing:
tensor([0.2109], requires_grad=True)

tensor([[0.3608],
        [0.4152],
        [0.4776]], grad_fn=<AddmmBackward0>)
```

(2) nn.Sequential 함수 이용하는 방법

nn.Sequential 함수는 순차적으로 레이어 들을 실행하도록 담는 컨테이너(container)이다. 즉, 순차 컨테이너(sequential container)이다. 따라서 여러 개의 레이어 들을 순차적으로 실행시키고자 하는 경우 nn.Sequential 함수를 사용하여 묶어주면 된다.

다음 [코드 7.2.2]은 그림 7.4의 신경망을 nn.Sequential 함수를 이용하여 구현한 코드이다.

코드 7.2.2

```
import torch
from torch import nn
torch.manual_seed(1)

model = nn.Sequential(
    nn.Linear(2, 3),
    nn.ReLU(),
    nn.Linear(3, 1)
        )
print(model)
#x = torch.arange(1.0, 7.0, 1.0).view(3, 2)
x = torch.tensor([[1.,2.],[3.,4.],[5.,6.]])
#print(x)
print('linear_layer1.weight :',model[0].weight)
print('linear_layer1.bias :',model[0].bias)
print()
```

```
print('linear_layer2.weight :',model[2].weight)
print('linear_layer2.bias :',model[2].bias)
print()
y_pred=model(x)
print(y_pred)
```

```
Sequential(
  (0): Linear(in_features=2, out_features=3, bias=True)
  (1): ReLU()
  (2): Linear(in_features=3, out_features=1, bias=True)
)
linear_layer1.weight : Parameter containing:
tensor([[ 0.3643, -0.3121],
        [-0.1371,  0.3319],
        [-0.6657,  0.4241]], requires_grad=True)
linear_layer1.bias : Parameter containing:
tensor([-0.1455,  0.3597,  0.0983], requires_grad=True)

linear_layer2.weight : Parameter containing:
tensor([[-0.0707,  0.1601,  0.0285]], requires_grad=True)
linear_layer2.bias : Parameter containing:
tensor([0.2109], requires_grad=True)

tensor([[0.3608],
        [0.4152],
        [0.4776]], grad_fn=<AddmmBackward0>)
```

(3) nn.Module을 상속한 클래스 이용하는 방법

nn.Module 클래스는 모든 신경망 모듈의 기본 클래스이다. 따라서 모든 신경망 모델들은 이 클래스를 상속받는다. 바꿔말하면, 모든 신경망 모델은 nn.Module 클래스의 서브 클래스(subclass)이다. 파이토치로 DNN 모델을 구현하는 데는 nn.Module 클래스를 상속받아 딥러닝 모델을 구현하는 방법이 가장 정석이다. 이 방법은 복잡한 모델을 구현하는 데 적합하다.

파이토치를 이용하여 nn.Module 클래스를 상속받고 딥러닝을 구현하기 위해서는 __init__ 메소드와 forward 메소드를 메소드 오버라이딩(method overriding, 메소드 재정의) 해야 한다.

- __init__ 메소드: DNN 모델의 레이어 들을 초기화한다. 즉, DNN 모델의 레이어의 구성요소 들을 정의한다. __init__ 메소드는 사용자 정의 클래스의 객체가 생성될 때 자동으로 호출된다.

– forward 메소드: 모델에서 실행되어야 하는 계산을 정의한다. forward 메소드는 데이터를 입력받아서 어떤 계산을 진행하여야 출력이 될 것인가를 정의해준다. forward 메소드는 사용자 정의 클래스의 객체 생성 후 호출하면 자동으로 실행된다.

클래스 상속과 메소드 오버라이딩

• 클래스 상속

클래스 상속(class inheritance)은 말 그대로 클래스의 모든 속성과 메소드를 물려받는 것을 말한다. 즉, 어떤 클래스를 만들 때 다른 클래스의 기능을 그대로 가지고 오는 것을 말한다. 상속에서 기본이 되는 클래스를 부모 클래스(parent class) 또는 기본 클래스(base class), 슈퍼 클래스(super class)라고 부르고, 물려받은 클래스를 자식 클래스(child class) 또는 파생 클래스(derived class), 서브 클래스(sub class)라고 부른다. 자식 클래스는 자기 자신의 속성, 메소드와 부모 클래스로부터 물려받은 속성, 메소드를 모두 사용할 수 있다.

그림 7.5는 클래스 상속에 대한 예로, Animal 클래스와 이를 상속받는 Human 클래스와 Dog 클래스를 보여주고 있다.

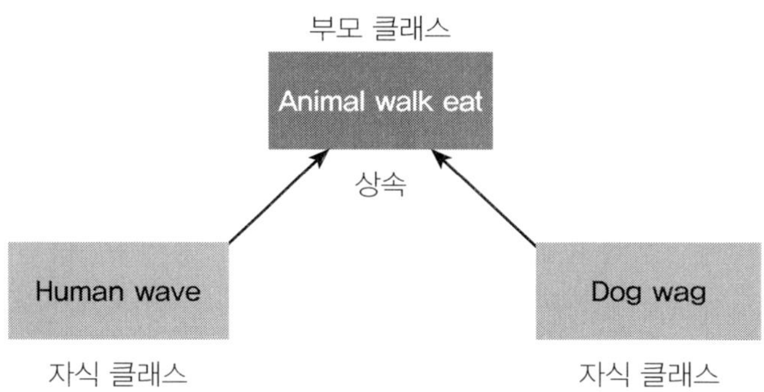

그림 7.5 클래스 상속

그림 7.5에서 Human 클래스와 Dog 클래스에서는 Animal 클래스에서 정의된 속성과 메소드, 여기서는 'walk'와 'eat'을 상속받기 때문에 다시 정의할 필요가 없고 Human 클래스에서 'wave', Dog 클래스에서 'wag'는 상속받지 않아 새로 정의한다.

- **메소드 오버라이딩**

메소드 오버라이딩(method overriding)이란 부모 클래스와 자식 클래스의 상속 관계에서 부모 클래스(super class)에서 이미 정의된 메소드를 자식 클래스(sub class)에서 같은 이름으로 재정의하는 것을 말한다. 메소드 오버라이딩은 원래 기능을 유지하면서 새로운 기능을 덧붙일 때 사용한다. 그림 7.6은 메소드 오버라이딩을 보여주고 있다.

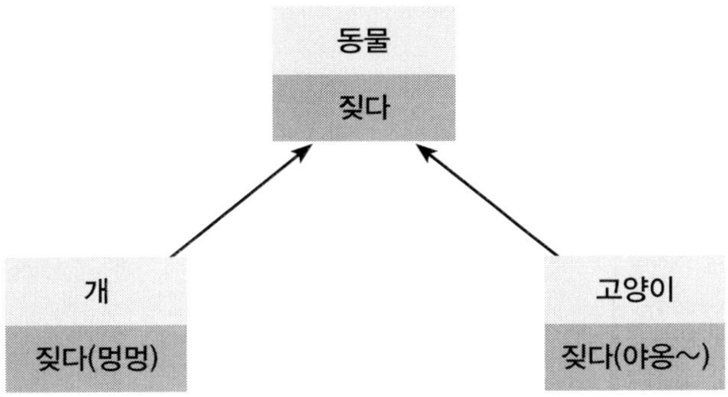

그림 7.6 메소드 오버라이딩

동물 클래스를 상속받은 개 클래스와 고양이 클래스는 모두 '짖다'라는 메소드를 가지고 있는데 이 메소드는 개 클래스에서는 '짖다(멍멍)'로 재정의하고 고양이 클래스에서는 '짖다(야옹~)'로 재정의하여 사용하고 있다.

다음 [코드 7.2.3]은 클래스 상속에 대한 이해를 돕기 위해 파이썬으로 구현된 코드이다. 여기서 Person은 부모 클래스이고 Student는 자식 클래스이다. 자식 클래스를 선언할 때 Student(Person)처럼 상속할 부모 클래스의 이름을 ( )안에 포함시키면 된다.

코드 7.2.3

```
class Person:
    def show(self):
        print('Person!')

class Student(Person):
    def show(self):
        print('Student!')

Kim = Student()
Kim.show()
```

```
Student!
```

▶ 부모 클래스 Person에 show 메소드가 있을 때 자식 클래스 Student에도 show라는 메소드가 필요하여 메소드 오버라이딩하였다. 자식 클래스 Student의 show() 메소드를 실행하기 위해 Student 클래스의 객체를 생성한 후 show() 메소드를 호출한다.

다음은 자식 클래스 Student에서 부모 클래스 Person을 자동으로 호출하는 예이다. 이 경우는 메소드 오버라이딩한 자식 클래스의 show 메소드와 부모 클래스의 show 메소드 모두 필요한 경우에 해당된다. 이 경우 부모 클래스의 메소드를 호출하기 위해 super( ) 함수를 사용한다.

```
class Person:
    def show(self):
         print('Person!')

class Student(Person):
    def show(self):
        super(Student, self).show()
        print('Student!')

Kim = Student()
Kim.show()
```

```
Person!
Student!
```

▶ 자식 클래스 Student의 show() 메소드를 실행하기 위해 Student 클래스의 객체를 생성한 후 show() 메소드를 호출한다. 여기서 다시 부모 클래스 Person의 속성과 메소드, 여기서는 show() 메소드를 자동으로 불러오기 위해 자식 클래스 Student에 super().show() 코드가 필요하다.

다음 [코드 7.2.4]은 그림 7.4의 신경망을 nn.Module을 상속한 클래스를 이용하여 구현한 코드이다.

코드 7.2.4

```
import torch
from torch import nn
torch.manual_seed(1)

class MyModel(nn.Module):

    def __init__(self):
        super(MyModel, self).__init__()
```

```
        self.fc1 = nn.Linear(2, 3)
        self.relu   = nn.ReLU()
        self.fc2 = nn.Linear(3, 1)

    def forward(self, x):
        out = self.fc1(x)
        out = self.relu(out)
        out = self.fc2(out)
        return out
#x = torch.arange(1.0, 7.0, 1.0).view(3, 2)
x = torch.tensor([[1.,2.],[3.,4.],[5.,6.]])
#print(x)
model = MyModel()
print(model)
print('linear_layer1.weight :,model.fc1.weight)
print('linear_layer1.bias :',model.fc1.bias)
print()
print('linear_layer2.weight :',model.fc2.weight)
print('linear_layer2.bias :',model.fc2.bias)
print()
y_pred=model(x)
print(y_pred)
```

```
MyModel(
  (fc1): Linear(in_features=2, out_features=3, bias=True)
  (relu): ReLU()
  (fc2): Linear(in_features=3, out_features=1, bias=True)
)
linear_layer1.weight : Parameter containing:
tensor([[ 0.3643, -0.3121],
        [-0.1371,  0.3319],
        [-0.6657,  0.4241]], requires_grad=True)
linear_layer1.bias : Parameter containing:
tensor([-0.1455,  0.3597,  0.0983], requires_grad=True)

linear_layer2.weight : Parameter containing:
tensor([[-0.0707,  0.1601,  0.0285]], requires_grad=True)
linear_layer2.bias : Parameter containing:
tensor([0.2109], requires_grad=True)

tensor([[0.3608],
        [0.4152],
        [0.4776]], grad_fn=<AddmmBackward0>)
```

7.3 파이토치에서 데이터 처리

파이토치에서 데이터를 쉽게 처리하기 위한 도구로서 torch.utils.data.Dataset 클래스와 torch.utils.data.DataLoader 클래스를 제공하고 있다. 이를 이용하면 학습을 위한 방대한 데이터를 미니배치(mini-batch) 단위로 처리할 수 있고, 데이터를 무작위로 섞는 것, 즉, 데이터 셔플(data shuffle)을 수행하여 학습의 효율성을 향상시킬 수 있다. 또한, 데이터를 여러 개의 GPU를 사용하여 병렬처리(parallel processing) 학습할 수 있다. 다시 말하면, 파이토치에서 지원하는 Dateset과 DataLoader 기능을 이용하면 미니배치 학습, 데이터 셔플, 병령처리까지 간단하게 수행할 수 있다.

또한, 텐서 형태의 데이터인 경우 torch.utils.data.Dataset 클래스 대신 torch.utils.data.TensorDataset 클래스를 이용하여 데이터셋을 생성할 수 있다.

미니배치(mini-batch) 학습

전체 데이터를 단위별로 나누어서 해당 단위로 학습하는 것을 말한다. 여기서 이 단위를 미니배치라 한다. 통상적으로 미니배치의 크기는 2의 제곱, 예를 들면, 2, 4, 8, 16, 32, … 등으로 설정한다.

데이터를 한 개 사용하는 경우(미니배치의 크기가 1인 경우) 손실함수로부터 최적의 파라미터를 빨리 얻을 수 있지만 부정확한 해(여기서는 로컬 최소점)에 도달할 수 있다. 반면, 데이터를 전체 사용하는 경우(미니배치의 크기가 전체 데이터의 크기인 경우) 손실함수로부터 최적의 파라미터를 느리게 얻을 수 있지만 정확한 해(여기서는 글로벌 최소점)에 도달할 수 있다. 따라서 적당히 빠르고 적당히 정확한 해를 찾기 위해 미니배치를 사용한다.

하드웨어 입장에서 데이터를 한 개 사용하는 경우, GPU 기반 병렬연산이 필요 없음으로 인해 하드웨어 낭비를 초래할 수 있고, 전체 데이터를 사용하는 경우 그 데이터를 메모리에 올려야 하므로 매우 큰 메모리 용량이 필요하여 하드웨어 부담을 초래할 수 있다. 그림 7.7은 전체 데이터를 미니배치 단위로 나눈 것을 보여주고 있다.

그림 7.7 미니배치

여기서는 전체 데이터를 5개의 미니배치로 나누고, 미니배치 학습은 미니배치만큼의 데이터에서 손실함수를 계산하고, 경사 하강법에 의해 가중치를 업데이트한다.

데이터 셔플(data shuffle)

매 epoch마다 데이터를 섞는 것을 의미한다. 학습 데이터 셔플을 통해 데이터의 패턴이나 편향을 없애서 학습 모델의 성능(performance)을 높일 수 있다.

(1) 파이토치의 Dataset 클래스와 DataLoader 클래스

• Dataset 클래스

torch.utils.data.Dataset 클래스는 파이토치에서 데이터셋을 제공하는 추상 클래스(abstract class)이다. 따라서 사용자가 필요한 데이터셋인 커스텀 데이터셋(custom dataset)은 Dataset 클래스를 상속받아 메소드 오버라이딩하여 만든다.

추상 클래스(abstract class)

추상 클래스란 하나 이상의 추상 메소드(abstract method)를 포함하는 클래스이다. 추상 메소드는 선언만 하고 본체(body)는 없는 함수이다. 따라서 상속받은 클래스에서 구현되어야 한다. 여기서 추상 클래스 내에는 추상 메소드가 아닌 메소드가 존재할 수 있다.

파이토치(1.8.1버전)의 Dataset 추상 클래스는 최소한 __getitem__(self, idx) 메소드 구현을 요구하고 있다. 파이토치(1.8.1의 이전 버전)에서는 Dataset 추상 클래스는 최소한 __len__(self), __getitem__(self, idx) 함수 구현을 요구하였다. 즉, 커스텀 데이터셋은 Dataset 추상 클래스를 상속받아 __init__(self), __getitem__(self, idx)을 오버라이딩(overriding, 재정의)하여 사용한다.

Dataset 클래스의 3가지 주요 메소드는 다음과 같다.

- __init__(self): Dataset 객체가 생성될 때 한 번만 실행된다. 필요한 변수들을 선언하는 메소드이다.
- __len__(self): 데이터셋의 샘플 개수를 반환한다.
- __getitem__(self, idx): 주어진 인덱스 idx에 해당하는 샘플을 데이터셋에서 불러오고 반환한다.

커스텀 데이터셋은 다음과 같이 torch.utils.data.Dataset 클래스로부터 상속받아 구현한다.

```
class CustomDataset(torch.utils.data.Dataset):
```

```
    def __init__(self):
    # 데이터셋에서 x, y를 기본 정의 및 전처리한다.
    def __len__(self):
    # 총 샘플의 수가 몇 개인지 적어준다.

    def __getitem__(self, idx):
    # 1개의 샘플 수를 가져온다.
```

- DataLoader 클래스

torch.utils.data.DataLoader 클래스는 커스텀 데이터셋을 생성하면, 미니배치(mini-batch) 처리, 데이터 셔플(data shuffle), 병렬처리 형태로 만들어주는 클래스이다. torch.utils.data.DataLoader 클래스의 사용형식은 다음과 같다.

```
DataLoader(dataset, batch_size=1, shuffle=False, num_workers=0)
```

여기서 dataset는 torch.utils.data.Dataset의 객체이고, batch_size는 배치(batch)의 크기이고, shuffle는 데이터를 DataLoader에서 섞어서 사용할 것인지를 설정하고, num_workers는 데이터 로딩에 사용하는 서브 프로세스(subprocess)의 개수이다. 기본값이 0인데, 이는 메인 프로세스(main process)가 데이터를 로딩하는 것을 의미한다.

다음은 Dataset 클래스와 DataLoader 클래스를 사용하여 구현한 코드의 일부를 보여주고 있다.

```
import torch
import torch.utils.data.Dataset

class CustomDataset(torch.utils.data.Dataset):
    def __init__(self, x_tensor, y_tensor):
        super(CustomDataset, self).__init__()

        self.x = x_tensor
        self.y = y_tensor

    def __len__(self):
        return len(self.x)

    def __getitem__(self, idx):
        x = self.x_data[idx]
```

```
        y = self.y_data[idx]

        return x, y
dataset = CustomDataset(x_train,y_train)
print(len(dataset))
print(dataset[0])
train_loader = data.DataLoader(dataset=dataset, batch_size=128, shuffle=True)
```

(2) 파이토치의 TensorDataset 클래스와 DataLoader 클래스

- TensorDataset **클래스**

파이토치의 torch.utils.data.TensorDataset 클래스는 텐서(tensor)를 래핑(wrapping)하는 (혹은 감싸는) 데이터셋이다. 다시 말하면, TensorDataset 클래스는 기본적으로 텐서를 입력으로 받는다. TensorDataset 클래스는 데이터의 독립변수와 종속변수를 하나의 데이터셋으로 결합시켜주는 컨테이너이다.

- DataLoader **클래스**

TensorDataset 클래스를 이용하여 생성된 데이터셋을 DataLoader 클래스를 이용하여 로딩한다. DataLoader 클래스에서는 배치의 크기나 데이터 셔플 여부 등을 지정할 수 있다.

다음은 TensorDataset 클래스와 DataLoader 클래스를 사용하여 구현한 코드의 일부를 보여주고 있다.

```
from torch.utils.data import TensorDataset
from torch.utils.data import DataLoader

X_train = torch.FloatTensor(x_train)
Y_train = torch.FloatTensor(y_train)

dataset = TensorDataset(X_train, Y_train)
train_loader = DataLoader(dataset, batch_size = 32, shuffle=True)
```

여기서 TensorDataset 클래스의 X_train, Y_train는 텐서임을 알 수 있다. 따라서 TensorDataset 클래스는 텐서를 래핑하는 데이터셋이다.

7.4 예제를 이용한 DNN 모델 적용

예제 7.1 보스턴 주택 가격 데이터

보스턴 주택 가격 데이터(Boston Housing Price data)는 미국 보스턴 지역의 주택 가격에 영향을 미치는 여러 가지 요인, 예를 들어, 범죄율, 찰스강 인접도, 고속도로 접근성, 학생/교사 비율 등에 대해 조사한 데이터이다. 데이터는 14개의 변수에 대해 보스턴의 506개 타운(town)별로 조사하였다. 표 7.1은 보스턴 주택 가격 데이터 변수와 이에 대한 설명이다.

표 7.1 보스턴 주택 가격 데이터 변수 및 설명

순서	변수	설명
1	crim	타운(town)별 1인당 범죄율
2	zn	25,000 평방피트를 초과하는 거주지역의 비율
3	indus	비소매 상업지역이 점유하고 있는 토지의 비율
4	chas	찰스강에 대한 더미변수(강의 경계에 위치한 경우는 1, 아니면 0)
5	nox	10ppm당 농축 일산화질소
6	rm	주택 1가구당 평균 방의 개수
7	age	1940년 이전에 건축된 소유주택의 비율
8	dis	5개의 보스턴 직업센터까지의 접근성 지수
9	rad	방사형 도로까지의 접근성 지수
10	tax	10,000달러당 재산세율
11	ptratio	타운(town)별 학생/교사 비율
12	b	1000(Bk-0.63)^2, 여기서 Bk는 자치시별 흑인의 비율
13	lstat	모집단의 하위계층 비율(%)
14	medv	본인 소유의 주택 가격(중앙값)(단위: 1,000달러)

표 7.1에서 14개 변수 중에 medv 변수를 종속변수, 나머지 13개 변수를 독립변수로 지정하고 그림 7.8에 주어진 DNN 모델을 사용하여 타운의 주택 가격을 회귀모델을 이용하여 예측하고 모델 성능 지표를 구하고자 한다.

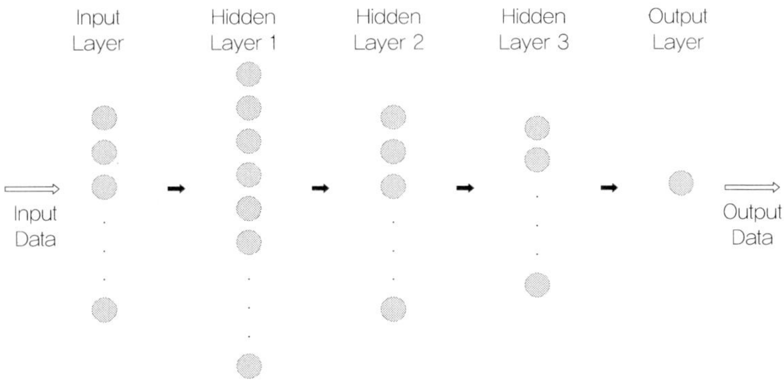

그림 7.8 DNN 모델 구조

풀이

그림 7.8의 DNN 모델은 은닉층 3개로 구성되어 있고 각각의 은닉층에서 노드의 수는 32개, 16개, 8개이다. 여기서 은닉층의 활성화 함수는 ReLU 함수를 사용하고 Adam 최적화 알고리즘을 사용한다.

그림 7.9는 보스턴 주택 가격 데이터를 나타내고 있다. 여기서 파일의 이름은 "Boston_Housing.csv"이다.

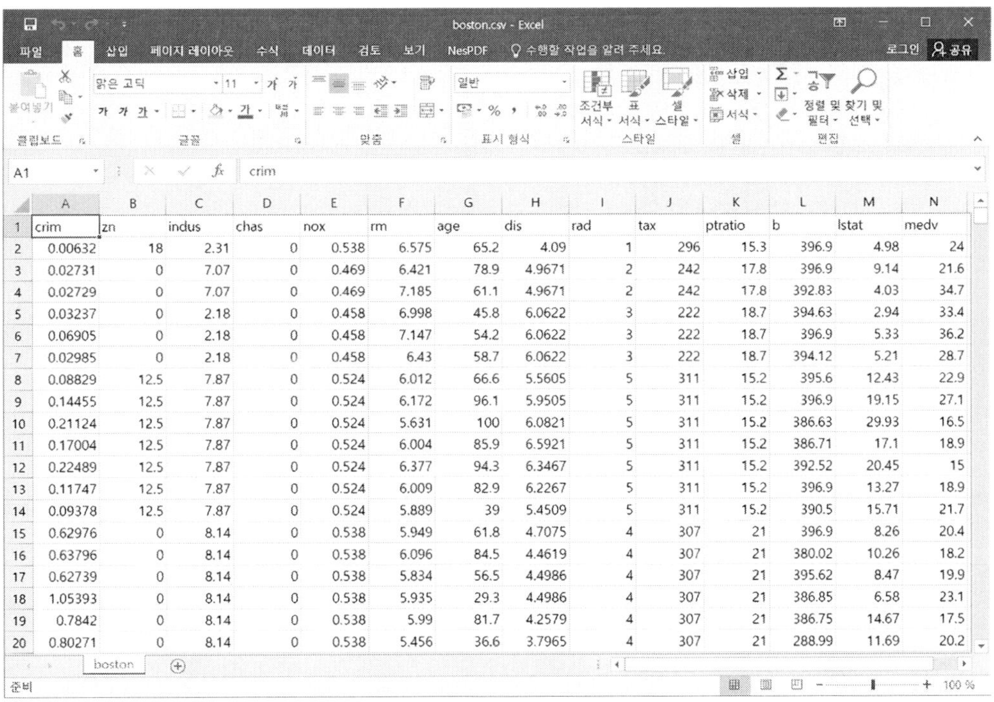

crim	zn	indus	chas	nox	rm	age	dis	rad	tax	ptratio	b	lstat	medv
0.00632	18	2.31	0	0.538	6.575	65.2	4.09	1	296	15.3	396.9	4.98	24
0.02731	0	7.07	0	0.469	6.421	78.9	4.9671	2	242	17.8	396.9	9.14	21.6
0.02729	0	7.07	0	0.469	7.185	61.1	4.9671	2	242	17.8	392.83	4.03	34.7
0.03237	0	2.18	0	0.458	6.998	45.8	6.0622	3	222	18.7	394.63	2.94	33.4
0.06905	0	2.18	0	0.458	7.147	54.2	6.0622	3	222	18.7	396.9	5.33	36.2
0.02985	0	2.18	0	0.458	6.43	58.7	6.0622	3	222	18.7	394.12	5.21	28.7
0.08829	12.5	7.87	0	0.524	6.012	66.6	5.5605	5	311	15.2	395.6	12.43	22.9
0.14455	12.5	7.87	0	0.524	6.172	96.1	5.9505	5	311	15.2	396.9	19.15	27.1
0.21124	12.5	7.87	0	0.524	5.631	100	6.0821	5	311	15.2	386.63	29.93	16.5
0.17004	12.5	7.87	0	0.524	6.004	85.9	6.5921	5	311	15.2	386.71	17.1	18.9
0.22489	12.5	7.87	0	0.524	6.377	94.3	6.3467	5	311	15.2	392.52	20.45	15
0.11747	12.5	7.87	0	0.524	6.009	82.9	6.2267	5	311	15.2	396.9	13.27	18.9
0.09378	12.5	7.87	0	0.524	5.889	39	5.4509	5	311	15.2	390.5	15.71	21.7
0.62976	0	8.14	0	0.538	5.949	61.8	4.7075	4	307	21	396.9	8.26	20.4
0.63796	0	8.14	0	0.538	6.096	84.5	4.4619	4	307	21	380.02	10.26	18.2
0.62739	0	8.14	0	0.538	5.834	56.5	4.4986	4	307	21	395.62	8.47	19.9
1.05393	0	8.14	0	0.538	5.935	29.3	4.4986	4	307	21	386.85	6.58	23.1
0.7842	0	8.14	0	0.538	5.99	81.7	4.2579	4	307	21	386.75	14.67	17.5
0.80271	0	8.14	0	0.538	5.456	36.6	3.7965	4	307	21	288.99	11.69	20.2

그림 7.9 보스턴 주택 가격 데이터(파일이름: Boston_Housing.csv)

ⓐ read_csv() 함수 이용 데이터 읽어오기

판다스의 read_csv( ) 함수를 사용하여 "Boston_Housing.csv" 파일을 불러오고, info( ) 함수를 사용하여 데이터의 전반적인 정보를 확인한다.

코드 7.4.1

```
import torch
device = torch.device("cuda" if torch.cuda.is_available() else "cpu")
#device = torch.device("cpu")
print('학습을 진행하는 기기:',device)

import pandas as pd
boston = pd.read_csv("Boston_Housing.csv")
print(boston.info())
```

```
학습을 진행하는 기기: cuda
<class 'pandas.core.frame.DataFrame'>
RangeIndex: 506 entries, 0 to 505
Data columns (total 14 columns):
 #   Column   Non-Null Count  Dtype
---  ------   --------------  -----
 0   crim     506 non-null    float64
 1   zn       506 non-null    float64
 2   indus    506 non-null    float64
 3   chas     506 non-null    int64
 4   nox      506 non-null    float64
 5   rm       506 non-null    float64
 6   age      506 non-null    float64
 7   dis      506 non-null    float64
 8   rad      506 non-null    int64
 9   tax      506 non-null    int64
 10  ptratio  506 non-null    float64
 11  b        506 non-null    float64
 12  lstat    506 non-null    float64
 13  medv     506 non-null    float64
dtypes: float64(11), int64(3)
memory usage: 55.5 KB
None
```

▶ info() 함수의 결과 데이터의 개수는 506개이고 변수는 14개임을 알 수 있다.

판다스의 head( ) 함수를 사용하여 데이터 중 앞의 5개의 데이터를 출력한다.

```
print(boston.head())
```

```
   crim     zn  indus  chas    nox     rm   age     dis  rad  tax  ptratio  \
0  0.00632  18.0   2.31     0  0.538  6.575  65.2  4.0900    1  296     15.3
1  0.02731   0.0   7.07     0  0.469  6.421  78.9  4.9671    2  242     17.8
2  0.02729   0.0   7.07     0  0.469  7.185  61.1  4.9671    2  242     17.8
3  0.03237   0.0   2.18     0  0.458  6.998  45.8  6.0622    3  222     18.7
4  0.06905   0.0   2.18     0  0.458  7.147  54.2  6.0622    3  222     18.7

        b  lstat  medv
0  396.90   4.98  24.0
1  396.90   9.14  21.6
2  392.83   4.03  34.7
3  394.63   2.94  33.4
4  396.90   5.33  36.2
```

결측값 확인을 위해 판다스의 isnull().sum() 함수를 사용한다. 이 함수는 각 컬럼별 결측치의 개수를 알기 위해 사용한다.

```
boston.isnull().sum()
```

```
crim       0
zn         0
indus      0
chas       0
nox        0
rm         0
age        0
dis        0
rad        0
tax        0
ptratio    0
b          0
lstat      0
medv       0
dtype: int64
```

▶ 모든 변수에 대해 결측치가 없음을 알 수 있다.

ⓑ 독립변수와 종속변수 지정하기

14개 변수 중 medv 변수를 종속변수, 나머지 13개 변수를 독립변수로 지정한다. 여기서는 drop() 함수를 사용하여 변수를 지정한다.

- drop() 함수

데이터프레임에서 특정 행과 열을 삭제(drop, 제거)하고자 하는 경우 사용한다. drop() 함수의 사용형식은 다음과 같다.

```
DataFrame.drop(labels=None, axis=0)
```

– labels: 삭제할 레이블 이름을 지정한다.

– axis: 삭제할 행과 열을 지정한다. axis=0이면 행을 지정하고 axis=1이면 열을 지정한다.

다음은 drop() 함수의 사용 예이다. 4개의 열 'A', 'B', 'C', 'D'로 이루어진 데이터프레임에서 drop() 함수를 사용하여 'B', 'C'를 제거하고자 한다.

```
import numpy as np
import pandas as pd
df = pd.DataFrame(np.arange(12).reshape(3, 4),
                  columns=['A', 'B', 'C', 'D'])
print(df)
```

```
   A  B   C   D
0  0  1   2   3
1  4  5   6   7
2  8  9  10  11
```

```
df1 = df.drop(labels=['B', 'C'], axis=1)
print(type(df1))
print(df1)
```

```
 <class 'pandas.core.frame.DataFrame'>
   A   D
0  0   3
1  4   7
2  8  11
```

▶ drop() 함수의 labels 옵션을 이용하여 삭제할 레이블, 여기서는 ['B', 'C']을 지정하고 axis 옵션을 이용하여 axis=1로 열을 지정한다.

참고로, drop() 함수는 데이터프레임에 적용하고, 적용 후의 데이터 형태도 역시 데이터프레임이다. 따라서 데이터프레임을 NumPy의 배열 형태로 변환을 원하는 경우 .values 속성 또는 .to_numpy( ) 함수를 사용한다.

다음은 drop( ) 함수의 사용 예에서 .values 속성을 이용하여 데이터프레임을 NumPy의 배열 형태로 변환한다.

```
X = df.drop(labels=['B', 'C'], axis=1).values
y = df[['B', 'C']].values
print(type(X))
print(type(y))
print(X)
print(y)
```

```
<class 'numpy.ndarray'>
<class 'numpy.ndarray'>
[[ 0  3]
 [ 4  7]
 [ 8 11]]
[[ 1  2]
 [ 5  6]
 [ 9 10]]
```

drop( ) 함수의 사용 예에서 .to_numpy( ) 함수를 이용하여 데이터프레임을 NumPy의 배열 형태로 변환한다.

```
X = df.drop(labels=['B', 'C'], axis=1).to_numpy()
y = df[['B', 'C']].to_numpy()
print(type(X))
print(type(y))
print(X)
print(y)
```

```
<class 'numpy.ndarray'>
<class 'numpy.ndarray'>
[[ 0  3]
 [ 4  7]
 [ 8 11]]
[[ 1  2]
 [ 5  6]
 [ 9 10]]
```

보스턴 주택 가격 데이터로부터 데이터프레임을 NumPy의 배열 형태로 변환한다. 여기서는 .values 속성을 이용한다.

```
# Convert from Pandas dataframe to numpy arrays
X = boston.drop(labels=['medv'], axis=1).values
y = boston[['medv']].values
print(type(X))
print(type(y))
print(X.shape, y.shape)
```

```
<class 'numpy.ndarray'>
<class 'numpy.ndarray'>
(506, 13) (506, 1)
```

▶ 독립변수 X는 (506, 13) 형태이고 종속변수 y는 (506, 1) 형태이다.

ⓒ 데이터 정규화

데이터 정규화는 변수 간 데이터 범위가 다르고 그 차이가 큰 경우 유용하다. 독립변수에 해당되는 데이터를 평균 0, 분산 1로 표준화한다.

$$z = \frac{x - \mu}{\sigma}$$

여기서 μ는 해당 변수의 평균, σ는 해당 변수의 표준편차이다.

데이터 정규화를 위해 StandardScaler 객체를 생성하고 fit( ) 함수와 transform( ) 함수를 호출한다.

```
from sklearn.preprocessing import StandardScaler
scaler = StandardScaler()
scaler.fit(X)
X_scaled = scaler.transform(X)
```

ⓓ 모델 학습을 위해 데이터 분할한다.

전체 데이터를 70%:30% 비율로 학습 데이터와 테스트 데이터로 분할하고자 한다. 이를 위해 train_test_split( ) 함수를 사용한다.

```
from sklearn.model_selection import train_test_split

X_train, X_test, y_train, y_test = train_test_split(X_scaled, y, test_size=0.3,
random_state=1)
print(X_train.shape)
```

```
print(X_test.shape)
print(y_train.shape)
print(y_test.shape)
```

```
(354, 13)
(152, 13)
(354, 1)
(152, 1)
```

▶ 여기서 독립변수 X의 X_train는 (354, 13) 형태이고 X_test는 (152, 13) 형태이다. 그리고 종속변수 y의 y_train는 (354, 1) 형태이고 y_test는 (152, 1) 형태이다.

ⓔ 데이터 텐서화

torch.tensor( ) 함수를 사용하여 NumPy의 배열 형태를 텐서 형태로 변환하고자 한다.

```
import torch
import torch.nn as nn
import torch.nn.functional as F
from torch import nn, optim
```

```
n_train = X_train.shape[0]
X_train = torch.tensor(X_train, device=device, dtype=torch.float)
X_test = torch.tensor(X_test, device=device, dtype=torch.float)
y_train = torch.tensor(y_train, device=device,  dtype=torch.float)
y_test = torch.tensor(y_test, device=device,  dtype=torch.float)
#y_train = torch.tensor(y_train, dtype=torch.float).view(-1, 1)
#y_test = torch.tensor(y_test, dtype=torch.float).view(-1, 1)
print(X_train.shape)
print(X_test.shape)
print(y_train.shape)
print(y_test.shape)
```

```
torch.Size([354, 13])
torch.Size([152, 13])
torch.Size([354, 1])
torch.Size([152, 1])
```

ⓕ 사용자 정의 Dataset 생성

Dataset 클래스를 상속받아 커스텀 데이터셋(custom dataset)을 생성하고자 한다. 여기서 커스텀 데이터셋의 클래스 이름은 “BostonDataset”이다.

```
class BostonDataset(torch.utils.data.Dataset):
    '''
    Prepare the Boston dataset for regression
    '''

    def __init__(self, X, y):
        self.X = X
        self.y = y

    def __len__(self):
        return len(self.X)

    def __getitem__(self, index):
        x = self.X[index]
        y = self.y[index]
        return x, y
```

- **커스텀 데이터셋 클래스의 __len__(self)와 __getitem__(self, idx) 메소드**

__len__(self) 메소드를 통해 전체 데이터의 길이와 __getitem__(self, idx) 메소드를 통해 첫 번째 데이터를 출력할 수 있다.

```
dataset = BostonDataset(X_train, y_train)
print(len(dataset))
print(dataset[0])
```

```
354
(tensor([-0.3472, -0.4877, -0.4373, -0.2726, -0.1442, -0.4782, -0.2409,  0.4338,
-0.6380, -0.6013,  1.1765,  0.4411, -0.6158], device='cuda:0'), tensor([20.4000],
device='cuda:0'))
```

▶ X_train의 길이는 354개이고 X_train의 인덱스 0 즉, 첫 번째 데이터는 다음과 같다.

tensor([-0.3472, -0.4877, -0.4373, -0.2726, -0.1442, -0.4782, -0.2409, 0.4338, -0.6380, -0.6013, 1.1765, 0.4411, -0.6158], device='cuda:0')

그리고 y_train의 인덱스 0, 즉 첫 번째 데이터는 다음과 같다.

tensor([20.4000], device='cuda:0')

⑨ DataLoader 이용하여 생성된 데이터셋 로딩

DataLoader를 이용하여 커스텀 데이터셋 "BostonDataset"으로부터 데이터를 로딩한다.

```
torch.manual_seed(0)
trainloader = torch.utils.data.DataLoader(dataset, batch_size=16, shuffle=True)
```

여기서 batch_size=16이므로 전체 데이터를 여러 작은 그룹으로 나누는데, 하나의 소그룹에 속하는 데이터 수는 16개이다. 그리고 shuffle=True이므로 데이터 셔플에 의해 매 epoch마다 랜덤하게 무작위로 섞는다.

ⓗ 딥러닝 모델 구현

딥러닝 모델은 nn.Module 클래스를 상속받아 구현한다. 여기서 구현할 DNN 모델은 은닉층 3개로 구성되어 있고 각각의 은닉층에서 노드의 수는 32개, 16개, 8개이다. 그리고 입력층의 노드는 13이고 출력층의 노드는 1개이다.

```
class BostonModel(nn.Module):
    def __init__(self):
        super(BostonModel, self).__init__() # 모델 연산 정의
        self.fc1 = nn.Linear(X_train.shape[1], 32)
        self.fc2 = nn.Linear(32, 16)
        self.fc3 = nn.Linear(16, 8)
        self.fc4 = nn.Linear(8, 1)
    def forward(self, x): # 모델 연산의 순서를 정의
        x = F.relu(self.fc1(x))
        # Linear 계산 후 활성화 함수 ReLU를 적용한다.
        x = F.relu(self.fc2(x))
        x = F.relu(self.fc3(x))
        x = self.fc4(x)
        return x

model = BostonModel().to(device)
```

▶ 각 은닉층에서 출력값은 ReLU 함수에 의해 구한다. 마지막 출력층에서 출력값은 ReLU 함수를 적용하지 않는다. 그리고 입력층의 노드의 수는 입력 데이터에 의해 결정되도록 하였다. 여기서는 X_train.shape[1]이다. 이때 X_train.shape[1]은 13이다.

ⓘ 손실함수와 최적화 알고리즘 지정

```
# Define the loss function and optimizer
learning_rate = 0.0001
loss_function = nn.MSELoss()
optimizer = torch.optim.Adam(model.parameters(), lr=learning_rate)
```

▶ 최적화 알고리즘은 딥러닝에서 가장 많이 사용하는 Adam을 사용하였다.

ⓙ 모델 학습시키기

학습 데이터에 대해서 학습을 통해 모델을 생성한다. 여기서는 epoch의 수는 1000이다. 손실함수를 계산하여 학습이 이루어지는 것을 확인하고자 한다.

```
num_epochs = 1000
epoch_losses=[]
for epoch in range(num_epochs):  # loop over the dataset multiple times
    running_loss = 0.0
    for inputs, labels in trainloader:
        # forward pass
        outputs = model(inputs)
        # loss
        loss = loss_function(outputs, labels)
        #backward pass
        # computing gradients
        loss.backward()
        # 파라미터 업데이트
        # updated weights based on computed gradients
        optimizer.step()
        # 다음 iters의 loss.backward()에서 gradient를 새로 계산하므로 grad 0으로 초기화
        optimizer.zero_grad()

        # accumulating running loss
        running_loss += loss.item()

    epoch_losses.append(running_loss)
    if (epoch==0):
        print('Epoch %d/%d loss : %.3f' % (epoch + 1, num_epochs, running_loss))
    if (epoch+1) % 100 == 0:
        print('Epoch %d/%d loss : %.3f' % (epoch + 1, num_epochs, running_loss))
```

```
Epoch 1/1000 loss : 13536.157
Epoch 100/1000 loss : 1405.348
Epoch 200/1000 loss : 561.298
Epoch 300/1000 loss : 424.953
Epoch 400/1000 loss : 354.203
Epoch 500/1000 loss : 302.831
Epoch 600/1000 loss : 265.337
Epoch 700/1000 loss : 243.909
Epoch 800/1000 loss : 230.717
Epoch 900/1000 loss : 221.995
Epoch 1000/1000 loss : 204.556
```

▶ epoch이 증가할수록 손실함수의 값이 작아지는 것을 알 수 있다.

ⓚ 손실함수 그래프 그리기

plt.plot( ) 함수를 이용하여 손실함수의 그래프를 그린다.

```
#plot the loss function
import matplotlib.pylab as plt

plt.plot(range(num_epochs),epoch_losses)
plt.xlabel('Epochs')
plt.ylabel('Losses')
plt.show()
```

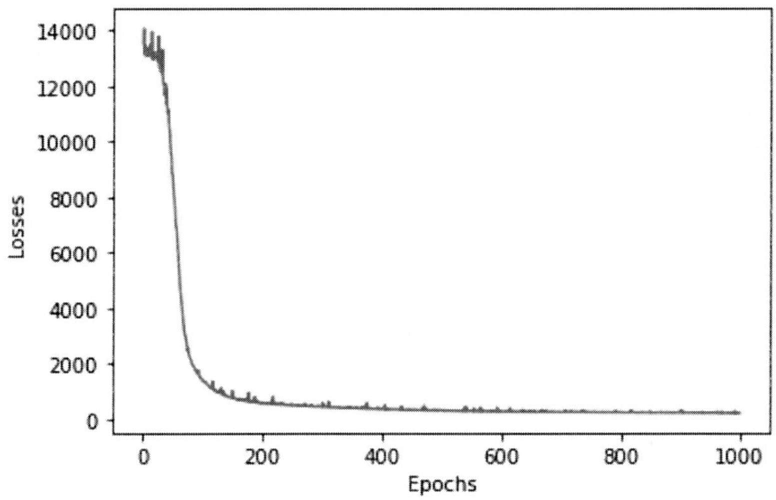

그림 7.10 epoch의 증가에 따른 손실함수 그래프

▶ 그림 7.10의 손실함수 그래프로부터 epoch가 증가할수록 손실함수의 값이 작아짐으로 학습이 제대로 이루어지는 것을 알 수 있다.

ⓛ 모델 성능평가

학습 데이터 X_train으로부터 얻어진 모델의 성능을 평가하기 위해 X_test 데이터에 대해 모델 예측값과 실제 데이터의 차이를 통해 MSE와 결정계수 R^2을 구한다.

```
from sklearn.metrics import mean_squared_error
from sklearn.metrics import r2_score
```

```
y_test_pred = model(X_test)
print(' y_test_pred.requires_grad = ' , y_test_pred.requires_grad )
print(' y_test.requires_grad = ' , y_test.requires_grad)
mse = mean_squared_error(y_test_pred.detach().cpu().numpy(), y_test.detach().cpu().
numpy())
print('MSE: {:.4f}'.format(mse))
R2 = r2_score(y_test_pred.detach().cpu().numpy(), y_test.detach().cpu().numpy())
print('R2: {:.4f}'.format(R2))
```

```
y_test_pred.requires_grad = True
y_test.requires_grad = False
MSE: 7.9933
R2: 0.8978
```

▶ mean_squared_error() 함수와 r2_score() 함수를 적용하기 위해서는 텐서를 NumPy의 배열로 변환해야 한다. 이를 위해 tensor.detach().cpu().numpy() 함수 혹은 tensor.cpu().numpy() 함수를 이용한다.

y_test_pred.requires_grad = True이므로 NumPy의 배열로 변환하기 위해서는 다음과 같다.

y_test_pred.detach().cpu().numpy()

또한, y_test.requires_grad = False이므로 NumPy의 배열로 변환하기 위해서는 다음과 같다.

y_test.detach().cpu().numpy()

혹은

y_test.cpu().numpy()

ⓜ 실제값과 모델의 예측값 그래프 그리기

각각의 X_train과 X_test 데이터에 대해 x축을 실제 medv 데이터, y축을 모델 예측값 즉, Predicted medv로 그래프를 그리고자 한다.

```
y_train_pred = model(X_train)
y_test_pred = model(X_test)
y_train_pred = y_train_pred.detach().numpy()
y_test_pred = y_test_pred.detach().numpy()
import matplotlib.pylab as plt

plt.figure(figsize=(5, 5), dpi=100)
plt.xlabel( " medv " )
plt.ylabel( " Predicted medv " )
```

```
plt.xlim(0, 60)
plt.ylim(0, 60)
```

```
plt.scatter(y_train, y_train_pred, lw=1, color="r", label="train data")
plt.scatter(y_test, y_test_pred, lw=1, color="b", label="test data")
plt.plot([0, 60], [0, 60], color="green", lw=2, linestyle='solid')
plt.legend()
plt.show()
```

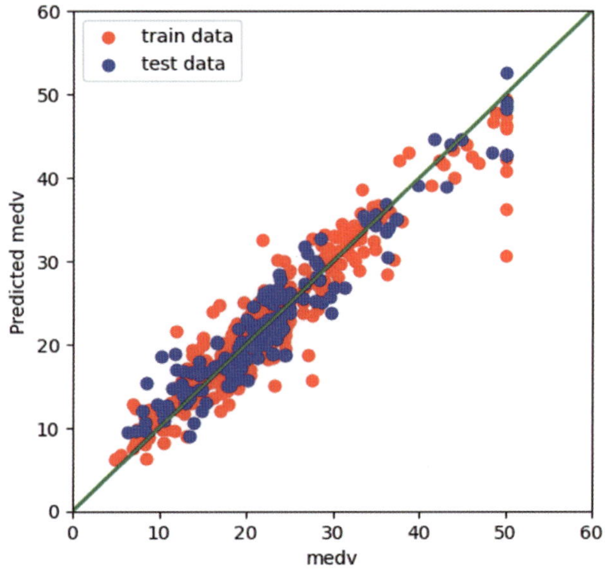

그림 7.11 실제값과 예측값에 대한 plot

▶ 그림 7.11에서 실제값과 예측값이 비슷한 경우 데이터들은 45도 대각선에 근처에 나타난다. 이 경우 모델의 성능은 비교적 좋다고 할 수 있다.

예제 7.2

피마 인디언 당뇨병(Pima Indians Diabetes) 데이터를 사용하여 당뇨병 발병 유무를 딥러닝을 이용하여 분류하고자 한다. 피마 인디언 당뇨병 데이터는 kaggle 데이터셋에 있는 데이터로서 9개의 변수와 767개의 데이터로 이루어진 분류 데이터이다. 표 7.2는 피마 인디언 당뇨병 데이터에서 변수들에 대한 설명이다.

표 7.2 피마 인디언 당뇨병 데이터 변수설명

변수	설명
Pregnancies	임신횟수
Glucose	경구 포도당 내성 검사에서 2시간 동안의 혈장 포도당 농도
BloodPressure	이완기 혈압(mm Hg)
SkinThickness	삼두근 피부두겹두께(mm)
Insulin	혈청 인슐린(mu U/ml)
BMI	체질량 지수(weight in kg/(height in m)^2)
DiabetesPedigreeFunction	당뇨 직계 가족력
Age	나이(세)
Outcome	분류변수(1:당뇨병 검사 양성, 0: 당뇨병 검사 음성)

표 7.2에서 Outcome 변수를 종속변수, 나머지 변수를 독립변수로 지정하고자 한다. 데이터 처리는 TensorDataset 클래스와 DataLoader 클래스를 사용하여 구현하고 그림 7.12에 주어진 DNN 구조를 사용하여 모델을 생성하고자 한다.

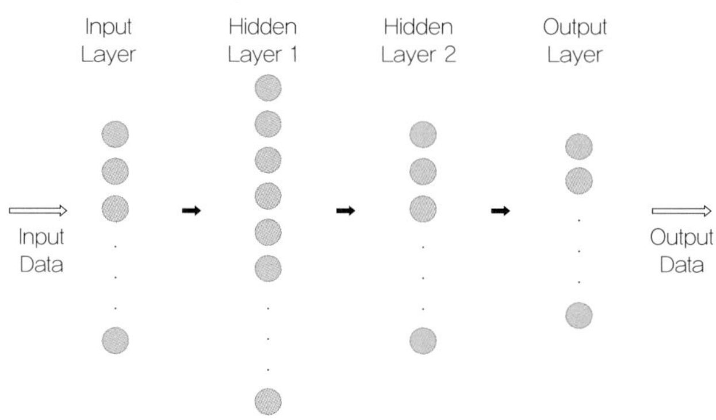

그림 7.12 DNN 모델 구조

풀이

그림 7.12의 DNN 모델은 은닉층 2개로 구성되어 있고 각각의 은닉층에서 노드의 수는 20개, 10개이다. 여기서 은닉층의 활성화 함수는 ReLU 함수를 사용하고 Adam 최적화 알고리즘을 사용한다.

그림 7.13은 피마 인디언 당뇨병 데이터이다. 여기서 파일이름은 “pima–indians–diabetes.csv”이다.

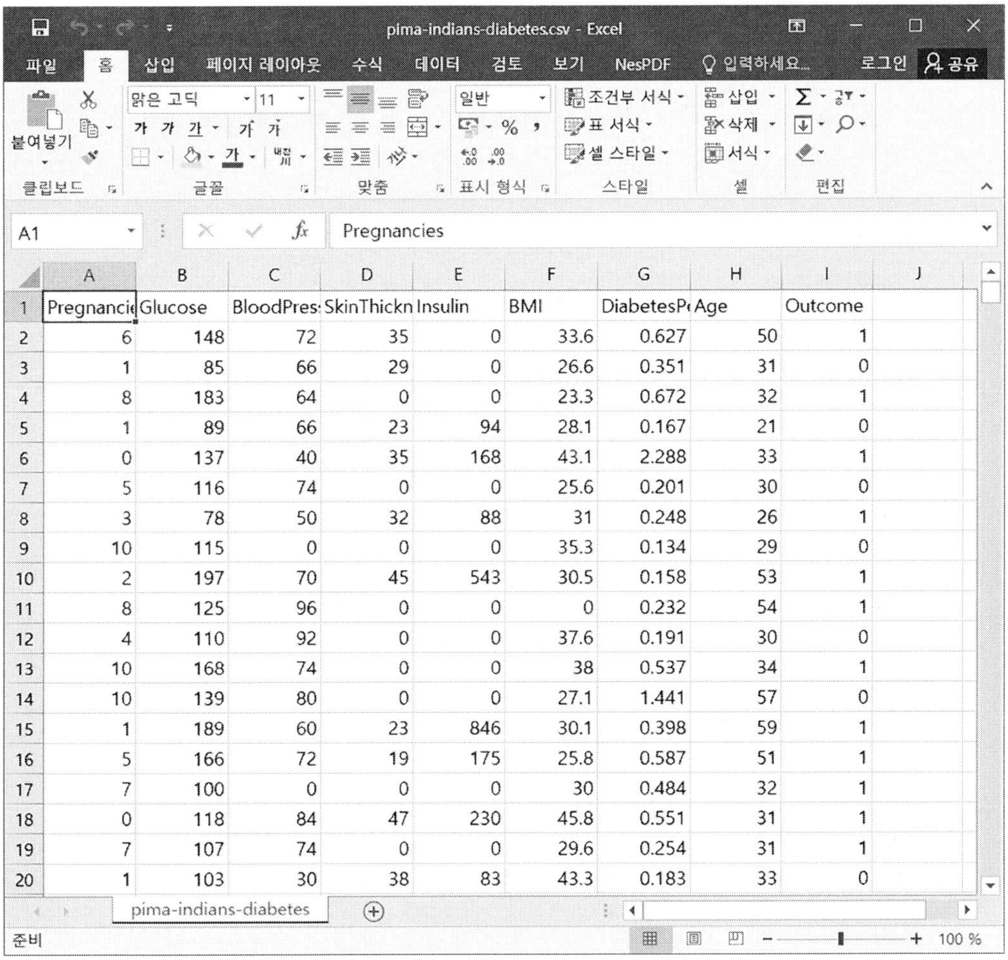

	A	B	C	D	E	F	G	H	I	J
1	Pregnancie	Glucose	BloodPres	SkinThickn	Insulin	BMI	DiabetesP	Age	Outcome	
2	6	148	72	35	0	33.6	0.627	50	1	
3	1	85	66	29	0	26.6	0.351	31	0	
4	8	183	64	0	0	23.3	0.672	32	1	
5	1	89	66	23	94	28.1	0.167	21	0	
6	0	137	40	35	168	43.1	2.288	33	1	
7	5	116	74	0	0	25.6	0.201	30	0	
8	3	78	50	32	88	31	0.248	26	1	
9	10	115	0	0	0	35.3	0.134	29	0	
10	2	197	70	45	543	30.5	0.158	53	1	
11	8	125	96	0	0	0	0.232	54	1	
12	4	110	92	0	0	37.6	0.191	30	0	
13	10	168	74	0	0	38	0.537	34	1	
14	10	139	80	0	0	27.1	1.441	57	0	
15	1	189	60	23	846	30.1	0.398	59	1	
16	5	166	72	19	175	25.8	0.587	51	1	
17	7	100	0	0	0	30	0.484	32	1	
18	0	118	84	47	230	45.8	0.551	31	1	
19	7	107	74	0	0	29.6	0.254	31	1	
20	1	103	30	38	83	43.3	0.183	33	0	

그림 7.13 피마 인디언 당뇨병 데이터

ⓐ reaad_csv() 함수 이용 데이터 읽어오기

판다스의 read_csv( ) 함수를 사용하여 csv 파일을 불어오고, info( ) 함수를 사용하여 데이터의 개괄적인 정보를 확인하고자 한다.

코드 7.4.2

```
import torch
device = torch.device("cuda" if torch.cuda.is_available() else "cpu")
#device = torch.device("cpu")
print('학습을 진행하는 기기:',device)

import pandas as pd
diabetes = pd.read_csv('pima-indians-diabetes.csv')
print(diabetes.info())
```

```
학습을 진행하는 기기: cuda
<class 'pandas.core.frame.DataFrame'>
RangeIndex: 768 entries, 0 to 767
Data columns (total 9 columns):
 #   Column                    Non-Null Count  Dtype
---  ------                    --------------  -----
 0   Pregnancies               768 non-null    int64
 1   Glucose                   768 non-null    int64
 2   BloodPressure             768 non-null    int64
 3   SkinThickness             768 non-null    int64
 4   Insulin                   768 non-null    int64
 5   BMI                       768 non-null    float64
 6   DiabetesPedigreeFunction  768 non-null    float64
 7   Age                       768 non-null    int64
 8   Outcome                   768 non-null    int64
dtypes: float64(2), int64(7)
memory usage: 54.1 KB
None
```

▶ info() 함수는 데이터프레임을 구성하는 행과 열의 크기, 컬럼명, 컬럼을 구성하는 값의 자료형 등을 출력해준다. 피마 인디언 당뇨병 데이터의 개수는 768개이고 변수는 9개임을 알 수 있다.

판다스의 head( ) 함수 사용하여 데이터 중 앞의 5개의 데이터를 출력하고자 한다.

```
print(diabetes.head())
```

```
  Pregnancies  Glucose  BloodPressure  SkinThickness  Insulin   BMI  \
0           6      148             72             35        0  33.6
1           1       85             66             29        0  26.6
2           8      183             64              0        0  23.3
3           1       89             66             23       94  28.1
4           0      137             40             35      168  43.1
```

```
   DiabetesPedigreeFunction  Age  Outcome
0                     0.627   50        1
1                     0.351   31        0
2                     0.672   32        1
3                     0.167   21        0
4                     2.288   33        1
```

결측값 확인을 위해 판다스의 isnull().sum() 함수를 사용한다. 이 함수는 각 컬럼별 결측치의 개수를 알기 위해 사용한다.

```
diabetes.isnull().sum()
```

```
Pregnancies                 0
Glucose                     0
BloodPressure               0
SkinThickness               0
Insulin                     0
BMI                         0
DiabetesPedigreeFunction    0
Age                         0
Outcome                     0
dtype: int64
```

ⓑ 독립변수와 종속변수 지정하기

9개 변수 중 Outcome을 제외한 나머지 8개 변수를 독립변수로 지정하고 Outcome 변수를 종속변수로 지정하고자 한다. 이를 위해 먼저, Outcome을 제외하기 위해 drop() 함수를 사용한다. 여기서 drop() 함수의 적용 결과 데이터 형태는 데이터프레임이다. 따라서 데이터프레임을 NumPy의 배열 형식으로 변환하기 위해 .values 또는 .to_numpy() 함수를 사용한다.

```
# Convert from Pandas dataframe to numpy arrays
X = diabetes.drop(labels=['Outcome'], axis=1).values
y = diabetes[['Outcome']].values
print(type(X))
print(type(y))
print(X.shape, y.shape)
```

```
<class 'numpy.ndarray'>
<class 'numpy.ndarray'>
(768, 8) (768, 1)
```

▶ 독립변수 X는 (768, 8) 형태이고 종속변수 y는 (768, 1) 형태이다.

ⓒ 모델 학습을 위해 데이터를 분할한다.

전체 데이터를 80%:20% 비율로 학습 데이터와 테스트 데이터로 분할하고자 한다. 이를 위해 train_test_split( ) 함수를 사용한다.

```
from sklearn.model_selection import train_test_split

X_train,X_test,y_train,y_test = train_test_split(X, y, test_size =0.2,random_state=0)
print(X_train.shape)
print(X_test.shape)
print(y_train.shape)
print(y_test.shape)
```

```
(614, 8)
(154, 8)
(614, 1)
(154, 1)
```

▶ 독립변수 X의 X_train는 (614, 8) 형태이고 X_test는 (154, 8) 형태이다. 그리고 종속변수 y의 y_train는 (614, 1) 형태이고 y_test는 (154, 1) 형태이다.

ⓓ 데이터 텐서화

torch.tensor( ) 함수를 사용하여 NumPy의 배열 형태를 텐서 형태로 변환하고자 한다.

```
import torch
import torch.nn as nn
import torch.nn.functional as F
from torch import nn, optim
```

```
# Creating Tensors
X_train=torch.FloatTensor(X_train).to(device)
X_test=torch.FloatTensor(X_test).to(device)
y_train=torch.LongTensor(y_train).to(device)
y_test=torch.LongTensor(y_test).to(device)
#print(X_train.device)
print(X_train.shape)
```

```
print(X_test.shape)
print(y_train.shape)
print(y_test.shape)
```

```
torch.Size([614, 8])
torch.Size([154, 8])
torch.Size([614, 1])
torch.Size([154, 1])
```

ⓔ 데이터셋 클래스인 TensorDataset 생성

```
dataset = torch.utils.data.TensorDataset(X_train, y_train)
```

▶ X_train, y_train는 텐서이다.

ⓕ DataLoader 클래스를 이용하여 생성된 데이터셋 로딩

DataLoader를 이용하여 TensorDataset으로부터 데이터를 로딩한다.

```
torch.manual_seed(0)
trainloader = torch.utils.data.DataLoader(dataset, batch_size=16, shuffle=True)
```

▶ 전체 데이터를 미니배치 크기인 16개 단위로 쪼갠다. 그리고 데이터 셔플링에 의해 매 에폭하다 랜덤하게 무작위로 섞는다.

ⓖ 딥러닝 모델 구현

nn.Module 클래스를 상속받아 그림 7.12의 DNN 모델을 구현한다. 여기서 구현할 DNN 모델은 은닉층 2개로 구성되어 있고 각각의 은닉층에서 노드의 수는 20개, 10개이다. 그리고 입력층의 노드는 8이고 출력층의 노드는 2개이다.

```
#Creating the Model
class Diabetes_model(nn.Module):
    def __init__(self):
        super().__init__()
        self.fc1 = nn.Linear(X_train.shape[1],20)
        self.fc2 = nn.Linear(20,10)
        self.fc3 = nn.Linear(10,2)
```

```
    def forward(self,x):
        x = F.relu(self.fc1(x))
        x = F.relu(self.fc2(x))
        x = self.fc3(x)
        return x

model = Diabetes_model().to(device)
print(model.parameters)
```

```
<bound method Module.parameters of Diabetes_model(
  (fc1): Linear(in_features=8, out_features=20, bias=True)
  (fc2): Linear(in_features=20, out_features=10, bias=True)
  (fc3): Linear(in_features=10, out_features=2, bias=True)
)>
```

▶ 각 은닉층에서 출력값은 ReLU 함수에 의해 구한다. 마지막 출력층에서 출력값은 ReLU 함수를 적용하지 않고 있다.

ⓗ 손실함수와 최적화 알고리즘 지정

```
# Define the loss function and optimizer
learning_rate = 0.0001
loss_function = nn.CrossEntropyLoss()
optimizer = torch.optim.Adam(model.parameters(),lr=learning_rate)
```

▶ 손실함수는 크로스 엔트로피 손실함수를 지정하고, 최적화 알고리즘은 Adam를 사용하였다.

ⓘ 모델 학습시키기

학습 데이터에 대해서 학습을 통해 모델을 생성한다. 여기서는 epoch의 수는 2000이다. 손실함수를 계산하여 학습이 이루어지는 것을 확인하고자 한다.

```
num_epochs = 2000
epoch_loss=[]
for epoch in range(num_epochs):  # loop over the dataset multiple times
    running_loss = 0.0
    for inputs, labels in trainloader:
        # print(inputs.shape, labels.shape)
        # forward pass
        y_pred = model(inputs)
        # loss
        loss = loss_function(y_pred, labels.view(-1))
```

```
        # backward pass
        # computing gradients
        loss.backward()
        # 파라미터 업데이트
        # updated weights based on computed gradients
        optimizer.step()
        # 다음 iters의 loss.backward()에서 gradient를 새로 계산하므로 grad 0으로 초기화
        optimizer.zero_grad()

        # accumulating running loss
        running_loss += loss.item()

    epoch_loss.append( running_loss)

    if (epoch==0):
        print('Epoch %d/%d loss : %.3f' % (epoch + 1, num_epochs, running_loss))
    if (epoch+1) % 100 == 0:
        print('Epoch %d/%d loss : %.3f' % (epoch + 1, num_epochs, running_loss))
```

```
Epoch 1/2000 loss : 102.391
Epoch 200/2000 loss : 21.899
Epoch 400/2000 loss : 20.683
Epoch 600/2000 loss : 19.959
Epoch 800/2000 loss : 19.470
Epoch 1000/2000 loss : 18.803
Epoch 1200/2000 loss : 18.704
Epoch 1400/2000 loss : 18.108
Epoch 1600/2000 loss : 17.780
Epoch 1800/2000 loss : 17.499
Epoch 2000/2000 loss : 17.156
```

▶ epoch의 증가에 따른 손실함수의 값이 작아지는 것을 알 수 있다.

ⓙ 손실함수 그래프 그리기

plt.plot( )함수를 이용하여 손실함수의 그래프를 그린다.

```
# plot the loss function
import matplotlib.pylab as plt
plt.plot(range(num_epochs),epoch_loss)
plt.xlabel('Epochs')
plt.ylabel('Losses')
plt.show()
```

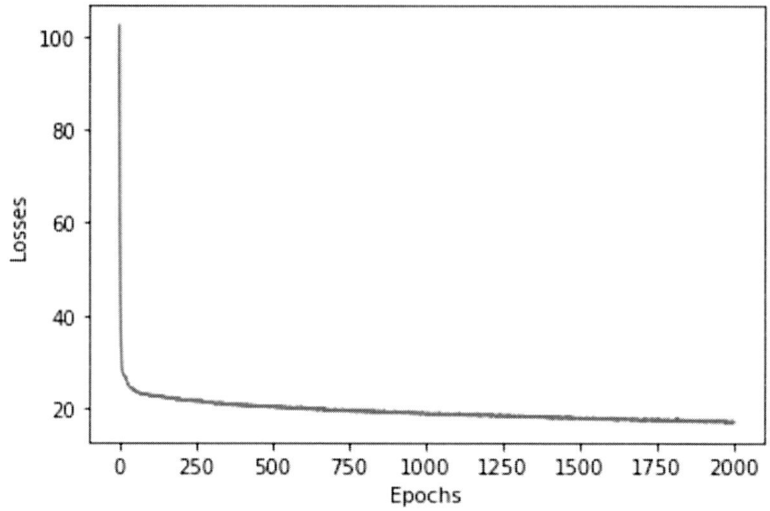

그림 7.14 epoch의 증가에 따른 손실함수 그래프

▶ 그림 7.14로부터 epoch이 증가할수록 손실함수의 값이 작아짐으로 학습이 제대로 이루어지는 것을 알 수 있다.

ⓚ 모델 성능평가

X_test 데이터에 대해 모델 예측값과 실제 데이터와 차이로부터 모델 성능 지표들을 계산한다. 먼저 모델의 예측값을 구한다.

```
predictions = []
for i,data in enumerate(X_test):
    y_pred = model(data)
    predictions.append(y_pred.argmax().item())
    if (i <=10):
        print(y_pred.argmax().item())
```

```
1
0
0
1
0
0
1
1
0
1
1
```

▶ 여기서는 생성된 모델의 예측값 10개에 대해 출력하였다.

다음은 Confusion matrix를 생성하고 생성된 Confusion matrix로부터 성능 평가지표를 구한다.

```
from sklearn.metrics import confusion_matrix
# confusion matrix
confusion_matrix = confusion_matrix(y_test.cpu().numpy(), predictions)
TN=confusion_matrix[0][0]
FP=confusion_matrix[0][1]
FN=confusion_matrix[1][0]
TP=confusion_matrix[1][1]
precision= TP/(TP+FP)
sensitivity=TP/(TP+FN)
specificity=TN/(FP+TN)
accuracy=(TP+TN)/(TP+TN+FP+FN)
print ("Confusion Matrix : \n", confusion_matrix)
print ("Precision : ", round(precision,4))
print ("Sensitivity : ", round(sensitivity,4))
print ("Specificity : ", round(specificity,4))
print ("Accuracy : ", round(accuracy,4))
```

```
Confusion Matrix :
 [[88 19]
 [17 30]]
Precision :  0.6122
Sensitivity :  0.6383
Specificity :  0.8224
Accuracy :  0.7662
```

다음으로 ROC 곡선과 AUC를 구한다.

```
import matplotlib.pyplot as plt
from sklearn.metrics import roc_curve, roc_auc_score

fpr, tpr, _ = roc_curve(y_test.cpu().numpy(),  predictions)
auc = roc_auc_score(y_test.cpu().numpy(), predictions)
auc=round(auc,4)
plt.plot(fpr,tpr,label="AUC ="+str(auc))
plt.legend(loc=4)
plt.title("ROC Curve")
plt.ylabel('True Positive Rate')
plt.xlabel('False Positive Rate')
plt.show()
```

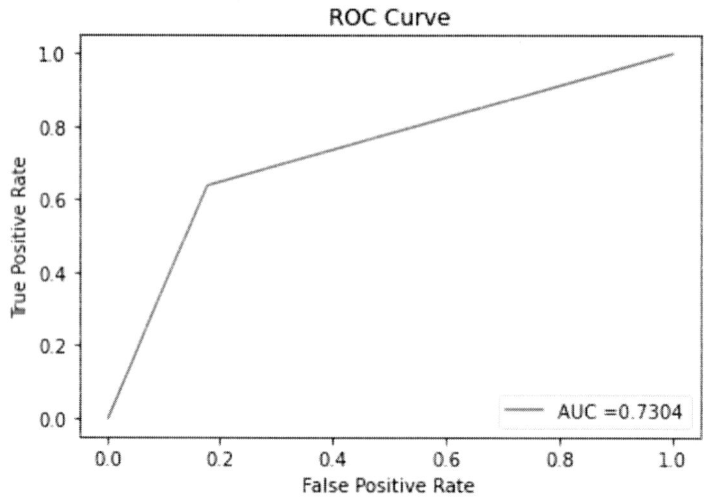

그림 7.15 ROC 곡선

▶ 그림 7.15의 ROC 곡선으로부터 AUC=0.7304임을 알 수 있다.

연습문제

1. [예제 7.1]의 보스턴 주택 가격 데이터에서 입력층과 2개의 은닉층, 그리고 출력층으로 구성된 DNN을 이용하여 예측하고자 한다. 여기서 첫 번째 은닉층의 노드는 32개, 두 번째 은닉층의 노드는 16개이다. 데이터 분할에서 학습 데이터와 테스트 데이터의 비율은 80%:20%이고, 데이터 처리는 torch.utils.data.TensorDataset 클래스와 torch.utils.data.DataLoader 클래스를 이용한다.

2. [예제 7.1]의 보스턴 주택 가격 데이터에서 DNN 모델을 이용하여 예측하고자 한다. 여기서는 드롭아웃을 적용하여 오버피팅 문제를 해결하고자 한다.

3. [예제 7.2]의 피마 인디언 당뇨병 데이터에서 입력층과 2개의 은닉층, 그리고 출력층으로 구성된 DNN을 이용하고자 한다. 여기서 첫 번째 은닉층의 노드는 6개, 두 번째 은닉층의 노드는 4개이다. 그리고 데이터 처리는 torch.utils.data.Dataset 클래스와 torch.utils.data.DataLoader 클래스를 이용하고자 한다.

4. [예제 7.2]의 피마 인디언 당뇨병 데이터에서 DNN 모델을 이용하여 예측하고자 한다. 여기서는 드롭아웃을 적용하여 오버피팅 문제를 해결하고자 한다.

제 8 장

CNN 모델

8.1 CNN 모델이란?

CNN(Convolutional Neural Network, 컨볼루션 신경망)은 영상 분류(image classification), 영상 인식(image recognition)에 특화된 딥러닝 모델이다. CNN는 크게 두 부분, 즉 컨볼루션 층(Convolutional Layer)과 일반 신경망(Neural Network)으로 이루어져 있다. 그림 8.1은 영상 분류에 사용한 CNN의 기본 구조를 보여주고 있다.

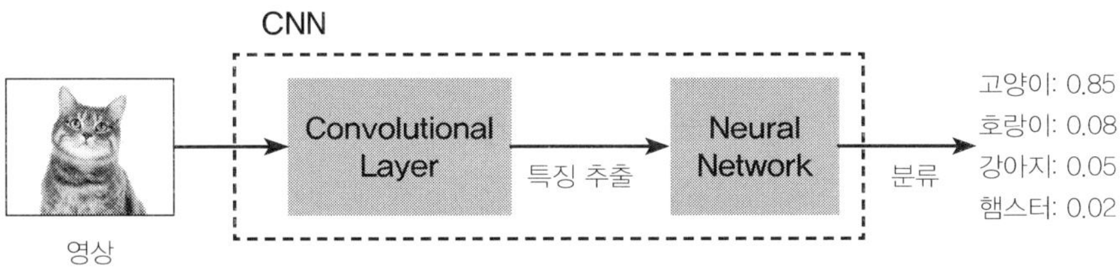

그림 8.1 영상 분류에 사용한 CNN의 기본 구조

그림 8.1에서 컨볼루션 층은 특징 추출(feature extraction)을 위한 신경망이라 생각할 수 있고, 일반 신경망은 분류(classification)를 위한 신경망이라 생각할 수 있다. CNN에서 주목할 점은 입력층으로 특징 벡터가 아닌 영상 데이터가 그대로 입력된다는 점이다. 입력된 영상은 컨볼루션 층을 거쳐 특징이 추출되고 일반 신경망을 거쳐 분류된다. 즉, 입력 영상의 형상을 직접 모델링하지 않아도 CNN이 특징 추출과 분류 역할을 모두 자동으로 이루어진다.

그림 8.2에서 입력 영상은 컨볼루션 층을 거쳐 영상 특징들이 추출되고, 이렇게 추출된 특징 들은 필요에 따라 풀링 층(Pooling Layer)(Subsampling Layer(서브 샘플링 층))을 거치게 된다. 풀링 층은 출력 데이터의 크기를 줄이거나 특정 데이터를 강조하는 용도로 사용된다. 그리고 특징 추출 부분에서 충분히 특징이 추출되었다면, 이를 토대로 분류작업이 수행된다. 분류는 신경망을 통해 이루어진다. CNN에서 사용된 신경망을 완전 연결 층(Fully-Con

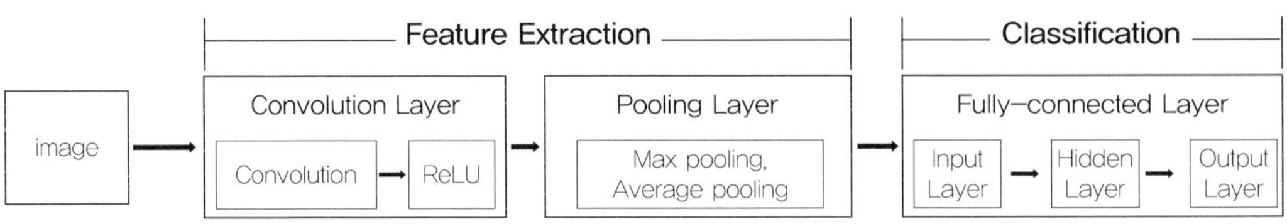

그림 8.2 CNN의 특징 추출과 분류 단계

nected Layer, FC Layer)이라 한다. 여기서 완전 연결 층은 한 층(Layer)의 모든 노드가 다음 층(Layer)의 모든 노드에 연결된 구조를 말한다.

그림 8.2에서 보는 것처럼, 컨볼루션 층은 흔히 컨볼루션(Convolution)이라는 수학적 연산과 ReLU(렐루)라는 활성화 함수에 의해 이루어진다. 그리고 풀링 층은 생략되기도 하지만, 주로, 맥스 풀링(Max pooling)과 평균 풀링(Average pooling)이 많이 사용된다. 그리고 완전 연결 층은 입력층(Input Layer), 은닉층(Hidden Layer), 출력층(Output Layer)으로 이루어진 신경망이다.

그림 8.3은 차(car) 영상 분류에 사용된 CNN의 구조를 보여주고 있다.

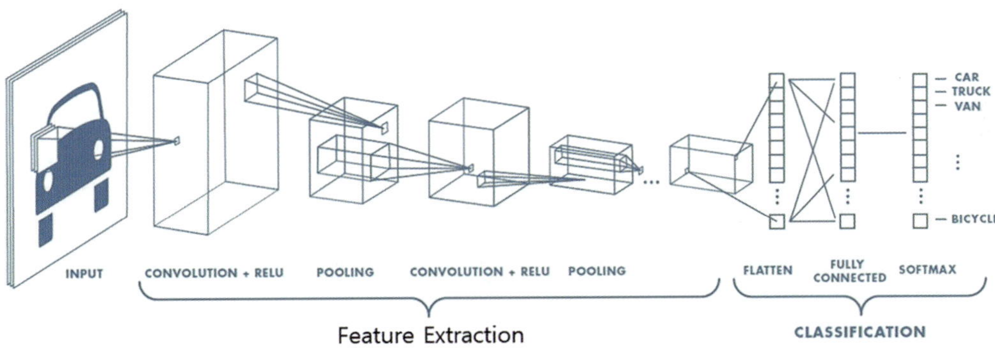

그림 8.3 CNN을 이용한 차 영상 분류 과정[1]

그림 8.3을 보면 CNN의 구조는 특징 추출을 위해 2부분(컨볼루션+활성화 함수, 풀링)과 분류를 위한 3부분(Flatten(플래튼, 평탄화), 완전 연결, 소프트 맥스)로 이루어져 있다. 입력 영상인 차 영상에 대한 특징 추출을 위해 컨볼루션 층(Convolution + ReLU)과 풀링 층을 여러 번에 걸쳐 거친 다음 영상 분류를 위해 완전 연결 층을 거친다. 여기서 컨볼루션 층에서는 2차원 행렬 형태의 데이터를 처리하고, 완전 연결 층은 1차원 데이터를 처리하기 때문에 2차원 데이터를 1차원 데이터로 평탄화(flattening) 과정을 거친다. 그리고 완전 연결 층의 출력층에서 소프트맥스 함수(softmax function)를 사용하여 최종 분류한다. 여기서 소프트맥스 함수는 입력값에 대해 출력값으로 0~1 사이의 값을 가지면서 총합이 항상 1이 되는 특성을 갖는 함수이다.

지금부터 CNN의 기본적인 구성 요소들에 대해 자세하게 살펴보고자 한다.

1 https://www.run.ai/guides/deep-learning-for-computer-vision

(1) 컨볼루션 층

컨볼루션 층(Convolution Layer, 컨볼루션 레이어)은 CNN의 핵심으로, 2차원 입력 데이터에 대하여 필터(filter)/커널(kernel)을 슬라이딩(sliding)하면서 컨볼루션(Convolution) 연산을 수행한다.

- **컨볼루션**(Convolution)

컨볼루션이란 영상 위에서 필터(filter)/커널(kernel)을 슬라이딩하면서 겹쳐지는 부분의 각 원소값을 곱해서 모두 더한 값을 출력으로 하는 수학적 연산이다.

그림 8.4는 5×5 크기의 입력 영상에 3×3 크기의 필터/커널을 사용하여 컨볼루션하는 과정(이를 필터링이라고 한다)을 보여주고 있다. 여기서 필터는 영상의 특징을 찾아내기 위해 고안한다.

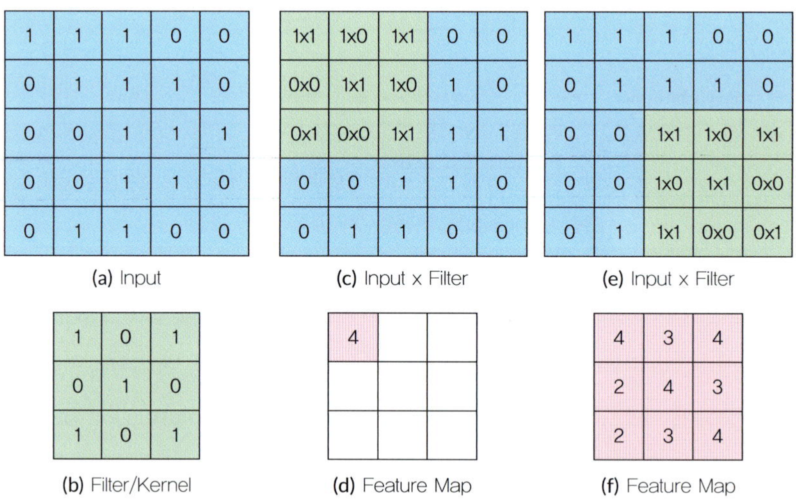

그림 8.4 컨볼루션 연산

그림 8.5는 여러 가지 필터/커널에 대한 특징 맵(feature map)을 보여주고 있다.

입력 영상에서 다양한 특징을 추출하기 위해서는 다양한 필터/커널이 필요하다는 것을 알 수 있다. 따라서 CNN에서 다양한 필터/커널 수가 많으면 많을수록 영상에서 많은 특징 들을 추출할 수 있어서 영상의 패턴을 인식하는데 좋은 성능을 보일 수 있다.

파이토치에서는 컨볼루션을 위한 Conv2d( ) 함수를 제공하고 있다. 다음은 Conv2d( ) 함수의 사용형식이다.

```
torch.nn.Conv2d(in_channels, out_channels, kernel_size, stride=1, padding=0)
```

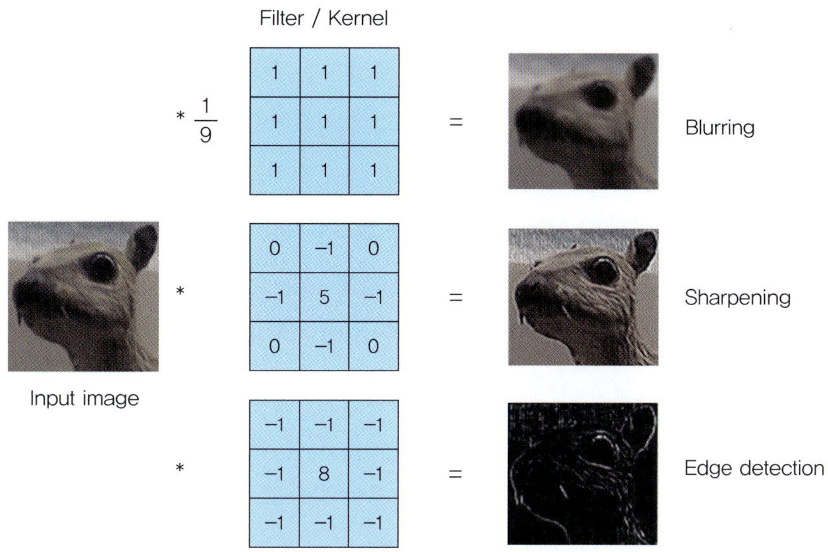

그림 8.5 여러 가지 필터/커널에 따른 특징 맵

- in_channels: 입력 영상의 채널 수를 입력한다. 흑백 영상인 경우 1, RGB 컬러 영상인 경우 3이다.
- out_channels: 출력 영상의 채널 수를 입력한다.
- kernel_size: 컨볼루션을 수행할 때 사용할 필터/커널의 크기를 지정한다.
- stride: 컨볼루션을 수행할 때 스트라이드(stride)의 크기를 지정한다. 기본값은 1이다. 여기서 스트라이드는 입력 영상에 필터/커널을 적용할 때 이동할 간격을 말한다.
- padding: 영상의 가장자리를 특정값으로 채우는 것을 패딩이라 한다. 기본값은 숫자 0이다. 따라서 숫자 0을 사용하여 채우는 것을 제로패딩(zero padding)이라한다. 일반적으로 입력 영상에 컨볼루션을 수행하면 출력 영상의 크기는 작아진다. 이 경우 패딩을 이용하면 출력 영상의 크기를 조절할 수 있다.

그림 8.4의 컨볼루션을 Conv2d( ) 함수를 사용하여 다음과 같이 나타낼 수 있다.

torch.nn.Conv2d(1, 1, 3, stride=1)

여기서 in_channels=1, out_channels=1, kernel_size=3, stride=1이다.

• **활성화 함수**(activation function)

딥러닝은 여러 개의 계층을 쌓음으로써 표현력을 증가시키는데, 계층을 증가시킬수록 더 추상적인 표현 (abstract representation)을 추출하게 된다. 데이터에서 추상적인 표현을 추출하는 것은 데이터가 담고 있는 의미있는 정보를 추출하는 것과 동일하다. 특징 추출에서 컨볼루션 연산은 영상의 픽셀값과 커널의 가중치와의 선형결합으로 이루어진다. 선형결합의 특성상 아무리 많은 층을 쌓아도 선형결합한 결과를 다시 선형결합하면 결과는 선형밖에 되지 않는다. 따라서 데이터에 대한 추상적인 표현을 학습하기 위해 비선형(nonlinear)함수가 필요하다. 따라서 딥러닝에서는 층이 끝날 때마다 비선형함수를 적용한다. 참고로, 비선형함수에는 ReLU 함수 외에 tanh 함수, 시그모이드 함수 등이 있으나 ReLU 함수를 사용하는 경우 계산속도가 빠르다.

딥러닝에서 매 층마다 선형함수만을 사용하면 층을 깊게 쌓을 필요가 없다. 예를 들면, 선형함수인 $h(x)=cx$를 활성화 함수로 사용하는 3개의 층으로 구성된 신경망을 생각하자. 이 신경망에서 출력값 $y(x)=h(h(h(x)))=h(h(cx))=h(c^2x)=c^3x$가 된다. 즉, $y(x)=cx$형태의 선형함수이다. 따라서 딥러닝에서 층을 쌓는 혜택을 얻고 싶다면 활성화함수로는 반드시 비선형 함수를 사용해야 한다

(2) 풀링 층

풀링(Pooling)은 중요한 정보를 잃지 않으면서 즉, 중요한 정보를 유지하면서 영상의 차원을 축소하는 역할을 한다. 풀링에는 그림 8.6과 같이 맥스 풀링(max pooling)과 평균 풀링(average pooling) 등이 있다. 그 중에서도 맥스 풀링(max pooling)이 많이 사용된다.

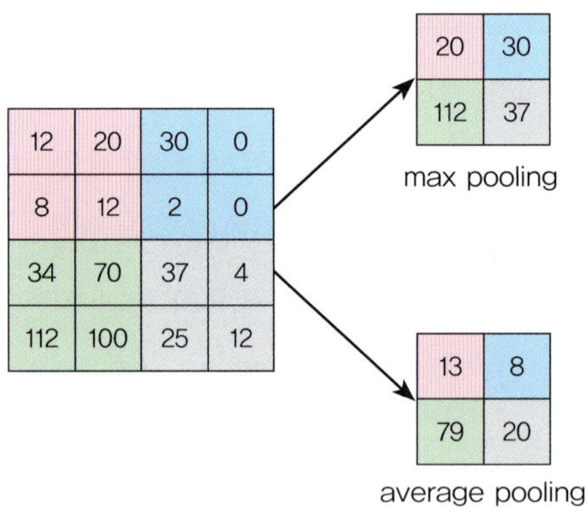

그림 8.6 맥스 풀링과 평균 풀링

파이토치에서는 맥스 풀링을 위한 MaxPool2d( ) 함수와 평균 풀링을 위한 AvgPool2d( ) 함수를 제공하고 있다. 다음은 주로 많이 사용하는 맥스 풀링을 위한 MaxPool2d( ) 함수의 사용형식이다.

```
torch.nn.MaxPool2d(kernel_size, stride=None, padding=0)
```

- kernel_size: 컨볼루션을 수행할 때 사용할 커널/필터의 크기를 지정한다.
- stride: 컨볼루션을 수행할 때 스트라이드(stride)의 크기를 지정한다. 기본값은 None이다. 이 경우 stride는 kernel_size가 된다.
- padding: 입력 영상의 상하좌우에 0으로 채우는 제로패딩을 나타낸다.

그림 8.6의 맥스 풀링을 MaxPool2d( ) 함수를 사용하여 나타내면 다음과 같다.

torch.nn.MaxPool2d(3, stride=2)

여기서 kernel_size=3, stride=2이다.

(3) 완전 연결 층

완전 연결 층(Fully-Connected Layer)이란 그림 8.7과 같이 이전 층에서 모든 뉴런이 다음 층에서 모든 뉴런과 연결된 계층을 말한다. 완전 연결 층은 컨볼루션 층과 풀링 층으로부터 얻어진 특징 맵으로부터 영상을 분류하는 데 사용되는 층이다. 완전 연결 층에서는 2차원의 특징 맵을 1차원의 배열 형태로의 평탄화(flattening)를 통해 영상을 분류한다.

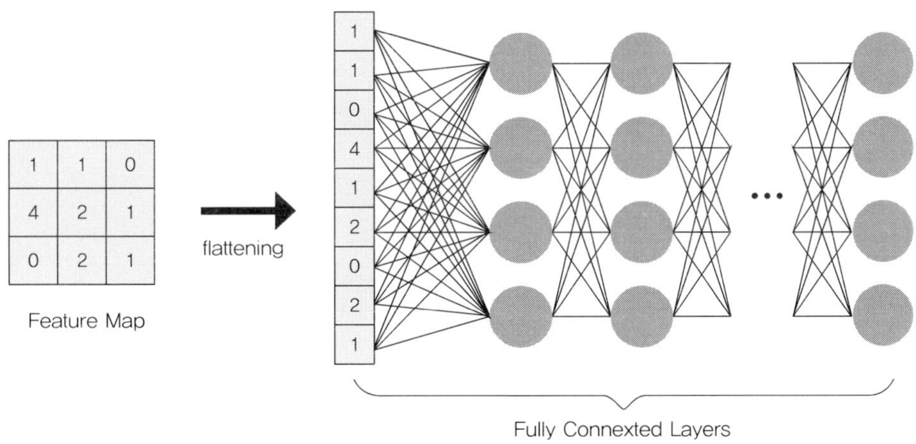

그림 8.7 완전 연결 층

파이토치에서 평탄화를 위한 함수로는 torch.flatten( ) 함수와 torch.nn.Flatten( ) 함수가 있다. 보통 torch.flatten( ) 함수는 텐서에 적용하고 torch.nn.Flatten( ) 함수는 모델을 정의하는 데 사용한다. 다음은 torch.flatten( ) 함수의 사용형식이다.

```
torch.flatten(input, start_dim=0, end_dim=- 1)
```

- input: 입력 텐서를 나타낸다.
- start_dim: 평탄화할 첫 번째 차원을 지정한다. 디폴트는 start_dim=0이다. 즉, 0번째 차원으로 평탄화된다. 예를 들면, 텐서의 모양이 [3, 4]면 [12]로 평탄화된다. 만약 start_dim=1인 경우 텐서의 모양이 [3,2,2]면 [3,4]로 평탄화된다.
- end_dim: 평탄화할 마지막 번째 차원을 나타낸다. 디폴트는 end_dim=−1이다. 이 경우 start_dim에 의해 유추하여 지정한다.

그림 8.7의 완전 연결 층에서 2차원 특징 맵을 torch.flatten( ) 함수를 사용하여 1차원으로 평탄화하고자 한다.

다음 [코드 8.1.1]은 이를 구현한 코드이다.

코드 8.1.1

```
import torch
x = torch.tensor([[1,1,0],[4,2,1],[0,2,1]])
print('ndim =', x.ndim)
print(x.shape)
print(x)
y=torch.flatten(x)
print('ndim =', y.ndim)
print(y.shape)
print(y)
```

```
ndim = 2
torch.Size([3, 3])
tensor([[1, 1, 0],
        [4, 2, 1],
        [0, 2, 1]])
ndim = 1
torch.Size([9])
tensor([1, 1, 0, 4, 2, 1, 0, 2, 1])
```

▶ torch.flatten() 함수에서 디폴트는 start_dim=0이므로 텐서의 모양이 [3, 3]에서 [9]로 평탄화되었다.

다음 [코드 8.1.2]는 torch.flatten( ) 함수에서 start_dim=1인 경우 예이다.

코드 8.1.2

```
x = torch.tensor([[[1,1,0],[4,2,1],[0,2,1]]])
print('ndim =', x.ndim)
print(x.shape)
print(x)
y=torch.flatten(x,1)
print('ndim =', y.ndim)
print(y.shape)
print(y)
```

```
ndim = 3
torch.Size([1, 3, 3])
tensor([[[1, 1, 0],
         [4, 2, 1],
         [0, 2, 1]]])
ndim = 2
torch.Size([1, 9])
tensor([[1, 1, 0, 4, 2, 1, 0, 2, 1]])
```

다음은 torch.nn.Flatten( ) 함수의 사용형식이다.

```
torch.nn.Flatten(start_dim=1, end_dim=- 1)
```

- start_dim: 평탄화할 첫 번째 차원을 나타낸다. 디폴트는 start_dim=1이다. 예를 들면, 텐서의 모양이 [3,2,2]면 [3,4]로 평탄화된다.
- end_dim: 평탄화할 마지막 번째 차원을 나타낸다. 디폴트는 end_dim=−1이다. 이 경우 start_dim에 의해 유추하여 지정한다.

다음 [코드 8.1.3]은 torch.nn.Flatten( ) 함수의 사용 예이다.

코드 8.1.3

```
import torch.nn as nn
x = torch.tensor([[[1,1,0],[4,2,1],[0,2,1]]])
print('ndim =', x.ndim)
print(x.shape)
model = nn.Sequential(
     nn.Flatten()
)
```

```
print(model)
y = model(x)
print('ndim =', y.ndim)
print(y.shape)
```

```
ndim = 3
torch.Size([1, 3, 3])
Sequential(
  (0): Flatten(start_dim=1, end_dim=-1)
)
ndim = 2
torch.Size([1, 9])
```

8.2 CNN 모델 파이토치 구현

(1) MNIST 데이터

MNIST(Modified National Institute of Standards and Technology) 데이터는 얀 리쿤(Yann LeCun)에 의해 만들어진 손으로 쓴 필기체 숫자(handwritten digit)들로 이루어진 영상 데이터이다. MNIST 데이터는 영상 처리에서 숫자 인식을 위해 많이 사용한다. 이 데이터는 60,000개의 학습 데이터(train data)와 10,000개의 테스트 데이터(test data)로 구성되어 있다. MNIST 데이터는 얀 리쿤의 사이트(http://yann.lecun.com/exdb/mnist/)에서 제공하고 있다.

그림 8.8은 MNIST 데이터의 샘플 영상이다.

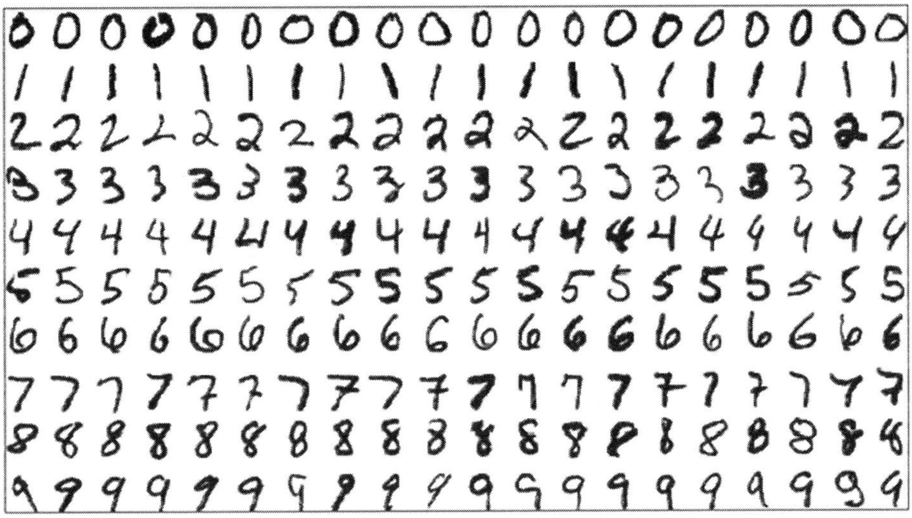

그림 8.8 MNIST 데이터의 샘플 영상

그림 8.8에서 각 숫자 영상은 높이 28픽셀, 넓이 28픽셀, 총 784픽셀로 이루어져 있다. 각 영상에서 픽셀값은 0~255 사이 값을 갖고 있다. 여기서 0은 검정, 255는 흰색을 나타낸다.

그림 8.9는 숫자 5와 이에 대한 픽셀값을 행렬 형태로 나타내고 있다.

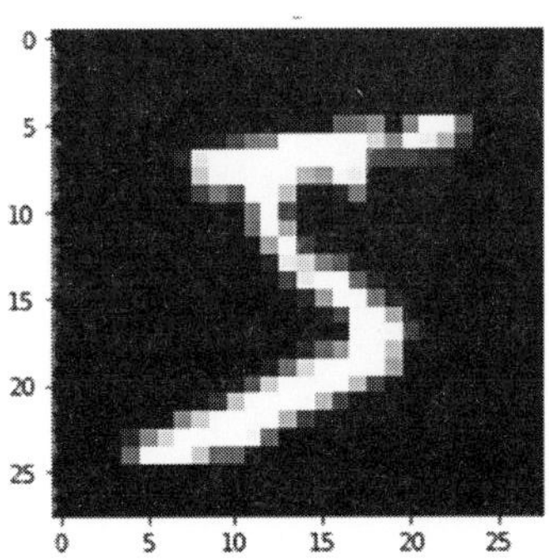

0	0	0	0	0	0	0	0	0	0	0	0	0	0	0	0	0	0	0	0	0	0	0	0	0	0	0	0
0	0	0	0	0	0	0	0	0	0	0	0	0	0	0	0	0	0	0	0	0	0	0	0	0	0	0	0
0	0	0	0	0	0	0	0	0	0	0	0	0	0	0	0	0	0	0	0	0	0	0	0	0	0	0	0
0	0	0	0	0	0	0	0	0	0	0	0	0	0	0	0	0	0	0	0	0	0	0	0	0	0	0	0
0	0	0	0	0	0	0	0	0	0	0	0	0	0	0	0	0	0	0	0	0	0	0	0	0	0	0	0
0	0	0	0	0	0	0	0	0	0	0	0	3	18	18	18	126	136	175	26	166	255	247	127	0	0	0	0
0	0	0	0	0	0	0	0	30	36	94	154	170	253	253	253	253	253	225	172	253	242	195	64	0	0	0	0
0	0	0	0	0	0	0	49	238	253	253	253	253	253	253	253	253	251	93	82	82	56	39	0	0	0	0	0
0	0	0	0	0	0	0	18	219	253	253	253	253	253	198	182	247	241	0	0	0	0	0	0	0	0	0	0
0	0	0	0	0	0	0	0	80	156	107	253	253	205	11	0	43	154	0	0	0	0	0	0	0	0	0	0
0	0	0	0	0	0	0	0	0	14	1	154	253	90	0	0	0	0	0	0	0	0	0	0	0	0	0	0
0	0	0	0	0	0	0	0	0	0	0	139	253	190	2	0	0	0	0	0	0	0	0	0	0	0	0	0
0	0	0	0	0	0	0	0	0	0	0	11	190	253	70	0	0	0	0	0	0	0	0	0	0	0	0	0
0	0	0	0	0	0	0	0	0	0	0	0	35	241	225	160	108	1	0	0	0	0	0	0	0	0	0	0
0	0	0	0	0	0	0	0	0	0	0	0	0	81	240	253	253	119	25	0	0	0	0	0	0	0	0	0
0	0	0	0	0	0	0	0	0	0	0	0	0	0	45	186	253	253	150	27	0	0	0	0	0	0	0	0
0	0	0	0	0	0	0	0	0	0	0	0	0	0	0	16	93	252	253	187	0	0	0	0	0	0	0	0
0	0	0	0	0	0	0	0	0	0	0	0	0	0	0	0	0	249	253	249	64	0	0	0	0	0	0	0
0	0	0	0	0	0	0	0	0	0	0	0	0	0	46	130	183	253	253	207	2	0	0	0	0	0	0	0
0	0	0	0	0	0	0	0	0	0	0	0	39	148	229	253	253	253	250	182	0	0	0	0	0	0	0	0
0	0	0	0	0	0	0	0	0	0	24	114	221	253	253	253	253	201	78	0	0	0	0	0	0	0	0	0
0	0	0	0	0	0	0	0	23	66	213	253	253	253	253	198	81	2	0	0	0	0	0	0	0	0	0	0
0	0	0	0	0	0	18	171	219	253	253	253	253	195	80	9	0	0	0	0	0	0	0	0	0	0	0	0
0	0	0	0	55	172	226	253	253	253	253	244	133	11	0	0	0	0	0	0	0	0	0	0	0	0	0	0
0	0	0	0	136	253	253	253	212	135	132	16	0	0	0	0	0	0	0	0	0	0	0	0	0	0	0	0
0	0	0	0	0	0	0	0	0	0	0	0	0	0	0	0	0	0	0	0	0	0	0	0	0	0	0	0
0	0	0	0	0	0	0	0	0	0	0	0	0	0	0	0	0	0	0	0	0	0	0	0	0	0	0	0
0	0	0	0	0	0	0	0	0	0	0	0	0	0	0	0	0	0	0	0	0	0	0	0	0	0	0	0

그림 8.9 숫자 5과 픽셀값에 대한 영상 데이터 구조

흔히, 영상에서 0~255 사이 픽셀값은 0과 1 사이의 값으로 다음과 같이 스케일 변환(scale transformation)하여 처리한다.

$$z_i = \frac{x_i - x_{\min}}{x_{\max} - x_{\min}} = \frac{x_i - 0}{255 - 0} = \frac{x_i}{255}$$

여기서 $x_{\max}$와 $x_{\min}$은 픽셀값의 최댓값과 최솟값을 나타낸다. 이 경우 $x_{\max}$ = 255, $x_{\min}$ =0이다.

학습 데이터(train data)는 785(=28×28+1)열로 구성되어 있다. 첫 번째 열은 "label"이고 이것은 0~9까지 숫자를 나타낸다. 나머지 열은 숫자를 픽셀값으로 나타낸 것이다.

예제 8.1

MNIST 데이터에서 그림 8.10에 주어진 CNN 모델을 이용하여 숫자 인식하고자 한다. 여기서는 nn.Sequential( ) 함수를 이용하여 CNN 모델을 구현한다.

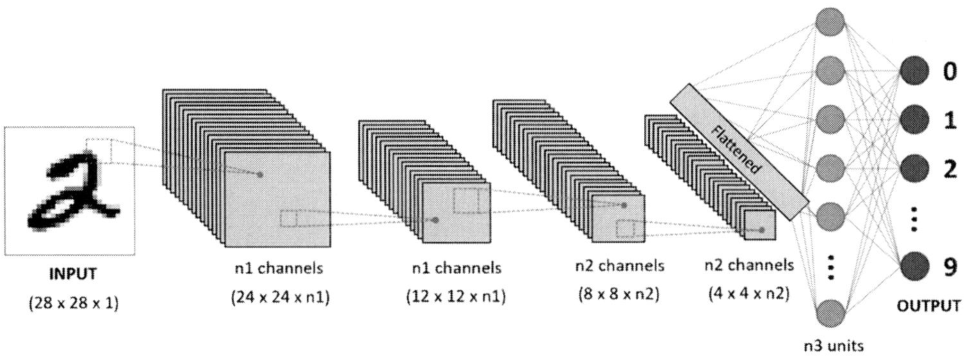

그림 8.10 MNIST 데이터에 CNN 모델 구조

여기서 n1=10, n2=20, n3=320이다.

풀이

ⓐ import 명령 이용 패키지 불러오기

코드 8.2.1

```
import numpy as np
import matplotlib.pyplot as plt

import torch
import torchvision
import torch.nn as nn
import torch.utils as utils
import torch.optim as optim
import torchvision.transforms as transforms
```

```
import torch.nn.functional as F

device = torch.device("cuda" if torch.cuda.is_available() else "cpu")
#device = torch.device("cpu")
print('Device:', device)
```

```
Device: cuda
```

ⓑ MNIST 데이터 다운로드

MNIST 데이터는 torchvision.datasets 패키지를 이용하여 로딩한다. torchvision은 영상을 다루기 위한 torch의 모듈이다. torchvision.datasets 패키지의 사용형식은 다음과 같다.

```
train_dataset = torchvision.datasets.MNIST('PATH_TO_STORE_TRAINSET', train=True, transform=None, download=True)
```

- PATH_TO_STORE_TRAINSET: MNIST 데이터 다운로드할 위치를 지정한다.
- train: train=True이면 학습 데이터, train=False이면 테스트 데이터를 다운로드한다.
- transform: 데이터 변환 여부를 지정한다. 만약, transform=None이면 데이터 변환이 이루어지지 않는다.
- download: download=True이면 지정된 디렉터리에 데이터 없으면 다운로드한다.

다음은 MNIST 데이터의 학습 데이터와 테스트 데이터를 각각 다운로드한다. 여기서는 데이터 변환은 하지 않는다. 이를 위해 datasets.MNIST( ) 함수에서 transform=None을 지정한다.

```
train_dataset = torchvision.datasets.MNIST(root='MNIST_data',
                                           train=True,
                                           download=True,
                                           transform=None)

test_dataset = torchvision.datasets.MNIST(root='MNIST_data',
                                          train=False,
                                          download=True,
                                          transform=None)
```

▶ 현재 작업 디렉터리에 새로운 디렉터리 'MNIST_data' 폴더가 생성되고 그 폴더에 MNIST 데이터가 다운로드된다.

다운로드한 데이터, 즉 학습 데이터인 train_dataset과 테스트 데이터인 test_dataset에 대한 정보를 출력한다.

```
print(train_dataset)
print(test_dataset)
```

```
Dataset MNIST
    Number of datapoints: 60000
    Root location: MNIST_data
    Split: Train
Dataset MNIST
    Number of datapoints: 10000
    Root location: MNIST_data
    Split: Test
```

▶ train_dataset은 60,000개, 저장 장소는 MNIST_data 폴더, train 데이터이고 test_dataset은 10,000개, 저장 장소는 MNIST_data 폴더, test 데이터이다.

다음은 학습 데이터와 테스트 데이터의 첫 번째 데이터에 대한 정보를 출력하고자 한다. 즉, train_dataset[0]과 test_dataset[0]에 대한 정보를 출력한다.

```
print(type(train_dataset[0]))
print(type(test_dataset[0]))
print(train_dataset[0])
print(test_dataset[0])
```

```
<class 'tuple'>
<class 'tuple'>
(<PIL.Image.Image image mode=L size=28x28 at 0x238D3659940>, 5)
(<PIL.Image.Image image mode=L size=28x28 at 0x238D3668100>, 7)
```

▶ train_dataset[0]와 test_dataset[0] 각각의 데이터 타입은 다음과 같이 튜플(tuple) 형식이다. (입력, 정답) 쌍으로 이루어진 데이터셋이다.

```
(<PIL.Image.Image image mode=L size=28x28 at 0x238D3659940>, 5)
(<PIL.Image.Image image mode=L size=28x28 at 0x238D3668100>, 7)
```

다시 말하면 train_dataset의 첫 번째 영상의 타입은 PIL.Image.Image, 영상의 크기는 28×28, 레이블은 5이다. 그리고 test_dataset의 첫 번째 영상의 타입은 PIL.Image.Image, 영상의 크기는 28×28, 레이블은 7이다. 참고로 PIL(Python Imaging Library)은 파이썬에서 영상 처리 및 분석을 쉽게 할 수 있는 라이브러리이다.

train_dataset의 첫 번째 영상을 그림 8.11과 같이 출력하고자 한다. 이를 위해 train_dataset

의 첫 번째 train_dataset[0]에서 첫 번째 영상은 train_dataset[0][0], 첫 번째 영상에 대한 레이블은 train_dataset[0][1]에 저장되어 있다.

```
plt.imshow(train_dataset[0][0], cmap='gray')
plt.title('%i' % train_dataset[0][1])
plt.show()
```

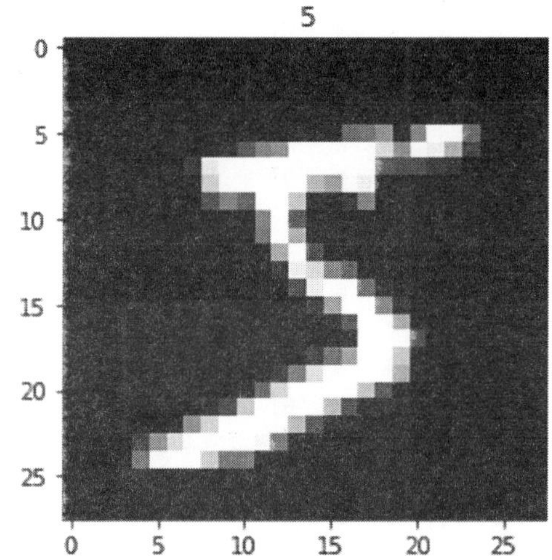

그림 8.11 train_dataset의 첫 번째 영상

▶ Matplotlib 패키지의 plt.imshow() 함수를 이용하여 PIL 영상 혹은 NumPy의 배열 형태를 영상 출력한다.

train_dataset의 첫 번째 영상, 즉 그림 8.11의 첫 번째 영상에 대한 픽셀값을 출력하고자 한다. 현재 영상의 타입은 PIL.Image.Image이다. 따라서 영상의 타입을 NumPy의 배열 형태로 변환해야 한다.

```
import numpy as np
print(type(train_dataset[0][0]))
image = np.array(train_dataset[0][0])
print(type(image))
print(image)
```

```
<class 'PIL.Image.Image'>
<class 'numpy.ndarray'>
[[  0   0   0   0   0   0   0   0   0   0   0   0   0   0   0   0   0   0
    0   0   0   0   0   0   0   0   0   0]
 ...........................................................
 [  0   0   0   0   0   0   0   0   0   0   0   0   3  18  18  18 126 136
```

```
 175  26 166 255 247 127   0   0   0   0]
[  0   0   0   0   0   0   0   0  30  36  94 154 170 253 253 253 253 253
 225 172 253 242 195  64   0   0   0   0]
[  0   0   0   0   0   0   0  49 238 253 253 253 253 253 253 253 253 251
  93  82  82  56  39   0   0   0   0   0]
[  0   0   0   0   0   0   0  18 219 253 253 253 253 253 198 182 247 241
   0   0   0   0   0   0   0   0   0   0]
[  0   0   0   0   0   0   0   0  80 156 107 253 253 205  11   0  43 154
   0   0   0   0   0   0   0   0   0   0]
[  0   0   0   0   0   0   0   0   0  14   1 154 253  90   0   0   0   0
   0   0   0   0   0   0   0   0   0   0]
[  0   0   0   0   0   0   0   0   0   0   0 139 253 190   2   0   0   0
   0   0   0   0   0   0   0   0   0   0]
[  0   0   0   0   0   0   0   0   0   0   0  11 190 253  70   0   0   0
   0   0   0   0   0   0   0   0   0   0]
[  0   0   0   0   0   0   0   0   0   0   0   0  35 241 225 160 108   1
   0   0   0   0   0   0   0   0   0   0]
[  0   0   0   0   0   0   0   0   0   0   0   0   0  81 240 253 253 119
  25   0   0   0   0   0   0   0   0   0]
[  0   0   0   0   0   0   0   0   0   0   0   0   0   0  45 186 253 253
 150  27   0   0   0   0   0   0   0   0]
[  0   0   0   0   0   0   0   0   0   0   0   0   0   0   0  16  93 252
 253 187   0   0   0   0   0   0   0   0]
[  0   0   0   0   0   0   0   0   0   0   0   0   0   0   0   0   0 249
 253 249  64   0   0   0   0   0   0   0]
[  0   0   0   0   0   0   0   0   0   0   0   0   0   0  46 130 183 253
 253 207   2   0   0   0   0   0   0   0]
[  0   0   0   0   0   0   0   0   0   0   0   0  39 148 229 253 253 253
 250 182   0   0   0   0   0   0   0   0]
[  0   0   0   0   0   0   0   0   0   0  24 114 221 253 253 253 253 201
  78   0   0   0   0   0   0   0   0   0]
.................................................................
[  0   0   0   0   0   0   0   0   0   0   0   0   0   0   0   0   0   0
   0   0   0   0   0   0   0   0   0   0]]
```

▶ 영상의 픽셀값은 0~255 사이의 값임을 알 수 있다. 여기서 0은 검은색이고 255는 흰색을 나타낸다. datasets.MNIST() 함수에서 transform=None 옵션을 지정하는 경우 영상의 픽셀값에는 변환이 이루어지지 않는다.

다음은 MNIST 데이터를 텐서로 변환하기 위해 transforms.ToTensor() 함수를 이용하고자 한다.

```
transform = transforms.ToTensor()

train_dataset = torchvision.datasets.MNIST(root='MNIST_data',
```

```
                                            train=True,
                                            download=True,
                                            transform=transform)

test_dataset = torchvision.datasets.MNIST(root='MNIST_data',
                                            train=False,
                                            download=True,
                                            transform=transform)
```

transforms.ToTensor() 함수를 사용하여 텐서로 변환한 후, 학습 데이터인 train_dataset과 테스트 데이터인 test_dataset에 대한 정보를 출력하고자 한다.

```
print(train_dataset)
print(test_dataset)
```

```
Dataset MNIST
    Number of datapoints: 60000
    Root location: MNIST_data
    Split: Train
    StandardTransform
Transform: ToTensor()
Dataset MNIST
    Number of datapoints: 10000
    Root location: MNIST_data
    Split: Test
    StandardTransform
Transform: ToTensor()
```

▶ train_dataset과 test_dataset에 대한 정보를 보면 각각 "StandardTransform"이 추가된 것을 알 수 있다. 여기서 StandardTransform은 [0,1] 범위의 값을 갖는 표준변환을 의미한다. 따라서 transforms.ToTensor() 함수를 사용하여 텐서로 변환하는 경우 자동으로 [0,1] 사이의 값을 갖는다.

다음은 transforms.ToTensor() 함수에 의해 변환된 텐서 데이터에 대해 그림 8.12와 같이 영상 출력하고자 한다. 여기서는 train_dataset의 첫 번째 영상인 train_dataset[0][0]을 출력한다. 그런데 train_dataset[0][0]의 형태는 3차원 텐서이다. 따라서 파이토치에서 텐서 형태의 영상 데이터를 Mathplotlib 패키지의 plt.imshow() 함수를 이용하여 영상 출력하기 위해서는 텐서 형태의 영상을 NumPy의 배열 형태로 변환해야 한다. 이를 위해 텐서에 .numpy() 함수를 적용한다.

다음은 영상 텐서의 형태가 3차원, 예를 들면 [1, 28, 28]인 경우 영상 출력을 위한 코드이다.

```
def imshow(img):
#    img = img / 2 + 0.5     # unnormalize
    img=img.squeeze()
    npimg = img.numpy()
    plt.imshow((npimg), cmap='gray' )
    plt.show()
```

▶ squeeze() 함수는 3차원 영상 [1, 28, 28]에서 1인 차원을 제거하여 2차원 영상 [28, 28]으로 변환한다.

```
#print(train_dataset[0][0].shape)
plt.title('%i' % train_dataset[0][1])
imshow(train_dataset[0][0])
```

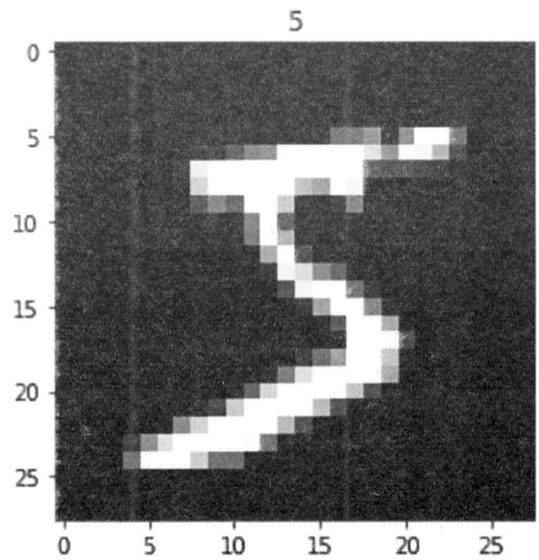

그림 8.12 train_dataset의 첫 번째 영상

다음은 transforms.ToTensor( ) 함수에 의해 텐서로 변환된 train_dataset의 첫 번째 영상, 즉 그림 8.12의 첫 번째 영상에 대한 픽셀값을 출력하고자 한다.

```
print(train_dataset[0][0])
```

```
tensor([[[0.0000, 0.0000, 0.0000, 0.0000, 0.0000, 0.0000, 0.0000, 0.0000,
          0.0000, 0.0000, 0.0000, 0.0000, 0.0000, 0.0000, 0.0000, 0.0000,
          0.0000, 0.0000, 0.0000, 0.0000, 0.0000, 0.0000, 0.0000, 0.0000,
          0.0000, 0.0000, 0.0000, 0.0000],
         ..........................................................................
         [0.0000, 0.0000, 0.0000, 0.0000, 0.0000, 0.0000, 0.0000, 0.0000,
          0.1176, 0.1412, 0.3686, 0.6039, 0.6667, 0.9922, 0.9922, 0.9922,
```

```
          0.9922, 0.9922, 0.8824, 0.6745, 0.9922, 0.9490, 0.7647, 0.2510,
          0.0000, 0.0000, 0.0000, 0.0000],
         [0.0000, 0.0000, 0.0000, 0.0000, 0.0000, 0.0000, 0.0000, 0.1922,
          0.9333, 0.9922, 0.9922, 0.9922, 0.9922, 0.9922, 0.9922, 0.9922,
          0.9922, 0.9843, 0.3647, 0.3216, 0.3216, 0.2196, 0.1529, 0.0000,
          0.0000, 0.0000, 0.0000, 0.0000],
         [0.0000, 0.0000, 0.0000, 0.0000, 0.0000, 0.0000, 0.0000, 0.0706,
          0.8588, 0.9922, 0.9922, 0.9922, 0.9922, 0.9922, 0.7765, 0.7137,
          0.9686, 0.9451, 0.0000, 0.0000, 0.0000, 0.0000, 0.0000, 0.0000,
          0.0000, 0.0000, 0.0000, 0.0000],
         [0.0000, 0.0000, 0.0000, 0.0000, 0.0000, 0.0000, 0.0000, 0.0000,
          0.3137, 0.6118, 0.4196, 0.9922, 0.9922, 0.8039, 0.0431, 0.0000,
          0.1686, 0.6039, 0.0000, 0.0000, 0.0000, 0.0000, 0.0000, 0.0000,
          0.0000, 0.0000, 0.0000, 0.0000],
         [0.0000, 0.0000, 0.0000, 0.0000, 0.0000, 0.0000, 0.0000, 0.0000,
          0.0000, 0.0549, 0.0039, 0.6039, 0.9922, 0.3529, 0.0000, 0.0000,
          0.0000, 0.0000, 0.0000, 0.0000, 0.0000, 0.0000, 0.0000, 0.0000,
          0.0000, 0.0000, 0.0000, 0.0000],
         [0.0000, 0.0000, 0.0000, 0.0000, 0.0000, 0.0000, 0.0000, 0.0000,
          0.0000, 0.0000, 0.0000, 0.5451, 0.9922, 0.7451, 0.0078, 0.0000,
          0.0000, 0.0000, 0.0000, 0.0000, 0.0000, 0.0000, 0.0000, 0.0000,
          0.0000, 0.0000, 0.0000, 0.0000],
         [0.0000, 0.0000, 0.0000, 0.0000, 0.0000, 0.0000, 0.0000, 0.0000,
          0.0000, 0.0000, 0.0000, 0.0431, 0.7451, 0.9922, 0.2745, 0.0000,
          0.0000, 0.0000, 0.0000, 0.0000, 0.0000, 0.0000, 0.0000, 0.0000,
          0.0000, 0.0000, 0.0000, 0.0000],
          ..................................................................
         [0.0000, 0.0000, 0.0000, 0.0000, 0.0000, 0.0000, 0.0000, 0.0000,
          0.0000, 0.0000, 0.0000, 0.0000, 0.0000, 0.0000, 0.0000, 0.0000,
          0.0000, 0.0000, 0.0000, 0.0000, 0.0000, 0.0000, 0.0000, 0.0000,
          0.0000, 0.0000, 0.0000, 0.0000]]])
```

▶ transforms.ToTensor() 함수에 의해 표준변환이 이루어짐으로써 영상 텐서의 픽셀값은 0과 1 사이의 값임을 알 수 있다. 여기서 0은 검은색이고 1은 흰색을 나타낸다.

다음은 MNIST 데이터에서 데이터 전처리 과정으로 여러 가지 데이터 변환을 transforms.Compose( ) 함수를 이용하여 묶어준다.

```
transform = transforms.Compose(
    [transforms.ToTensor(),
     transforms.Normalize((0.5), (0.5))])

train_dataset = torchvision.datasets.MNIST(root='MNIST_data',
```

```
                                         train=True,
                                         download=True,
                                         transform=transform)
test_dataset = torchvision.datasets.MNIST(root='MNIST_data',
                                         train=False,
                                         download=True,
                                         transform=transform)
print('number of training data : ', len(train_dataset))
print('number of test data : ', len(test_dataset))
```

```
number of training data :  60000
number of test data :  10000
```

▶ 여기서는 데이터 전처리 과정으로 2가지 변환, 즉 파이토치 텐서화와 정규화가 이루어진다. 즉,

```
transforms.ToTensor(),
transforms.Normalize((0.5), (0.5))
```

첫 번째 변환인 transforms.ToTensor()는 [0,1]을 갖는 텐서의 표준변환을 위한 함수이고, 두 번째 변환인 transforms.Normalize((0.5), (0.5))는 평균 0.5, 표준편차 0.5로 정규화를 위한 함수이다. 이를 수식으로 나타내면 다음과 같다.

$$\text{정규화} : z = \frac{x-u}{\sigma}$$

즉, μ=0.5, σ=0.5이다.

다음은 정규화를 위한 transforms.Normalize( ) 함수의 사용형식이다.

```
torchvision.transforms.Normalize(mean, std)
```

컬러 영상인 경우, 각각의 채널에 대해 평균 0.5, 표준편차 0.5로 다음과 같이 정규화한다.

```
transforms.Normalize((0.5, 0.5, 0.5), (0.5, 0.5, 0.5))
```

흑백영상인 경우, 평균 0.5, 표준편차 0.5로 다음과 같이 정규화한다.

```
transforms.Normalize((0.5), (0.5))
```

다음은 transforms.Compose( ) 함수에 의해 여러가지 변환이 이루어진 다운로드받은 데이터, 즉 학습 데이터인 train_dataset과 테스트 데이터인 test_dataset에 대한 정보를 출력한다.

```
print(train_dataset)
print(test_dataset)
```

```
Dataset MNIST
    Number of datapoints: 60000
    Root location: MNIST_data
    Split: Train
    StandardTransform
Transform: Compose(
               ToTensor()
               Normalize(mean=0.5, std=0.5)
           )
Dataset MNIST
    Number of datapoints: 10000
    Root location: MNIST_data
    Split: Test
    StandardTransform
Transform: Compose(
               ToTensor()
               Normalize(mean=0.5, std=0.5)
           )
```

▶ train_dataset은 60,000개, 저장 장소는 MNIST_data 폴더, train 데이터이고 test_dataset은 10,000개, 저장 장소는 MNIST_data 폴더, test 데이터로 구성되어 있다. 그리고 train_dataset, test_dataset 모두 ToTensor() 함수에 의해 범위 [0,1]를 갖는 표준변환이 이루어지고, 다시 Normalize(mean=0.5, std=0.5) 함수에 의해 평균 0.5, 표준편차 0.5로 정규화된다.

다음은 transforms.Compose( ) 함수에 의해 여러 변환이 이루어진 train_dataset의 첫 번째 영상을 그림 8.13과 같이 출력하고자 한다. 여기서 train_dataset[0][0]은 첫 번째 영상을 나타내는 텐서 데이터이다. 이를 위해 정규화를 정규화 이전으로 역 정규화(denormalization)한 다음 텐서를 NumPy로 변환한 후 Matplotlib 패키지의 plt.imshow( ) 함수를 적용하여 영상을 출력한다.

```
def imshow(img):
    img = img.squeeze()
    img = img / 2 + 0.5     # unnormalize
    npimg = img.numpy()
    plt.imshow((npimg), cmap='gray' )
    plt.show()
```

▶ 영상 img에 대한 정규화 변수 z=(img-0.5)/0.5가 얻어진다. 이식을 영상 img에 대해 풀면 역 정규화 변수 img=0.5 * z+0.5가 얻어진다.

```
imshow(train_dataset[0][0])
```

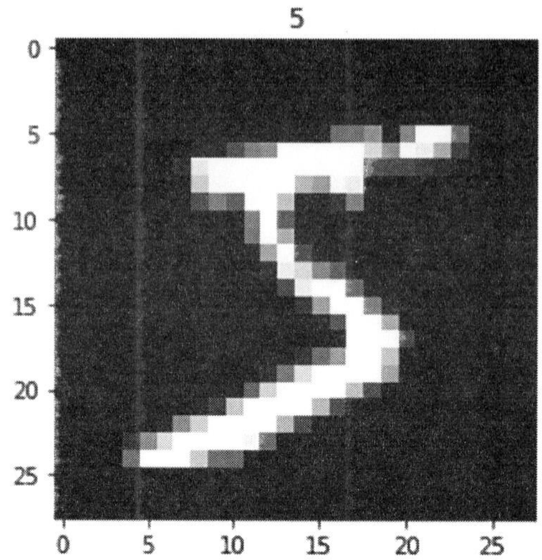

그림 8.13 train_dataset의 첫 번째 영상

다음은 transforms.Compose( ) 함수에 의해 여러 변환이 이루어진 train_dataset의 첫 번째 영상, 즉 그림 8.13의 첫 번째 영상에 대한 픽셀값을 출력한다.

```
print(train_dataset[0][0])
```

```
tensor([[[-1.0000, -1.0000, -1.0000, -1.0000, -1.0000, -1.0000, -1.0000,
          -1.0000, -1.0000, -1.0000, -1.0000, -1.0000, -1.0000, -1.0000,
          -1.0000, -1.0000, -1.0000, -1.0000, -1.0000, -1.0000, -1.0000,
          -1.0000, -1.0000, -1.0000, -1.0000, -1.0000, -1.0000, -1.0000],
         .........................................................
         [-1.0000, -1.0000, -1.0000, -1.0000, -1.0000, -1.0000, -1.0000,
          -1.0000, -0.7647, -0.7176, -0.2627,  0.2078,  0.3333,  0.9843,
           0.9843,  0.9843,  0.9843,  0.9843,  0.7647,  0.3490,  0.9843,
           0.8980,  0.5294, -0.4980, -1.0000, -1.0000, -1.0000, -1.0000],
         [-1.0000, -1.0000, -1.0000, -1.0000, -1.0000, -1.0000, -1.0000,
          -0.6157,  0.8667,  0.9843,  0.9843,  0.9843,  0.9843,  0.9843,
           0.9843,  0.9843,  0.9843,  0.9686, -0.2706, -0.3569, -0.3569,
          -0.5608, -0.6941, -1.0000, -1.0000, -1.0000, -1.0000, -1.0000],
         [-1.0000, -1.0000, -1.0000, -1.0000, -1.0000, -1.0000, -1.0000,
          -0.8588,  0.7176,  0.9843,  0.9843,  0.9843,  0.9843,  0.9843,
           0.5529,  0.4275,  0.9373,  0.8902, -1.0000, -1.0000, -1.0000,
          -1.0000, -1.0000, -1.0000, -1.0000, -1.0000, -1.0000, -1.0000],
         [-1.0000, -1.0000, -1.0000, -1.0000, -1.0000, -1.0000, -1.0000,
          -1.0000, -0.3725,  0.2235, -0.1608,  0.9843,  0.9843,  0.6078,
          -0.9137, -1.0000, -0.6627,  0.2078, -1.0000, -1.0000, -1.0000,
```

```
         -1.0000, -1.0000, -1.0000, -1.0000, -1.0000, -1.0000, -1.0000],
        [-1.0000, -1.0000, -1.0000, -1.0000, -1.0000, -1.0000, -1.0000,
         -1.0000, -1.0000, -0.8902, -0.9922,  0.2078,  0.9843, -0.2941,
         -1.0000, -1.0000, -1.0000, -1.0000, -1.0000, -1.0000, -1.0000,
         -1.0000, -1.0000, -1.0000, -1.0000, -1.0000, -1.0000, -1.0000],
        [-1.0000, -1.0000, -1.0000, -1.0000, -1.0000, -1.0000, -1.0000,
         -1.0000, -1.0000, -1.0000, -1.0000,  0.0902,  0.9843,  0.4902,
         -0.9843, -1.0000, -1.0000, -1.0000, -1.0000, -1.0000, -1.0000,
         -1.0000, -1.0000, -1.0000, -1.0000, -1.0000, -1.0000, -1.0000],
        [-1.0000, -1.0000, -1.0000, -1.0000, -1.0000, -1.0000, -1.0000,
         -1.0000, -1.0000, -1.0000, -1.0000, -0.9137,  0.4902,  0.9843,
         -0.4510, -1.0000, -1.0000, -1.0000, -1.0000, -1.0000, -1.0000,
         -1.0000, -1.0000, -1.0000, -1.0000, -1.0000, -1.0000, -1.0000],
        [-1.0000, -1.0000, -1.0000, -1.0000, -1.0000, -1.0000, -1.0000,
         -1.0000, -1.0000, -1.0000, -1.0000, -1.0000, -0.7255,  0.8902,
          0.7647,  0.2549, -0.1529, -0.9922, -1.0000, -1.0000, -1.0000,
         -1.0000, -1.0000, -1.0000, -1.0000, -1.0000, -1.0000, -1.0000],
        [-1.0000, -1.0000, -1.0000, -1.0000, -1.0000, -1.0000, -1.0000,
         -1.0000, -1.0000, -1.0000, -1.0000, -1.0000, -1.0000, -0.3647,
          0.8824,  0.9843,  0.9843, -0.0667, -0.8039, -1.0000, -1.0000,
         -1.0000, -1.0000, -1.0000, -1.0000, -1.0000, -1.0000, -1.0000],
        [-1.0000, -1.0000, -1.0000, -1.0000, -1.0000, -1.0000, -1.0000,
         -1.0000, -1.0000, -1.0000, -1.0000, -1.0000, -1.0000, -1.0000,
         -0.6471,  0.4588,  0.9843,  0.9843,  0.1765, -0.7882, -1.0000,
         -1.0000, -1.0000, -1.0000, -1.0000, -1.0000, -1.0000, -1.0000],
        [-1.0000, -1.0000, -1.0000, -1.0000, -1.0000, -1.0000, -1.0000,
         -1.0000, -1.0000, -1.0000, -1.0000, -1.0000, -1.0000, -1.0000,
         -1.0000, -0.8745, -0.2706,  0.9765,  0.9843,  0.4667, -1.0000,
         -1.0000, -1.0000, -1.0000, -1.0000, -1.0000, -1.0000, -1.0000],
       ......................................................................
        [-1.0000, -1.0000, -1.0000, -1.0000, -1.0000, -1.0000, -1.0000,
         -1.0000, -1.0000, -1.0000, -1.0000, -1.0000, -1.0000, -1.0000,
         -1.0000, -1.0000, -1.0000, -1.0000, -1.0000, -1.0000, -1.0000,
         -1.0000, -1.0000, -1.0000, -1.0000, -1.0000, -1.0000, -1.0000]]])
```

▶ ToTensor() 함수에 의해 얻어진 범위 [0, 1]를 갖는 픽셀값에 Normalize(mean=0.5, std=0.5) 함수에 의해 평균 0.5, 표준편차 0.5로 정규화함으로써 픽셀값은 −1과 1 사이의 값임을 알 수 있다.

ⓒ DataLoader 클래스를 이용한 데이터 로딩

torch.utils.data.DataLoader 클래스를 이용하여 다운로드받은 데이터, 여기서는 train_dataset과 test_dataset를 로딩한다. 이 클래스를 이용하면 미니 배치(mini−batch) 학습, 데이터 셔플(data shuffle), 병렬처리(parallel processing)까지 간편하게 수행할 수 있다.

```
torch.manual_seed(1)
# Data loader
train_loader = torch.utils.data.DataLoader(dataset=train_dataset,
                                           batch_size=64,
                                           shuffle=True)
test_loader = torch.utils.data.DataLoader(dataset=test_dataset,
                                          batch_size=64,
                                          shuffle=False)
```

여기서 batch_size=64이므로 전체 데이터를 미니배치 크기인 64개 단위로 쪼갠다. 그리고 train_loader는 shuffle=True이므로 epoch마다 데이터를 셔플링하고, test_loader는 shuffle=False이므로 epoch마다 데이터를 셔플링하지 않는다.

ⓓ 로딩된 데이터 출력하기

한 번에 로딩된 데이터, 여기서는 학습 데이터에서 미니배치의 크기인 64개 영상을 iter( ) 함수와 next( ) 함수를 이용하여 출력하고자 한다. 먼저, 1개의 영상만을 출력한다.

```
dataiter = iter(train_loader)
images, labels = dataiter.next()

print(images.shape)
print(labels.shape)
```

```
torch.Size([64, 1, 28, 28])
torch.Size([64])
```

▶ 로딩된 데이터 images의 차원은 4차원 데이터이다. 즉, [64, 1, 28, 28]이다. 여기서 images[0]의 차원은 3차원 데이터이다. 즉, [1, 28, 28]이다.

images[0]의 차원, 즉 3차원 영상 [1, 28, 28]에서 squeeze( ) 함수를 사용하여 1인 차원을 제거하여 2차원 영상 [28, 28]을 출력하고자 한다.

```
print(images[0].squeeze().shape)
#print(images[0][0].shape)
```

```
torch.Size([28, 28])
```

▶ squeeze() 함수를 사용하지 않고 다음의 문장을 사용하여 위와 똑같은 결과를 얻을 수 있다.

```
print(images[0][0].shape)
```

```
plt.imshow(images[0].squeeze(), cmap='gray')
#plt.imshow(images[0][0], cmap='gray')
#plt.imshow(images[0].numpy().squeeze(), cmap='gray')
```

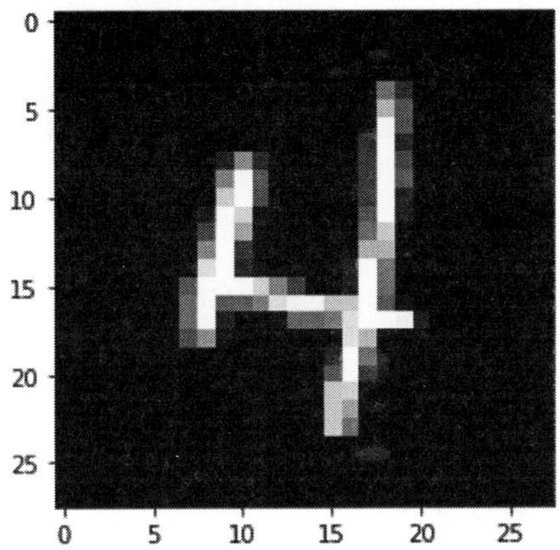

그림 8.14 train_dataset의 첫 번째 영상 출력

▶ squeeze() 함수를 사용하지 않고 다음의 문장을 사용하여 위와 똑같은 결과를 얻을 수 있다.

```
plt.imshow(images[0][0], cmap='gray')
```

로딩된 테스트 데이터에서 미니배치의 크기인 64개 영상 중에서 원하는 몇 개의 영상을 출력하고자 한다. 여기서는 6개의 영상을 출력한다.

```
dataiter = iter(test_loader)
images, labels = dataiter.next()

for i in range(6):
    plt.subplot(2,3,i+1)
    plt.imshow(images[i].squeeze(), cmap='gray')
plt.show()
```

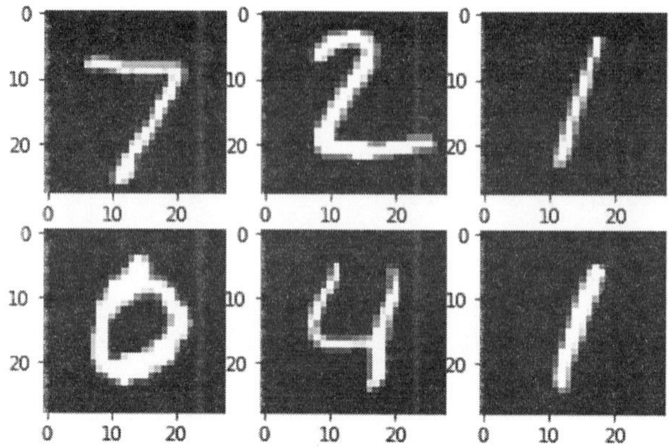

그림 8.15 train_dataset의 여러 개의 영상 출력

▶ squeeze() 함수를 사용하지 않고 다음의 문장을 사용하여 위와 똑같은 결과를 얻을 수 있다.

```
plt.imshow(images[i][0], cmap='gray')
```

• **영상을 그리드 형태로 출력하기**

일반적으로 파이토치에서 CNN를 이용하여 영상을 학습시킬 때 중간중간의 결과를 출력시켜 확인하고자 하는 욕구가 생긴다. 이와 관련하여 사용할 수 있는 함수가 바로 make_grid( ) 함수이다. make_grid( ) 함수는 여러 개의 영상을 그리드(grid, 격자) 형태로 출력하고자 하는 경우 사용하는 함수이다. 참고로 그림 8.15는 여러 개의 영상을 출력하기 위해 plt.imshow( ) 함수를 여러 번 반복 실행하여 얻었다. 여기서는 6번 반복하였다. make_grid( ) 함수를 사용하면 한번에 여러 개의 영상을 그리드 형태로 출력시킬 수 있다. 다음은 그리드 형태의 출력을 위한 make_grid ( ) 함수의 사용형식이다.

```
torchvision.utils.make_grid(tensor,  nrow= 8)
```

여기서 tensor는 4D 미니배치의 텐서 형태이다. 파이토치에서 미니배치(mini-batch)는 [Batch, Channel, Width, Height] 형태의 4D 텐서로 표현된다. 예를 들면, [100,1,28,28]와 같은 형태이다. 그리고 nrow는 그리드의 각 행에 나타나는 영상의 수를 나타낸다. 디폴트값은 8이다. 파이토치에서 4D 미니배치의 형태를 갖는 여러 개의 영상을 Mathplotlib를 이용하여 영상 출력하기 위해서는 영상 저장 형태를 변환하여야 한다. 예를 들면, 파이토치에서 ([100,1,28,28]) 순서를 NumPy에서 ([100,28,28,1]) 순서로 변환하여야한다. 이를 위해 transpose( ) 함수를 이용한다.

```
def imshow_grid(img):
img = img / 2 + 0.5     # unnormalize
npimg = img.numpy()
plt.imshow(np.transpose(npimg, (1, 2, 0)))
plt.show()
```

참고로 DataLoader 클래스 이용하여 미니배치 학습이 가능토록 하기 위해서는 4D 텐서 형태이어야 한다.

다음은 make_grid( ) 함수를 사용하여 그리드 형태의 출력을 보여주고 있다.

```
output = torchvision.utils.make_grid(images[:6])
# 영상을 출력한다.
imshow_grid(output)
```

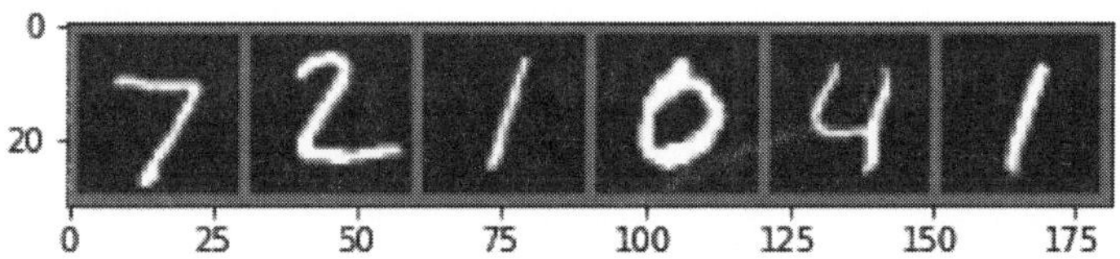

그림 8.16 그리드 형태의 출력

- **NumPy의 transpose( ) 함수**

파이토치는 기본적으로 3차원의 영상 데이터를 [Channel, Width, Height] 순서대로 저장한다. 이처럼 채널이 맨 앞에 위치하는 형태를 Channel First 방식이라 한다. Mathplotlib을 이용하여 영상을 출력하기 위해 영상 데이터를 [Width, Height, Channel] 형태로 변경해 줄 필요가 있다. 이처럼 채널이 맨 뒤에 위치하는 형태를 Channel Last 방식이라 한다. 따라서 NumPy의 transpose( ) 함수를 이용하여 채널의 순서를 다음과 같이 변경한다.

```
np.transpose(npimg, (1, 2, 0))
```

여기서 (1, 2, 0)은 파이토치에서 3차원 축의 순서를 나타낸다. 즉, 1은 Width, 2는 Height, 0은 Channel을 의미한다.

ⓔ CNN 모델 생성

nn.Sequential( ) 함수를 이용하여 CNN 모델을 구현한다. 여기서 구현할 CNN 모델은 2개의 컨볼루션 층(Convolutional Layer)과 풀링 층(Pooling Layer) 그리고 완전 연결 층으로 구성되어 있다.

```
model =nn.Sequential(
    nn.Conv2d(1,10,kernel_size=5,padding=1),
    nn.MaxPool2d(2,2),
    nn.ReLU(),

    nn.Conv2d(10,20,kernel_size=5,stride=1),
    nn.MaxPool2d(2,2),
    nn.ReLU(),

    nn.Flatten(),
    nn.Linear(4*4*20, 10)
)
```

```
torch.manual_seed(1)
model = model.to(device)
model
```

```
Sequential(
  (0): Conv2d(1, 10, kernel_size=(5, 5), stride=(1, 1), padding=(1, 1))
  (1): MaxPool2d(kernel_size=2, stride=2, padding=0, dilation=1, ceil_mode=False)
  (2): ReLU()
  (3): Conv2d(10, 20, kernel_size=(5, 5), stride=(1, 1))
  (4): MaxPool2d(kernel_size=2, stride=2, padding=0, dilation=1, ceil_mode=False)
  (5): ReLU()
  (6): Flatten(start_dim=1, end_dim=-1)
  (7): Linear(in_features=320, out_features=10, bias=True)
)
```

ⓕ CNN 모델 학습

epoch이 10인 경우 DataLoader, 여기서는 train_loader를 이용하여 학습 데이터로부터 모델 학습을 한다. 여기서는 epoch당 손실함수를 출력한다.

```
learning_rate = 0.001
loss_function = nn.CrossEntropyLoss()
optimizer = optim.Adam(model.parameters(), lr=learning_rate)
```

```
n_epochs = 10
for epoch in range(n_epochs):
    avg_loss = 0.0

    for images, labels in train_loader:
        images=images.to(device)
        labels=labels.to(device)
        outputs = model(images)
        loss = loss_function(outputs, labels)
        optimizer.zero_grad()
        loss.backward()
        optimizer.step()

        avg_loss += loss
    avg_loss= avg_loss / len(train_loader)
    print('Epoch : {:4d}/{:2d}, Loss = {:.5f}'.format( epoch+1, n_epochs, avg_loss))
```

```
Epoch :    1/10, Loss = 0.24904
Epoch :    2/10, Loss = 0.07139
Epoch :    3/10, Loss = 0.05182
Epoch :    4/10, Loss = 0.04295
Epoch :    5/10, Loss = 0.03670
Epoch :    6/10, Loss = 0.03200
Epoch :    7/10, Loss = 0.02842
Epoch :    8/10, Loss = 0.02522
Epoch :    9/10, Loss = 0.02183
Epoch :   10/10, Loss = 0.02049
```

▶ train_loader를 이용하여 로딩된 train_dataset에서 손실함수를 계산하였다.

⑨ 테스트 데이터에 대한 성능평가

앞에서 학습된 모델을 가지고 테스트 데이터에 대해 성능을 평가하고자 한다. 여기서는 정확도를 계산한다. DataLoader, 여기서는 test_loader를 이용하지 않는다. 즉, 미니배치 단위로 데이터를 로딩하여 성능평가 하지 않는다.

```
# Test model using test data
with torch.no_grad():
```

```
    images = test_dataset.data.view(-1, 1, 28, 28).float()
    labels = test_dataset.targets
    images=images.to(device)
    labels=labels.to(device)
    outputs = model(images)
    predicted = torch.argmax(outputs, dim=1) == labels
    accuracy = predicted.float().mean()
    print('Test Data Accuracy = {:.5f}'.format( accuracy))
```

```
Test Data Accuracy = 0.98130
```

▶ 정확도는 다음과 같이 모델의 예측값과 목표값과 비교를 통해 계산한다.

```
predicted = torch.argmax(outputs, dim=1) == labels
```

여기서 torch.argmax(outputs, dim=1) 함수는 dim=1 즉, 행을 기준으로 max값이 있는 인덱스를 구한다.

위와 별도로 torch.argmax( ) 함수의 사용 예를 살펴보고자 한다. 여기서는 5행 3열의 정규분포로부터 얻어진 정규난수를 생성하여 각 행 당 max 값이 있는 인덱스를 출력한다.

```
torch.manual_seed(1)
a = torch.randn(5, 3)
print(a)
torch.argmax(a, dim = 1)
```

```
tensor([[ 0.6614,  0.2669,  0.0617],
        [ 0.6213, -0.4519, -0.1661],
        [-1.5228,  0.3817, -1.0276],
        [-0.5631, -0.8923, -0.0583],
        [-0.1955, -0.9656,  0.4224]])
tensor([0, 0, 1, 2, 2])
```

▶ 행을 기준으로 max 값이 있는 인덱스는 0, 0, 1, 2, 2이다. 즉, 행을 기준으로 0번째, 0번째, 1번째, 2번째, 2번째 원소가 최대값이다.

정확도를 계산하기 위해 torch.argmax( ) 함수 대신 torch.max( ) 함수를 사용하여 다음과 같이 똑같은 결과를 얻을 수 있다.

```
# Test model using test data
with torch.no_grad():
    images = test_dataset.data.view(-1, 1, 28, 28).float()
    labels = test_dataset.targets
```

```
    images=images.to(device)
    labels=labels.to(device)
    outputs = model(images)
    predicted = torch.max(outputs, dim=1)[1] ==labels
    accuracy = predicted.float().mean()
    print('Test Data Accuracy = {:.5f}'.format( accuracy))
```

```
Test Data Accuracy = 0.98130
```

ⓗ 데이터로부터 손실함수와 정확도를 계산

DataLoader 클래스를 이용하여 다운받은 데이터, 여기서는 학습 데이터에 해당되는 train_dataset과 테스트 데이터에 해당되는 test_dataset를 로딩하여 손실함수와 정확도를 계산한다.

코드 8.2.2

```
torch.manual_seed(1)
# Data loader
train_loader = torch.utils.data.DataLoader(dataset=train_dataset,
                                           batch_size=64,
                                           shuffle=True)
test_loader = torch.utils.data.DataLoader(dataset=test_dataset,
                                          batch_size=64,
                                          shuffle=False)
model =nn.Sequential(
    nn.Conv2d(1,10,kernel_size=5,padding=1),
    nn.MaxPool2d(2,2),
    nn.ReLU(),

    nn.Conv2d(10,20,kernel_size=5,stride=1),
    nn.MaxPool2d(2,2),
    nn.ReLU(),

    nn.Flatten(),
    nn.Linear(4*4*20, 10))

torch.manual_seed(1)
model = model.to(device)
```

```
model
learning_rate = 0.001
loss_function = nn.CrossEntropyLoss()
optimizer = optim.Adam(model.parameters(), lr=learning_rate)
```

```
n_epochs = 10
for epoch in range(n_epochs):
    epoch_loss = 0
    epoch_accuracy = 0
    for images, labels in train_loader:
        outputs = model(images)
        loss = loss_function(outputs, labels)
        optimizer.zero_grad()
        loss.backward()
        optimizer.step()

        epoch_loss += loss.item()/len(train_loader)
        acc = ((outputs.argmax(dim=1) == labels).float().mean())
        epoch_accuracy += acc.item()/len(train_loader)


     print('Epoch : {}, train loss : {:.5f}, train accuracy : {:.5f}'.format(epoch+1,
epoch_loss, epoch_accuracy))

    with torch.no_grad():
        epoch_test_accuracy=0
        epoch_test_loss =0
        for data, label in test_loader:

            test_output = model(data)
            test_loss = loss_function(test_output,label)

            epoch_test_loss += test_loss.item()/ len(test_loader)
            acc = ((test_output.argmax(dim=1) == label).float().mean())
            epoch_test_accuracy += acc.item()/ len(test_loader)
        print('Epoch : {}, test loss : {:.5f}, test accuracy : {:.5f}'.format(epoch+1,
epoch_test_loss, epoch_test_accuracy))
```

```
Epoch : 1, Train Data Loss : 0.24895, Train Data Accuracy : 0.92887
Epoch : 1, Test Data Loss : 0.06673, Test Data Accuracy : 0.97990
Epoch : 2, Train Data Loss : 0.07055, Train Data Accuracy : 0.97864
Epoch : 2, Test Data Loss : 0.04645, Test Data Accuracy : 0.98676
Epoch : 3, Train Data Loss : 0.05223, Train Data Accuracy : 0.98426
Epoch : 3, Test Data Loss : 0.03754, Test Data Accuracy : 0.98865
```

```
Epoch : 4, Train Data Loss : 0.04244, Train Data Accuracy : 0.98686
Epoch : 4, Test Data Loss : 0.04127, Test Data Accuracy : 0.98617
Epoch : 5, Train Data Loss : 0.03666, Train Data Accuracy : 0.98862
Epoch : 5, Test Data Loss : 0.02968, Test Data Accuracy : 0.99074
Epoch : 6, Train Data Loss : 0.03262, Train Data Accuracy : 0.98972
Epoch : 6, Test Data Loss : 0.03080, Test Data Accuracy : 0.99005
Epoch : 7, Train Data Loss : 0.02811, Train Data Accuracy : 0.99135
Epoch : 7, Test Data Loss : 0.02880, Test Data Accuracy : 0.99094
Epoch : 8, Train Data Loss : 0.02589, Train Data Accuracy : 0.99155
Epoch : 8, Test Data Loss : 0.02699, Test Data Accuracy : 0.99124
Epoch : 9, Train Data Loss : 0.02337, Train Data Accuracy : 0.99260
Epoch : 9, Test Data Loss : 0.03123, Test Data Accuracy : 0.98995
Epoch : 10, Train Data Loss : 0.02107, Train Data Accuracy : 0.99297
Epoch : 10, Test Data Loss : 0.03190, Test Data Accuracy : 0.99055
```

ⓘ 데이터로부터 손실함수와 정확도 그래프 그리기

학습 데이터와 테스트 데이터로부터 각각의 손실함수와 정확도에 대한 그래프를 그리고자 한다. 이를 위해 각 데이터에 대해 epoch당 계산된 손실함수와 정확도를 저장하기 위한 변수를 다음과 같이 미리 설정한다.

train_losses = []

test_losses = []

train_accuracy = []

test_accuracy = []

코드 8.2.3

```
torch.manual_seed(10)
# Data loader
train_loader = torch.utils.data.DataLoader(dataset=train_dataset,
                                           batch_size=64,
                                           shuffle=True)
test_loader = torch.utils.data.DataLoader(dataset=test_dataset,
                                          batch_size=64,
                                          shuffle=False)


model =nn.Sequential(
    nn.Conv2d(1,10,kernel_size=5,padding=1),
    nn.MaxPool2d(2,2),
```

```
    nn.ReLU(),

    nn.Conv2d(10,20,kernel_size=5,stride=1),
    nn.MaxPool2d(2,2),
    nn.ReLU(),
    nn.Flatten(),
    nn.Linear(4*4*20, 10)
)
torch.manual_seed(1)
model = model.to(device)
model

learning_rate = 0.001
loss_function = nn.CrossEntropyLoss()
optimizer = optim.Adam(model.parameters(), lr=learning_rate)
```

```
n_epochs = 10
train_losses=[]
test_losses=[]
train_accuracy=[]
test_accuracy=[]
for epoch in range(n_epochs):
    epoch_loss = 0
    epoch_accuracy = 0
    for images, labels in train_loader:
        images=images.to(device)
        labels=labels.to(device)
        outputs = model(images)
        loss = loss_function(outputs, labels)
        optimizer.zero_grad()
        loss.backward()
        optimizer.step()

        epoch_loss += loss.item()/len(train_loader)
        acc = ((outputs.argmax(dim=1) == labels).float().mean())
        epoch_accuracy += acc.item()/len(train_loader)
    train_losses.append(epoch_loss)
    train_accuracy.append(epoch_accuracy)
#    print('Epoch : {}, train loss : {:.5f}, train accuracy : {:.5f}'.format(epoch+1,
epoch_loss, epoch_accuracy))

    with torch.no_grad():
        epoch_test_accuracy=0
        epoch_test_loss =
```

```
        for images, labels in test_loader:
            images=images.to(device)
            labels=labels.to(device)
            test_output = model(images)
            test_loss = loss_function(test_output,labels)
            epoch_test_loss += test_loss.item()/ len(test_loader)
            acc = ((test_output.argmax(dim=1) == labels).float().mean())
            epoch_test_accuracy += acc.item()/ len(test_loader)
        test_losses.append(epoch_test_loss)
        test_accuracy.append(epoch_test_accuracy)
#        print('Epoch : {}, test loss : {:.5f}, test accuracy : {:.5f}'.format(epoch+1,
epoch_test_loss, epoch_test_accuracy))
```

• 손실함수 그래프

학습 데이터와 테스트 데이터에서 학습된 모델에 대한 손실함수의 그래프를 plt.plot( ) 함수를 이용하여 출력하고자 한다.

```
# plot the loss function
import matplotlib.pylab as plt
plt.title("Train and Test Loss")
plt.plot(range(n_epochs),train_losses, label="train")
plt.plot(range(n_epochs),test_losses, label="test")
plt.xlabel('Epochs')
plt.ylabel('Losses')
plt.legend()
plt.show()
```

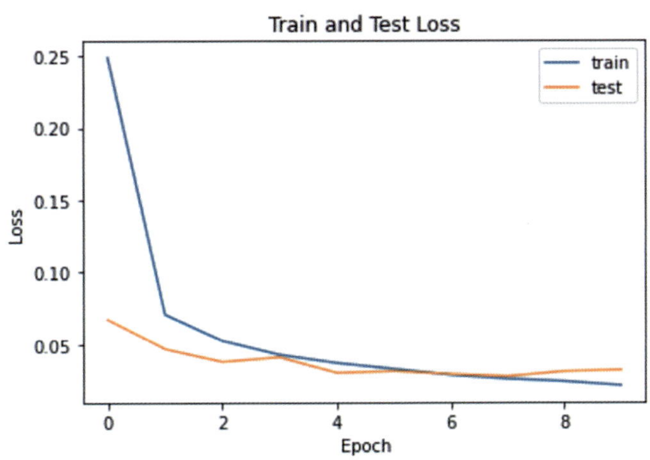

그림 8.17 epoch에 따른 손실함수 그래프

• **정확도 그래프**

학습 데이터와 테스트 데이터에서 학습된 모델에 대한 정확도의 그래프를 plt.plot( ) 함수를 이용하여 출력하고자 한다.

```
# plot the accuracy function
import matplotlib.pylab as plt
plt.title("Train and Test accuracy")
plt.plot(range(n_epochs),train_accuracy, label="train")
plt.plot(range(n_epochs),test_accuracy, label="test")
plt.xlabel('Epochs')
plt.ylabel('Losses')
plt.legend()
plt.show()
```

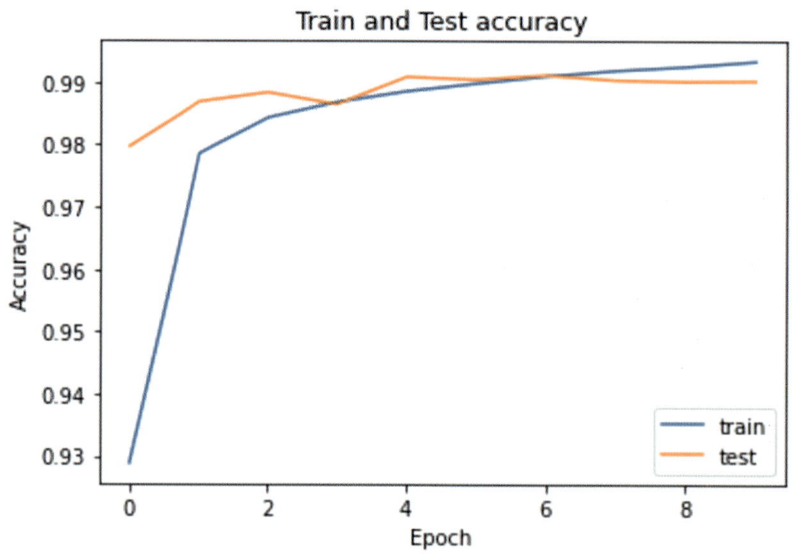

그림 8.18 epoch에 따른 정확도 그래프

예제 8.2

MNIST 데이터에서 그림 8.19에 주어진 CNN 모델을 이용하여 숫자 인식하고자 한다. 여기서는 nn.Module 클래스를 상속받아 CNN 모델을 구현한다.

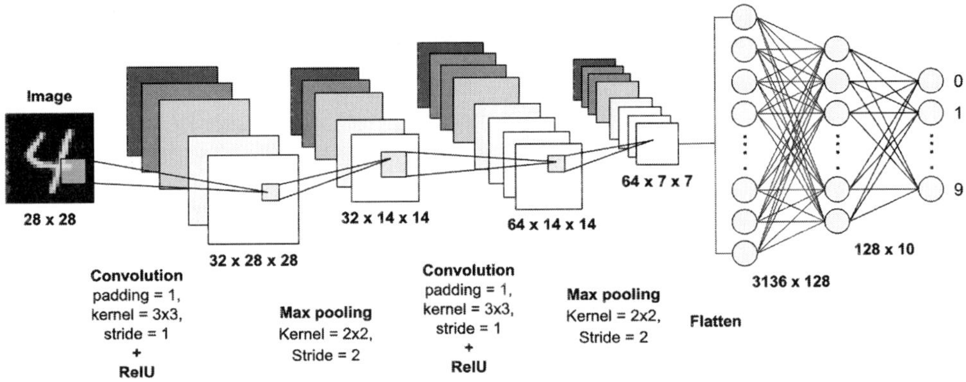

그림 8.19 MNIST 데이터에 CNN 모델 구조

풀이

ⓐ import 명령 이용 필요한 패키지 불러오기

코드 8.2.4

```
import numpy as np
import matplotlib.pyplot as plt

import torch
import torchvision
import torch.nn as nn
import torch.utils as utils
import torch.optim as optim
import torchvision.transforms as transforms
import torch.nn.functional as F

device = torch.device("cuda" if torch.cuda.is_available() else "cpu")
#device = torch.device("cpu")
print('Device:', device)
```

```
Device: cuda
```

ⓑ MNIST 데이터 다운로드

torchvision.datasets 모듈에서 제공하는 MNIST 데이터를 로딩한다.

```
# MNIST data
mnist_train = torchvision.datasets.MNIST(root='MNIST_DATASET',
                            train=True,
                            transform=transforms.ToTensor(),
                            download=False)

mnist_test = torchvision.datasets.MNIST(root='MNIST_DATASET',
                           train=False,
                           transform=transforms.ToTensor(),
                           download=False)
```

```
# Check
print(mnist_train.data.shape)
print(mnist_train.targets.shape)
print(mnist_test.data.shape)
print(mnist_test.targets.shape)
```

```
torch.Size([60000, 28, 28])
torch.Size([60000])
torch.Size([10000, 28, 28])
torch.Size([10000])
```

ⓒ Data Loader 클래스를 이용한 데이터 로딩

DataLoader 클래스를 이용하여 다운받은 데이터, 여기서는 train_dataset과 test_dataset을 로딩한다.

```
torch.manual_seed(1)
# Data loader
train_loader = torch.utils.data.DataLoader(dataset=train_dataset,
                                           batch_size=64,
                                           shuffle=True)
test_loader = torch.utils.data.DataLoader(dataset=test_dataset,
                                          batch_size=64,
                                          shuffle=False)
```

ⓓ CNN 모델 생성

nn.Module 클래스를 상속받아 CNN 모델을 구현한다. 파이토치를 이용하여 nn.Module 클래스를 상속받아 딥러닝을 구현하기 위해서는 __init__ 메소드와 forward 메소드를 메소드 오버라이딩(method overriding, 메소드 재정의)해야 한다. 여기서 구현할 CNN 모델은 2개의 컨볼루션 층과 풀링 층, 그리고 완전 연결 층으로 구성되어 있다.

```
class CNN(nn.Module):
    def __init__(self):
        super(CNN, self).__init__()
        self.conv1 = nn.Conv2d(1, 32, kernel_size=3, stride=1, padding=1)
        self.pool1 = nn.MaxPool2d(kernel_size=2, stride=2)
        self.conv2 = nn.Conv2d(32, 64, kernel_size=3, stride=1, padding=1)
        self.pool2 = nn.MaxPool2d(kernel_size=2, stride=2)
        self.fc1 = nn.Linear(7 * 7 * 64, 128)
        self.fc2 = nn.Linear(128, 10)

    def forward(self, x):
        x = self.pool1(F.relu(self.conv1(x)))
        x = self.pool2(F.relu(self.conv2(x)))
        x = x.view(-1, 7 * 7 * 64)
        x = F.relu(self.fc1(x))
        x = self.fc2(x)
        return x
```

```
torch.manual_seed(1)
model = CNN().to(device)
model
```

```
CNN(
  (conv1): Conv2d(1, 32, kernel_size=(3, 3), stride=(1, 1), padding=(1, 1))
  (pool1): MaxPool2d(kernel_size=2, stride=2, padding=0, dilation=1, ceil_mode=False)
  (conv2): Conv2d(32, 64, kernel_size=(3, 3), stride=(1, 1), padding=(1, 1))
  (pool2): MaxPool2d(kernel_size=2, stride=2, padding=0, dilation=1, ceil_mode=False)
  (fc1): Linear(in_features=3136, out_features=128, bias=True)
  (fc2): Linear(in_features=128, out_features=10, bias=True)
)
```

ⓔ 손실함수와 최적화 알고리즘 선택

```
learning_rate = 0.001
loss_function = nn.CrossEntropyLoss()
optimizer = optim.Adam(model.parameters(), lr=learning_rate)
```

▶ 여기서 손실함수는 크로스 엔트로피 손실함수를 지정하고, 최적화 알고리즘은 Adam을 사용하였다.

ⓕ CNN 모델 학습

epoch이 10인 경우 DataLoader, 여기서는 train_loader를 이용하여 학습 데이터로부터 모델 학습을 한다. 여기서는 epoch당 손실함수를 출력한다.

```
epochs = 10
for epoch in range(n_epochs):
    avg_loss = 0.0
    for images, labels in train_loader:
        images=images.to(device)
        labels=labels.to(device)
        outputs = model(images)
        loss = loss_function(outputs, labels)
        optimizer.zero_grad()
        loss.backward()
        optimizer.step()

        avg_loss += loss
    avg_loss= avg_loss / len(train_loader)
    print('Epoch : {:4d}/{:2d}, Loss = {:.5f}'.format( epoch+1, n_epochs, avg_loss))
```

```
Epoch :    1/10, Loss = 0.17876
Epoch :    2/10, Loss = 0.04964
Epoch :    3/10, Loss = 0.03516
Epoch :    4/10, Loss = 0.02535
Epoch :    5/10, Loss = 0.02124
Epoch :    6/10, Loss = 0.01573
Epoch :    7/10, Loss = 0.01335
Epoch :    8/10, Loss = 0.00998
Epoch :    9/10, Loss = 0.00989
Epoch :   10/10, Loss = 0.00841
```

▶ train_loader를 이용하여 모델을 학습시키고 있음을 알 수 있다.

ⓖ 테스트 데이터에 대한 성능평가

앞에서 학습된 모델을 가지고 테스트 데이터에 대해 정확도를 계산하고자 한다. 여기서는 테스트 데이터에 해당되는 test_dataset에 DataLoader 클래스를 이용하여 정확도를 계산하지 않는다.

```
# Test model using test data
with torch.no_grad():
    images = test_dataset.data.view(-1, 1, 28, 28).float()
```

```
    labels = test_dataset.targets
    images=images.to(device)
    labels=labels.to(device)
    outputs = model(images)
    predicted = torch.max(outputs, dim=1)[1] ==labels
    accuracy = predicted.float().mean()
    print('Test Data Accuracy = {:.5f}'.format( accuracy))
```

```
Test Data Accuracy = 0.98550
```

ⓗ 데이터로부터 손실함수와 정확도 계산

DataLoader 클래스를 이용하여 다운받은 데이터, 여기서는 학습 데이터에 해당되는 train_dataset과 테스트 데이터에 해당되는 test_dataset를 로딩하여 손실함수와 정확도를 계산한다.

코드 8.2.5

```
torch.manual_seed(1)
# Data loader
train_loader = torch.utils.data.DataLoader(dataset=train_dataset,
                                           batch_size=64,
                                           shuffle=True)
test_loader = torch.utils.data.DataLoader(dataset=test_dataset,
                                          batch_size=64,
                                          shuffle=False)

class CNN(nn.Module):
    def __init__(self):
        super(CNN, self).__init__()
        self.conv1 = nn.Conv2d(1, 32, kernel_size=3, stride=1, padding=1)
        self.pool1 = nn.MaxPool2d(kernel_size=2, stride=2)
        self.conv2 = nn.Conv2d(32, 64, kernel_size=3, stride=1, padding=1)
        self.pool2 = nn.MaxPool2d(kernel_size=2, stride=2)
        self.fc1 = nn.Linear(7 * 7 * 64, 128)
        self.fc2 = nn.Linear(128, 10)

    def forward(self, x):
        x = self.pool1(F.relu(self.conv1(x)))
        x = self.pool2(F.relu(self.conv2(x)))
        x = x.view(-1, 7 * 7 * 64)
        x = F.relu(self.fc1(x))
        x = self.fc2(x)
```

```
        return x

torch.manual_seed(1)
model = CNN().to(device)
model

learning_rate = 0.001
loss_function = nn.CrossEntropyLoss()
optimizer = optim.Adam(model.parameters(), lr=learning_rate)
```

```
n_epochs = 10
for epoch in range(n_epochs):
    epoch_loss = 0
    epoch_accuracy = 0
    for images, labels in train_loader:
        images=images.to(device)
        labels=labels.to(device)
        outputs = model(images)
        loss = loss_function(outputs, labels)
        optimizer.zero_grad()
        loss.backward()
        optimizer.step()

        epoch_loss += loss.item()/len(train_loader)
        acc = ((outputs.argmax(dim=1) == labels).float().mean())
        epoch_accuracy += acc.item()/len(train_loader)

    print('Epoch : {}, train loss : {:.5f}, train accuracy : {:.5f}'.format(epoch+1, 
epoch_loss, epoch_accuracy))

    with torch.no_grad():
        epoch_test_accuracy=0
        epoch_test_loss =0
        for images, labels in test_loader:
            images=images.to(device)
            labels=labels.to(device)
            test_output = model(images)
            test_loss = loss_function(test_output,labels)

            epoch_test_loss += test_loss.item()/ len(test_loader)
            acc = ((test_output.argmax(dim=1) == labels).float().mean())
            epoch_test_accuracy += acc.item()/ len(test_loader)
        print('Epoch : {}, test loss : {:.5f}, test accuracy : {:.5f}'.format(epoch+1, 
epoch_test_loss, epoch_test_accuracy))
```

```
Epoch : 1, train loss : 0.17915, train accuracy : 0.94603
Epoch : 1, test loss : 0.04965, test accuracy : 0.98398
Epoch : 2, train loss : 0.05098, train accuracy : 0.98408
Epoch : 2, test loss : 0.04897, test accuracy : 0.98418
Epoch : 3, train loss : 0.03554, train accuracy : 0.98897
Epoch : 3, test loss : 0.04499, test accuracy : 0.98527
Epoch : 4, train loss : 0.02721, train accuracy : 0.99165
Epoch : 4, test loss : 0.03361, test accuracy : 0.98826
Epoch : 5, train loss : 0.02044, train accuracy : 0.99284
Epoch : 5, test loss : 0.02448, test accuracy : 0.99174
Epoch : 6, train loss : 0.01448, train accuracy : 0.99557
Epoch : 6, test loss : 0.03156, test accuracy : 0.99025
Epoch : 7, train loss : 0.01461, train accuracy : 0.99522
Epoch : 7, test loss : 0.03129, test accuracy : 0.99084
Epoch : 8, train loss : 0.00992, train accuracy : 0.99672
Epoch : 8, test loss : 0.02563, test accuracy : 0.99224
Epoch : 9, train loss : 0.00895, train accuracy : 0.99703
Epoch : 9, test loss : 0.03659, test accuracy : 0.99035
Epoch : 10, train loss : 0.00797, train accuracy : 0.99727
Epoch : 10, test loss : 0.03504, test accuracy : 0.99025
```

ⓘ 데이터로부터 손실함수와 정확도 그래프 그리기

학습 데이터와 테스트 데이터로부터 손실함수와 정확도 그래프를 그린다.

코드 8.2.6

```
torch.manual_seed(1)
# Data loader
train_loader = torch.utils.data.DataLoader(dataset=train_dataset,
                                           batch_size=64,
                                           shuffle=True)
test_loader = torch.utils.data.DataLoader(dataset=test_dataset,
                                          batch_size=64,
                                          shuffle=False)


class CNN(nn.Module):
    def __init__(self):
        super(CNN, self).__init__()
        self.conv1 = nn.Conv2d(1, 32, kernel_size=3, stride=1, padding=1)
        self.pool1 = nn.MaxPool2d(kernel_size=2, stride=2)
        self.conv2 = nn.Conv2d(32, 64, kernel_size=3, stride=1, padding=1)
        self.pool2 = nn.MaxPool2d(kernel_size=2, stride=2)
```

```
        self.fc1 = nn.Linear(7 * 7 * 64, 128)
        self.fc2 = nn.Linear(128, 10)

    def forward(self, x):
        x = self.pool1(F.relu(self.conv1(x)))
        x = self.pool2(F.relu(self.conv2(x)))
        x = x.view(-1, 7 * 7 * 64)
        x = F.relu(self.fc1(x))
        x = self.fc2(x)
        return x

torch.manual_seed(1)
model = CNN().to(device)
model

learning_rate = 0.001
loss_function = nn.CrossEntropyLoss()
optimizer = optim.Adam(model.parameters(), lr=learning_rate)
```

```
n_epochs = 10
train_losses=[]
test_losses=[]
train_accuracy=[]
test_accuracy=[]
for epoch in range(n_epochs):
    epoch_loss = 0
    epoch_accuracy = 0
    for images, labels in train_loader:
        outputs = model(images)
        loss = loss_function(outputs, labels)
        optimizer.zero_grad()
        loss.backward()
        optimizer.step()

        epoch_loss += loss.item()/len(train_loader)
        acc = ((outputs.argmax(dim=1) == labels).float().mean())
        epoch_accuracy += acc.item()/len(train_loader)
    train_losses.append(epoch_loss)
    train_accuracy.append(epoch_accuracy)
#    print('Epoch : {}, train loss : {:.5f}, train accuracy : {:.5f}'.format(epoch+1,
epoch_loss, epoch_accuracy))

    with torch.no_grad():
        epoch_test_accuracy=0
```

```
        epoch_test_loss =0
        for images, labels in test_loader:

            test_outputs = model(images)
            test_loss = loss_function(test_outputs, labels)

            epoch_test_loss += test_loss.item()/ len(test_loader)
            acc = ((test_output.argmax(dim=1) == label).float().mean())
            epoch_test_accuracy += acc.item()/ len(test_loader)
        test_losses.append(epoch_test_loss)
        test_accuracy.append(epoch_test_accuracy)
#        print('Epoch : {}, test loss : {:.5f}, test accuracy : {:.5f}'.format(epoch+1,
epoch_test_loss, epoch_test_accuracy))
```

• **손실함수 그래프**

학습 데이터와 테스트 데이터에서 학습된 모델에 대한 손실함수의 그래프를 plt.plot( ) 함수를 이용하여 출력하고자 한다.

```
# plot the loss function
import matplotlib.pylab as plt
plt.title("Train and Test Loss")
plt.plot(range(n_epochs),train_losses, label="train")
plt.plot(range(n_epochs),test_losses, label="test")
plt.xlabel('Epoch')
plt.ylabel('Loss')
plt.legend()
plt.show()
```

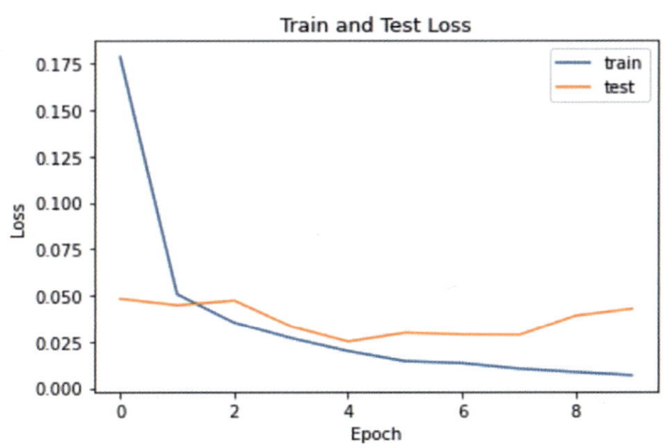

그림 8.20 epoch에 따른 손실함수 그래프

• **정확도 그래프**

학습 데이터와 테스트 데이터에서 학습된 모델에 대한 정확도의 그래프를 plt.plot( ) 함수를 이용하여 출력하고자 한다.

```
# plot the accuracy function
import matplotlib.pylab as plt
plt.title("Train and Test accuracy")
plt.plot(range(n_epochs),train_accuracy, label="train")
plt.plot(range(n_epochs),test_accuracy, label="test")
plt.xlabel('Epoch')
plt.ylabel('Accuracy')
plt.legend()
plt.show()
```

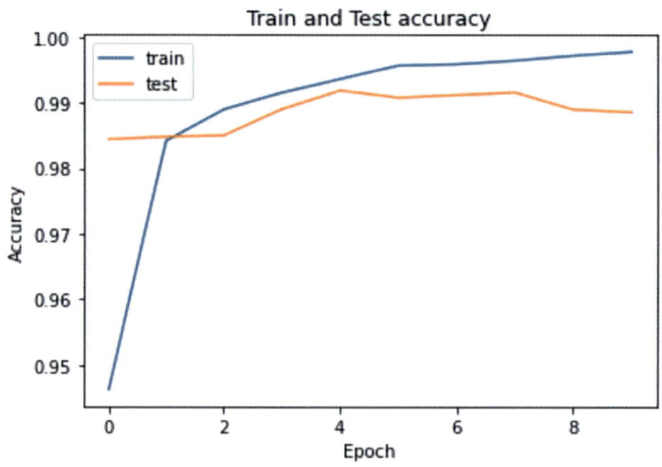

그림 8.21 epoch에 따른 정확도 그래프

(2) 개미-벌 데이터

개미(ant)와 벌(bee) 영상으로 이루어진 데이터셋을 가지고 영상 분류하고자 한다. 개미-벌 데이터는 아래 사이트로부터 다운로드한다.

https://www.kaggle.com/subediaarjun/ant-and-bee

그림 8.22는 다운로드받은 개미-벌 데이터의 구조를 보여주고 있다.

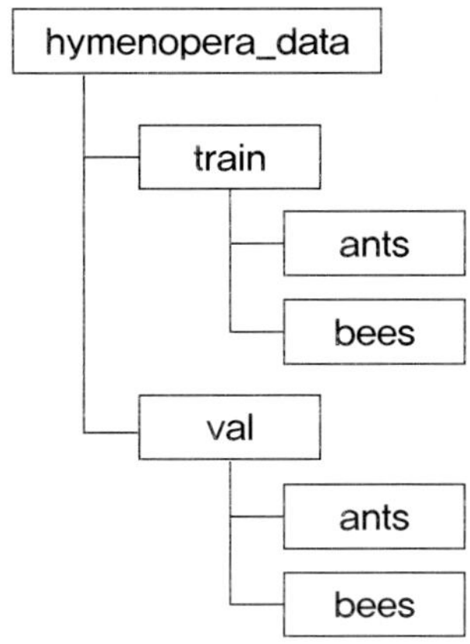

그림 8.22 개미-벌 데이터 구조

그림 8.22로부터 개미-벌 데이터 구조는 계층적인 폴더 구조를 갖고 있음을 알 수 있다. 표 8.1은 개미-벌 데이터 분할을 나타내고 있다.

표 8.1 개미-벌 데이터 분할

class	train	val	계
개미(ants)	123	70	193
벌(bees)	121	83	204
계	244	153	397

여기서 train은 모델을 만들기 위한 학습용 데이터이고, val(valid, validation의 약어)은 여러 모델 중 어떤 모델이 적합한지 선택하기 위한 검증용 데이터이다. 따라서 val 데이터를 사용하여 학습한 모델의 성능을 측정한다. 사실 검증 데이터는 실제 레이블, 즉 정답을 알고 있지만 마치 모르는 것으로 간주하여 모델의 성능을 측정한다. 그림 8.23은 개미-벌 데이터의 샘플 영상을 나타내고 있다.

그림 8.23 개미-벌 데이터의 샘플 영상

ⓐ import 명령 이용 필요한 패키지 불러오기

코드 8.2.7

```
import numpy as np
import matplotlib.pyplot as plt

import torch
import torch.nn as nn
import torch.optim as optim
import torch.nn.functional as F

from torch.utils.data import DataLoader
from torchvision import datasets, models, transforms
from torchvision.datasets import ImageFolder

device = torch.device("cuda" if torch.cuda.is_available() else "cpu")
#device = torch.device("cpu")
print('Device:', device)
```

```
Device: cuda
```

ⓑ 전처리 작업 수행

transforms.Compose( ) 함수를 이용하여 여러 가지 전처리 작업들을 묶어서 한 번에 처리할 수 있다. 여기서는 전처리 작업으로 영상의 크기 조정, 텐서화, 정규화 작업을 수행한다.

```
data_transform = transforms.Compose([transforms.Resize((224,224))
                                    ,transforms.ToTensor()
                                      ,transforms.Normalize([0.485, 0.456, 0.406],
[0.229, 0.224, 0.225])])
```

- transforms.Resize( ) 함수: 모든 영상의 크기를 모두 동일한 크기로 조정한다. 이 함수는 영상의 크기가 다른 경우 유용하다. 예를 들어, transforms.Resize((224, 224))는 영상의 크기를 224×224로 조정한다.
- transforms.ToTensor( ) 함수: 영상의 데이터를 텐서로 변환해준다. 즉, PIL 형태의 영상이나 NumPy의 배열 형태를 파이토치의 텐서 형태로 바꾸어 주는 역할을 한다.
- transforms.Normalize( ) 함수: 영상에서 [0, 255] 크기의 픽셀값 혹은 [0, 1] 값을 평균 u을 빼고 표준편차 σ로 나누어 주는 정규화(normalization) 작업을 수행한다. 즉,

$$z = \frac{x-u}{\sigma}$$

여기서는 RGB 컬러 영상에서 각각 채널의 평균 u은 [0.485, 0.456, 0.406], 표준편차 σ는 [0.229, 0.224, 0.225]이다. 이 수치는 전이학습 모델이 이미지넷(ImageNet) 데이터셋에서 정규화하는 데 사용된 수치이다.

ⓒ ImageFolder 클래스를 이용한 데이터셋 생성

데이터가 계층적인 폴더 구조를 가지고 있는 경우 torchvision에서 제공하는 ImageFolder 클래스를 이용하여 데이터셋을 생성한다.

```
train_dataset = ImageFolder('./hymenoptera_data/train/',transform =data_transform)
valid_dataset = ImageFolder('./hymenoptera_data/val/',transform =data_transform)
```

```
print(len(train_dataset))
print(len(valid_dataset))
print(train_dataset[0][0].size())
print(valid_dataset[0][0].size())
```

```
244
153
torch.Size([3, 224, 224])
torch.Size([3, 224, 224])
```

ⓓ ImageFolder 클래스의 2가지 속성

ImageFolder 클래스의 classes 속성과 class_to_idx 속성을 통해 클래스명과 클래스의 인덱스를 알 수 있다.

– classes 속성: 클래스명

– class_to_idx 속성: 클래스의 인덱스

```
class_names = train_dataset.classes
#class_names = ['ants', 'bees']
class_names_to_idx = train_dataset.class_to_idx
print(class_names)
print(class_names_to_idx)
```

```
['ants', 'bees']
{'ants': 0, 'bees': 1}
```

▶ 클래스명은 'ants'와 'bees'이고 클래스 'ants'의 인덱스 레이블 0, 클래스 'bees'의 인덱스 레이블 1이다.

다음은 train_dataset의 첫 번째 데이터를 출력하고자 한다.

```
train_dataset[0]
#train_dataset.__getitem__(0)
```

```
(tensor([[[-0.7308, -0.7308, -0.7137,  ..., -0.7479, -0.7822, -0.7650],
          [-0.7308, -0.7308, -0.7308,  ..., -0.7479, -0.7822, -0.7822],
          [-0.7308, -0.7308, -0.7308,  ..., -0.7308, -0.7993, -0.7822],
          ...,
          [-0.6281, -0.6452, -0.6452,  ..., -2.0837, -2.0152, -1.1760],
          [-0.6281, -0.6452, -0.6623,  ..., -1.9809, -1.9124, -1.0733],
          [-0.6281, -0.6452, -0.6452,  ..., -0.9534, -0.9192, -0.7479]],
        ..........................................
        [[ 2.2740,  2.2740,  2.2914,  ...,  2.2217,  2.2217,  2.2391],
          [ 2.2740,  2.2740,  2.2740,  ...,  2.2217,  2.2217,  2.2217],
          [ 2.2740,  2.2740,  2.2740,  ...,  2.2391,  2.2043,  2.2217],
          ...,
          [ 2.3263,  2.3088,  2.3263,  ..., -1.7347, -1.6302,  0.9494],
          [ 2.3263,  2.3088,  2.3088,  ..., -1.4384, -1.2990,  1.0714],
          [ 2.3263,  2.3088,  2.3263,  ...,  1.3851,  1.4200,  2.0474]]]),
 0)
```

▶ train_dataset[i]은 i번째 학습 데이터 영상과 레이블을 나타낸다. __getitem__() 함수를 이용하여 똑같은 결과를 얻을 수 있다.

```
train_dataset.__getitem__(i)
```

▶ train_dataset[0]의 레이블은 0이다. 즉, 'ants'에 해당된다.

다음은 train_dataset의 첫 번째 영상 데이터를 출력하고자 한다.

```
train_dataset[0][0]
#train_dataset.__getitem__(0)[0]
```

```
(tensor([[[-0.7308, -0.7308, -0.7137,  ..., -0.7479, -0.7822, -0.7650],
          [-0.7308, -0.7308, -0.7308,  ..., -0.7479, -0.7822, -0.7822],
          [-0.7308, -0.7308, -0.7308,  ..., -0.7308, -0.7993, -0.7822],
          ...,
          [-0.6281, -0.6452, -0.6452,  ..., -2.0837, -2.0152, -1.1760],
          [-0.6281, -0.6452, -0.6623,  ..., -1.9809, -1.9124, -1.0733],
          [-0.6281, -0.6452, -0.6452,  ..., -0.9534, -0.9192, -0.7479]],
        ..........................................
        [[ 2.2740,  2.2740,  2.2914,  ...,  2.2217,  2.2217,  2.2391],
          [ 2.2740,  2.2740,  2.2740,  ...,  2.2217,  2.2217,  2.2217],
          [ 2.2740,  2.2740,  2.2740,  ...,  2.2391,  2.2043,  2.2217],
          ...,
          [ 2.3263,  2.3088,  2.3263,  ..., -1.7347, -1.6302,  0.9494],
          [ 2.3263,  2.3088,  2.3088,  ..., -1.4384, -1.2990,  1.0714],
          [ 2.3263,  2.3088,  2.3263,  ...,  1.3851,  1.4200,  2.0474]]]])
```

▶ train_dataset[i][j]은 i번째 학습 데이터에서 j=0이면 영상, j=1이면 레이블을 나타낸다. __getitem__() 함수를 이용하여 똑같은 결과를 얻을 수 있다.

```
train_dataset.__getitem__(i)[j]
```

ⓔ DataLoader 클래스를 이용한 데이터셋 로딩

torch.utils.data.DataLoader를 사용하여 ImageFolder 클래스로부터 생성된 데이터셋을 로딩할 수 있다. 이때 원하는 크기의 배치 단위로 데이터를 로딩할 수 있고, 데이터 셔플도 가능하다.

DataLoader 클래스의 사용형식은 다음과 같다. 여기서는 ImageFolder 클래스로부터 생성된 데이터셋을 로딩한다.

```
dataset = torchvision.datasets.ImageFolder(<folder_path>, transforms=<transforms>)
dataloader = torch.utils.data.DataLoader(dataset, batch_size=<batch_size>,
shuffle=True)
```

다음은 ImageFolder 클래스로부터 생성된 train_dataset과 valid_dataset을 각각 DataLoader 클래스를 이용하여 로딩하고자 한다. 이를 위해 학습 데이터의 로더(Loader)인 학습 로더 train_loader와 검증 데이터의 로더(Loader)인 검증 로더 valid_loader를 생성한다.

```
train_loader = torch.utils.data.DataLoader(train_dataset, batch_size=4,num_workers=0,
shuffle=True)
valid_loader = torch.utils.data.DataLoader(valid_dataset, batch_size=4,num_workers=0)
```

학습 로더 train_loader와 검증 로더 valid_loader의 Loader의 길이를 알고자 한다.

```
print(len(train_loader))
print(len(valid_loader))
```

```
61
39
```

▶ train_loader의 길이가 61이고, valid_loader의 길이는 39이다. 이것은 각 데이터 길이와 배치 크기로부터 다음과 같이 얻어진다.

$$244/4 = 61$$
$$153/4 = 38.25$$

ⓕ 영상 데이터 시각화

정규화된 텐서 형태의 영상 데이터를 plt.imshow( ) 함수를 이용하여 출력하고자 한다.

```
import matplotlib.pyplot as plt
import numpy as np

def imshow_grid(img):
    """Imshow for Tensor."""
#    print(img.shape)
    img = img.numpy().transpose((1, 2, 0))
    mean = np.array([0.485, 0.456, 0.406])
    std = np.array([0.229, 0.224, 0.225])
    img = std * img + mean
    img = np.clip(img, 0, 1)
#    print("max: {}, min: {}".format(np.max(img), np.min(img)))
    plt.imshow(img)
#    print(img.shape)
```

▶ 위 코드에서 img = img.numpy().transpose((1, 2, 0)) 문장을 다음과 같이 2개의 문장으로 나타낼 수

있다.

```
npimg = img.numpy()
img = np.transpose(npimg, (1, 2, 0))
```

train_dataset의 첫 번째 영상, train_dataset[0][0]을 출력하고자 한다.

```
imshow_grid(train_dataset[0][0])
```

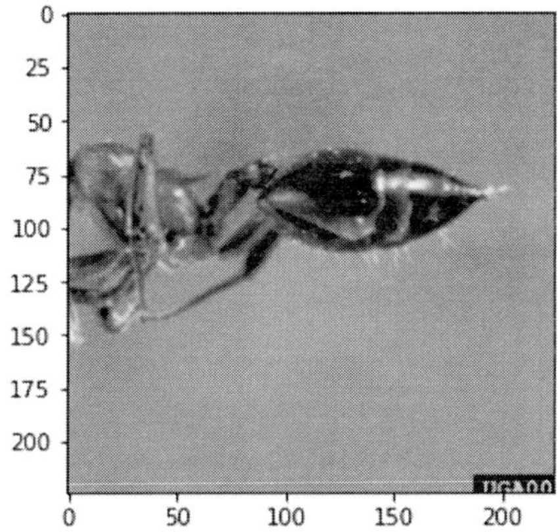

그림 8.24 첫 번째 영상 출력

• NumPy의 clip( ) 함수

NumPy의 clip( ) 함수는 배열에서 값들을 하한~상한의 범위로 제한하고자 하는 경우 사용하는 함수이다. 즉, 배열 내의 원소들에 대해서 최솟값보다 작은 값들을 최솟값으로 바꿔주고, 최댓값보다 큰 값들을 최댓값으로 바꿔주는 함수이다. NumPy의 clip( ) 함수의 사용형식은 다음과 같다.

```
numpy.clip(array, min, max)
```

여기서 array는 배열, min는 최솟값, max는 최댓값이다.

• 영상을 그리드 형태로 출력하기

make_grid( ) 함수는 학습 중간중간 여러 개의 영상을 그리드(grid) 형태로 출력하고자 하는 경우 사용하는 함수이다. make_grid( ) 함수의 사용형식은 다음과 같다.

```
torchvision.utils.make_grid(tensor, nrow= 8)
```

여기서 tensor는 4D 형태의 영상 텐서이다. 4D 형태인 이유는 DataLoader 클래스를 이용하여 영상 데이터를 로드하는 경우 배치단위로 로드한다. 따라서 로딩된 데이터의 형태는 3차원 영상 데이터에 배치크기를 추가한 4D 형태의 데이터이다. 그리고 nrow는 그리드의 한 행에 출력할 수 있는 영상의 수를 나타낸다. 디폴트는 nrow= 8이다.

다음은 DataLoader 클래스를 이용하여 학습 데이터의 Loader인 학습 로더 train_loader로부터 iter( ) 함수와 next( ) 함수를 이용하여 로딩된 데이터를 확인하고자 한다. 그리고 make_grid( ) 함수를 이용하여 로딩된 데이터를 그리드 형태로 출력하고자 한다.

```
from torchvision import transforms, utils
# Get a batch of training data
images, labels = next(iter(train_loader))
print(images.shape)
print(labels.shape)
# Make a grid from batch
img_grid = utils.make_grid(images)
imshow_grid (img_grid)
```

```
torch.Size([4, 3, 224, 224])
torch.Size([4])
```

그림 8.25 영상의 그리드 형태 출력

▶ next(iter()) 함수의 결과 4D 형태의 영상과 레이블을 반환한다. 반환되는 영상의 갯수는 4개이다. 이는 DataLoader 클래스에서 배치 크기를 4로 지정하고 있기 때문이다.

⑨ CNN 모델 생성

nn.Module 클래스를 상속받아 CNN 모델을 구현한다. 이 경우 __init__ 메소드와 forward 메소드를 메소드 오버라이딩(method overriding) 한다.

```
class CNN(nn.Module):
    def __init__(self):
        super().__init__()
         self.conv1 = nn.Conv2d(in_channels = 3, out_channels = 16, kernel_size=(5,
5), stride=2, padding=1)
         self.conv2 = nn.Conv2d(in_channels = 16, out_channels = 32, kernel_size=(5,
5), stride=2, padding=1)

         self.conv3 = nn.Conv2d(in_channels = 32, out_channels = 64, kernel_size=(3,
3), padding=1)
        self.fc1 = nn.Linear(in_features= 64 * 6 * 6, out_features=500)
        self.fc2 = nn.Linear(in_features=500, out_features=50)
        self.fc3 = nn.Linear(in_features=50, out_features=2)

    def forward(self, X):
        X = F.relu(self.conv1(X))
        X = F.max_pool2d(X, 2)
        X = F.relu(self.conv2(X))
        X = F.max_pool2d(X, 2)
        X = F.relu(self.conv3(X))
        X = F.max_pool2d(X, 2)

#         print(X.shape)
        X = X.view(X.shape[0], -1)
        X = F.relu(self.fc1(X))
        X = F.relu(self.fc2(X))
        X = self.fc3(X)
        return X
torch.manual_seed(1)
model = CNN().to(device)
model
```

```
CNN(
  (conv1): Conv2d(3, 16, kernel_size=(5, 5), stride=(2, 2), padding=(1, 1))
  (conv2): Conv2d(16, 32, kernel_size=(5, 5), stride=(2, 2), padding=(1, 1))
  (conv3): Conv2d(32, 64, kernel_size=(3, 3), stride=(1, 1), padding=(1, 1))
  (fc1): Linear(in_features=2304, out_features=500, bias=True)
  (fc2): Linear(in_features=500, out_features=50, bias=True)
  (fc3): Linear(in_features=50, out_features=2, bias=True)
)
```

ⓗ CNN 모델 학습

CNN 모델 학습을 위한 손실함수와 최적화 알고리즘을 선택한다.

```
loss_function = nn.CrossEntropyLoss()
optimizer = optim.SGD(model.parameters(), lr=0.001, momentum=0.9)
```

CNN 모델 학습을 위해 학습 로더인 train_loader와 검증 로더인 valid_loader를 이용하여 데이터를 로딩한다.

```
n_epochs = 20

for epoch in range(n_epochs):
    epoch_loss = 0
    epoch_accuracy = 0

    for images, labels in train_loader:
        images=images.to(device)
        labels=labels.to(device)
        outputs = model(images)
        loss = loss_function(outputs, labels)

        optimizer.zero_grad()
        loss.backward()
        optimizer.step()

        epoch_loss += loss.item()/len(train_loader)
        acc = ((outputs.argmax(dim=1) == labels).float().mean())
        epoch_accuracy += acc.item()/len(train_loader)

     print('Epoch : {}, train loss : {:.5f}, train accuracy : {:.5f}'.format(epoch+1,
epoch_loss, epoch_accuracy))

    with torch.no_grad():
        epoch_val_accuracy=0
        epoch_val_loss =0
        for images, labels in valid_loader:
            images=images.to(device)
            labels=labels.to(device)
            val_outputs = model(images)
            val_loss = loss_function(val_outputs,labels)

            epoch_val_loss += val_loss/ len(valid_loader)
```

```
            acc = ((val_outputs.argmax(dim=1) == labels).float().mean())
            epoch_val_accuracy += acc.item()/ len(valid_loader)

        print('Epoch : {}, valid loss : {:.5f}, valid accuracy : {:.5f}'.format(ep-
och+1, epoch_val_loss, epoch_val_accuracy))
```

```
Epoch : 1, train loss : 0.69357, train accuracy : 0.50000
Epoch : 1, valid loss : 0.68991, valid accuracy : 0.55128
Epoch : 2, train loss : 0.69156, train accuracy : 0.53689
Epoch : 2, valid loss : 0.68920, valid accuracy : 0.60897
Epoch : 3, train loss : 0.68991, train accuracy : 0.55738
Epoch : 3, valid loss : 0.68832, valid accuracy : 0.61538
Epoch : 4, train loss : 0.68792, train accuracy : 0.55738
Epoch : 4, valid loss : 0.68784, valid accuracy : 0.56410
Epoch : 5, train loss : 0.68304, train accuracy : 0.62295
Epoch : 5, valid loss : 0.68268, valid accuracy : 0.59615
Epoch : 6, train loss : 0.67866, train accuracy : 0.60246
Epoch : 6, valid loss : 0.68259, valid accuracy : 0.50641
Epoch : 7, train loss : 0.66725, train accuracy : 0.60246
Epoch : 7, valid loss : 0.66090, valid accuracy : 0.65385
Epoch : 8, train loss : 0.65219, train accuracy : 0.62295
Epoch : 8, valid loss : 0.65121, valid accuracy : 0.65385
Epoch : 9, train loss : 0.64605, train accuracy : 0.64344
Epoch : 9, valid loss : 0.65090, valid accuracy : 0.58974
Epoch : 10, train loss : 0.61039, train accuracy : 0.68033
Epoch : 10, valid loss : 0.61308, valid accuracy : 0.69231
Epoch : 11, train loss : 0.59672, train accuracy : 0.64344
Epoch : 11, valid loss : 0.66650, valid accuracy : 0.62179
Epoch : 12, train loss : 0.55703, train accuracy : 0.72541
Epoch : 12, valid loss : 0.59396, valid accuracy : 0.69231
Epoch : 13, train loss : 0.53051, train accuracy : 0.72951
Epoch : 13, valid loss : 0.64738, valid accuracy : 0.64103
Epoch : 14, train loss : 0.53961, train accuracy : 0.76230
Epoch : 14, valid loss : 0.58194, valid accuracy : 0.71795
Epoch : 15, train loss : 0.49101, train accuracy : 0.78279
Epoch : 15, valid loss : 0.64055, valid accuracy : 0.67308
Epoch : 16, train loss : 0.47748, train accuracy : 0.76230
Epoch : 16, valid loss : 0.80121, valid accuracy : 0.60256
Epoch : 17, train loss : 0.51075, train accuracy : 0.71311
Epoch : 17, valid loss : 0.65841, valid accuracy : 0.64744
Epoch : 18, train loss : 0.43675, train accuracy : 0.78689
Epoch : 18, valid loss : 0.60767, valid accuracy : 0.71154
Epoch : 19, train loss : 0.39486, train accuracy : 0.84016
Epoch : 19, valid loss : 0.62482, valid accuracy : 0.71154
```

```
Epoch : 20, train loss : 0.34984, train accuracy : 0.85656
Epoch : 20, valid loss : 0.81540, valid accuracy : 0.58974
```

ⓘ 데이터로부터 손실함수와 정확도 그래프 그리기

학습 데이터와 검증 데이터에서 손실함수와 정확도 그래프를 그린다.

코드 8.2.8

```
torch.manual_seed(1)
train_loader = torch.utils.data.DataLoader(train_dataset, batch_size=4,num_work-
ers=0,shuffle=True)
valid_loader = torch.utils.data.DataLoader(valid_dataset, batch_size=4,num_workers=0)

class CNN(nn.Module):
    def __init__(self):
        super().__init__()
        self.conv1 = nn.Conv2d(in_channels = 3, out_channels = 16, kernel_size=(5, 5),
stride=2, padding=1)
          self.conv2 = nn.Conv2d(in_channels = 16, out_channels = 32, kernel_size=(5,
5), stride=2, padding=1)
          self.conv3 = nn.Conv2d(in_channels = 32, out_channels = 64, kernel_size=(3,
3), padding=1)
        self.fc1 = nn.Linear(in_features= 64 * 6 * 6, out_features=500)
        self.fc2 = nn.Linear(in_features=500, out_features=50)
        self.fc3 = nn.Linear(in_features=50, out_features=2)
    def forward(self, X):
        X = F.relu(self.conv1(X))
        X = F.max_pool2d(X, 2)

        X = F.relu(self.conv2(X))
        X = F.max_pool2d(X, 2)

        X = F.relu(self.conv3(X))
        X = F.max_pool2d(X, 2)

#         print(X.shape)
        X = X.view(X.shape[0], -1)
        X = F.relu(self.fc1(X))
        X = F.relu(self.fc2(X))
        X = self.fc3(X)
        return X
```

```
torch.manual_seed(1)
model = CNN().to(device)
#model
optimizer = optim.SGD(model.parameters(), lr=0.001, momentum=0.9)
loss_function = nn.CrossEntropyLoss()
```

```
n_epochs = 20
train_losses=[]
valid_losses=[]
train_accuracy=[]
valid_accuracy=[]
for epoch in range(n_epochs):
    epoch_loss = 0
    epoch_accuracy = 0
    for images, labels in train_loader:
        images=images.to(device)
        labels=labels.to(device)
        outputs = model(images)
        loss = loss_function(outputs, labels)
        optimizer.zero_grad()
        loss.backward()
        optimizer.step()

        epoch_loss += loss.item()/len(train_loader)
        acc = ((outputs.argmax(dim=1) == labels).float().mean())
        epoch_accuracy += acc.item()/len(train_loader)
    train_losses.append(epoch_loss)
    train_accuracy.append(epoch_accuracy)
#    print('Epoch : {}, train loss : {:.5f}, train accuracy : {:.5f}'.format(epoch+1,
epoch_loss, epoch_accuracy))

    with torch.no_grad():
        epoch_valid_accuracy=0
        epoch_valid_loss =0
        for images, labels in valid_loader:
            images=images.to(device)
            labels=labels.to(device)
            valid_outputs = model(images)
            valid_loss = loss_function(valid_outputs, labels)

            epoch_valid_loss += valid_loss.item()/ len(valid_loader)
            acc = ((valid_outputs.argmax(dim=1) == labels).float().mean())
            epoch_valid_accuracy += acc.item()/ len(valid_loader)
        valid_losses.append(epoch_valid_loss)
```

```
        valid_accuracy.append(epoch_valid_accuracy)
#         print('Epoch : {}, test loss : {:.5f}, test accuracy : {:.5f}'.format(epoch+1,
epoch_test_loss, epoch_test_accuracy))
```

• **손실함수 그래프**

모델에 대한 학습 데이터와 검증 데이터에서 손실함수의 그래프를 plt.plot( ) 함수를 이용하여 출력한다.

```
# plot the loss function
import matplotlib.pylab as plt
plt.title("Train and Valid Loss")
plt.plot(range(n_epochs),train_losses, label="train")
plt.plot(range(n_epochs),valid_losses, label="valid")
plt.xlabel('Epochs')
plt.ylabel('Losses')
plt.legend()
plt.show()
```

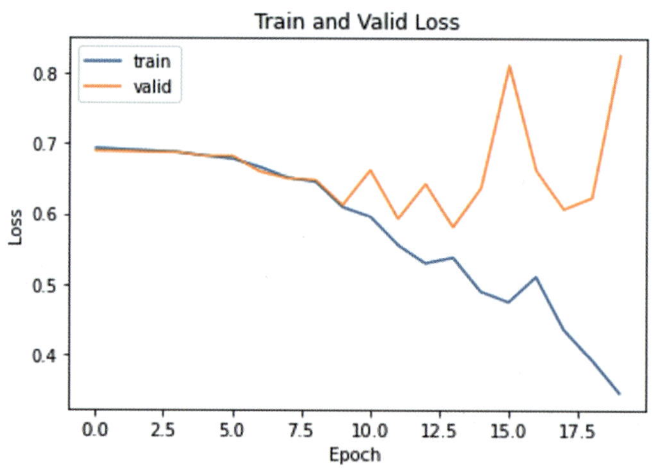

그림 8.26 epoch에 따른 손실함수 그래프

• **정확도 그래프**

모델에 대한 학습 데이터와 검증 데이터에서 정확도의 그래프를 plt.plot( ) 함수를 이용하여 출력한다.

```
# plot the accuracy function
import matplotlib.pylab as plt
plt.title("Train and Valid accuracy")
plt.plot(range(n_epochs),train_accuracy, label="train")
plt.plot(range(n_epochs),valid_accuracy, label="valid")
plt.xlabel('Epochs')
plt.ylabel('Losses')
plt.legend()
```

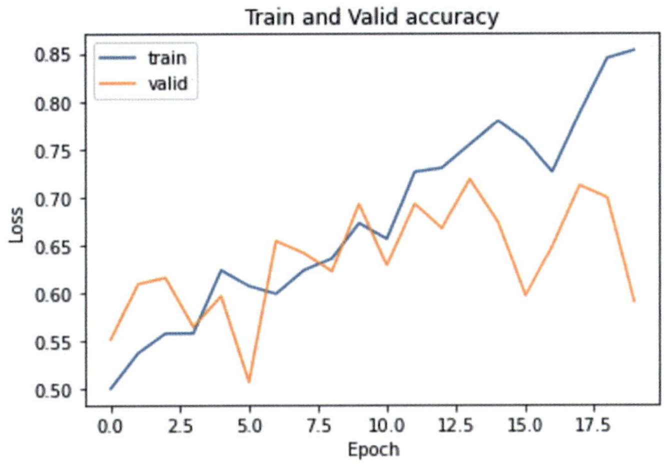

그림 8.27 epoch에 따른 정확도 그래프

연습문제

1. CIFAR10 데이터를 가지고 CNN 모델을 이용하여 분류하고자 한다. 여기서 CIFAR10 데이터는 32×32픽셀의 60000개 컬러 영상을 포함하고 있으며, 각 영상은 10개의 클래스로 레이블링이 되어있다.

2. 개(dog) 또는 고양이(cat) 사진을 입력했을 때 입력 영상이 개인지 고양이인지를 CNN 모델을 이용하여 분류하고자 한다. 다음의 사이트에서 개-고양이 데이터셋을 다운로드 받는다.

https://www.kaggle.com/c/dogs-vs-cats-redux-kernels-edition/data

제 9 장

RNN 모델

9.1 RNN 모델이란?

(1) 순차 데이터

RNN(Recurrent Neural Network)은 순차 데이터(sequence data, sequential data, 서열 데이터) 분석에 적합한 딥러닝 모델이다. 순차 데이터는 순서를 가진 데이터로서 텍스트(text)나 시계열 데이터(time series data)와 같이 순서가 의미가 있는 데이터를 말한다. 예를 들어, 텍스트에서 "I work at google"이라는 문장은 "I", "work", "at", "google" 단어들로 이루어졌고 이 단어들은 순서를 갖고 있다. 주가나 날씨와 같은 시계열 데이터들은 얻어진 시점들이 순서를 갖고 있다. 텍스트, 시계열 외에 음성(voice), 동영상(video) 등도 순서가 의미가 있는 순차 데이터의 예이다.

순차 데이터는 순서를 가진 데이터로서 그 순서가 변경될 경우 고유의 특성을 잃어버리는 특징이 있다. 순차 데이터의 쉬운 예로 "도"와 "시"라는 글자들로 "도시"와 "시도"라는 단어들의 조합이 가능하지만, 이들은 서로 다른 의미를 갖는다. 또 다른 예로, 텍스트는 단 하나의 단어만 안다고 해서 전체 문장이 이해되는 것이 아니다. 예를 들어, "그는 그녀에게 사과의 의미로 빨간 사과 한 바구니를 건네주며 미안하다고 말했다."라는 문장에서 "사과"라는 같은 단어라도 문장에 놓인 위치에 따라 다르게 해석될 수 있으므로 단어의 사전적 의미뿐만 아니라, 앞뒤 문장의 요소들을 종합적으로 고려해야 의미를 파악할 수 있다.

(2) RNN 모델의 구조

일반적인 신경망 모델에서는 모든 입력과 출력이 각각 독립으로 가정하고 있지만, RNN에서는 데이터 간에 관계를 갖고 있다. 예를 들어, 어떤 문장이 주어졌을 때 문장 내의 단어의 의미는 단순히 단어의 사전적인 의미가 아닌 전후 맥락에 의해 단어의 의미를 해석해야 하는 경우가 많다. 그림 9.1은 일반적인 신경망과 RNN 모델과의 구조의 차이를 보여주고 있다.

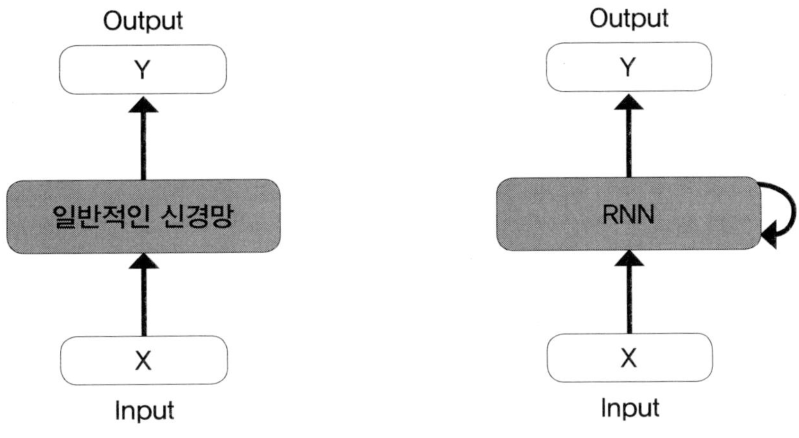

(a) 일반적인 신경망 (b) RNN

그림 9.1 일반적인 신경망과 RNN 모델의 구조 차이

그림 9.1에서 일반적인 신경망은 입력층 → 출력층으로 한 방향으로 하나의 연결(connection)만을 갖지만, RNN은 입력층 → 출력층으로 연결 외에 출력층의 출력이 다시 입력층으로 입력되는 피드-백 연결(feed-back connection)이라는 순환(recurrent)하는 추가 연결을 갖는다.

그림 9.2는 다른 관점에서 RNN의 순환구조를 보여주고 있다. 일반적으로 RNN을 그림으로 나타낼 때는 그림 9.2의 왼쪽 그림처럼 순환구조를 가지고 나타내지 않고, 오른쪽 그림처럼 시간별로 인공 신경망을 펼쳐 놓은(unfold) 형태로 나타낸다.

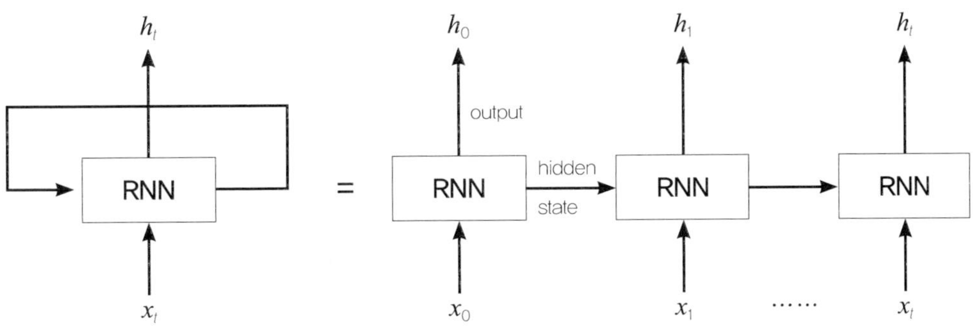

그림 9.2 펼쳐 놓은 RNN 순환구조

그림 9.2의 왼쪽 그림을 보면 은닉층에서 나온 결과값이 두 개로 분기되어 하나는 일반 신경망처럼 그대로 출력하고, 다른 하나는 다시 은닉층으로 되돌아가 순환하는 것을 알 수 있다. RNN의 은닉층에서 활성화 함수를 통해 결과를 내보는 역할을 하는 노드를 셀(cell) 혹

은 RNN 셀(RNN cell)이라고 하며, 그림 9.2에서 네모 박스로 나타낸다. 이 셀은 이전의 값을 기억하려고 하는 일종의 메모리 역할을 수행하므로 메모리 셀(memory cell)이라고 부른다. 현재 시점(time step: 타임 스텝)을 변수 t로 표현하면, 현재 시점 t에서의 메모리 셀은 이전 시점 $t-1$의 메모리 셀 값에 의해 영향을 받는다. 현재 시점 t에서의 메모리 셀이 다음 시점 $t+1$의 메모리 셀에게 보내는 값을 은닉상태(hidden state)라고 한다. 즉, 시점 t에서의 메모리 셀은 시점 $t-1$의 메모리 셀이 보낸 은닉상태를 입력값으로 사용한다.

입력 데이터들의 시간적인 순서를 고려하기 위해 시점을 사용하여 셀의 은닉상태를 표현하면, 타임 스텝 t에서 셀의 은닉상태 h_t는 타임 스텝 t에서의 입력 x_t와 이전 타임 스텝의 은닉상태 h_{t-1}의 함수로 식 (9.1)과 같이 나타낸다.

$$h_t = f(h_{t-1}, x_t) \tag{9.1}$$

일반적으로 RNN은 그림 9.3과 같이 출력 y_t와 은닉상태 h_t가 구분되며, 이 경우 h_t가 다시 입력으로 들어가지만, 어떤 경우에는 출력 y_t와 은닉상태 h_t가 구분 없이 출력되어 h_t가 다시 입력으로 들어간다.

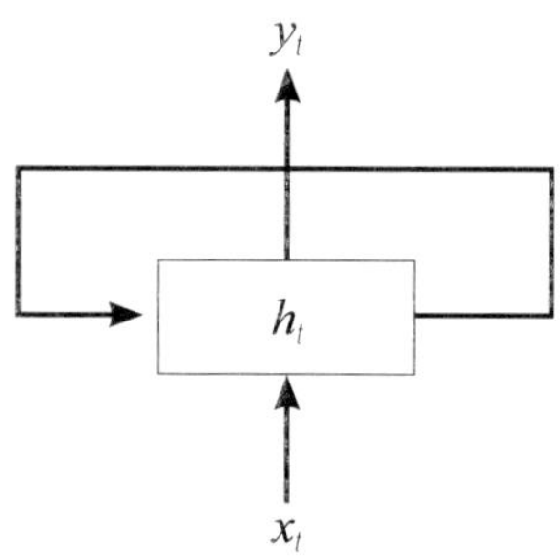

그림 9.3 출력 y_t과 은닉상태 h_t가 다른 RNN 구조

RNN의 내부구조를 이해하기 위해 다시 텍스트 "I work at google"을 생각해보자. 첫 번째 타임 스텝 $t=0$에서 x_0="I"가 입력으로 주어지고, 두 번째 타임 스텝 $t=1$에서 x_1="work"가 입력으로 주어진다. 이 경우 $t=0$에서 은닉상태가 기억되고, $t=1$에서 은닉상태는 $t=0$에서 은닉상태와 더불어 현재의 타임 스텝 $t=1$에서 입력 x_1="work"에 의해 결정된다. 결국 $t=3$에서 은닉상태는 $t=2$에서 은닉상태와 더불어 현재의 타임 스텝 $t=3$에서 입력 x_3="google"에 의해 결정된다.

RNN 모델을 이용하여 텍스트 "I work at google"에서 4개의 단어를 입력받아 그중에서 "work"와 "google"의 품사가 무엇인지 예측하고자 한다. 여기서 "work"와 "google" 단어는 둘다 동사와 명사로 사용할 수 있다. 혹은 유사한 문장 "I google at work"에서 "google"과 "work"의 품사가 무엇인지 예측하고자 한다. 위 문장에서 "work"와 "google" 단어가 동사인지 명사인지는 앞 단어의 품사에 따라 영향을 받는다.

그림 9.4는 "I work at google"에서 품사 분류를 위한 RNN의 구조를 보여주고 있다.

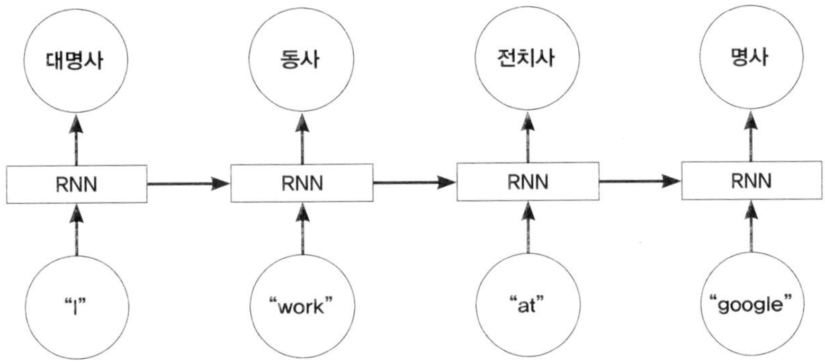

그림 9.4 품사 분류를 위한 RNN의 구조

그림 9.4에서 "I"가 입력되었을 때 '대명사'라고 예측되었다고 가정한다. 다음 "work"를 입력받는 데 이전의 "I"라는 은닉상태가 영향을 준다. 따라서 "work"가 대명사 "I" 다음에 왔으므로 "동사"라고 판단하게 된다. 다음 "at"을 입력받는 데 이전의 "I work"라는 은닉상태가 영향을 준다. 따라서 "at"이 동사 "work" 다음에 왔으므로 "전치사"라고 판단하게 된다. 마지막으로 "google"을 입력받는 데 전치사 "at"이 왔기 때문에 그 뒤는 "명사"가 올 것이라고 추론할 수 있다.

그림 9.5는 RNN의 동작 방식을 보여주고 있다.

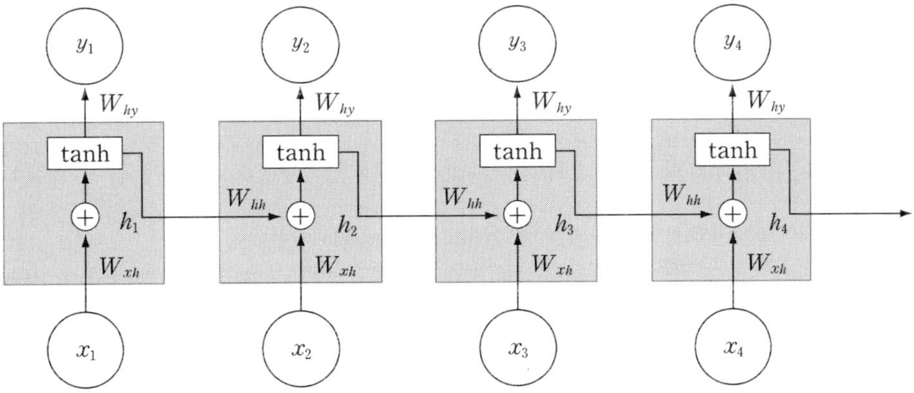

그림 9.5 RNN의 동작 방식

그림 9.5에서 x_1, x_2, x_3, x_4는 RNN의 입력값이고 y_1, y_2, y_3, y_4는 RNN의 출력값이다. 현재 시점 t에서의 은닉상태를 h_t라고 할 때 은닉층의 메모리 셀은 h_t를 계산하기 위해 총 두 개의 가중치를 가진다. 하나는 입력층을 위한 가중치 W_x이고, 하나는 이전 시점 $t-1$의 은닉상태 h_{t-1}을 위한 가중치 W_h이다. 이를 수식으로 표현하면 다음과 같다. 여기서는 바이어스를 고려하지 않았다.

$$h_t = \tanh(W_{hh}h_{t-1} + W_{xh}x_t)$$

$$y_t = f(W_{hy}h_t)$$

여기서 f는 활성화 함수이다. 만약, f가 선형함수이면 $y_t = W_{hy}h_t$가 된다.

그림 9.6은 RNN의 여러 가지 구조(architecture)를 나타내고 있다. RNN은 다양하고 유연하게 네트워크를 구성할 수 있다. 그림 9.6(a)처럼 RNN은 입력 길이, 출력 길이가 각각 한 개(one)에서부터 그림 9.6(d), 그림 9.6(e)와 같이 여러 개(many)까지 다양하다.

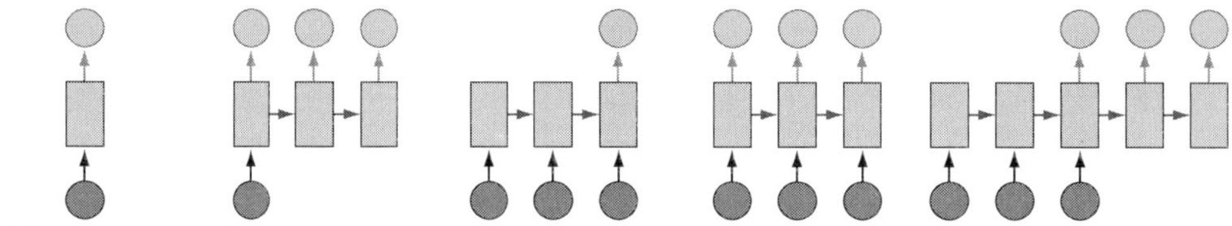

그림 9.6 RNN의 여러 가지 구조

- one to one 구조

단 하나의 입력(input)과 단 하나의 출력(output)을 갖는 구조이다. 이것은 바닐라 신경망(Vanilla Neural Network), 즉 일반적인 신경망을 나타낸다.

- one to many 구조

단 하나의 입력(input)과 여러 개의 출력(output)을 갖는 구조이다. 예를 들어, 컴퓨터 비전에서 영상 캡셔닝(image captioning)을 둘 수 있다. 영상 캡셔닝이란 영상이 주어졌을 때 해당 영상에 대한 설명을 문장 형식으로 제공하는 기술이다. 따라서 영상 캡셔닝 알고리즘의 입력(input)은 영상이 되고, 출력(output)은 단어들의 시퀀스(sequence)로 이루어진 문장이 된다. 그림 9.7은 영상 캡셔닝의 예를 보여주고 있다.

그림 9.7 영상 캡셔닝의 예

• many to one 구조

여러 개의 입력(input)과 단 하나의 출력(output)을 갖는 구조이다. 예로서, 감성분석(sentiment analysis, 감정분석)을 둘 수 있다. 예를 들어, "I am a happy"를 입력받고 이 문장이 긍정(positive)의 감정인지, 부정(negative)의 감정인지를 분류하는 것을 말한다. 또한, 주가 예측에서 주식시장에서 7일간의 데이터를 입력받아 8일 차의 종가를 예측하는 경우도 여기에 해당된다.

• many to many 구조

여러 개의 입력(input)과 여러 개의 출력(output)을 갖는 구조이다.

먼저 그림 9.6(d)는 입력과 출력의 길이가 같다. 비디오 프레임별로 내용이 다를 때, 프레임의 시퀀스 각각에 대해 즉각적으로 해석(레이블)을 출력하는 프레임별 비디오 분류(Per-frame video classification)가 여기에 해당된다.

다음으로 그림 9.6(e)는 일반적으로 입력과 출력의 길이가 다르다. 기계 번역(machine translation)을 예로 둘 수 있다. 이것은 하나의 언어를 사용하여 문장을 입력받고 다른 언어

그림 9.8 구글 번역기의 예

를 사용하여 문장을 출력하는 것으로 구체적인 예로는 영어 문장이 한국어 문장으로 번역하는 경우 이에 해당된다. 그림 9.8은 구글 번역기의 예를 보여주고 있다. 여기서 입력 문장 ['I', 'love', 'you', 'very', 'much']이 출력 문장 ['난', '아주', '많이', '당신을', '사랑합니다']으로 번역되고 있다.

(3) RNN 모델의 문제점

우리가 RNN을 사용하는 이유는 순차 데이터를 처리하기 위해서이다. 순차 데이터를 입력받아 원하는 출력을 하려면, 기억 시스템(memory system)이 전제되어야 한다. 딥러닝의 CNN이나 DNN은 무기억 시스템(memoryless system)이다. RNN은 이전의 값을 기억하려고 하는 메모리 역할을 수행하는 메모리 셀을 갖고 있다. 그림 9.9와 같이 RNN은 "What time is it ?"에 대해 올바른 대답을 하기 위해서는 입력을 받을 때마다 이전에 입력된 내용을 기억하고 있어야 한다.

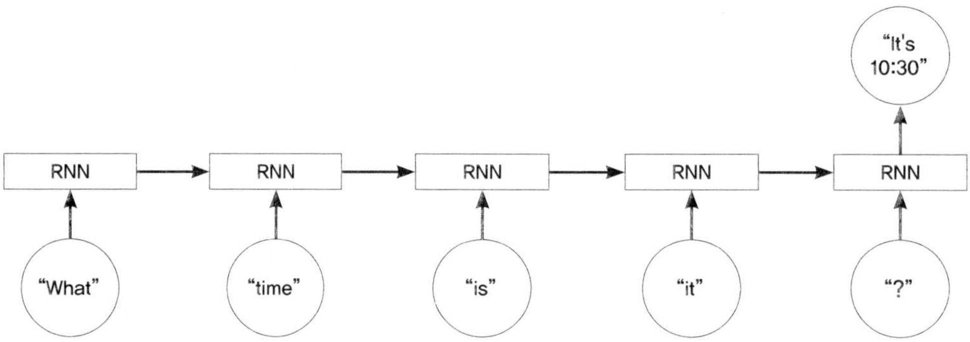

그림 9.9 RNN의 기억 시스템 예

그러나 RNN은 시간에 따라 앞에서 입력으로 받은 정보가 학습에 미치는 영향이 점점 감소하다가 결국에는 사라져버리는 기울기 소실 문제(Vanishing Gradient Problem, 기울기 사라지는 문제)를 가지고 있다. 그림 9.10에서 RNN을 이용하여 미래의 $t+1$ 타임 스텝에서 상태 h_{t+1}을 예측하는 경우 입력 x_0에 대한 정보가 소실될 수 있다.

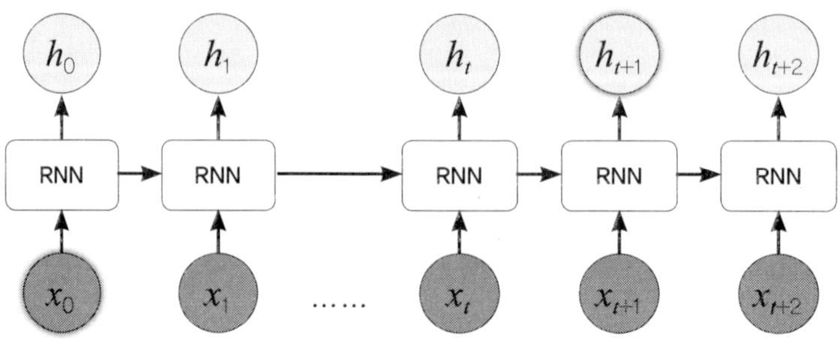

그림 9.10 RNN의 기울기 소실 문제

처음 입력으로 받은 정보는 학습에 강한 영향을 끼치다가 점점 새로운 입력이 들어오면서 처음 입력값의 영향력은 점차 감소하고 결국 학습에 아무런 영향을 끼치지 못하게 된다. 따라서 RNN은 입력 데이터가 긴 경우 기울기 소실 문제로 인해 잘 사용하지 않는다.

9.2 RNN 모델 파이토치 구현

파이토치에서는 nn.RNN 클래스를 호출하여 RNN을 구현할 수 있다. 다음은 nn.RNN 클래스의 사용형식이다.

```
model = nn.RNN(input_size, hidden_size, num_layers, batch_first=False)
output, h_n = model(input)
```

먼저 첫 번째 문장, 즉 RNN의 객체 생성에 대해 설명하고자 한다.

```
model = nn.RNN(input_size, hidden_size, num_layers, batch_first=False)
```

여기서 input_size는 입력의 feature 수이고, hidden_size는 은닉상태의 feature 수, num_layers은 은닉층의 수이고 기본값은 num_layers=1이다. 여기서 num_layers가 2 이상이면 다층 RNN(Multi-Layer RNN)이 된다. batch_first 옵션은 input 텐서와 output 텐서의 형태에서 batch_size의 위치에 대한 옵션으로 기본값은 batch_first=False이다. batch_first=True이면 batch_size의 위치가 맨 앞에 위치한다. 따라서 input 텐서의 형태는 (batch_size, sequence_length, input_size) 순서이고, output 텐서의 형태는 (batch_size, sequence_length, num_directions * hidden_size) 순서이다. 여기서 num_directions은 방향의 수를 나타내는데, Bidirectional RNN을 제외하고는 1개이다. batch_first 옵션은 은닉상태의 형태에는 적용되지 않는다.

참고로 우리는 RNN 모델 구현에서 batch_first=True 옵션을 주로 사용한다. 그 이유는 RNN 모델이 다른 모델, 예를 들어 CNN 모델과 연결하여 사용하는 경우 CNN 모델에서 데이터의 첫 번째 위치에 배치의 크기가 위치하기 때문이다.

다음은 두 번째 문장, 즉 RNN의 객체 사용에 대해 설명하고자 한다.

```
output, h_n = model(input)
```

nn.RNN의 출력에는 두 가지 결과로서 output, h_n이 있다. output은 모든 타임 스텝에 대한 결과이고, h_n은 $t=n$인 마지막 타임 스텝에 대한 은닉상태 값이다. 여기서 h_n의 형태는 (num_layers * num_directions, batch_size, hidden_size)이다. 이것은 batch_first=True 지정 유무와 무관하다.

예제 9.1

RNN의 many to many 구조에 대한 간단한 예이다. 여기에서 사용되는 순차 데이터는 다음과 같다.

```
[1, 2, 3, 4, 5, 6, 7, 8, 9, 10, 11, 12, 13, 14, 15, 16, 17, 18, 19, 20]
```

RNN 모델 구축을 위해 시퀀스 길이를 5로 정하였고(sequence_length=5), 그림 9.11에서 보는 것처럼 각각의 input 숫자에 대해 각각의 output이 출력되도록 하였다.

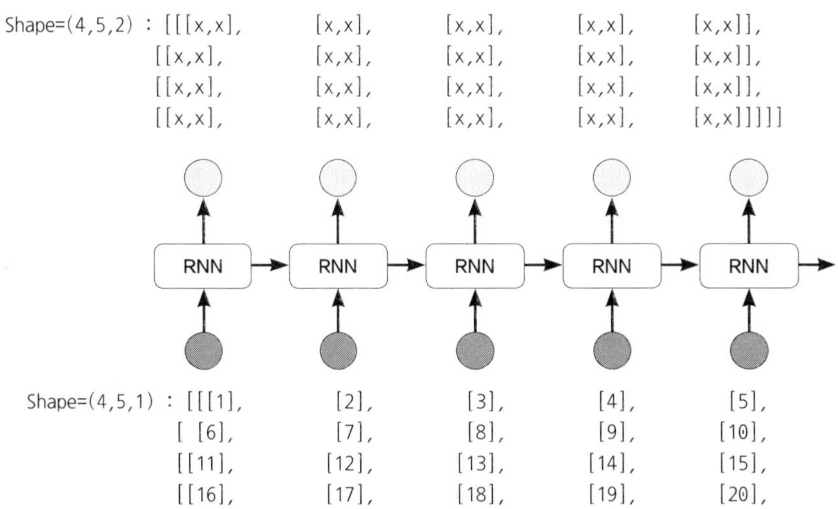

그림 9.11 nn.RNN 클래스에 대한 이해

시퀀스 길이 외에 nn.RNN 클래스에서 사용되는 인자에 대해 다음과 같이 지정하였다.

```
input_size = 1
hidden_size = 2
batch_size = 4
num_layers = 1
```

풀이

코드 9.2.1

```
import torch
import torch.nn as nn
import numpy as np

data=[[[1], [2], [3], [4], [5]],
      [[6], [7], [8], [9], [10]],
      [[11],[12],[13],[14],[15]],
      [[16],[17],[18],[19],[20]]]
input=torch.FloatTensor(np.array(data))

INPUT_SIZE = 1
SEQUENCE_LENGTH = 5
HIDDEN_SIZE = 2
NUM_LAYERS = 1
BATCH_SIZE = 4

torch.manual_seed(0) # reproducibility
model = nn.RNN(input_size=INPUT_SIZE, hidden_size=HIDDEN_SIZE, num_layers=NUM_LAYERS,
batch_first=True)
# input size : (batch, seq_len, input_size)
# out shape = (batch, seq_len, num_directions * hidden_size)
# h_n shape  = (num_layers * num_directions, batch, hidden_size)
output, h_n = model(input)

print('Input: ', input.shape, '\n', input)
print('\nOutput: ', output.shape, '\n', output)
print('\nHidden: ', h_n.shape, '\n', h_n)
```

```
Input:  torch.Size([4, 5, 1])
 tensor([[[ 1.],
         [ 2.],
         [ 3.],
         [ 4.],
         [ 5.]],
```

```
         [[ 6.],
          [ 7.],
          [ 8.],
          [ 9.],
          [10.]],
         [[11.],
          [12.],
          [13.],
          [14.],
          [15.]],

         [[16.],
          [17.],
          [18.],
          [19.],
          [20.]]])
Output:  torch.Size([4, 5, 2])
 tensor([[[-0.0819,  0.8100],
          [-0.4311,  0.9332],
          [-0.3162,  0.9748],
          [-0.3979,  0.9875],
          [-0.3675,  0.9944]],

         [[-0.1081,  0.9953],
          [-0.5145,  0.9986],
          [-0.3269,  0.9995],
          [-0.4254,  0.9997],
          [-0.3820,  0.9999]],

         [[-0.1342,  0.9999],
          [-0.5245,  1.0000],
          [-0.3458,  1.0000],
          [-0.4382,  1.0000],
          [-0.3982,  1.0000]],

         [[-0.1601,  1.0000],
          [-0.5328,  1.0000],
          [-0.3648,  1.0000],
          [-0.4506,  1.0000],
          [-0.4143,  1.0000]]], grad_fn=<TransposeBackward1>)

Hidden:  torch.Size([1, 4, 2])
 tensor([[[-0.3675,  0.9944],
          [-0.3820,  0.9999],
```

```
        [-0.3982,  1.0000],
        [-0.4143,  1.0000]]], grad_fn=<StackBackward0>)
```

▶ nn.RNN 함수에서 batch_first=True임으로 입력 데이터와 출력 데이터 모두 배치의 크기가 맨 앞에 위치한다. 따라서 입력 데이터의 형태는 (batch_size, sequence_length, input_size) = (4, 5, 1)이고, 출력 데이터의 형태도 (batch, sequence_length, num_directions * hidden_size) = (4, 5, 2)이다. 은닉상태의 형태는 batch_first=True 지정과 무관하게 (num_layers * num_directions, batch, hidden_size) = (1, 4, 2)이다.

▶ RNN에서 INPUT_SIZE = 1, HIDDEN_SIZE = 2이므로, 입력 데이터가 [1]이면 출력 데이터는 [-0.0819, 0.8100]이고, 입력 데이터가 [5]이면 출력 데이터는 [-0.3675, 0.9944]이다. 그리고 은닉상태의 값은 마지막 출력 데이터와 똑같은 값인 [-0.3675, 0.9944]를 갖는다. 즉, 은닉상태 값은 마지막 타임 스텝 $t=n$(여기서는 sequence_length=5이므로 $n=5$)에서 출력 데이터를 나타낸다.

위 [코드 9.2.1]은 20개의 데이터를 nn.RNN 클래스에서 원하는 형태에 맞추어 미리 변환한 후 RNN 모델 구축에 사용하였다.

다음 [코드 9.2.2]에서는 20개의 데이터를 view( ) 함수에 의해 원하는 형태로 변환한 후 RNN 모델 구축에 사용하고자 한다.

코드 9.2.2

```
data = torch.Tensor([1, 2, 3, 4, 5, 6, 7, 8, 9, 10, 11, 12, 13, 14, 15, 16, 17, 18,
19, 20])
#print("Data: ", data.shape, "\n", data)

INPUT_SIZE = 1
SEQUENCE_LENGTH = 5
HIDDEN_SIZE = 2
NUM_LAYERS = 1
BATCH_SIZE = 4

torch.manual_seed(0) # reproducibility
model = nn.RNN(input_size=INPUT_SIZE, hidden_size=HIDDEN_SIZE, num_layers=NUM_LAYERS,
batch_first=True)
# input size : (batch, sequence_length, input_size)
input = data.view(BATCH_SIZE, SEQUENCE_LENGTH, INPUT_SIZE)
# out shape = (batch, sequence_length, num_directions * hidden_size)
# h_n shape  = (num_layers * num_directions, batch, hidden_size)
output, h_n = model(input)

print('Input: ', input.shape, '\n', input)
print('\nOutput: ', output.shape, '\n', output)
print('\nHidden: ', h_n.shape, '\n', h_n)
```

```
Input:  torch.Size([4, 5, 1])
 tensor([[[ 1.],
         [ 2.],
         [ 3.],
         [ 4.],
         [ 5.]],

        [[ 6.],
         [ 7.],
         [ 8.],
         [ 9.],
         [10.]],

        [[11.],
         [12.],
         [13.],
         [14.],
         [15.]],

        [[16.],
         [17.],
         [18.],
         [19.],
         [20.]]])

Output:  torch.Size([4, 5, 2])
 tensor([[[-0.0819,  0.8100],
         [-0.4311,  0.9332],
         [-0.3162,  0.9748],
         [-0.3979,  0.9875],
         [-0.3675,  0.9944]],

        [[-0.1081,  0.9953],
         [-0.5145,  0.9986],
         [-0.3269,  0.9995],
         [-0.4254,  0.9997],
         [-0.3820,  0.9999]],

        [[-0.1342,  0.9999],
         [-0.5245,  1.0000],
         [-0.3458,  1.0000],
         [-0.4382,  1.0000],
         [-0.3982,  1.0000]],
```

```
        [[-0.1601,  1.0000],
         [-0.5328,  1.0000],
         [-0.3648,  1.0000],
         [-0.4506,  1.0000],
         [-0.4143,  1.0000]]], grad_fn=<TransposeBackward1>)

Hidden:  torch.Size([1, 4, 2])
 tensor([[[-0.3675,  0.9944],
         [-0.3820,  0.9999],
         [-0.3982,  1.0000],
         [-0.4143,  1.0000]]], grad_fn=<StackBackward0>)
```

- **언어 모델**

언어 모델(language model)은 순차적으로 입력된 자료를 바탕으로 다음에 나올 단어(word)나 문자(character)를 예측하는 모델로 자연어 처리나 음성인식 분야에 활용되고 있다. 언어 모델에는 단어(word)를 기반으로 학습하는 단어-레벨 언어 모델(word-level language model)과 문자(character)를 기반으로 학습하는 문자-레벨 언어 모델(character-level language model)이 있다. 예를 들어, 구글의 기계 번역(machine translation)인 경우 입력 단어의 시퀀스를 번역 단어의 시퀀스로 매핑(mapping)한다. 이는 RNN의 일반적인 many to many 구조로 단어-레벨 언어 모델에 해당된다. 문자-레벨 언어 모델의 예로는 단어 학습을 둘 수 있다. 예를 들어, "apple"이라는 단어를 RNN의 many to many 구조를 이용하여 학습시킨다고 가정하자. 여기서 입력의 길이가 4로 정하였을 때 입력의 시퀀스 "appl"을 출력의 시퀀스 "pple"로의 매핑(mapping)을 통해 다음 시점의 출력을 예측한다.

예제 9.2

RNN의 문자-레벨 언어 모델을 이용하여 단어 "hello"를 학습시키고자 한다. 이 경우 그림 9.12와 같이 문자열 "hell"가 입력되면 문자열 "ello"를 출력하고자 한다. 즉,

" hell " → " ello "

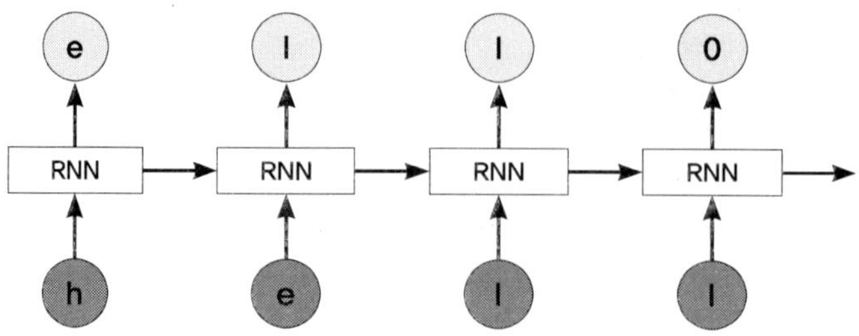

그림 9.12 단어 "hello" 학습

풀이

코드 9.2.3

```
import torch
import numpy as np

torch.manual_seed(0) # reproducibility

char_set = ['h', 'e', 'l', 'o']
input_size = len(char_set) # = 4
hidden_size = len(char_set) # = 4
num_layers = 1

x_data = [[0, 1, 2, 2]] # hell
# batch_size = 1
x_one_hot = [[[1, 0, 0, 0], # 'h'
 [0, 1, 0, 0], # 'e'
 [0, 0, 1, 0], # 'l'
 [0, 0, 1, 0]]] # 'l'
y_data = [[1, 2, 2, 3]] # ello

#transforms as torch tensor
inputs = torch.FloatTensor(x_one_hot)
labels = torch.LongTensor(y_data)
#print('입력 데이터의 크기 : {}'.format(inputs.shape))
#print('레이블의 크기 : {}'.format(labels.shape))

#declare RNN
# batch_first guarantees the order = (batch_size, sequence_length, input_size)
rnn= torch.nn.RNN(input_size, hidden_size, num_layers, batch_first=True)
#print(model)
#loss & optimizer setting
```

```
loss_function = torch.nn.CrossEntropyLoss()
optimizer = torch.optim.Adam(rnn.parameters(), lr=0.1)

#start training
num_epochs=20
for i in range(num_epochs):
    outputs, _ = rnn(inputs)
    loss = loss_function(outputs.view(-1, input_size),labels.view(-1))
    loss.backward()
    optimizer.step()
    optimizer.zero_grad()
    result = outputs.data.numpy().argmax(axis=2)
    result_str = ''.join([char_set[c] for c in np.squeeze(result)])
      print("epoch =", i+1,",", "loss=", round(loss.item(),4),"," , "pred =",
result_str) # ello
```

```
epoch = 1 , loss= 1.1658 , pred = elll
epoch = 2 , loss= 0.9308 , pred = llll
epoch = 3 , loss= 0.816 , pred = lllo
epoch = 4 , loss= 0.7669 , pred = lloo
epoch = 5 , loss= 0.7018 , pred = lllo
.......................................................
epoch = 16 , loss= 0.4414 , pred = ello
epoch = 17 , loss= 0.437 , pred = ello
epoch = 18 , loss= 0.4338 , pred = ello
epoch = 19 , loss= 0.4284 , pred = ello
epoch = 20 , loss= 0.4232 , pred = ello
```

▶ epoch = 1일 때 입력 "hell"에 대해 목표값은 "ello"인데 예측값은 "elll"이다. 이 경우 loss= 1.1658이다. 또한, epoch = 20일 때 입력 "hell"에 대해 목표값은 "ello"인데 예측값은 "ello"이다. 이 경우 loss= 0.4232이다.
따라서 epoch이 증가할수록 손실함수 값이 작아지면서 RNN 모델은 목표값을 잘 예측함을 알 수 있다.

코드 9.2.3 설명

ⓐ 입력 데이터와 목표값을 숫자로 표현

여기서는 알파벳 글자를 다음과 같이 정수 인덱스를 사용하여 표현한다.

h → 0
e → 1
l → 2
o → 3

따라서 입력 데이터 "hell" → "0, 1, 1, 2"로 변환되고 출력 데이터 "ello" → "1, 2, 2, 3"으로 변환된다. 또한, 입력 데이터에서 각 글자는 원-핫 인코딩(one-hot encoding)을 사용하여 다음과 같이 표현한다.

```
h = [1, 0, 0, 0]
e = [0, 1, 0, 0]
l = [0, 0, 1, 0]
o = [0, 0, 0, 1]
```

"hell"에 해당되는 숫자 데이터 x_data, "hell"에 해당되는 원-핫 인코딩 표현 x_one_hot, 그리고 "hell"에 대한 목표값 y_data에 대한 코드는 다음과 같다.

```
x_data = [[0, 1, 2, 2]] # hell
# batch_size = 1
x_one_hot = [[[1, 0, 0, 0], # 'h'
 [0, 1, 0, 0], # 'e'
 [0, 0, 1, 0], # 'l'
 [0, 0, 1, 0]]] # 'l'
y_data = [[1, 2, 2, 3]] # ello
```

ⓑ nn.RNN 함수에서 인자 결정

nn.RNN 함수에서 사용할 인자 input_size를 정한다. 여기서는 input_size=4이다. 글자의 원-핫 인코딩 표현에 의해 각 글자는 4개의 0, 1을 가지고 표현한다. 즉, 특징(feature)의 수가 4개이다. nn.RNN 함수에서 사용할 인자 hidden_size를 얼마로 할 것인가? hidden_size를 정하기 위해서는 nn.RNN에서 outputs의 형태를 고려해야 한다. hidden_state의 출력이 하나는 outputs로 하고 다른 하나는 다음 타임 스텝에서 hidden_state로 들어가기 때문이다. 따라서 input_size와 똑같이 4개의 특징의 수로 표현하기 위해 hidden_state=4로 정한다. 참고로 배치의 크기는 batch_size=1이다. 그 이유는 1개의 문자열 "hell", 여기서는 이에 해당되는 숫자 인덱스 [[0, 1, 2, 2]]가 입력되기 때문이다.

```
char_set = ['h', 'e', 'l', 'o']
input_size = len(char_set) # = 4
hidden_size = len(char_set) # = 4
num_layers = 1
```

ⓒ 배열을 텐서로 변환

```
#transforms as torch tensor
inputs = torch.FloatTensor(x_one_hot)
labels = torch.LongTensor(y_data)
#print('입력 데이터의 크기 : {}'.format(inputs.shape))
#print('레이블의 크기 : {}'.format(labels.shape))
```

```
입력 데이터의 크기 : torch.Size([1, 4, 4])
레이블의 크기 : torch.Size([1, 4])
```

▶ 여기서 입력 데이터의 형태 [1, 4, 4]는 (batch_size, sequence_length, input_size)이다.

ⓓ RNN 모델 생성

```
#declare RNN
# batch_first guarantees the order = (batch_size, sequence_length, input_size)
rnn= torch.nn.RNN(input_size, hidden_size, num_layers, batch_first=True)
print(model)
```

```
RNN(4, 4, batch_first=True)
```

▶ nn.RNN 함수에서 batch_first=True이면, 입력 데이터의 크기는 (batch_size, sequence_length, input_size) 순서가 된다.

ⓔ 손실함수와 최적화 방법 선택

```
#loss & optimizer setting
loss_function = torch.nn.CrossEntropyLoss()
optimizer = torch.optim.Adam(model.parameters(), lr=0.1)
```

ⓕ RNN 모델 학습

epoch이 20인 경우 RNN 모델을 학습한다.

```
#start training
num_epochs=20
for i in range(num_epochs):
    outputs, _ = rnn(inputs)
    loss = loss_function(outputs.view(-1, input_size),labels.view(-1))
    loss.backward()
```

```
    optimizer.step()
    optimizer.zero_grad()
    result = outputs.data.numpy().argmax(axis=2)
    result_str = ''.join([char_set[c] for c in np.squeeze(result)])
      print("epoch =", i+1,",", "loss=", round(loss.item(),4),",", "pred =",
result_str) # ello
```

- loss=loss_function(outputs.view(−1, input_size),labels.view(−1))

nn.CrossEntropyLoss() 함수를 사용하여 손실함수를 계산하는 경우 nn.CrossEntropy-Loss() 함수는 2개의 텐서 인자를 받는다. 하나는 예측된 output 값이고 다른 하나는 목표값이며, 이때 인자들의 데이터 형태에 주의해야 한다. 그 이유는 인자들의 데이터 형태가 서로 맞지 않는 경우 오류가 발생하기 때문이다.

현재 outputs.view(−1, input_size)의 형태는 [4, 4]이고 y.view(−1)의 형태는 [4]이다. 이처럼 nn.CrossEntropyLoss() 함수의 인자로서 outputs.view(−1, input_size)의 형태가 [4, ?]인 경우 y.view(−1)의 형태는 [4]가 되어야 한다.

```
rnn= torch.nn.RNN(input_size, hidden_size, num_layers, batch_first=True)
outputs, _ = rnn(inputs)
print(outputs.view(-1, input_size).shape)
print(y.view(-1).shape)
.................
loss = loss_function(outputs.view(-1, input_size),labels.view(-1))
```

```
torch.Size([4, 4])
torch.Size([4])
```

참고로 nn.CrossEntropyLoss() 함수의 사용 예를 살펴보면 다음과 같다.

```
output = torch.Tensor(
    [
        [0.8982, 0.805, 0.6393, 0.9983, 0.5731, 0.0469],
        [0.9457, 0.0195, 0.9846, 0.3231, 0.1605, 0.3143]
    ]
)
target = torch.LongTensor([1, 5])

print(output.shape)
```

```
print(target.shape)

criterion = nn.CrossEntropyLoss()
loss = criterion(output, target)
print(loss)
```

```
torch.Size([2, 6])
torch.Size([2])
tensor(1.8489)
```

- result = outputs.data.numpy().argmax(axis=2)

numpy.argmax() 함수는 배열에서 최댓값을 구하는 함수가 아니고 최댓값이 있는 인덱스를 구하는 함수이다. 이 함수는 axis 옵션을 사용하여 배열에서 기준이 되는 행과 열을 지정한다.

2차원 배열인 경우 axis= 0이면 열, axis= 1이면 행을 기준으로 계산한다.

3차원 배열인 경우 axis= 1이면 열, axis= 2이면 행을 기준으로 계산한다.

```
print(outputs)
result = outputs.data.numpy().argmax(axis=2)
print(result)
```

```
tensor([[[-0.5509,  0.0071, -0.1689, -0.6067],
         [-0.2591,  0.0270,  0.2503, -0.5467],
         [-0.7765, -0.0763,  0.1115, -0.5641],
         [-0.8072, -0.2027,  0.0931, -0.4165]]],
grad_fn=<TransposeBackward1>)
[[1 2 2 2]]
```

▶ 배열 outputs의 차원은 3차원이다. 따라서 axis=2이므로 행을 기준으로 최댓값이 있는 인덱스를 구한다. 여기서는 1, 2, 2, 2이다.

참고로 numpy.argmax() 함수와 유사한 numpy.max() 함수가 있다. numpy.max() 함수는 최댓값을 구하는 함수이다. 다음은 2차원 배열에서 numpy.argmax() 함수와 numpy.max() 함수의 사용 예이다.

```
import numpy as np

arr = np.array([[1,2,3,4],[4,5,6,7],[7,8,9,10]])
```

```
print('array =\n', arr)
print('dimension :', arr.ndim)
print('argmax :', arr.argmax(axis=1) )
print('max :', arr.max(axis=1) )
```

```
array =
 [[ 1  2  3  4]
 [ 4  5  6  7]
 [ 7  8  9 10]]
dimension : 2
argmax : [3 3 3]
max : [ 4  7 10]
```

다음은 3차원 배열에서 numpy.argmax( ) 함수와 numpy.max( ) 함수의 사용 예이다.

```
import numpy as np

arr = np.array([[[1,2,3,4],[4,5,6,7],[7,8,9,10]]])
print('array =\n', arr)
print('dimension :', arr.ndim)
print('argmax :', arr.argmax(axis=2) )
print('max :', arr.max(axis=2) )
```

```
array =
 [[[ 1  2  3  4]
  [ 4  5  6  7]
  [ 7  8  9 10]]]
dimension : 3
argmax : [[3 3 3]]
max : [[ 4  7 10]]
```

• '구분자'.join( ) 함수

join( ) 함수는 리스트로 되어 있는 데이터를 하나의 문자열로 합치는 함수이다. join( ) 함수의 사용형식은 다음과 같다.

```
'구분자'.join(리스트)
```

리스트의 값과 값 사이에 '구분자'를 넣어서 하나의 문자열로 합쳐준다. 다음은 join( ) 함수의 사용 예이다.

```
data = ['A', 'B', 'C', 'D', 'E']
data_join = ''.join(data)
print(data_join)
```

```
ABCDE
```

▶ 구분자에 반값을 채워서 리스트의 데이터를 합친다.

다음은 [코드 9.2.3]에서 사용된 join( ) 함수의 사용 예이다.

```
print(result)
print(np.squeeze(result))
print([char_set[c] for c in np.squeeze(result)])
result_str = ''.join([char_set[c] for c in np.squeeze(result)])
print( result_str)
```

```
[[1 2 2 2]]
[1 2 2 2]
['e', 'l', 'l', 'l']
elll
```

▶ 문장 [char_set[c] for c in np.squeeze(result)]에 대해 좀 더 알아보고자 한다. 즉,

```
temp = [char_set[c] for c in np.squeeze(result)]
```

위 문장을 다음과 같이 2개의 문장으로 쓸 수 있다.

```
for c in np.squeeze(result):
     temp = [char_set[c] ]
```

예제 9.3

[예제 9.2]의 문자-레벨 언어 모델 학습에서는 출력 y_t와 은닉상태 h_t를 구분하지 않았다. 일반적으로 RNN은 그림 9.3과 같이 출력 y_t와 은닉상태 h_t가 구분한다. 여기서는 h_t와 y_t와의 관계 즉,

$$y_t = f(W_{hy}h_t)$$

여기서 f는 선형관계를 가정한다. 여기서는 RNN 모델은 nn.Module 클래스를 이용하여 생성하고자 한다.

풀이

코드 9.2.4

```
import torch
import torch.nn as nn
import numpy as np

torch.manual_seed(0)  # reproducibility

# hyperparameters
learning_rate = 0.1
num_epochs = 20

char_set = ['h', 'e', 'l', 'o']

# Teach hello: hell -> ello
x_data = [[0, 1, 2, 2]] # hell
# batch_size = 1
x_one_hot = [[[1, 0, 0, 0], # 'h'
 [0, 1, 0, 0], # 'e'
 [0, 0, 1, 0], # 'l'
 [0, 0, 1, 0]]] # 'l'
y_data = [[1, 2, 2, 3]] # ello


# As we have one batch of samples, we will change them to variables only once
inputs = torch.Tensor(x_one_hot)
labels = torch.LongTensor(y_data)
num_classes = 4
input_size = 4  # one-hot size
hidden_size = 4  # output from the RNN. 4 to directly predict one-hot
num_layers = 1

class RNN(nn.Module):
    def __init__(self, num_classes, input_size, hidden_size, num_layers):
        super(RNN, self).__init__()
        self.num_classes = num_classes
        self.input_size = input_size
        self.hidden_size = hidden_size
        self.num_layers = num_layers
         self.rnn = nn.RNN(input_size=input_size, hidden_size=hidden_size, num_layers=
num_layers, batch_first=True)
        self.fc = nn.Linear(hidden_size, num_classes)
```

```
    def forward(self, x):
        out, _ = self.rnn(x)
        # Reshape output from (batch, seq_len, hidden_size) to (batch *
        # seq_len, hidden_size)
        out = out.view(-1, self.hidden_size)
        # Return outputs applied to fully connected layer
        out = self.fc(out)
        return out

# Instantiate RNN model
rnn = RNN(num_classes, input_size, hidden_size, num_layers )
# Set loss and optimizer function
loss_function = torch.nn.CrossEntropyLoss()    # Softmax is internally computed.
optimizer = torch.optim.Adam(rnn.parameters(), lr=learning_rate)

# Train the model
for epoch in range(num_epochs):
    outputs = rnn(inputs)
    loss = loss_function(outputs, labels.view(-1))
    loss.backward()
    optimizer.step()
    optimizer.zero_grad()
    result = outputs.data.numpy().argmax(axis=1)
    result_str = ''.join([char_set[c] for c in np.squeeze(result)])
      print("epoch =", epoch+1,",", "loss=", round(loss.item(),4),",", "pred =",
''.join(result_str)) # ello
```

```
epoch = 1 , loss= 1.688 , pred = hhhh
epoch = 2 , loss= 1.3476 , pred = hlll
epoch = 3 , loss= 1.1333 , pred = llll
epoch = 4 , loss= 1.0257 , pred = llll
epoch = 5 , loss= 0.9769 , pred = llll
..........................................................
epoch = 16 , loss= 0.2781 , pred = ello
epoch = 17 , loss= 0.2522 , pred = ello
epoch = 18 , loss= 0.2101 , pred = ello
epoch = 19 , loss= 0.1761 , pred = ello
epoch = 20 , loss= 0.146 , pred = ello
```

▶ epoch = 1일 때 입력 "hell"에 대해 목표값은 "ello"인데 예측값은 "hhhh"이다. 이 경우 loss= 1.688이다. 또한, epoch = 20일 때 입력 "hell"에 대해 목표값은 "ello"인데 예측값은 "ello"이다. 이 경우 loss= 0.146이다.

따라서 epoch가 증가할수록 손실함수 값이 작아지면서 RNN 모델은 목표값을 잘 예측함을 알 수 있다.

코드 9.2.4 설명

ⓐ nn.Module 클래스로부터 새로운 RNN 클래스를 정의

RNN 클래스는 __init__함수와 forward( ) 함수를 오버라이딩한다.

```
class RNN(nn.Module):
    def __init__(self, num_classes, input_size, hidden_size):
        super(RNN, self).__init__()
        self.num_classes = num_classes
        self.input_size = input_size
        self.hidden_size = hidden_size
            self.rnn = nn.RNN(input_size=input_size, hidden_size=hidden_size,
batch_first=True)
        self.fc = nn.Linear(hidden_size, num_classes)

    def forward(self, x):
        out, _ = self.rnn(x)
        # Reshape output from (batch, seq_len, hidden_size) to (batch *
        # seq_len, hidden_size)
        out = out.view(-1, self.hidden_size)
        # Return outputs applied to fully connected layer
        out = self.fc(out)
        return out
```

▶ 여기서 __init__함수에서 nn.RNN 모델과 nn.Linear 모델을 선언하고 있다. forward( ) 함수에서는 nn.RNN 모델의 결과에 대해 nn.Linear 모델을 적용하고 있다. 즉, 여기서는 마지막 output 하나만 가지고 예측을 하는 것이 아니고, 각각의 문자에 대해서 output이 나오면 그 output을 다시 nn.Linear 모델에 넣어서 최종 output을 계산하고 있다.

다음은 새로 정의된 RNN 클래스로부터 객체 rnn를 생성한다.

```
rnn = RNN(num_classes, input_size, hidden_size, num_layers )
```

ⓑ RNN 모델 학습

epoch가 20인 경우 RNN 모델을 학습한다.

```
for epoch in range(num_epochs):
    outputs = rnn(inputs)
```

```
    loss = loss_function(outputs, labels.view(-1))
    loss.backward()
    optimizer.step()
    optimizer.zero_grad()
    result = outputs.data.numpy().argmax(axis=1)
    result_str = ''.join([char_set[c] for c in np.squeeze(result)])
     print("epoch =", epoch+1,",", "loss=", round(loss.item(),4),",", "pred =",
''.join(result_str)) # ello
```

• loss = loss_function (outputs, labels.view (−1))

nn.CrossEntropyLoss( ) 함수는 인자들에 대한 데이터 크기를 맞춰 주어야 한다. 인자 outputs의 크기는 [4, 4]이고 인자 labels의 크기는 [1, 4]이다. 따라서 인자들에 대한 데이터 크기를 맞춰 주기 위해 view( ) 함수를 사용하여 labels.view(−1)의 크기를 [4]로 맞춰 준다.

• result = outputs.data.numpy ( ).argmax (axis = 1)

outputs는 2차원 배열이다. 따라서 2차원 배열에서 numpy.argmax(axis=1)이면 행을 기준으로 최댓값을 갖는 인덱스를 구한다.

```
print(outputs)
result = outputs.data.numpy().argmax(axis=1)
print(result)
```

```
ttensor([[ 0.3458, -0.4216, -0.5801, -0.2452],
        [ 0.3559, -0.3823, -0.4813, -0.0630],
        [ 0.3651, -0.2177, -0.4178, -0.2141],
        [ 0.3262, -0.1365, -0.3412, -0.2783]], grad_fn=<AddmmBackward0>)
[0 0 0 0]
```

▶ 배열 outputs의 차원은 2차원이다. 따라서 axis= 1이므로 행을 기준으로 최댓값을 갖는 인덱스는 0, 0, 0, 0이다.

문자-레벨 언어 모델에서 문자를 원-핫 인코딩으로 나타내는 경우 단어를 구성하고 있는 문자들의 집합, 단, 중복을 허용하지 않는 문자 집합(character set)으로부터 구한다. [코드 9.2.4]에서는 문자 집합, 여기서는 char_set = ['h', 'e', 'l', 'o']에서 수작업에 의해 원-핫 인코딩을 다음과 같이 표현하였다.

```
x_one_hot =
[[[1, 0, 0, 0], # ‘h’
 [0, 1, 0, 0], # ‘e’
 [0, 0, 1, 0], # ‘l’
 [0, 0, 1, 0]]] # ‘l’
```

그리고 입력 데이터와 목표값을 다음과 같이 직접 숫자로 표시하였다.

```
x_data = [[0, 1, 2, 2]]
y_data = [[1, 2, 2, 3]]
```

따라서 [코드 9.2.4]에서는 인코딩 및 입력 데이터와 목표값을 직접 숫자로 변환하여 변환 작업이 수작업에 의해 이루어졌다. 따라서 불편함이 있었다. 다음 [코드 9.2.5]에서는 위의 과정을 관련 함수를 호출하여 편리하게 수행하고자 한다.

코드 9.2.5

```
import torch
import torch.nn as nn
import numpy as np

device = torch.device("cuda" if torch.cuda.is_available() else "cpu")
# device = torch.device("cpu")
print('Device:', device)

torch.manual_seed(0)  # reproducibility

# hyperparameters
learning_rate = 0.1
num_epochs = 20

input_str = 'hell'
label_str = 'ello'
char_set = list(set(input_str+label_str))
# print(char_set)
# char_set = ['h', 'e', 'l', 'o']

input_size = len(char_set) # = 4  # RNN input size (one hot size)
hidden_size = len(char_set) # = 4  # RNN output size
num_classes = len(char_set) # final output size (RNN or softmax, etc.)
num_layers = 1
```

```
#batch_size = 1   # one sentence

char_to_index = dict((c, i) for i, c in enumerate(char_set)) # 문자에 고유한 정수
인덱스 부여
#print(char_to_index)

#1차원 리스트
x_data = [char_to_index[c] for c in input_str]
y_data = [char_to_index[c] for c in label_str]
#print(x_data)
#print(y_data)

# 2차원 리스트
# 텐서 연산인 unsqueeze(0)를 통해 해결할 수도 있었음.
x_data = [x_data]
y_data = [y_data]
#print(x_data)
#print(y_data)

for x in x_data:
    x_one_hot = [np.eye(input_size)[x] ]
#print(x_one_hot)
# As we have one batch of samples, we will change them to variables only once
inputs = torch.Tensor(x_one_hot)
labels = torch.LongTensor(y_data)
inputs=inputs.to(device)
labels=labels.to(device)


class RNN(nn.Module):
    def __init__(self, num_classes, input_size, hidden_size, num_layers):
        super(RNN, self).__init__()
        self.num_classes = num_classes
        self.input_size = input_size
        self.hidden_size = hidden_size
        self.num_layers = num_layers
         self.rnn = nn.RNN(input_size=input_size, hidden_size=hidden_size, num_layers=
num_layers, batch_first=True)
        self.fc = nn.Linear(hidden_size, num_classes)
    def forward(self, x):
        out, _ = self.rnn(x)
        # Reshape output from (batch, seq_len, hidden_size) to (batch *
        # seq_len, hidden_size)
        out = out.view(-1, self.hidden_size)
```

```
        # Return outputs applied to fully connected layer
        out = self.fc(out)
        return out

# Instantiate RNN model

rnn = RNN(num_classes, input_size, hidden_size, num_layers)
rnn = rnn.to(device)
# Set loss and optimizer function
loss_function = torch.nn.CrossEntropyLoss()    # Softmax is internally computed.
optimizer = torch.optim.Adam(rnn.parameters(), lr=learning_rate)

# Train the model

for epoch in range(num_epochs):
    outputs = rnn(inputs)
    loss = loss_function(outputs, labels.view(-1))
    loss.backward()
    optimizer.step()
    optimizer.zero_grad()
    result = outputs.data.cpu().numpy().argmax(axis=1)
    result_str = ''.join([char_set[c] for c in np.squeeze(result)])
     print("epoch =", epoch+1,",", "loss=", round(loss.item(),4),",", "pred =",
''.join(result_str)) # ello
```

```
epoch = 1 , loss= 1.688 , pred = hhhh
epoch = 2 , loss= 1.3476 , pred = hlll
epoch = 3 , loss= 1.1333 , pred = llll
epoch = 4 , loss= 1.0257 , pred = llll
epoch = 5 , loss= 0.9769 , pred = llll
............................................................
epoch = 16 , loss= 0.2781 , pred = ello
epoch = 17 , loss= 0.2522 , pred = ello
epoch = 18 , loss= 0.2101 , pred = ello
epoch = 19 , loss= 0.1761 , pred = ello
epoch = 20 , loss= 0.146 , pred = ello
```

▶ epoch = 1일 때 입력 "hell"에 대해 목표값은 "ello"인데 예측값은 "hhhh"이다. 이 경우 loss= 1.688이다. 또한, epoch = 20일 때 입력 "hell"에 대해 목표값은 "ello"인데 예측값은 "ello"이다. 이 경우 loss= 0.146이다.
따라서 epoch이 증가할수록 손실함수 값이 작아지면서 RNN 모델은 목표값을 잘 예측함을 알 수 있다.

코드 9.2.5 설명

ⓐ 단어 집합을 구한다.

단어를 구성하는 문자들의 집합을 구한다. 단, 문자들의 중복을 허용하지 않는다.

```
input_str = 'hell'
label_str = 'ello'
char_set = list(set(input_str+label_str))
print(char_set)
```

```
['o', 'l', 'e', 'h']
```

현재 단어 집합에는 총 4개의 문자가 있다. 중복되는 문자를 제거하기 위해 set( ) 함수를 이용한다. 다음은 set( ) 함수의 사용 예이다.

```
s = [3, 3, 2, 1, 5, 1, 4, 2, 3]
print(type(s))
s1 = set(s)
print(type(s1))
print(s1)
s2 = list(s1)
print(s2)
```

```
<class 'list'>
<class 'set'>
{1, 2, 3, 4, 5}
[1, 2, 3, 4, 5]
```

ⓑ RNN의 하이퍼파라미터 정의한다.

input_size, hidden_size, num_classes를 지정한다. 여기서 하이퍼파라미터들은 다음과 같이 모델을 정의하는 데 인자로서 사용된다.

```
nn.RNN(input_size=input_size, hidden_size=hidden_size, batch_first=True)
nn.Linear(hidden_size, num_classes)
```

```
input_size = len(char_set) # = 4  # RNN input size (one hot size)
hidden_size = len(char_set) # = 4  # RNN output size
num_classes = len(char_set) # final output size (RNN or softmax, etc.)
#batch_size = 1   # one sentence
```

ⓒ 문자에 고유한 인덱스 부여한다.

dict(dictionary)를 이용하여 문자에 대해 정수 인덱스를 부여한다. 여기서 dict는 키와 값의 쌍으로 데이터를 저장한다.

```
char_to_index = dict((c, i) for i, c in enumerate(char_set)) # 문자에 고유한 정수 인덱스 부여
print(char_to_index)
```

```
{'o': 0, 'l': 1, 'e': 2, 'h': 3}
```

ⓓ 입력 데이터와 레이블 데이터의 각 문자들을 정수로 맵핑한다.

맵핑한 결과는 1차원 리스트로 나타낸다.

```
x_data : ‘hell’ →[1, 0, 2, 2]
y_data : ‘ello’ →[0, 2, 2, 3]
```

```
x_data = [char_to_index[c] for c in input_str]
y_data = [char_to_index[c] for c in label_str]
print(x_data)
print(y_data)
```

```
[1, 0, 2, 2]
[0, 2, 2, 3]
```

ⓔ ⓓ의 결과를 2차원 리스트로 나타낸다.

```
# 2차원 리스트
x_data = [x_data]
y_data = [y_data]
print(x_data)
print(y_data)
```

```
[[1, 0, 2, 2]]
[[0, 2, 2, 3]]
```

ⓕ ⓔ**의 결과를 3차원 리스트로 나타낸다.**

여기서 각 원소는 원–핫 인코딩을 사용한다. 파이토치의 nn.RNN()은 기본적으로 3차원 텐서를 입력받는다.

```
# 3차원 리스트
x_one_hot = [np.eye(vocab_size)[x] for x in x_data]
print(x_one_hot)
```

```
[array([[0., 1., 0., 0.],
       [1., 0., 0., 0.],
       [0., 0., 1., 0.],
       [0., 0., 1., 0.]])]
```

혹은 위와 똑같은 결과를 얻을 수 있다.

```
for x in x_data:
    x_one_hot = [np.eye(vocab_size)[x] ]
print(x_one_hot)
```

```
[array([[0., 1., 0., 0.],
       [1., 0., 0., 0.],
       [0., 0., 1., 0.],
       [0., 0., 1., 0.]])]
```

예제 9.4

Airline Passengers 데이터는 1949년 1월부터 1960년 12월까지 매달 국제선 승객의 수에 대한 데이터이다. 단위는 1,000명이다. 그림 9.13은 12년 동안 144회에 걸쳐 조사된 전체 데이터의 일부를 보여주고 있다. 파일 이름은 "international–airline–passengers.csv"이다. RNN을 이용하여 매달 국제선 승객의 수를 예측하고자 한다.

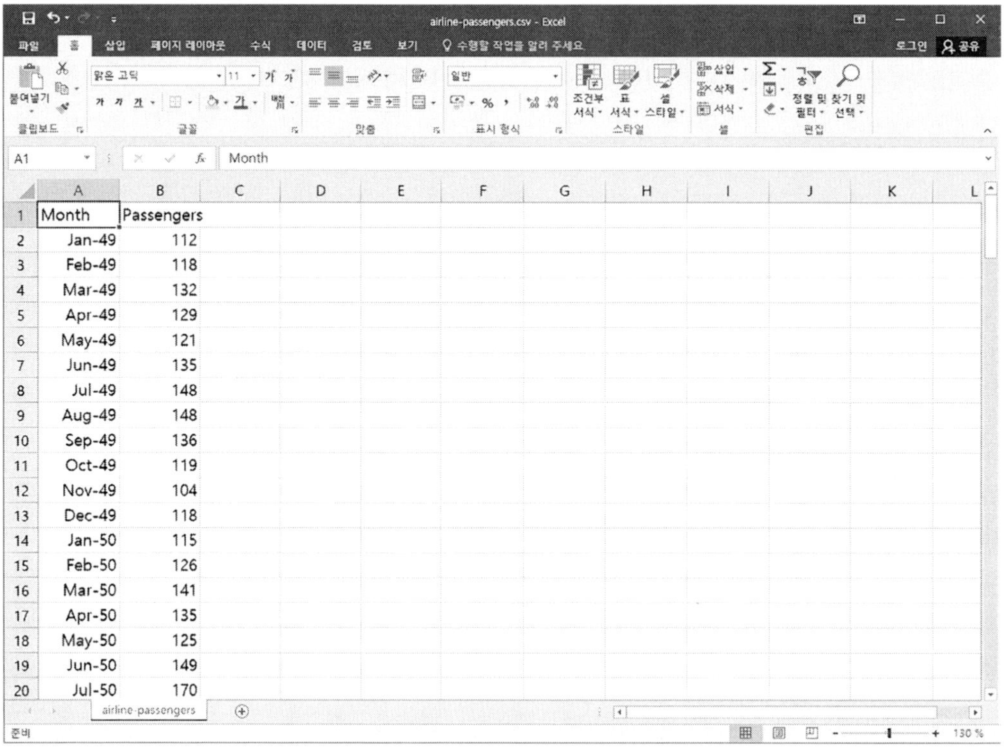

그림 9.13 Airline Passengers 데이터

풀이

시계열 데이터이므로 몇 개의 타임 스텝을 이용하여 예측할 것인가를 정해야 한다. 이를 위해 슬라이딩 윈도우 데이터 셋(sliding window dataset)을 생성한다. 여기서는 입력 윈도우(input window)의 길이를 4로 정한다. 그리고 학습 데이터 셋과 테스트 데이터 셋의 비율은 3/4:1/4로 정한다.

먼저 RNN 모델을 생성한다.

코드 9.2.6

```
import numpy as np
import matplotlib.pyplot as plt
import pandas as pd
import torch
import torch.nn as nn
from sklearn.preprocessing import MinMaxScaler
```

```
device = torch.device("cuda" if torch.cuda.is_available() else "cpu")
#device = torch.device("cpu")
print('Device:', device)

airline = pd.read_csv('international-airline-passengers.csv')
#print(dataset.isnull().sum())
#print(airline.shape)
#print(airline.head())
airline = airline.iloc[:,1:2].values
#print(airline.shape)
#plt.plot(airline, label = 'Airline Passangers Data')
#plt.show()

def sliding_windows(data, seq_length):
    x = []
    y = []

    for i in range(len(data)-seq_length-1):
        _x = data[i:(i+seq_length)]
        _y = data[i+seq_length]
        x.append(_x)
        y.append(_y)

    return np.array(x),np.array(y)

scaler = MinMaxScaler()
scaler_airline = scaler.fit_transform(airline)

seq_length = 4
x, y = sliding_windows(scaler_airline, seq_length)
#print(x.shape,y.shape)
#print(x[0],y[0])
#print(x[1],y[1])

# fix random seed for reproducibility
torch.manual_seed(7)

train_size = int((3/4)*len(y))
test_size = len(y) - train_size

X_data = torch.Tensor(np.array(x))
Y_data = torch.Tensor(np.array(y))

X_data=X_data.to(device)
Y_data=Y_data.to(device)
```

```
X_train = torch.Tensor(np.array(x[0:train_size]))
Y_train = torch.Tensor(np.array(y[0:train_size]))

X_test = torch.Tensor(np.array(x[train_size:len(x)]))
Y_test = torch.Tensor(np.array(y[train_size:len(y)]))

X_train=X_train.to(device)
Y_train=Y_train.to(device)
X_test=X_test.to(device)
Y_test=Y_test.to(device)

num_epochs = 1000
learning_rate = 0.01

input_size = 1
hidden_size = 2
num_layers = 1
num_classes = 1

class RNN(nn.Module):

    def __init__(self, num_classes, input_size, hidden_size, num_layers):
        super(RNN, self).__init__()
        self.num_classes = num_classes
        self.num_layers = num_layers
        self.input_size = input_size
        self.hidden_size = hidden_size
        self.seq_length = seq_length

        self.rnn = nn.RNN(input_size=input_size, hidden_size=hidden_size,
                          num_layers=num_layers, batch_first=True)

        self.fc = nn.Linear(hidden_size, num_classes)
    def forward(self, x):
        h_0 = torch.zeros(self.num_layers, x.size(0), self.hidden_size, device=device)

        # Propagate input through RNN
        output, h_n = self.rnn(x, h_0)
        h_n = h_n.view(-1, self.hidden_size)
        result = self.fc(h_n)

        return result

rnn = RNN(num_classes, input_size, hidden_size, num_layers)
```

```
rnn = rnn.to(device)

loss_function = torch.nn.MSELoss()    # mean-squared error for regression
optimizer = torch.optim.Adam(rnn.parameters(), lr=learning_rate)
#optimizer = torch.optim.SGD(lstm.parameters(), lr=learning_rate)

# Train the model
for epoch in range(num_epochs):
    outputs = rnn(X_train)
    # obtain the loss function
    loss = loss_function(outputs, Y_train)
    loss.backward()
    optimizer.step()
    optimizer.zero_grad()
    if (epoch+1)== 1:
        print( " Epoch: %d, loss: %1.5f " % (epoch+1, loss.item()))
    if (epoch+1) % 100 == 0:
        print( " Epoch: %d, loss: %1.5f " % (epoch+1, loss.item()))
```

```
Device: cuda
Epoch: 1, loss: 0.62168
Epoch: 100, loss: 0.02109
Epoch: 200, loss: 0.01234
Epoch: 300, loss: 0.00309
Epoch: 400, loss: 0.00286
Epoch: 500, loss: 0.00278
Epoch: 600, loss: 0.00270
Epoch: 700, loss: 0.00262
Epoch: 800, loss: 0.00256
Epoch: 900, loss: 0.00250
Epoch: 1000, loss: 0.00244
```

다음으로 생성된 RNN을 사용하여 예측 및 그래프를 출력한다.

```
# predict
#rnn.eval()
Y_predict = rnn(X_data)
Y_predict = Y_predict.data.cpu().numpy()
Y_data = Y_data.data.cpu().numpy()

inverse_scaled_Y_predict = scaler.inverse_transform(Y_predict)
inverse_scaled_Y_data = scaler.inverse_transform(Y_data)

plt.axvline(x=train_size, c='r', linestyle='--')
```

```
plt.plot(inverse_scaled_Y_data, label='original')
plt.plot(inverse_scaled_Y_predict,label='predicted' )
plt.suptitle('Time-Series Prediction')
plt.legend(loc='best')
plt.show()
```

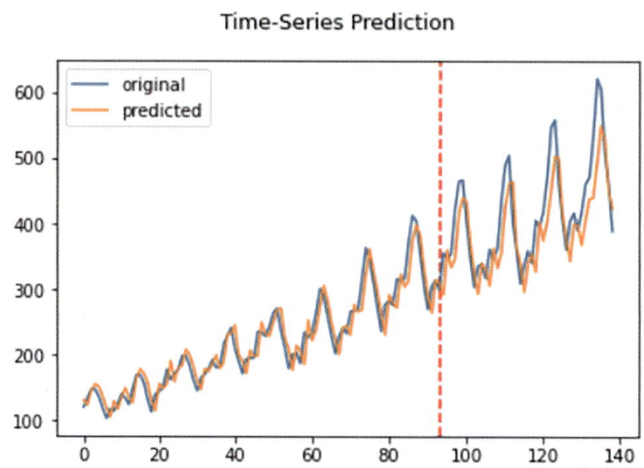

그림 9.14 승객에 대한 시계열 예측그래프

코드 9.2.6 설명

ⓐ read_csv() 함수 이용 데이터 읽고, plot() 함수 이용 그래프 출력하기

판다스 라이브러리를 이용하여 데이터를 쉽게 로드할 수 있다. 일단 데이터가 로드되면 쉽게 그래프로 출력할 수 있다.

```
airline = pd.read_csv('international-airline-passengers.csv')
#print(airline.isnull().sum())
#print(airline.shape)
print(airline.info())
print(airline.head())
airline['Passengers'].plot()
```

```
<class 'pandas.core.frame.DataFrame'>
RangeIndex: 144 entries, 0 to 143
Data columns (total 2 columns):
 #   Column      Non-Null Count  Dtype
---  ------      --------------  -----
 0   Month       144 non-null    object
 1   Passengers  144 non-null    int64
```

```
dtypes: int64(1), object(1)
memory usage: 2.4+ KB
None
     Month  Passengers
0  1949-01         112
1  1949-02         118
2  1949-03         132
3  1949-04         129
4  1949-05         121
```

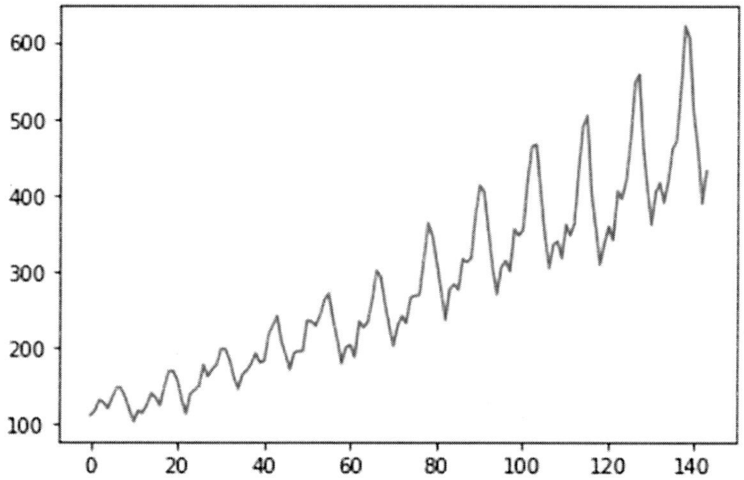

그림 9.15 승객에 대한 시계열 그래프

▶ 두 개의 변수는 "Month"와 "Passengers"이고, 144개의 데이터로 이루어져 있다. 여기서 변수 "Passengers"에 해당되는 데이터를 지정하고자 하는 경우에는 airline['Passengers']와 같이 지정한다.

위와 같이 데이터 변수 대신 데이터의 컬럼을 이용하여 해당 데이터를 지정할 수 있다. 이를 위해 "iloc" 속성을 이용한다.

```
airline = airline.iloc[:,1:2].values
plt.plot(airline, label = 'Airline Passangers Data')
plt.show()
```

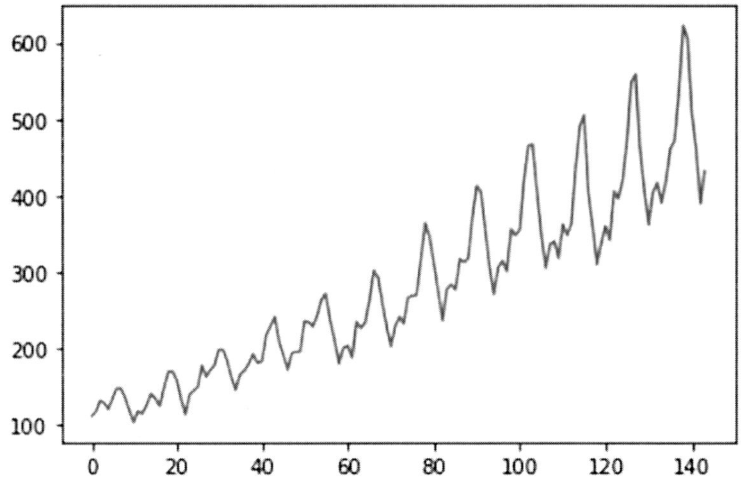

그림 9.16 승객에 대한 시계열 그래프

ⓑ 슬라이딩 윈도우 데이터 셋 생성

시계열 예측을 위해 데이터의 일정한 길이의 입력 윈도우(input window)와 출력 윈도우(output window)를 설정하고, 데이터의 처음 부분부터 끝부분까지 슬라이딩(sliding) 시켜서 데이터셋을 생성한다. 여기서는 입력 윈도우의 길이를 4로 정한다. 윈도우의 길이는 각 문제에 대해 조정할 수 있는 매개변수이다. 이 경우 처음 4개의 데이터를 X, 처음 5번째 데이터를 Y로 정한다.

```
def sliding_windows(data, seq_length):
    x = []
    y = []
    for i in range(len(data)-seq_length-1):
        _x = data[i:(i+seq_length)]
        _y = data[i+seq_length]
        x.append(_x)
        y.append(_y)

    return np.array(x),np.array(y)
seq_length = 4
x, y = sliding_windows(airline, seq_length)
print(x[0],y[0])
print(x[1],y[1])
```

```
[[112]
 [118]
 [132]
 [129]] [121]
[[118]
 [132]
 [129]
 [121]] [135]
```

▶ 첫 입력 윈도우와 출력 윈도우는 다음과 같다.

[[112] [118] [132] [129]] 와 [121]

그리고 두 번째 입력 윈도우와 출력 윈도우는 다음과 같다.

[[118] [132] [129] [121]] 와 [135]

ⓒ 정규화(normalization)

시계열 데이터는 시간별 데이터의 변동이 심할 수 있으므로 일정한 범위의 값을 갖도록 정규화할 필요가 있다. 여기서는 MinMaxScaler 함수에 의해 (0, 1) 사이의 값을 갖도록 정규화 한다. 이를 위해 먼저 스케일러를 선택 후 스케일러 객체를 생성한다.

```
scaler = MinMaxScaler()
```

다음으로 스케일러 객체의 fit_transform( ) 함수를 이용하여 스케일링을 수행한다.

```
scaler_airline = scaler.fit_transform(airline)
```

```
scaler = MinMaxScaler()
scaler_airline = scaler.fit_transform(airline)

seq_length = 4
x, y = sliding_windows(scaler_airline, seq_length)
print(x[0],y[0])
print(x[1],y[1])
```

```
[[0.01544402]
 [0.02702703]
 [0.05405405]
 [0.04826255]] [0.03281853]
[[0.02702703]
```

```
[0.05405405]
[0.04826255]
[0.03281853]] [0.05984556]
```

▶ 정규화 데이터에 대한 첫 입력 윈도우와 출력 윈도우는 다음과 같다.

[[0.01544402] [0.02702703] [0.05405405] [0.04826255]] 와 [0.03281853]

그리고 정규화 데이터에 대한 두 번째 입력 윈도우와 출력 윈도우는 다음과 같다.

[[0.02702703] [0.05405405] [0.04826255] [0.03281853]] 와 [0.05984556]

ⓓ 모델의 하이퍼파라미터 지정

```
num_epochs = 1000
learning_rate = 0.01

input_size = 1
hidden_size = 2
num_layers = 1

num_classes = 1
```

ⓔ 모델 학습을 위한 데이터 분할

전체 데이터를 학습 데이터와 테스트 데이터로 분할한다. 여기서 학습 데이터와 테스트 데이터의 비율을 3/4: 1/4로 분할한다.

```
# fix random seed for reproducibility
np.random.seed(7)

train_size = int((3/4)*len(y))
test_size = len(y) - train_size

print("train data: %d" % (train_size))
print("test data: %d" % (test_size))

X_data=X_data.to(device)
Y_data=Y_data.to(device)

X_train = torch.Tensor(np.array(x[0:train_size]))
Y_train = torch.Tensor(np.array(y[0:train_size]))
```

```
X_test = torch.Tensor(np.array(x[train_size:len(x)]))
Y_test = torch.Tensor(np.array(y[train_size:len(y)]))

X_train=X_train.to(device)
Y_train=Y_train.to(device)
X_test=X_test.to(device)
Y_test=Y_test.to(device)
```

```
train data: 104
test data: 35
```

ⓕ RNN 모델 생성

RNN 모델은 nn.Module 클래스로부터 상속받고 두 개의 함수, __init__ 함수와 forward 함수를 재정의한다. 그리고 RNN 모델의 최종 결과는 RNN의 은닉상태로부터 선형함수를 이용하여 구한다. 여기서 최초의 은닉상태 값은 0으로 초기화한다.

```
class RNN(nn.Module):

    def __init__(self, num_classes, input_size, hidden_size, num_layers):
        super(RNN, self).__init__()

        self.num_classes = num_classes
        self.num_layers = num_layers
        self.input_size = input_size
        self.hidden_size = hidden_size
        self.seq_length = seq_length

        self.rnn = nn.RNN(input_size=input_size, hidden_size=hidden_size,
                          num_layers=num_layers, batch_first=True)

        self.fc = nn.Linear(hidden_size, num_classes)

    def forward(self, x):
        h_0 = torch.zeros(self.num_layers, x.size(0), self.hidden_size, device=device)
        print(h_0.shape)
        # Propagate input through RNN
        output, h_n = self.rnn(x, h_0)
        h_n = h_n.view(-1, self.hidden_size)
        print(h_n.shape)
```

```
        result = self.fc(h_n)

        return result

rnn = RNN(num_classes, input_size, hidden_size, num_layers)
rnn = rnn.to(device)
outputs = rnn(X_train)
```

```
torch.Size([1, 104, 2])
torch.Size([104, 2])
```

• **은닉상태 h_0의 초기화**

최초의 은닉상태 h_0의 값을 0으로 초기화한다. 이를 위해 torch.zeros( ) 함수를 이용한다. 여기서 은닉상태 h_0의 크기는 (num_layers, batch_Size, hidden_size)이다. 즉, num_layers =1, batch_Size=104, hidden_size=2이고, batch_Size=x.size(0)이다.

• output, h_n=self.rnn(x, h_0)

RNN은 입력으로 x와 h_0을 받고 출력으로 output과 h_n을 내보낸다. 여기서 output은 필요하지 않고 마지막 은닉상태 값 h_n만이 필요하다. 이것이 선형함수의 입력으로 들어간다.

• h_n=h_n.view(−1, self.hidden_size)

마지막 은닉상태 h_n의 크기 [1, 104, 2]를 view( ) 함수를 이용하여 크기 [104, 2]로 변환한다.

⑨ 역변환(inverse transformation)

우리는 정규화에 의해 원래의 값을 일정 범위의 값으로 스케일링하였다. 여기서는 스케일된 된 값을 원래의 값으로 변환, 즉 역변환하기 위해 inverse_transform( ) 함수를 사용한다.

```
inverse_scaled_Y_predict = scaler.inverse_transform(Y_predict)
inverse_scaled_Y_data = scaler.inverse_transform(Y_data)
```

다음은 정규화와 역변환에 대해 좀 더 자세하게 살펴보고자 한다.

```
from sklearn import preprocessing
data = [[100,200],[300,400],[1,2],[3,50]]
scaler = preprocessing.MinMaxScaler(feature_range=(0.0, 1.0))
new_data = scaler.fit_transform(data)
print(new_data)
pre_data = scaler.inverse_transform(new_data)
print(pre_data)
```

```
[[0.33110368 0.49748744]
 [1.         1.        ]
 [0.         0.        ]
 [0.00668896 0.12060302]]
[[100. 200.]
 [300. 400.]
 [  1.   2.]
 [  3.  50.]]
```

▶ 스케일된 데이터는 다음과 같다.

```
[[0.33110368 0.49748744]
 [1.         1.        ]
 [0.         0.        ]
 [0.00668896 0.12060302]]
```

원래 값으로 변환, 즉 역변환된 데이터는 다음과 같다.

```
[[100. 200.]
 [300. 400.]
 [  1.   2.]
 [  3.  50.]]
```

ⓗ 그래프의 특정 위치에 수직선 표시

matplotlib.pyplot 모듈의 axvline( ) 함수를 이용하여 그래프의 특정 위치에 수직선을 표시할 수 있다. 다음은 axvline( ) 함수의 사용형식이다.

```
pyplot.axvline(x, color, linestyle, linewidth)
```

여기서 x는 수직선을 표시할 x축 위치, color은 선의 색상, linestyle은 선의 스타일 그리고 linewidth은 선의 두께를 나타낸다.

다음은 axvline( ) 함수의 사용 예이다.

```
import matplotlib.pyplot as plt
plt.axvline(x=train_size, c='r', linestyle='--')
```

여기서 수직선의 위치는 train_size, 즉 x=104이고 선의 색상은 red인 빨간색, 선의 스타일은 '--'로 지정한다. c는 color를 나타낸다.

9.3 LSTM 모델

RNN 모델은 과거의 시계열 정보를 반영하여 미래예측에 적합하도록 구성되어 있지만, 입력하는 시계열이 길어지면 DNN 모델에서 나타나는 기울기 소실 문제(vanishing gradient problem)와 더불어 초기 입력정보가 후기 입력 정보에 제대로 반영되지 않는 문제, 즉 장기의존성(long-term dependencies) 문제가 발생하게 된다. 장기 의존성 문제는 은닉층의 과거의 정보가 마지막까지 전달되지 못하는 현상을 의미한다. 위 RNN 모델의 단점을 보완한 LSTM 모델은 "Hochreiter & Schmidhuber(1997)"에 의해 제안되었고, 지금도 널리 사용되고 있다. 예를 들어,

"The **man** who wore a **wig** on his head went **inside**."

위 문장은 "inside(안으로)"로 가는 "man(사람)"에 대한 문장이지 "wig(가발)"에 대한 문장이 아니다. 번역하자면 다음과 같다.

"그 사람은 머리에 가발을 쓰고 안으로 들어갔다."

여기서 안으로 들어간 것은 무엇인가에 대한 답은 가발이 아니고 사람이다. 그런데 RNN 모델은 문장이 긴 경우 앞의 문장에 대해 기억을 할 수 없어서 가발로 답을 할 수 있다.

LSTM 모델의 핵심 아이디어는 이 전 단계의 정보를 메모리 셀(memory cell)에서 저장하고 흘려보내는 것이다. 현재 시점의 정보를 바탕으로 과거의 내용을 얼마나 잊을지 곱해주고, 그 결과에 현재의 정보를 더해서 다음 시점으로 정보를 전달한다. 그러면 어떤 값을 곱하고 어떤 값을 더해주는지에 대한 살펴보고자 한다. 이를 위해 그림 9.17의 LSTM 메모리 셀

(memory cell)에 대한 이해가 필요하다. LSTM 셀은 RNN의 은닉상태 h_t에 셀 상태(cell state) C_t를 추가한 구조이다.

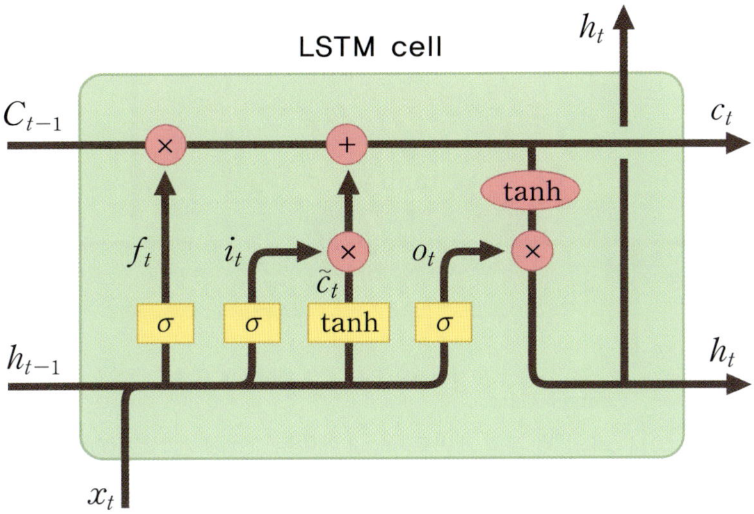

그림 9.17 LSTM cell

RNN 모델은 단지 은닉상태(hidden state)만을 갖고 있다. 즉, 셀 상태(cell state)를 갖고 있지 않다. 따라서 RNN 모델은 장기간의 정보를 기억할 수 없다. LSTM 모델에서 은닉상태와 셀 상태가 출력된다. 은닉상태는 예측(prediction)을 위해 사용되고 셀 상태는 장기간의 정보를 기억하는 역할을 한다.

LSTM 셀은 셀 상태 C_t에 정보를 추가하거나 제거할 수 있는 일종의 컨베이어 벨트 역할을 한다. 이런 역할을 게이트(gate)라고 불리는 구조에 의해 수행된다. 그림 9.17과 같이 셀 상태는 세 개의 게이트(gate)인 input 게이트, forget 게이트, output 게이트 들을 이용하여 정보의 반영 여부를 결정해 준다.

그림 9.18에서 셀 상태는 셀의 왼쪽에서 오른쪽으로 통과하게 되는데, 이전 상태 C_{t-1}은 곱셈 연산(point-by-point multiplication operation, 기호 ⊗)과 덧셈 연산(point-by-point addition operation, 기호 ⊕)을 거쳐 새로운 셀 상태 C_t로 업데이트된다. 즉, 이전 상태 C_{t-1}은 ⊗ 연산에 의해 forget 벡터 f_t와 곱한다. 그 결과 0이면 정보를 완전히 잃어버린다. 다음 ⊕ 연산에 의해 input 벡터 i_t와 덧셈한 결과값이 새로운 셀 상태 C_t가 된다. 그리고 새로운 셀 상태 C_t는 복사되고 tanh 함수로 전달되어 ⊗ 연산에 의해 output 벡터와 곱한 결과가 은닉상태 h_t가 된다.

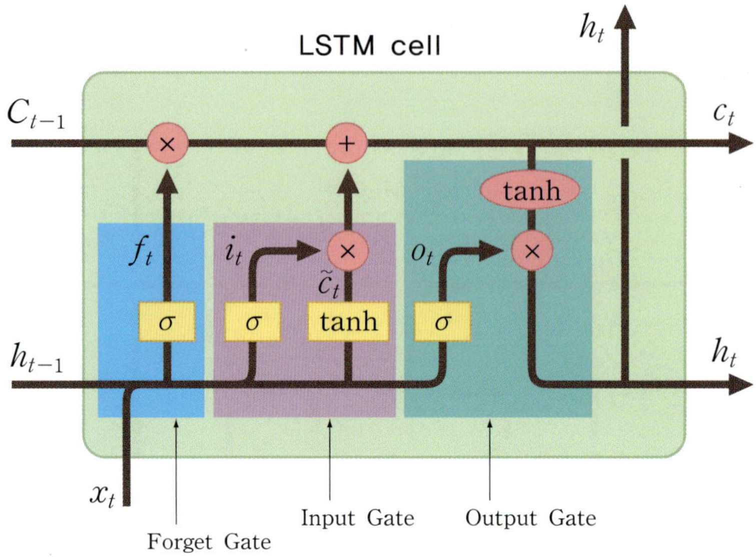

그림 9.18 LSTM cell의 세 개의 게이트: input 게이트, forget 게이트, output 게이트

지금부터 forget 게이트, input 게이트, output 게이트가 어떻게 동작하는지에 대해 자세히 살펴보고자 한다.

• forget **게이트**

forget 게이트 f_t는 이전 셀 상태 C_{t-1}의 정보가 필요한가 혹은 무시할 것인가를 결정하는 게이트이다. 그림 9.19에서 보는 것처럼 현재 입력 x_t와 은닉상태 h_{t-1}의 정보가 sigmoid 함수 σ을

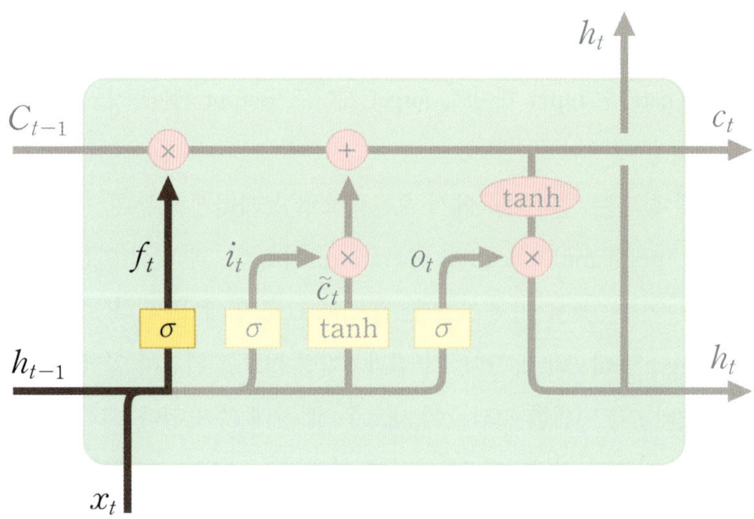

그림 9.19 forget 게이트

통해 전달된다. σ의 출력 범위는 (0, 1)이다. f_t는 나중에 셀 상태 C_{t-1}와 $\otimes$ 연산을 수행한다. 따라서 f_t가 0에 가깝다면 이전 상태의 정보는 많이 무시하고, f_t가 1에 가깝다면 이전 상태의 정보는 많이 활용할 것이다. 수식으로 정리하면 다음과 같다.

$$f_t = \sigma(U_f x_t + W_f h_{t-1})$$

• input **게이트**

input 게이트 i_t은 셀 상태를 어느 정도 업데이트할 것인가를 결정하는 게이트이다. 그림 9.20을 보면, 먼저 현재 입력 x_t와 은닉상태 h_{t-1}의 정보가 sigmoid 함수 σ을 통해 전달된다. σ의 출력 범위는 (0, 1)이다. 따라서 sigmoid 함수는 어느 정도 업데이트할지 결정하는 역할을 한다. 다음으로 현재 입력 x_t와 은닉상태 h_{t-1}의 정보가 tanh 함수를 통해 전달된다. tanh의 출력 범위는 (−1, 1)이다. tanh 함수에서는 셀 상태에 추가할 값들의 벡터 $\tilde{C}_t$를 생성한다. 수식으로 정리하면 다음과 같다.

$$i_t = \sigma(U_i x_t + W_i h_{t-1})$$

$$\tilde{C}_t = \tanh(U_C x_t + W_C h_{t-1})$$

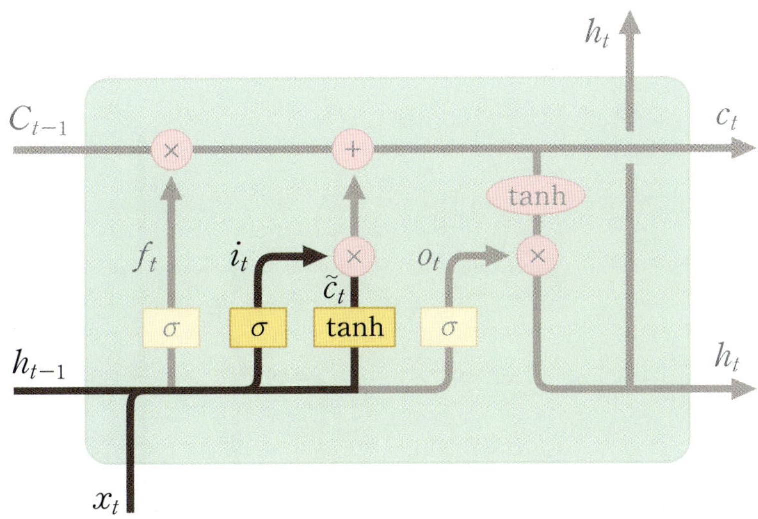

그림 9.20 input 게이트

• 셀 상태 업데이트

그림 9.21은 이전 셀 상태 C_{t-1}이 새로운 셀 상태 C_t로 업데이트하는 과정을 나타내고 있다.

이전 노드에서 넘어온 셀 상태 C_{t-1}에 forget 게이트의 출력값인 f_t를 곱한다. 다음 input 게이트에서 업데이트할 정보 $i_t * \widetilde{C}_t$를 더해 업데이트된다. 수식으로 정리하면 다음과 같다.

$$C_t = f_t * C_{t-1} + i_t * \widetilde{C}_t$$

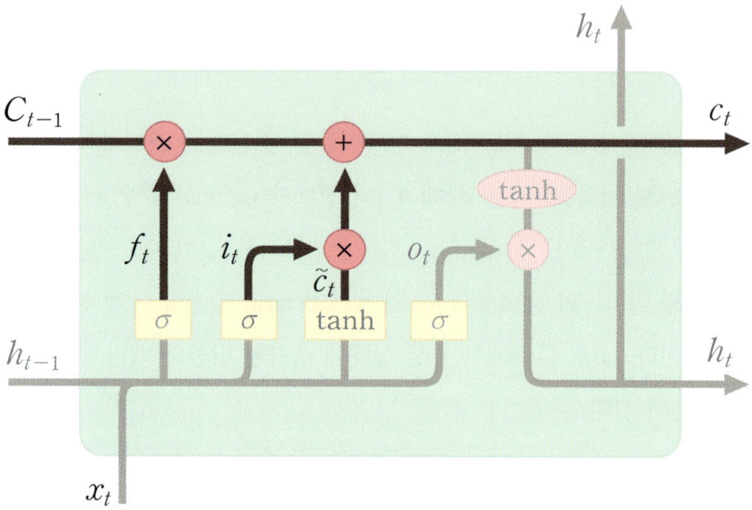

그림 9.21 셀 상태 업데이트 과정

• output 게이트

output 게이트 o_t는 다음 은닉상태 h_t를 결정하기 위한 게이트이다. 그림 9.22를 보면, 먼저

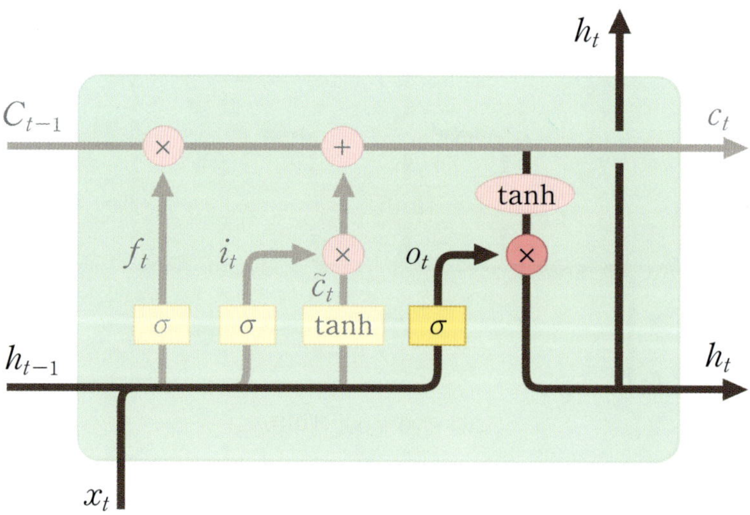

그림 9.22 output 게이트

현재 입력 x_t와 은닉상태 h_{t-1}의 정보가 sigmoid 함수 σ을 통해 전달된다. 그리고 새로운 셀 상태 C_t의 tanh 함수를 통해 전달된다. 전달된 두 값의 ⊗ 연산을 수행한다. 따라서 셀 상태의 어느 정도를 출력할지 정한다. 다음으로 셀 상태를 tanh에 의해 −1과 1 사이의 값으로 만든 뒤에 먼저 계산한 sigmoid gate의 output과 곱해준다. 그렇게 하면 우리가 output으로 보내고자 하는 부분만 내보낼 수 있게 된다. 수식으로 정리하면 다음과 같다.

$$o_t = \sigma(U_o x_t + W_o h_{t-1})$$

$$h_t = o_t * \tanh(C_t)$$

9.4 LSTM 모델 파이토치 구현

파이토치에서는 torch.nn.LSTM 클래스를 호출하여 LSTM 모델을 구현한다. 다음은 torch.nn.LSTM 클래스의 사용형식이다.

```
model = torch.nn.LSTM(input_size, hidden_size, num_layers, batch_first=False)
output, (h_n, c_n) = model(input)
```

먼저 위의 첫 번째 문장에 대해 설명하고자 한다.

```
model = torch.nn.LSTM(input_size, hidden_size, num_layers, batch_first=False)
```

여기서 input_size는 입력의 차원이고, hidden_size는 은닉상태의 차원, num_layers은 은닉층의 수이다. num_layers가 2 이상이면 Multi–layer LSTM이 된다. batch_first 옵션은 디폴트는 False로 설정되어 있고 True인 경우 입력, 출력 모두 (batch_size, sequence_length, input_size)의 형태를 갖는다.

예제 9.5

[예제 9.2]와 [예제 9.3]에서는 RNN 모델을 이용하여 단어 "hello"를 학습시켜 문자열 "hell"이 입력되면 문자열 "ello"를 출력시켰다. 여기서는 LSTM 모델을 이용하여 학습시키고자 한다.

풀이

코드 9.4.1

```
import torch
import torch.nn as nn
import numpy as np

device = torch.device("cuda" if torch.cuda.is_available() else "cpu")
#device = torch.device("cpu")
print('Device:', device)

torch.manual_seed(0)  # reproducibility

# hyperparameters
learning_rate = 0.1
num_epochs = 20

char_set = ['h', 'e', 'l', 'o']

# Teach hello: hell -> ello
x_data = [[0, 1, 2, 2]] # hell
# batch_size = 1
x_one_hot = [[[1, 0, 0, 0], # 'h'
 [0, 1, 0, 0], # 'e'
 [0, 0, 1, 0], # 'l'
 [0, 0, 1, 0]]] # 'l'
y_data = [[1, 2, 2, 3]] # ello

# As we have one batch of samples, we will change them to variables only once
inputs = torch.Tensor(x_one_hot)
labels = torch.LongTensor(y_data)
inputs=inputs.to(device)
labels=labels.to(device)


num_classes = 4
input_size = 4  # one-hot size
hidden_size = 4  # output from the RNN. 4 to directly predict one-hot
```

```
batch_size = 1   # one sentence

class LSTM(nn.Module):
    def __init__(self, num_classes, input_size, hidden_size):
        super(LSTM, self).__init__()
        self.num_classes = num_classes
        self.input_size = input_size
        self.hidden_size = hidden_size
          self.lstm = nn.LSTM(input_size=input_size, hidden_size=hidden_size,
batch_first=True)
        self.fc = nn.Linear(hidden_size, num_classes)

    def forward(self, x):
        output, h_n = self.lstm(x)
        # Reshape output from (batch, seq_len, hidden_size) to (batch *
        # seq_len, hidden_size)
        output = output.view(-1, self.hidden_size)
        # Return outputs applied to fully connected layer
        out = self.fc(output)
        return out

# Instantiate RNN model

lstm = LSTM(num_classes, input_size, hidden_size)
lstm = lstm.to(device)

# Set loss and optimizer function
loss_function = torch.nn.CrossEntropyLoss()    # Softmax is internally computed.
optimizer = torch.optim.Adam(lstm.parameters(), lr=learning_rate)

# Train the model

for epoch in range(num_epochs):
    outputs = lstm(inputs)
    loss = loss_function(outputs, labels.view(-1))
    loss.backward()
    optimizer.step()
    optimizer.zero_grad()
    result = outputs.data.cpu().numpy().argmax(axis=1)
    result_str = ''.join([char_set[c] for c in np.squeeze(result)])
      print("epoch =", epoch+1,",", "loss=", round(loss.item(),4),",", "pred =",
''.join(result_str)) # ello
```

```
Device: cuda
epoch = 1 , loss= 1.3129 , pred = llll
epoch = 2 , loss= 1.2072 , pred = llll
epoch = 3 , loss= 1.1034 , pred = llll
```

```
epoch = 4 , loss= 1.0008 , pred = llll
epoch = 5 , loss= 0.8935 , pred = llll
epoch = 6 , loss= 0.7784 , pred = llll
epoch = 7 , loss= 0.6669 , pred = lllo
epoch = 8 , loss= 0.5591 , pred = lllo
epoch = 9 , loss= 0.4588 , pred = lllo
epoch = 10 , loss= 0.3709 , pred = ello
epoch = 11 , loss= 0.2911 , pred = ello
epoch = 12 , loss= 0.2282 , pred = ello
epoch = 13 , loss= 0.177 , pred = ello
epoch = 14 , loss= 0.1385 , pred = ello
epoch = 15 , loss= 0.1065 , pred = ello
epoch = 16 , loss= 0.0804 , pred = ello
epoch = 17 , loss= 0.0605 , pred = ello
epoch = 18 , loss= 0.0462 , pred = ello
epoch = 19 , loss= 0.0358 , pred = ello
epoch = 20 , loss= 0.0278 , pred = ello
```

예제 9.6

[예제 9.4]의 Airline Passengers 데이터에서 LSTM 모델을 이용하여 매달 국제선 승객의 수를 예측하고자 한다.

풀이

코드 9.4.2

```
import numpy as np
import matplotlib.pyplot as plt
import pandas as pd
import torch
import torch.nn as nn
from sklearn.preprocessing import MinMaxScaler

device = torch.device("cuda" if torch.cuda.is_available() else "cpu")
#device = torch.device("cpu")
print('Device:', device)

airline = pd.read_csv('international-airline-passengers.csv')
#print(dataset.isnull().sum())
#print(airline.shape)
#print(airline.head())
airline = airline.iloc[:,1:2].values
```

```
#print(airline.shape)
#plt.plot(airline, label = 'Airline Passangers Data')
#plt.show()

def sliding_windows(data, seq_length):
    x = []
    y = []

    for i in range(len(data)-seq_length-1):
        _x = data[i:(i+seq_length)]
        _y = data[i+seq_length]
        x.append(_x)
        y.append(_y)

    return np.array(x),np.array(y)

scaler = MinMaxScaler()
scaler_airline = scaler.fit_transform(airline)

seq_length = 4

x, y = sliding_windows(scaler_airline, seq_length)
#print(x.shape,y.shape)
#print(x[0],y[0])
#print(x[1],y[1])

# fix random seed for reproducibility
torch.manual_seed(7)
train_size = int((3/4)*len(y))
test_size = len(y) - train_size

X_data = torch.Tensor(np.array(x))
Y_data = torch.Tensor(np.array(y))

X_data=X_data.to(device)
Y_data=Y_data.to(device)

X_train = torch.Tensor(np.array(x[0:train_size]))
Y_train = torch.Tensor(np.array(y[0:train_size]))

X_test = torch.Tensor(np.array(x[train_size:len(x)]))
Y_test = torch.Tensor(np.array(y[train_size:len(y)]))

X_train=X_train.to(device)
Y_train=Y_train.to(device)
```

```
X_test=X_test.to(device)
Y_test=Y_test.to(device)

num_epochs = 1000
learning_rate = 0.01

input_size = 1
hidden_size = 2
num_layers = 1
num_classes = 1

class LSTM(nn.Module):

    def __init__(self, num_classes, input_size, hidden_size, num_layers):
        super(LSTM, self).__init__()

        self.num_classes = num_classes
        self.num_layers = num_layers
        self.input_size = input_size
        self.hidden_size = hidden_size
        self.seq_length = seq_length

        self.lstm = nn.LSTM(input_size=input_size, hidden_size=hidden_size,
                            num_layers=num_layers, batch_first=True)

        self.fc = nn.Linear(hidden_size, num_classes)
    def forward(self, x):
        h_0 = torch.zeros(
            self.num_layers, x.size(0), self.hidden_size,device=device)

        c_0 = torch.zeros(
            self.num_layers, x.size(0), self.hidden_size,device=device)

        # Propagate input through LSTM
        output, (h_n, c_n) = self.lstm(x, (h_0, c_0))

        h_n = h_n.view(-1, self.hidden_size)

        result = self.fc(h_n)
        return resul

 lstm = LSTM(num_classes, input_size, hidden_size, num_layers)
lstm = lstm.to(device)

loss_function = torch.nn.MSELoss()    # mean-squared error for regression
```

```
optimizer = torch.optim.Adam(lstm.parameters(), lr=learning_rate)
#optimizer = torch.optim.SGD(lstm.parameters(), lr=learning_rate)

# Train the model
for epoch in range(num_epochs):
    outputs = lstm(X_train)
    optimizer.zero_grad()

    # obtain the loss function
    loss = loss_function(outputs, Y_train)

    loss.backward()

    optimizer.step()
    if (epoch+1)== 1:
        print("Epoch: %d, loss: %1.5f" % (epoch+1, loss.item()))
    if (epoch+1) % 100 == 0:
        print("Epoch: %d, loss: %1.5f" % (epoch+1, loss.item()))
```

```
Device: cuda
Epoch: 1, loss: 0.22645
Epoch: 100, loss: 0.01626
Epoch: 200, loss: 0.00331
Epoch: 300, loss: 0.00311
Epoch: 400, loss: 0.00291
Epoch: 500, loss: 0.00273
Epoch: 600, loss: 0.00256
Epoch: 700, loss: 0.00242
Epoch: 800, loss: 0.00228
Epoch: 900, loss: 0.00211
Epoch: 1000, loss: 0.00202
```

```
# predict
# rnn.eval()
Y_predict = lstm(X_data)
Y_predict = Y_predict.data.cpu().numpy()
Y_data = Y_data.data.cpu().numpy()

inverse_scaled_Y_predict = scaler.inverse_transform(Y_predict)
inverse_scaled_Y_data = scaler.inverse_transform(Y_data)

plt.axvline(x=train_size, c='r', linestyle='--')

plt.plot(inverse_scaled_Y_data, label='original')
```

```
plt.plot(inverse_scaled_Y_predict,label='predicted' )
plt.suptitle('Time-Series Prediction')
plt.legend(loc='best')
plt.show()
```

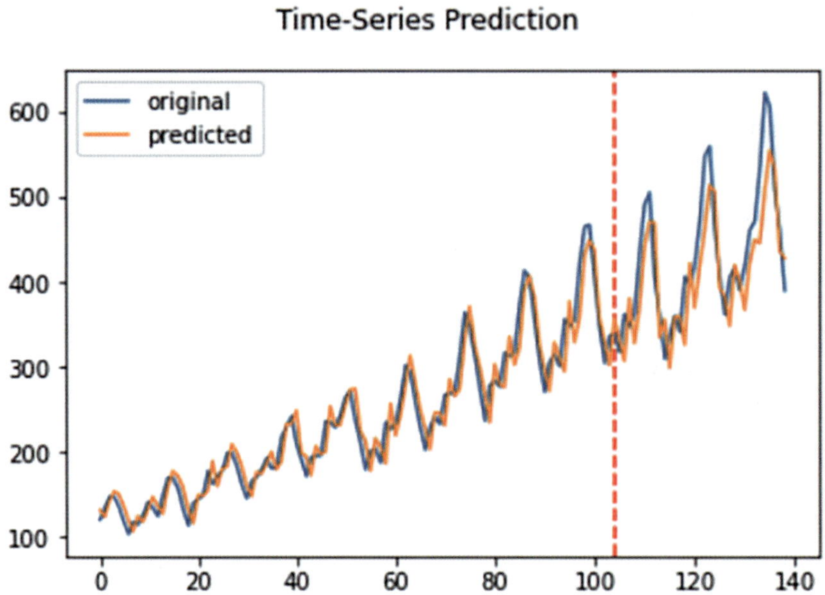

그림 9.23 LSTM 이용 승객예측 그래프

연습문제

1. 문자-레벨 언어 모델을 이용하여 하나의 문자가 주어지면 다음 문자를 예측할 수 있는 RNN 모델을 생성하고자 한다. 여기서는 문자열 "hihello"를 예측하는 모델이다. 이를 이용하여 문자열 "hihell"이 입력되면 문자열 "ihello"를 출력한다. 즉,

   'h'→'i'→'h'→'e'→'l'→'l'→'o'

   여기서 어떤 'h'를 학습한 후 'i'가 나와야 하고, 같은 'h'이지만 어떤 'h'는 'e'가 나오도록 학습한다.

2. RNN 모델을 이용하여 스타벅스의 주가에 대해 예측하고자 한다. 그림 9.24는 2019-12-18일부터 2020-12-10일까지 스타벅스 주가 데이터이다. 아래 사이트에서 다운로드받을 수 있다. 여기서는 거래량(volume)에 대해 예측하고자 한다.

   https://cnvrg.io/pytorch-lstm/

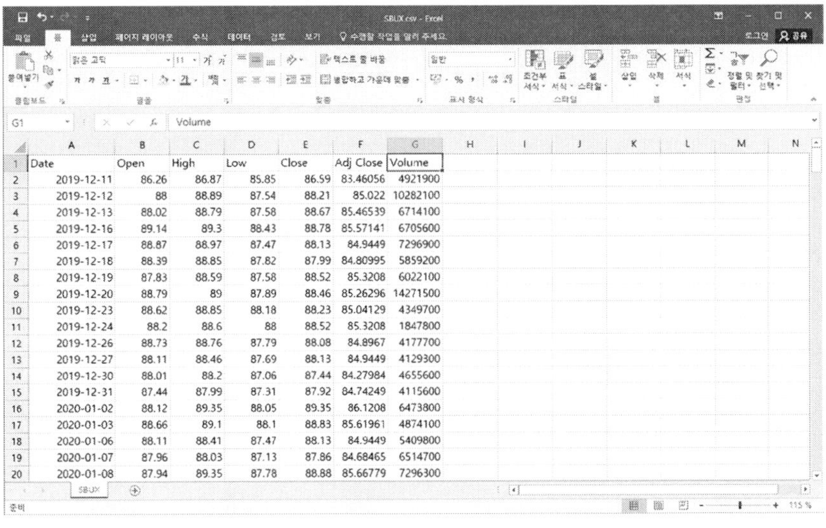

Date	Open	High	Low	Close	Adj Close	Volume
2019-12-11	86.26	86.87	85.85	86.59	83.46056	4921900
2019-12-12	88	88.89	87.54	88.21	85.022	10282100
2019-12-13	88.02	88.79	87.58	88.67	85.46539	6714100
2019-12-16	89.14	89.3	88.43	88.78	85.57141	6705600
2019-12-17	88.87	88.97	87.47	88.13	84.9449	7296900
2019-12-18	88.39	88.85	87.82	87.99	84.80995	5859200
2019-12-19	87.83	88.59	87.58	88.52	85.3208	6022100
2019-12-20	88.79	89	87.89	88.46	85.26296	14271500
2019-12-23	88.62	88.85	88.18	88.23	85.04129	4349700
2019-12-24	88.2	88.6	88	88.52	85.3208	1847800
2019-12-26	88.73	88.76	87.79	88.08	84.8967	4177700
2019-12-27	88.11	88.46	87.69	88.13	84.9449	4129300
2019-12-30	88.01	88.2	87.06	87.44	84.27984	4655600
2019-12-31	87.44	87.99	87.31	87.92	84.74249	4115600
2020-01-02	88.12	89.35	88.05	89.35	86.1208	6473800
2020-01-03	88.66	89.1	88.1	88.83	85.61961	4874100
2020-01-06	88.11	88.41	87.47	88.13	84.9449	5409800
2020-01-07	87.96	88.03	87.13	87.86	84.68465	6514700
2020-01-08	87.94	89.35	87.78	88.88	85.66779	7296300

그림 9.24 스타벅스 주가 데이터

3. 문제 1에서 LSTM 모델을 사용하여 예측하고자 한다.

4. 문제 2에서 LSTM 모델을 사용하여 예측하고자 한다.

제 10 장

GAN 모델

10.1 GAN 모델이란?

(1) GAN의 두 개의 모델: 생성자와 판별자

GAN(Generative Adversarial Network, 생성적 적대 모델)은 생성자(generator)와 판별자(discriminator, 구별자)가 서로 경쟁하며 판별이 어려운 수준, 즉 '실제같이 보이는 허구'를 만들어내는 딥러닝 기법이다. 구글의 이안 굿펠로우(Ian J. Goodfellow) 등이 2014년 제안한 비지도 학습 방식(unsupervised learning)의 모델이다. GAN의 첫 단어인 'Generative'는 GAN이 생성적 모델이라는 것을 뜻한다. 생성적 모델이란 랜덤 노이즈(random noise: 무작위 잡음)로 이루어진 잠재공간(latent space)에서 벡터를 추출하여 '진짜 같은 가짜'를 만들어내는 모델이다. 그림 10.1과 같이 언뜻 보면 진짜 같은 가짜 사람 얼굴 사진을 만들어 내거나 그림 10.2와 같이 실제로 있을 법한 고양이 사진을 만들어내는 것이 생성적 모델의 예이다.

그림 10.1 생성적 모델을 이용하여 얻은 가짜 얼굴 사진[1]

1 https://github.com/NVlabs/stylegan

그림 10.2 생성적 모델을 이용하여 얻은 가짜 고양이 사진[2]

2017년 8월 화제가 됐던 미국 제44대 대통령인 오바마(Barack Obama)의 가짜 영상과 음성을 합성한 그림 10.3의 동영상이 대표적 생성적 모델의 사례다. 미국 워싱턴 대학교 연구진은 오바마 연설 영상에서 음성을 추출한 뒤, 음성에 맞게 입 모양을 내도록 학습시켜 실제로는 존재하지 않는 영상을 만들어내었다.

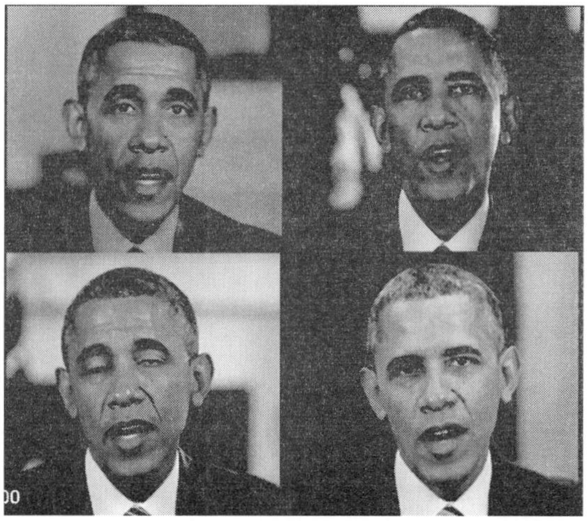

그림 10.3 생성적 모델을 이용하여 얻은 가짜 오바마 동영상[3]

2 http://thesecatsdonotexist.com/

3 https://www.youtube.com/watch?v=dkoi7sZvWiU

GAN의 두 번째 단어인 'Adversarial'은 GAN이 적대적 모델이라는 것을 뜻한다. GAN의 두 개의 모델인 생성자와 판별자는 적대적 관계에서 서로 경쟁하면서 학습하는 모델이라는 뜻이다. 생성자의 목표는 랜덤 노이즈로부터 어떠한 결과물을 만들어내는데 학습 데이터 셋에 있는 실제 데이터(real data)와 구분이 안 될 정도로 유사한 데이터를 만드는 것이고, 판별자의 목표는 생성자가 만든 가짜 데이터(fake data)를 학습 데이터 셋에 있는 실제 데이터와 구별하는 것이다. 생성자와 판별자는 서로를 이기려는 경쟁을 지속한다. 판별자가 가짜와 진짜를 구별하는 능력이 탁월할수록 생성자는 더욱 진짜 같은 가짜 데이터를 생산한다.

(2) GAN 모델의 아이디어

GAN 모델은 생성자와 판별자로 구성되어 있다. 이는 위조지폐범과 경찰과의 관계로 비유할 수 있다. 이 둘은 적대적 경쟁 관계이다. 위조지폐범은 경찰에게 걸리지 않기 위해 더욱더 정교한 위조지폐를 만들기 위해 노력할 것이고, 경찰은 정교한 위조지폐를 판별하기 위해 더욱더 정교한 판별 기법을 개발하기 위해 노력할 것이다. 바로 이것이 GAN 모델의 핵심이다. 6장의 그림 6.19에서 보는 것처럼 GAN 모델은 위조지폐범에 해당하는 생성자와 경찰에 해당하는 판별자를 경쟁적으로 학습시킨다. 생성자의 목적은 그럴듯한 위조지폐를 만들어서 판별자를 속이는 것이고, 판별자의 목적은 생성자가 만든 위조지폐와 진폐를 구분하는 것이다. 이 둘을 적대적으로 경쟁을 하면서 위조지폐범의 실력이 향상되어 진폐와 구별이 어려운 위조지폐를 만들 수 있는 수준까지 도달한다. 이런 학습이 바로 GAN 모델의 핵심적인 아이디어인 적대적 학습(Adversarial Training)이다.

그림 10.4는 가짜 와인 위조범과 와인 가게 주인의 관계를 설명하고 있다. 가짜 와인 위조범은 돈을 벌기 위해 진품과 같은 가짜 와인을 가게에 팔려고 할 것이고 와인 가게 주인은 가짜 와인 위조범이 제조한 가짜 와인과 진품을 구별하려 할 것이다. 이 둘은 적대적인 경쟁 관계이다.

여기서 가짜 와인 위조범의 목표는 진품과 구별이 안 되는 와인을 만드는 것이고, 와인 가게 주인의 목표는 와인이 진품인지 아닌지 정확하게 구분해 내는 것이다. 그림에서 보는 것처럼 GAN 모델은 가짜 와인 위조범에 해당하는 생성자와 가게 주인에 해당하는 판별자를 경쟁적으로 학습시킨다. 여기서 가짜 와인 위조범과 위조를 구분해 내려는 가게 주인의 적대적 경쟁이 GAN 모델의 기본 아이디어이다.

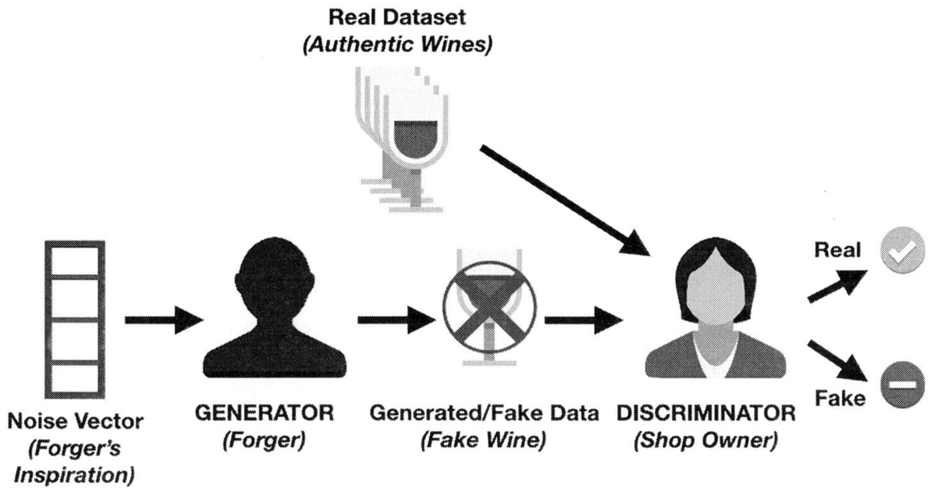

그림 10.4 GAN에서 가짜 와인 위조범과 가게 주인의 관계[4]

(3) GAN 모델의 학습 방법

GAN 모델의 아이디어에 대해 이해하였다면, 그림 10.5의 GAN 모델의 학습 방법에 대해 생각해보자.

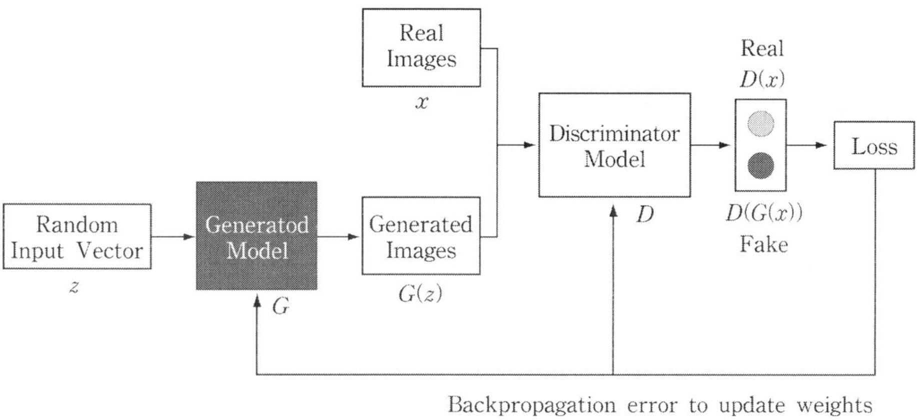

그림 10.5 GAN 모델의 학습 방법

먼저, 판별자(discriminator)의 학습 방법에 대해 설명하고자 한다. 판별자는 학습 데이터셋에 있는 진짜 영상(real image)에 대해 목표값 레이블 1이 주어진 상태에서 학습시킨다. 여

4 https://www.datacamp.com

기서 레이블 1은 진짜 영상을 나타낸다. 그런 다음, 진짜 영상에 대한 손실함수의 값인 오차(loss)를 계산한다. 또한, 판별자는 진짜 영상이 아닌 영상, 여기서는 랜덤 노이즈(random noise)를 입력으로 하여 생성자를 사용하여 얻어진 가짜 영상(fake image)에 대해 목표값 레이블 0이 주어진 상태에서 학습시킨다. 여기서 레이블 0은 가짜 영상을 나타낸다. 다음으로 가짜 영상에 대한 손실함수의 값인 오차를 계산한다. 즉, 판별자는 진짜 영상이 입력되면 진짜 영상으로 구분하고 가짜 영상이 입력되면 가짜 영상이라고 구분하도록 학습시킨다. 위에서 계산된 진짜 영상에서 얻은 오차와 가짜 영상에서 얻은 오차의 합을 판별자의 전체 오차로 간주하여 이 오차가 최소가 되도록 판별자의 가중치(weights)를 업데이트한다. 학습이 반복될수록 생성자는 진짜 같은 가짜 영상이 만들어지면서 진짜 영상을 가짜로, 가짜 영상을 진짜로 잘 못 판별할 가능성이 더 커지면서 판별자의 오차는 커진다.

위에서 설명한 내용을 단계별로 정리하면 다음과 같다.

- STEP 1: 판별자 모델에 진짜 영상을 진짜(True)라고 먼저 학습시킨다.
- STEP 2: 판별자 모델에 (생성자에 의해 생성된) 가짜 영상을 가짜(False)라고 먼저 학습시킨다.

위의 과정은 CNN 모델을 이용한 영상에서 이진 분류(binary classification)과정과 같다. 따라서 손실함수의 값인 오차가 최소가 되도록 판별자의 가중치를 업데이트한다.

다음으로 생성자(generator)의 학습 방법에 대해 설명하고자 한다. 우리는 GAN에서 생성하고자 하는 모델이 바로 생성자 모델이다. 판별자가 진짜 영상과 가짜 영상, 두 영상을 가지고 학습하였다면 생성자는 가짜 영상 만을 가지고 학습한다. 여기서는 랜덤 노이즈(random noise)를 입력으로 생성자를 적용하여 가짜 영상을 생성한 다음 판별자를 적용하여 얻은 모델, 즉, 생성자와 판별자의 결합 모델에 목표값 레이블 1이 주어진 상태에서 학습시킨다. 여기서 레이블 1은 진짜 영상을 나타낸다. 이렇게 하는 이유는 진짜 영상과 같은 가짜 영상을 생성하는 것이 목적이므로 가짜 영상에 대해 목표값 레이블 1이 주어진 상태에서 생성자를 학습시킨다. 생성자와 판별자의 결합 모델, 즉 생성자 다음에 적용되는 판별자는 이미 판별자의 학습 단계에서 학습이 이루어진 모델이다. 가짜 입력 영상에 대한 손실함수의 값인 오차를 최소가 되도록 생성자의 가중치를 업데이트한다.

위에서 설명한 내용을 정리하면 다음과 같다.

– STEP 1: 생성자 모델에 의해 생성된 가짜 영상을 판별자가 진짜(True)라고 학습시킨다.

따라서 생성자와 판별자의 결합 모델에서 생성자는 가짜 입력 영상으로부터 판별자자 진짜 영상이라고 판별할 수 있을 정도로 진짜 같은 가짜 영상을 만드는 것을 목표로 학습한다.

학습이 반복될수록 생성자는 진짜 같은 가짜 영상이 만들어지면서 가짜 영상에 대한 오차가 점점 작아진다.

• **GAN 모델의 손실함수**

GAN 모델에서 사용하고 있는 손실함수(loss function)은 게임이론의 minimax 알고리즘에서 사용되는 minimax loss이다. GAN 모델의 목적함수를 $V(G, D)$라 할 때 minimax loss는 식 (10.1)과 같이 표현할 수 있다.

$$\min_G \max_D V(D,G) = E_{x \sim p_{data}(x)}[\log D(x)] + E_{z \sim p_z(z)}[\log(1 - D(G(z)))] \tag{10.1}$$

여기서 E는 기댓값(expectation)을 나타내고, $x \sim P_{data}(x)$는 진짜 영상 x가 분포 $P_{data}(x)$를 따른다는 것을 나타내고, $z \sim P_z(z)$는 노이즈(noise) z가 분포 $P_z(z)$를 따른다는 것을 나타낸다. 그리고 판별자는 진짜 영상 x에 대해 $D(x)$ 확률값을 출력하고, 생성자는 노이즈 z에 대해 $G(z)$ 확률값을 출력한다.

GAN 모델의 손실함수는 판별자의 측면에서 식 (10.1)의 손실함수가 최대가 되도록 하면서 생성자의 측면에서 반대로 식 (10.1)의 손실함수가 최소가 되도록 하는 것이다.

먼저 판별자의 측면에서 식 (10.1)의 손실함수를 살펴보고자 한다. 판별자는 진짜 영상을 입력하는 경우 진짜로 인식하고, 생성자에 의해 생성된 가짜 영상을 입력하는 경우 가짜로 인식할 가능성을 최대로 하는 것이 목적이다. 이를 수식으로 표현하면 식 (10.2)와 같이 표현할 수 있다.

$$\max_D V(D, G) = E_{x \sim P_{data}(x)}[\log D(x)] + E_{z \sim P_z(z)}[\log(1 - D(G(z)))] \tag{10.2}$$

여기서 $E_{x \sim P_{data}(x)}[\log D(x)]$는 진짜 영상 x인 경우 $D(x)$는 큰 값을 갖고, $E_{z \sim P_z(z)}[\log(1-D(G(z)))]$는 생성된 가짜 영상 z인 경우 $\log(1-D(G(z)))$는 큰 값을 갖는다. 진짜와 가짜를 100% 구분하는 이상적인 판별자는 진짜 영상 x인 경우 $D(x)=1$이 되고, 따라서 $\log D(x)=0$이 되며, 가짜 영상 z인 경우 $D(G(z))=0$이 되고, 따라서 $\log(1-D(G(z)))=0$이므로 손실이 발생하지 않는다. 즉, $\max_D V(D, G)=0$이 된다.

다음으로 생성자의 측면에서 식 (10.1)의 손실함수를 살펴보고자 한다. 식 (10.1)의 첫번째 항은 D가 구별해내는 것에 대한 항으로 G의 성능에 의해 결정될 수 있는 항이 아니므로 무시하고 생성자는 판별자자 구분 못 할 진짜와 같은 가짜를 생성하여 가짜로 인식될 가능성을 최소로 하는 것이 목적이다. 이를 수식으로 표현하면 식 (10.3)과 같이 표현할 수 있다.

$$\max_G V(D, G) = E_{z \sim P_z(z)}[\log(1-D(G(z)))] \tag{10.3}$$

여기서 생성된 영상 z은 판별자가 구분이 어려운 경우 $D(G(z))$의 값은 큰 값을 갖고, 따라서 $\log(1-D(G(z)))$은 작은 값을 갖는다. 이상적인 생성자는 진짜 영상 x인 경우 $D(G(z))=1$이 되고, 따라서 $\log(1-1)=\log 0=-\infty$이 된다. 즉, $\min_G V(D, G)=-\infty$이 된다.

10.2 GAN 모델 파이토치 구현

파이토치를 이용하여 MNIST 데이터를 생성하는 GAN 모델을 구현하고자 한다. MNIST 데이터는 숫자 0부터 9까지 60,000개의 손글씨 숫자 영상으로 이루어진 데이터이다. 각각의 숫자 영상은 28×28 크기의 영상이다. 그림 10.6은 MNIST 데이터의 일부를 보여주고 있다.

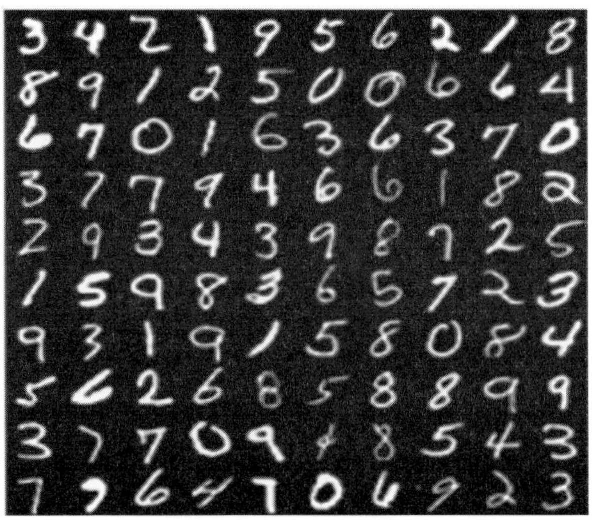

그림 10.6 MNIST 데이터

그림 10.7의 GAN 모델 학습을 통해 그림 10.6의 MNIST 데이터의 숫자 영상과 유사한 영상을 생성하고자 한다.

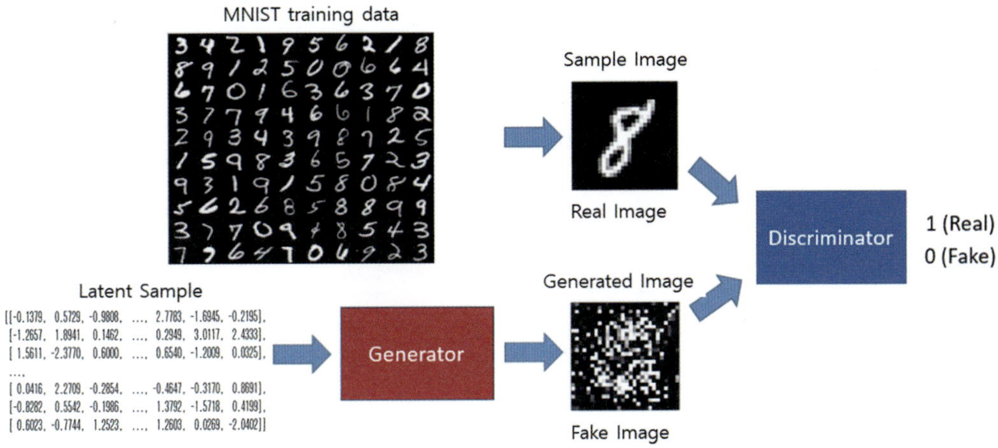

그림 10.7 MNIST 데이터에서 GAN 모델 학습

(1) 생성자

생성자는 비지도 학습(unsupervised learning)을 통해 학습이 이루어지며, 생성자의 입력으로는 노이즈 분포(noise distribution)로부터 추출된 잠재 샘플(latent sample, 잠재공간에서의 샘플 데이터)을 사용한다. 그림 10.8은 생성자의 학습이 이루어지는 경우 잠재 샘플로부터 숫자 영상을 생성하는 것을 보여주고 있다.

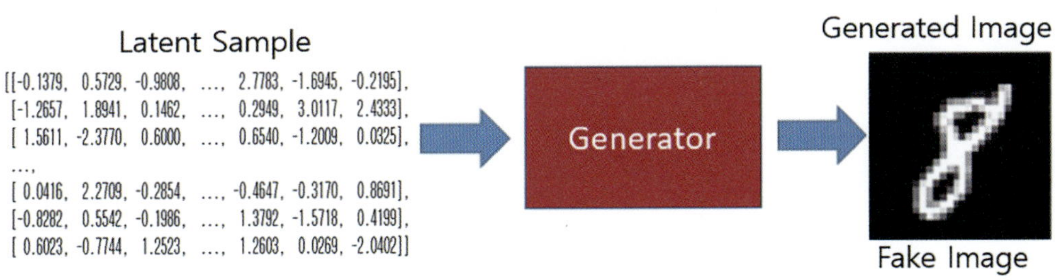

그림 10.8 생성자의 학습이 이루어지는 경우

생성자는 입력층, 은닉층, 출력층으로 구성된 완전 연결 신경망(fully connected network)으로 입력층에서 입력 노드의 수는 잠재 샘플의 수, 여기서는 100개이고, 출력층의 출력 노드의 수는 784개(784=28×28)이다. 여기서 784개는 MNIST 숫자 영상에서 사용되는 28×28 영상의 크기이다. MNIST 데이터에서 사용된 생성자는 다음과 같이 노이즈 벡터로부터 업샘플링(up-sampling)을 통해 영상 형태를 출력한다.

```
G = nn.Sequential(
    nn.Linear(latent_size, hidden_size),
    nn.ReLU(),
    nn.Linear(hidden_size, hidden_size),
    nn.ReLU(),
    nn.Linear(hidden_size, image_size),
    nn.Tanh())
```

▶ 위 코드를 보면 생성자도 하나의 신경망일 뿐이다. 입력층에서 latent_size = 100개인 노이즈 벡터를 입력으로 받아서 여러 개의 은닉층, 여기서는 hidden_size = 256개인 2개의 은닉층을 거쳐 마지막으로 출력층, 여기서는 영상의 크기 image_size = 784개 즉, 28 x 28 크기로 출력한다.

여기서 생성자의 마지막 출력을 위한 활성화 함수로서 Tanh 함수를 사용하고 있다. 이것은 MNIST 입력 영상의 픽셀값을 −1과 +1 사이의 값으로 정규화하기 위해서이다.

만약, 그림 10.8에서 생성자의 학습이 이루어지지 않는 경우 어떻게 될 것인가? 이 경우 생성자는 그림 10.9와 같이 오직 쓰레기 영상(garbage image)만을 생성할 것이다.

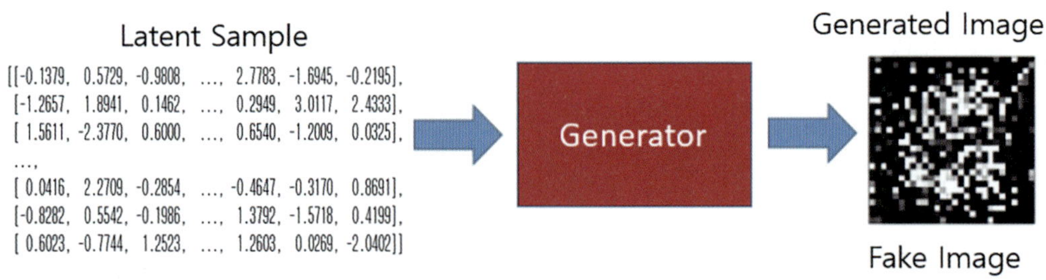

그림 10.9 생성자의 학습이 없는 경우

(2) 판별자

판별자는 지도학습(supervised learning)을 통해 입력 영상이 진짜인지 혹은 가짜인지 분류한다. 이것은 CNN 모델에서 영상 분류와 유사하다. 여기서 사용되는 입력 영상은 MNIST 영상과 생성자에 의해 생성된 영상을 사용한다. 그림 10.10과 같이 입력 영상이 MNIST 영상이면 진짜로 분류한다.

그림 10.10 MNIST 영상에 대한 판별자의 학습

그림 10.11과 같이 입력 영상이 생성자에 의해 생성된 영상이면 가짜로 분류한다.

그림 10.11 생성자가 생성된 영상에 대한 판별자의 학습

판별자는 생성자와 똑같이 입력층, 은닉층, 출력층으로 구성된 완전 연결 신경망(fully connected network)으로 입력층에서 입력 노드의 수는 생성자의 출력 노드의 수와 같도록 설정한다. 여기서는 784개이고 출력층의 출력 노드의 수는 1이다. 여기서 1은 입력 영상이 진짜 인지 혹은 가짜인지를 구분하는 데 사용된다. MNIST 데이터에서 사용된 판별자는 다음과 같이 영상 형태로부터 다운샘플링(down-sampling)을 통해 1개의 값을 출력한다.

```
D = nn.Sequential(
    nn.Linear(image_size, hidden_size),
    nn.LeakyReLU(0.2),
    nn.Linear(hidden_size, hidden_size),
    nn.LeakyReLU(0.2),
    nn.Linear(hidden_size, 1),
    nn.Sigmoid())
```

▶ 위 코드를 보면 영상의 크기 image_size =784, 즉 28x28 크기를 받아서 여러 개의 은닉층, 여기서는 hidden_size = 256개인 2개의 은닉층을 거쳐 마지막으로 출력층, 여기서는 1개의 출력값을 출력한다.

판별자의 마지막 출력을 위한 활성화 함수로서 Sigmoid 함수를 사용하고 있다. 이는 0과 1 사이의 값을 가지고 입력 영상이 진짜 인지 혹은 가짜인지를 구분한다.

(3) GAN: 생성자와 판별자 결합 모델

생성자와 판별자의 모델이 각각 정의되었으면, GAN 모델은 그림 10.12와 같이 생성자와 판별자 결합 모델이라 생각할 수 있다.

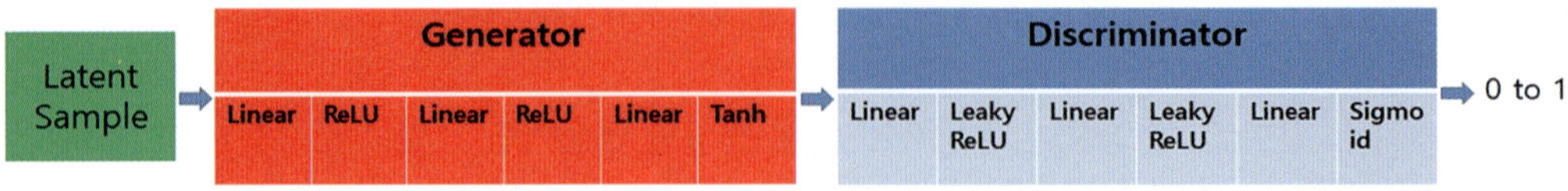

그림 10.12 GAN: 생성자와 판별자 결합 모델

여기서 GAN 모델을 학습한다는 것은 생성자를 학습하는 것을 말한다. 판별자는 전 단계에서 학습이 이루어졌다고 가정한다. 즉, 그림 10.10 혹은 그림 10.11에서 학습이 이루어졌다고 가정한다. 따라서 생성자의 학습이 판별자의 가중치에 영향을 미치지 않는다. 판별자는 단지 분류기(classifier)로서의 역할 만을 수행한다. 그림 10.13은 GAN 모델의 학습 중에 판별자의 학습이 이루어지지 않는다는 것을 보여주고 있다.

그림 10.13 GAN 학습

만약, 그림 10.13에서 생성자의 학습이 잘 이루어지는 경우, 즉 그림 10.8처럼 생성된 가짜 영상이 진짜 영상과 가까운 영상이면, 판별자의 출력값은 1에 가까운 값을 갖는다. 이 경우 판별자의 손실함수의 값은 작은 값을 갖기 때문에 역전파 알고리즘에 의해 생성자의 가중치를 미세하게 업데이트한다. 그러나 생성자는 처음에는 그림 10.9와 같이 쓰레기 영상을 생성하기 때문에 판별자의 손실함수의 값은 큰 값을 갖는다. 이 경우 역전파 알고리즘에 의해 생성자의 가중치를 크게 업데이트한다. 반복적인 역전파 알고리즘에 의해 생성자는 진짜 영상과 가까운 영상을 생성하면서 손실함수의 값은 점점 작아지고 나중에는 GAN 모델의 학습이 종료된다.

GAN 모델의 학습, 즉 생성자와 판별자 결합 모델의 학습 방법을 단계별로 정리하면 다음과 같다.

- STEP 1: 판별자를 학습 가능(trainable) 상태로 만든다.
- STEP 2: 진짜 MNIST 숫자 영상과 생성자에 의해 생성된 영상을 가지고 진짜 영상과 가짜 영상을 분류하기 위해 판별자를 학습시킨다.
- STEP 3: 판별자를 학습 불가능(non-trainable) 상태로 만든다.
- STEP 4: 생성자를 학습시킨다. 즉, 잠재 샘플(latent sample)을 생성자에 입력한 후 영상을 생성한 다음 판별자를 이용하여 영상을 분류한다.
- STEP 5: STEP 1~STEP 4 과정을 반복한다.

다음 [코드 10.2.1]은 GAN 모델의 학습을 통해 MNIST 데이터의 숫자 영상과 유사한 영상을 생성하는 코드이다. epoch에 따른 판별자와 생성자의 손실함수 값에 대한 그래프와 생성된 숫자 영상을 출력하고자 한다. 여기서는 계산시간 절약을 위해 epoch은 100으로 설정하였다.

코드 10.2.1

```
# prerequisites
import os
import torch
import torch.nn as nn
import torch.nn.functional as F
import torch.optim as optim
from torchvision import datasets, transforms
from torchvision.utils import save_image

# Device configuration
device = torch.device('cuda' if torch.cuda.is_available() else 'cpu')

# Hyper-parameters
latent_size = 100
hidden_size = 256
image_size = 784
num_epochs = 100
BATCH_SIZE = 100

# MNIST Dataset
transform = transforms.Compose([
    transforms.ToTensor(),
```

```
    transforms.Normalize(mean=(0.5), std=(0.5))])

train_dataset = datasets.MNIST(root='./mnist_data/', train=True, transform=transform,
download=True)
```

```
# Data Loader
torch.manual_seed(0)

train_loader = torch.utils.data.DataLoader(dataset=train_dataset,
batch_size=BATCH_SIZE, shuffle=True)

D = nn.Sequential(
    nn.Linear(image_size, hidden_size),
    nn.LeakyReLU(0.2),
    nn.Linear(hidden_size, hidden_size),
    nn.LeakyReLU(0.2),
    nn.Linear(hidden_size, 1),
    nn.Sigmoid())

G = nn.Sequential(
    nn.Linear(latent_size, hidden_size),
    nn.ReLU(),
    nn.Linear(hidden_size, hidden_size),
    nn.ReLU(),
    nn.Linear(hidden_size, image_size),
    nn.Tanh())

D.to(device)
G.to(device)

# loss function
loss_function = nn.BCELoss()

# optimizer
learning_rate = 0.0002
D_optimizer = torch.optim.Adam(D.parameters(), lr=learning_rate)
G_optimizer = torch.optim.Adam(G.parameters(), lr=learning_rate)

D_loss_epochs, G_loss_epochs = [], []
for epoch in range(num_epochs):
    for i, (images, _) in enumerate(train_loader):
        images = images.reshape(BATCH_SIZE, -1).to(device)

        # Create the labels which are later used as input for the BCE loss
        real_labels = torch.ones(BATCH_SIZE, 1).to(device)
        fake_labels = torch.zeros(BATCH_SIZE, 1).to(device)
```

```
            # ======================================================== #
            #                  Train the discriminator                 #
            # ======================================================== #

            outputs = D(images)
            D_loss_real = loss_function(outputs, real_labels)

            # Compute BCELoss using fake images
            # First term of the loss is always zero since fake_labels == 0
            z = torch.randn(BATCH_SIZE, latent_size).to(device)
            fake_images = G(z)
            outputs = D(fake_images)
            D_loss_fake = loss_function(outputs, fake_labels)

            # Backprop and optimize
            D_loss = D_loss_real + D_loss_fake
            D_optimizer.zero_grad()
            D_loss.backward()
            D_optimizer.step()

            # ======================================================== #
            #                    Train the generator                   #
            # ======================================================== #

            # Compute loss with fake images
            z = torch.randn(BATCH_SIZE, latent_size).to(device)
            fake_images = G(z)
            outputs = D(fake_images)

            G_loss = loss_function(outputs, real_labels)

            # Backprop and optimize
            G_optimizer.zero_grad()
            G_loss.backward()
            G_optimizer.step()

        D_loss_epochs.append(D_loss.mean().item())
        G_loss_epochs.append(G_loss.mean().item())

        print('Epoch [%d/%d]: D_loss: %.4f, G_loss: %.4f' % (epoch, num_epochs,
D_loss.mean().item(), G_loss.mean().item()))
```

```
#     print('Epoch [%d/%d]: D_loss: %.4f, G_loss: %.4f' % (epoch, num_epochs,
torch.mean(torch.FloatTensor(D_loss)),
#
torch.mean(torch.FloatTensor(G_loss))))
    # real image 저장
    if (epoch+1) == num_epochs:
        images = images.reshape(images.size(0), 1, 28, 28)
        save_image((images+1)/2, os.path.join('./mnist_data/', 'real_images.png'))

    # 생성된 이미지 저장
    if (epoch+1) % 10==0:
        fake_images = fake_images.reshape(fake_images.size(0), 1, 28, 28)
           save_image((fake_images+1)/2, os.path.join('./mnist_data/', 'fake_images-
{}.png'.format(epoch+1)))
```

```
Epoch [0/100]: D_loss: 0.0329, G_loss: 5.5229
Epoch [1/100]: D_loss: 0.0193, G_loss: 5.6498
Epoch [2/100]: D_loss: 0.5421, G_loss: 4.6169
Epoch [3/100]: D_loss: 0.3044, G_loss: 5.0722
Epoch [4/100]: D_loss: 0.4379, G_loss: 3.3249
Epoch [5/100]: D_loss: 0.0674, G_loss: 4.0474
Epoch [6/100]: D_loss: 0.1099, G_loss: 5.5388
Epoch [7/100]: D_loss: 0.0583, G_loss: 6.4264
Epoch [8/100]: D_loss: 0.3589, G_loss: 4.4488
Epoch [9/100]: D_loss: 0.1740, G_loss: 5.5944
..............................................................
Epoch [91/100]: D_loss: 0.6615, G_loss: 2.2117
Epoch [92/100]: D_loss: 0.9536, G_loss: 1.7067
Epoch [93/100]: D_loss: 0.9922, G_loss: 1.7510
Epoch [94/100]: D_loss: 0.5616, G_loss: 2.3964
Epoch [95/100]: D_loss: 0.7699, G_loss: 2.0561
Epoch [96/100]: D_loss: 0.9751, G_loss: 1.4869
Epoch [97/100]: D_loss: 0.8686, G_loss: 1.7792
Epoch [98/100]: D_loss: 0.7694, G_loss: 2.0750
Epoch [99/100]: D_loss: 0.8156, G_loss: 1.8573
```

▶ GAN에서 판별자의 학습은 지도 학습을 통해 입력 영상이 MNIST 영상이면 진짜로 분류하고, 입력 영상이 생성자에 의해 생성된 영상이면 가짜로 분류한다. 그런데 GAN의 학습이 반복될수록 생성자에 의해 진짜 영상과 가까운 영상을 생성하면서 판별자의 손실함수의 값은 점점 커진다. 위에서 Epoch=0~Epoch=9 값을 보면 판별자의 손실함수의 값 D_loss는 대부분 작은 값을 갖고 있고, Epoch=91~Epoch=99 값을 보면 판별자의 손실함수의 값 D_loss는 대부분 큰 값을 갖고 있음을 알 수 있다. 반대로 GAN의 학습에서 생성자의 손실함수의 값 G_loss은 epoch이 클수록 점점 작아지는 것을 알 수 있다.

```
import matplotlib.pyplot as plt

plt.plot(D_loss_epochs, '-')
plt.plot(G_loss_epochs, '-')
plt.xlabel('Epoch')
plt.ylabel('Loss')
plt.legend(['Discriminator', 'Generator'])
plt.title('GAN Losses');
```

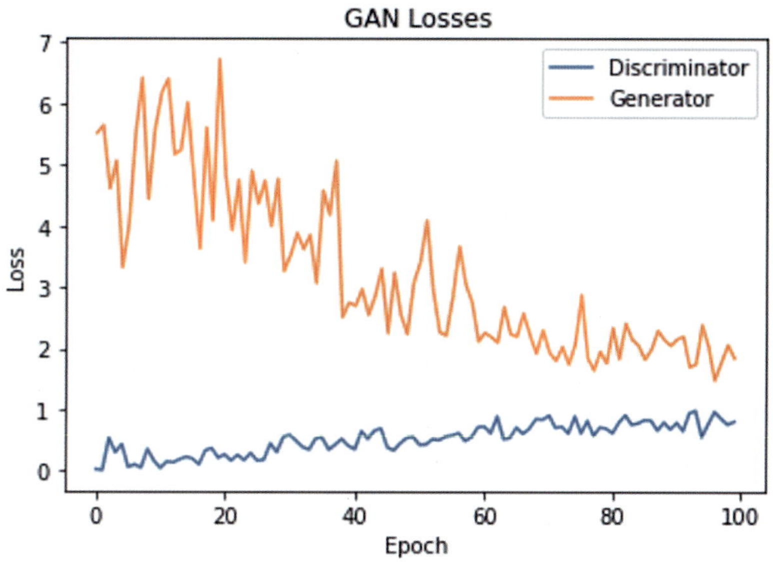

그림 10.14 epoch에 따른 GAN의 손실함수 값

▶ 그림 10.14의 epoch에 따른 GAN의 손실함수 값에서 생성자는 학습이 반복될수록 진짜 영상과 가까운 영상을 생성하면서 손실함수의 값은 점점 작아지고, 판별자는 학습이 반복될수록 진짜 영상을 진짜로, 가까운 영상을 가짜로 구분하는 것이 어려워지면서 손실함수의 값은 점점 커진다.

• epoch**에 따른 생성된 가짜 영상과 진짜 영상 비교**

위 [코드 10.2.1]에서는 Epoch=1, 10, 20, 30, 40, 50, 60, 70, 80, 90, 100인 경우 생성자에 의해 생성된 가짜 영상과 MNIST 진짜 영상을 파일로 저장하였다. 그림 10.15는 그중 일부를 보여주고 있다.

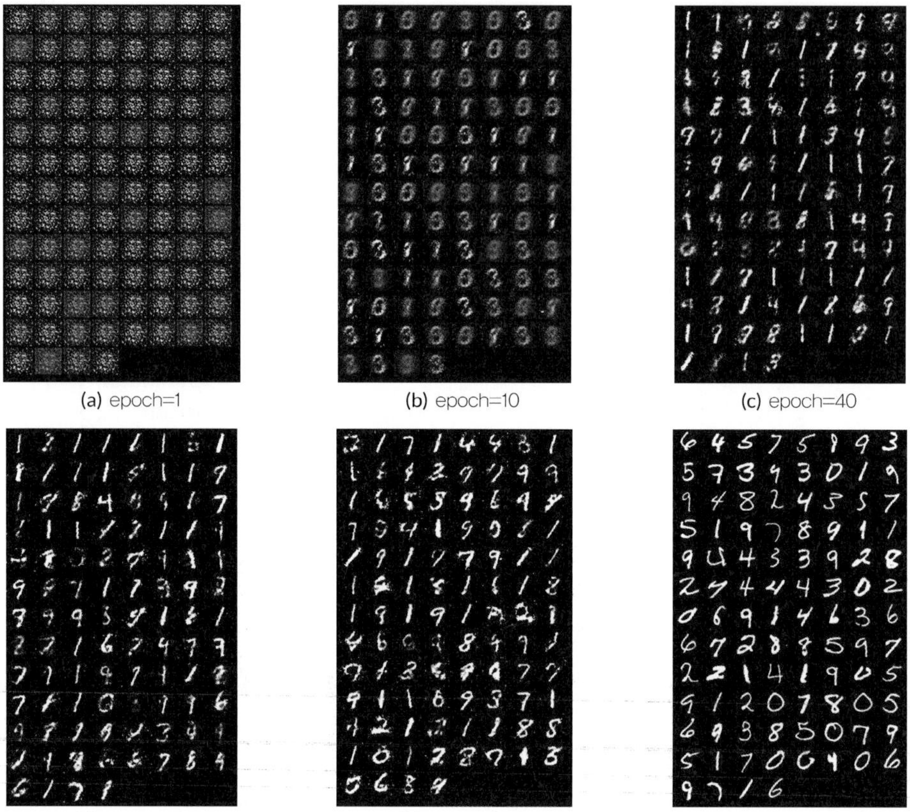

(a) epoch=1 (b) epoch=10 (c) epoch=40

(d) epoch=70 (e) epoch=100 (f) MNIST 진짜 영상

그림 10.15 epoch에 따른 생성된 가짜 영상과 진짜 영상

그림 10.15에서 epoch가 증가할수록 GAN 모델에 의해 생성된 가짜 영상은 MNIST 진짜 영상과 비교했을 때 점점 유사해짐을 알 수 있다.

코드 10.2.1 설명

ⓐ 판별자 모델 생성

그림 10.16의 판별자 모델을 사용하여 영상 크기인 784를 받아 선형 레이어와 활성화 함수를 거친 다음 해당 영상이 진짜인지 가짜인지 구별한다.

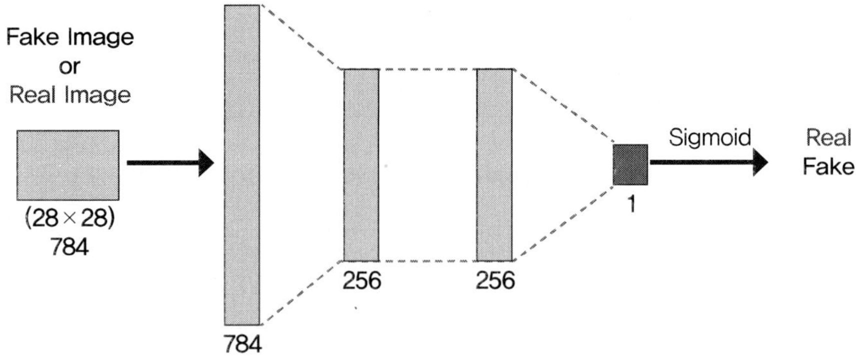

그림 10.16 판별자 모델

```
image_size = 784
hidden_size = 256

# 판별자(Discriminator)
D = nn.Sequential(
    nn.Linear(image_size, hidden_size),
    nn.LeakyReLU(0.2),
    nn.Linear(hidden_size, hidden_size),
    nn.LeakyReLU(0.2),
    nn.Linear(hidden_size, 1),
    nn.Sigmoid())
D.to(device)
```

여기서 활성화 함수로서 Leaky ReLU 함수를 사용하고 있다. 그림 10.17과 그림 10.18은 ReLU 함수, Leaky ReLU 함수와 이들의 미분 그래프를 보여주고 있다.

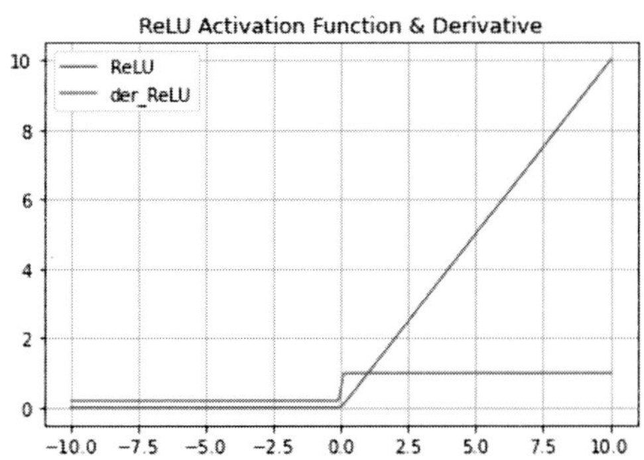

그림 10.17 ReLU 함수

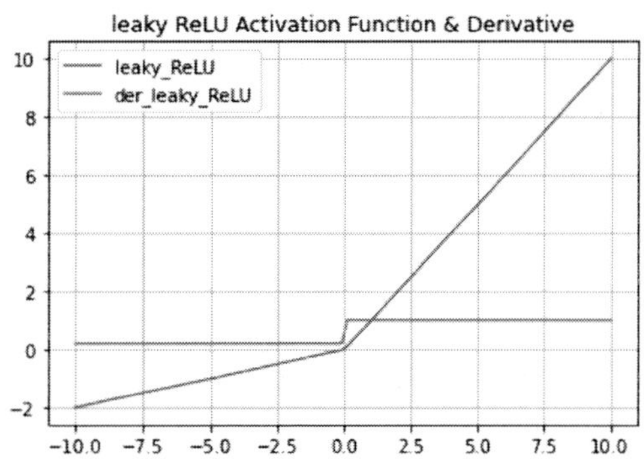

그림 10.18 Leaky ReLU 함수

ReLU 함수와 Leaky ReLU 함수는 거의 비슷한 형태를 갖는다. 그러나 Leaky ReLU 함수는 입력값이 음수일 때 완만한 선형 함수를 그린다.

$$\text{RELU}(x) = \begin{cases} x \text{ , if } x \geq 0 \\ 0 \text{ , otherwise} \end{cases}, \quad \text{LeakyRELU}(x) = \begin{cases} x \quad \text{, if } x \geq 0 \\ \alpha x \text{ , otherwise} \end{cases}$$

Leaky ReLU 함수는 양의 기울기(gradient) 값만을 갖는 ReLU 함수와는 다르게 양의 기울기뿐만 아니라 음수 값에 대해 작은 기울기 값, 여기서는 $\alpha=0.2$을 갖는다. 따라서 GAN 모델 학습하는 과정에서 ReLU 함수를 사용하는 경우는 역전파 알고리즘에 의해 판별자로부터 생성자는 음수 값에 대해 0의 기울기 값을 전달받는다. 즉, 모든 음수값에 대해서는 어떤 기울기 값도 전달받지 못한다. 그러나 Leaky ReLU 함수를 사용하면 생성자는 판별자로부터 작은 음의 기울기(small negative gradient) 값을 전달받을 수 있다.

참고로 그림 10.17의 ReLU 함수와 그의 미분에 대한 그래프를 얻기 위한 코드는 다음과 같다.

```
import numpy as np
import matplotlib.pyplot as plt

# Rectified Linear Unit (ReLU) Activation Function
def ReLU(x):
  data = [max(0,value) for value in x]
  return np.array(data, dtype=float)

# Derivative for ReLU
def der_ReLU(x):
  data = [1 if value>0 else 0.2 for value in x]
  return np.array(data, dtype=float)

# Generating data For Graph
x_data = np.linspace(-10,10,100)
y_data = ReLU(x_data)
dy_data = der_ReLU(x_data)

# Graph
plt.plot(x_data, y_data, x_data, dy_data)
plt.title('ReLU Activation Function & Derivative')
plt.legend(['ReLU','der_ReLU'])
plt.grid()
plt.show()
```

다음으로 그림 10.18의 Leaky ReLU 함수와 그의 미분에 대한 그래프를 얻기 위한 코드는 다음과 같다.

```
import numpy as np
import matplotlib.pyplot as plt

# Leaky Rectified Linear Unit (leaky ReLU) Activation Function
def leaky_ReLU(x):
  data = [max(0.2*value,value) for value in x]
  return np.array(data, dtype=float)

# Derivative for leaky ReLU
def der_leaky_ReLU(x):
  data = [1 if value>0 else 0.2 for value in x]
  return np.array(data, dtype=float)

# Generating data For Graph
x_data = np.linspace(-10,10,100)
y_data = leaky_ReLU(x_data)
dy_data = der_leaky_ReLU(x_data)

# Graph
plt.plot(x_data, y_data, x_data, dy_data)
plt.title('leaky ReLU Activation Function & Derivative')
plt.legend(['leaky_ReLU','der_leaky_ReLU'])
plt.grid()
plt.show()
```

그림 10.16의 판별자 모델에서 MNIST 진짜 영상에 대한 판별자의 손실함수 값을 계산하는 코드는 다음과 같다.

```
for i, (images, _) in enumerate(train_loader):
    print(images.shape)
    images = images.reshape(BATCH_SIZE, -1).to(device)
    print(images.shape)
    real_labels = torch.ones(BATCH_SIZE, 1).to(device)
    outputs = D(images)
    print(outputs.shape)
    D_loss_real = loss_function(outputs, real_labels)
    print(D_loss_real)
```

```
torch.Size([100, 1, 28, 28])
torch.Size([100, 784])
torch.Size([100, 1])
tensor(0.6477, grad_fn=<BinaryCrossEntropyBackward0>)
```

여기서 배치의 크기는 100이다.

그림 10.16의 판별자 모델에서 가짜 영상에 대한 판별자의 손실함수 값을 계산하는 코드는 다음과 같다.

```
z = torch.randn(BATCH_SIZE, latent_size).to(device)
print(z.shape)
fake_images = G(z)
print(fake_images.shape)
outputs = D(fake_images)
print(outputs.shape)
D_loss_fake = loss_function(outputs, fake_labels)
print(D_loss_fake)
```

```
torch.Size([100, 100])
torch.Size([100, 784])
torch.Size([100, 1])
tensor(0.7145, grad_fn=<BinaryCrossEntropyBackward0>)
```

ⓑ 판별자의 학습

판별자의 손실함수를 계산한 다음 Adam 최적화 알고리즘을 적용하여 학습한다. 여기서 판별자의 손실함수는 MNIST 진짜 영상에 대한 판별자의 손실함수 값과 가짜 영상에 대한 판별자의 손실함수 값을 합한 값으로 사용한다.

```
D_loss = D_loss_real + D_loss_fake
print(D_loss)
D_optimizer.zero_grad()
D_loss.backward()
D_optimizer.step()
```

```
tensor(1.3622, grad_fn=<AddBackward0>)
```

© 생성자 모델 생성

그림 10.19의 생성자 모델을 사용하여 잠재 샘플(latent sample)로부터 가짜 영상을 생성한다.

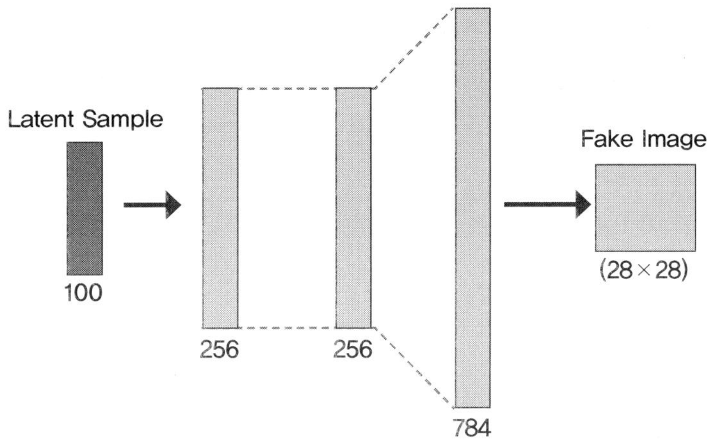

그림 10.19 생성자 모델

```
latent_size = 100
hidden_size = 256
image_size = 784

# 생성자(Generator)
G = nn.Sequential(
    nn.Linear(latent_size, hidden_size),
    nn.ReLU(),
    nn.Linear(hidden_size, hidden_size),
    nn.ReLU(),
    nn.Linear(hidden_size, image_size),
    nn.Tanh())
G.to(device)
```

```
z = torch.randn(BATCH_SIZE, latent_size).to(device)
print(z.shape)
fake_images = G(z)
print(fake_images.shape)
```

```
torch.Size([100, 100])
torch.Size([100, 784])
```

여기서 배치의 크기는 100이다.

ⓓ 생성자의 학습

생성자의 학습은 판별자의 학습이 불가능(non-trainable) 상태에서 이루어진다. 생성자의 손실함수를 계산한 다음 Adam 최적화 알고리즘을 적용하여 학습한다. 여기서 생성자의 손실함수는 가짜 영상에 대한 판별자의 출력과 진짜 영상을 나타내는 레이블 값을 가지고 계산한다.

```
z = torch.randn(BATCH_SIZE, latent_size).to(device)
print(z.shape)
fake_images = G(z)
print(fake_images.shape)
outputs = D(fake_images)
print("D_output.shape =", outputs.shape)
G_loss = loss_function(outputs, real_labels)
print("G_loss =", G_loss)

# Backprop and optimize
G_optimizer.zero_grad()
G_loss.backward()
G_optimizer.step()
```

```
torch.Size([100, 100])
torch.Size([100, 784])
D_output.shape = torch.Size([100, 1])
G_loss = tensor(0.6723, grad_fn=<BinaryCrossEntropyBackward0>)
```

ⓔ 영상 저장

save_image( ) 함수는 텐서 형태의 영상을 저장하기 위해 사용하는 함수이다. 이 함수는 torchvision.utils 모듈로 부터 제공하고 있다.

다음은 save_image( ) 함수의 사용형식이다.

```
torchvision.utils.save_image(tesnor, filename)
```

여기서 tensor가 영상 filename으로 저장된다.

```
# real image 저장
    if (epoch+1) == num_epochs:
        images = images.reshape(images.size(0), 1, 28, 28)
        save_image((images+1)/2, os.path.join('./mnist_data/', 'real_images.png'))

    # 생성된 이미지 저장
    if epoch==0:
        fake_images = fake_images.reshape(fake_images.size(0), 1, 28, 28)
        save_image((fake_images+1)/2, os.path.join('./mnist_data/', 'fake_images-{}.pn
g'.format(epoch+1)))
```

위 코드에서 MNIST 진짜 영상의 형태는 다음과 같다.

torch.Size([100, 784])

영상 출력을 위해 reshape 함수를 다음과 같이 변환한다.

torch.Size([100, 1, 28, 28])

save_image() 함수를 이용하여 변환된 영상을 다시 역 정규화(denormalization) 과정을 거쳐 영상을 저장한다.

- **역 정규화**

우리는 MNIST 데이터에서 데이터 전처리 과정으로 여러 가지 데이터 변환, 여기서는 텐서화와 정규화를 하기 위해 transforms.Compose() 함수를 이용하였다. 즉, 영상 픽셀값 0~255를 transforms.ToTensor() 함수를 통해 0~1로 표준변환한 다음, 다시 transforms.Normalize() 함수를 통해 −1~1 사이의 값으로 정규화하였다. 이에 대한 코드는 다음과 같다.

```
transform = transforms.Compose([
    transforms.ToTensor(),
    transforms.Normalize(mean=(0.5), std=(0.5))])
```

영상 출력을 위해 픽셀값을 다시 0~1의 값으로 역 정규화하고자 한다. 이를 위해 images 혹은 fake_images를 정규화 변수라 하면 save_image() 함수에서 역 정규화 변수는 다음과 같은 변환 식에 의해 얻어진다.

$$(\text{images}+1)/2$$

혹은

$$(\text{fake\_images}+1)/2$$

위의 변환식은 다음의 정규화 식에 의해 얻어진다.

$$z=\frac{x-\mu}{\sigma} \Leftrightarrow x=\mu+\rho z$$

여기서 z는 정규화 변수, x는 역 정규화 변수이다. 이 경우 $\mu=0.5$, $\sigma=0.5$이다.

그림 10.20은 save_image( ) 함수에 의해 지정된 이름으로 파일이 저장된 것을 보여주고 있다.

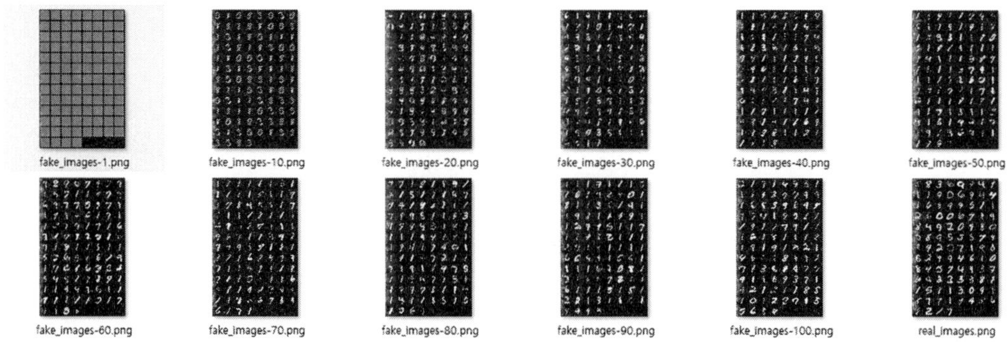

그림 10.20 파일 저장

그림 10.20에서 보면 epoch가 증가할수록 GAN 모델을 통해 진짜같은 영상이 생성될 수 있다는 것을 알 수 있다.

연습문제

1. GAN 모델을 통해 그림 10.21의 Fashion-MNIST Data로부터 영상을 생성하고자 한다. 여기서 Fashion-MNIST Data는 다음의 사이트로부터 다운로드할 수 있다.

https://www.kaggle.com/zalando-research/fashionmnist

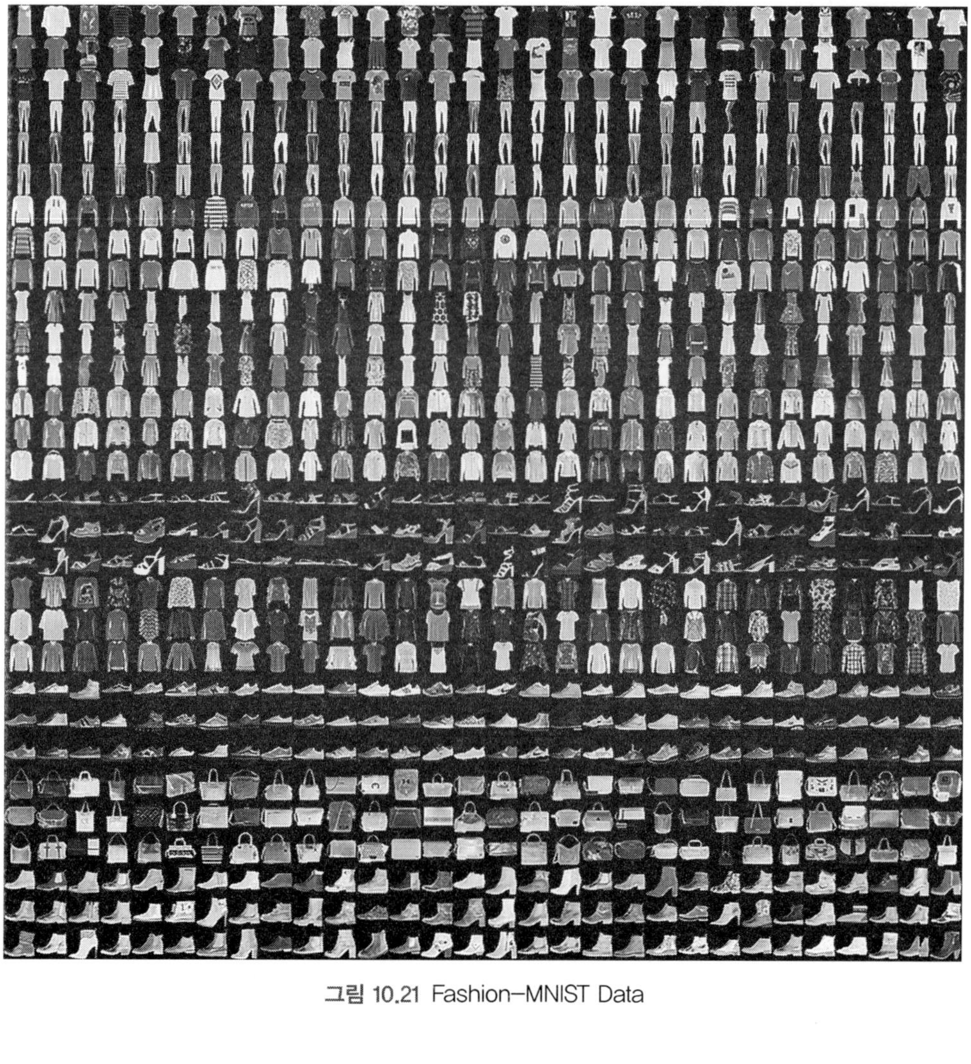

그림 10.21 Fashion-MNIST Data

2. GAN 모델을 통해 그림 10.22의 Cat Faces Data로부터 영상을 생성하고자 한다. 여기서 Cat Faces Data는 다음의 사이트로부터 다운로드할 수 있다.

https://www.kaggle.com/spandan2/cats-faces-64x64-for-generative-models

그림 10.22 Cat Faces Data

찾아보기

ㅁ

ㅂ

ㅅ

기타

저자 소개

임동훈

부산대학교 계산통계학과 졸업(이학사)
부산대학교 대학원 계산통계학과 졸업(이학석사)
부산대학교 대학원 통계학과 졸업(이학박사)
미국 오하이오 주립대학교(Post-Doc)
현재 경상대학교 정보통계학과 교수
연구분야 : 딥러닝, 빅데이터, 영상처리, 통계학

저서

빅데이터 분석 : 그것이 R고 싶다, 자유아카데미, 2020
통계학: 그것이 R고 싶다, 자유아카데미, 2020
리눅스에서 R과 하둡을 이용한 빅데이터 처리 분석, 자유아카데미, 2018
AMOS 24 구조방정식 모형, 자유아카데미, 2017
R을 이용한 빅데이터 분석, 자유아카데미, 2015
OpenCV를 이용한 영상처리, 자유아카데미, 2014
AMOS를 이용한 구조방정식 모형, 자유아카데미, 2014
R을 이용한 통계학, 자유아카데미, 2013
R을 이용한 비모수 통계학, 자유아카데미, 2010
초보자를 위한 비주얼 C++ 6.0 프로그래밍, 자유아카데미, 2008
초보자를 위한 OpenCV를 이용한 영상처리, 자유아카데미, 2008
초보자를 위한 XML 프로그래밍, 내하출판사, 2006

딥러닝, 파이토치를 만나다

저 자 임동훈
발 행 인 김지영
발 행 처 자유아카데미
주 소 경기도 파주시 회동길 37-42
파주출판도시
전 화 031-955-1321
팩 스 031-955-1322
홈페이지 www.freeaca.com
전자우편 main@freeaca.com (대표)
editor@freeaca.com (편집)
crm@freeaca.com (영업)
등 록 제406-2003-017호, 1980. 7. 12
제1판1쇄 2022년 8월 31일 발행

저자와의
협의하에
인지생략

ISBN 979-11-5808-361-8 93310